BÉATRICE HINDER

HUNDELEBEN
ZWISCHEN ZUCKERBROT
UND PEITSCHE

novum ◢ pro

Dieses Buch ist auch als
e-book
erhältlich.

www.novumverlag.com

Bibliografische Information
der Deutschen Nationalbibliothek:

Die Deutsche Nationalbibliothek
verzeichnet diese Publikation in
der Deutschen Nationalbibliografie.
Detaillierte bibliografische Daten
sind im Internet über
http://www.d-nb.de abrufbar.

© 2021 novum Verlag

ISBN 978-3-99107-682-7
Lektorat: Katja Wetzel
Umschlagfotos: Pixelalex,
Sa3studios | Dreamstime.com;
BUREAU CHATEAU
Umschlaggestaltung, Layout & Satz:
novum Verlag
Innenabbildungen:
siehe Bildquellennachweis S. 286

Gedruckt in der Europäischen Union
auf umweltfreundlichem, chlor- und
säurefrei gebleichtem Papier.

www.novumverlag.com

INHALTSVERZEICHNIS

EINLEITUNG

Es gibt bereits unzählige Hundebücher auf dem Markt – warum also noch eines? Für Neuhundehalter ist sowohl die Literatur als auch das Angebot an Hundeschulen kaum noch überschaubar. Wie professionell oder talentfrei ein Trainer arbeitet, lässt sich für einen Laien nur schwer beurteilen. Ebenso ist er meist nicht in der Lage zu erkennen, dass die angewandten Lehrmethoden häufig Relikte aus dem letzten Jahrhundert sind.

Was hat der Erziehungsstil für einen Einfluss auf die Beziehung zu meinem Hund? Welchen pädagogischen Wert hat diese oder jene Trainingsmethode? Was löst mein erzieherischer Ansatz bei meinem Hund aus, was macht das mit ihm? Wieso ist es nicht gleichgültig, ob ich mein Ziel auf Weg A oder auf Weg B erreiche, wenn doch unterm Strich dasselbe herauskommt?

Erschreckend wenig Hundetrainer sind in der Lage, ihren Kunden zu erklären, was ihr Vorgehen neurobiologisch gesehen beim Hund auslöst, wie es seine Lernfähigkeit beeinflusst und die Entwicklung prägt. Individuelle Lösungen sind wenig beliebt: „Wer als Werkzeug nur einen Hammer hat, sieht in jedem Problem einen Nagel" (Mark Twain[1]). Vom Hund wird erwartet, dass er sich gefügig über den Angebotskamm der jeweiligen Hundeschule scheren lässt. Kritiklos und ohne einen Hauch von Neugier werden verstaubte Erziehungskonzepte bemüht, während zeitgemäße pädagogische Erkenntnisse, die vieles zum Wohl unserer vierbeinigen Gefährten beitragen könnten, es schwer haben, sich zu etablieren. Dies erscheint mir ebenso erstaunlich wie bedenklich, umso mehr, da unsere Gesellschaft vom Hund eine beispiellose Anpassung verlangt und ein auf allen Ebenen vorbildliches Benehmen fordert.

Dieses Buch ist nicht entstanden, um mit einer weiteren, trickreichen Trainingsidee zu verwirren, sondern um unser Verhalten gegenüber dem Hund unter die Lupe zu nehmen. Jan Nijboer, Sozialpädagoge und Begründer der Philosophie von Natural Dogmanship®, stellt die berechtigte Frage: „Was tut das, was ich tue, mit dem Hund?" Es ist mein Anliegen, dass Hundehalter oder die, die es werden wollen, sich bewusst und informiert entscheiden, welcher Hundeschule beziehungsweise Erziehungsform sie ihr Vertrauen schenken wollen. Welche Werte sollen das Fundament für den Weg mit Ihrem Schützling bilden?

„Hundeleben" ist das Kind zahlloser schlafloser Nächte und endloser nachdenklicher Stunden. Die verstörten Blicke aus Hundeaugen ließen mich aufbäumen gegen Erklärungen wie:

„Das macht man halt so! Das war schon immer so!" Stattdessen habe ich mich durch Werke der Neurobiologie und Pädagogik gewühlt auf der Suche nach Antworten – Antworten, die unser Leben mit Hunden fairer gestalten. Der Grundstein zu meiner Suche hat die Ausbildung zur Natural Dogmanship® Instruktorin gelegt. Aber wie jede gute Ausbildung ließ mich dieses Studium mit mehr Fragen als Antworten zurück, und das ist gut so. Auch dieses Buch ist kein fertiges Tellergericht. Es soll Sie vielmehr hungrig machen, eigene Fragen zu stellen, und es fordert Sie auf, Ihrem Gewissen zu begegnen. Hundehaltung hat viel mit der inneren Haltung zu tun – eine Haltung, die Verantwortung nicht an den nächstbesten Hundetrainer delegiert. Leider verbergen sich hinter dem Titel „Hundetrainer" oft genug kynologische Analphabeten. Hunde sollen funktionieren, damit Menschen konsumieren können – ein todbringendes Milieu für die Kunst der Führungsqualität.

Dieser Zusammenstellung an Fakten und persönlichen Erfahrungen ist es gleichgültig, ob Sie ein Greenhorn oder ein Profi in der Hundewelt sind. Zweck dieses Buches ist es, Sie anzuregen, darüber nachzudenken, was Sie mit Ihrem Verhalten bei Ihrem Hund anstoßen. Nur wenige Sachverständige sind in der Lage, Sie an einem auf zeitgemäßen wissenschaftlichen Erkenntnissen basierenden Einblick in das Hundeleben teilhaben zu lassen. Aber Sie wollen doch das Beste für Ihren Hund, nicht wahr? Bitteschön! Hier halten Sie einen Anfang in den Händen, Ihren Worten Taten folgen zu lassen. Aber ich muss Sie warnen: Diese Lektüre ist nicht immer angenehm und fordert Ihre Bereitschaft zur Selbstreflexion heraus. Sie lernen neue Sichtweisen kennen und sehen ein, dass Sie – und nur Sie – für Ihren Hund verantwortlich sind. Sie erkennen, dass Hundehaltung Arbeit und den Dienst an einem anderen Wesen bedeutet. Es wird Zeit, sich aus der Komfortzone zu verabschieden. Erklären Sie unangemessenes Verhalten nicht länger zur Baustelle des Hundes, sondern zu Ihrer Aufgabe und Ihrer Verpflichtung. Warten Sie nicht auf den Tag, an dem irgendjemand Ihre oder die Probleme Ihres Hundes löst.

Die steigende Zahl auffälliger Hunde stimmt besorglich. Was ist passiert, dass Hunde mittels Verhaltensauffälligkeiten die Notbremse ziehen müssen? Es schmeichelt unserer Gesellschaft wenig, dass sie diese Problematik mit Verboten, Ausmerzung und tierschutzrelevanten Erziehungsmethoden beantwortet. Ziel dieses Buches ist es, aufzurütteln und zu einer Lösung dieses Missstandes beizutragen – einer Lösung, die des Menschen würdig ist und dem Tier gerecht wird. Es liegt nun an Ihnen, ob Sie mit allen Konsequenzen für Ihren besten Freund einstehen, oder sich weiter dem Mainstream ergeben wollen. Der erste Weg verspricht, unbequem zu sein, aber er ist die einzige plausible Rechtfertigung dafür, Hunde zu halten.

„Irgendwo wird es immer einen kleinen verlorenen Hund geben,
und der wird mich davon abhalten, glücklich zu sein."

(Jean Anouilh)

❙ DER START INS LEBEN

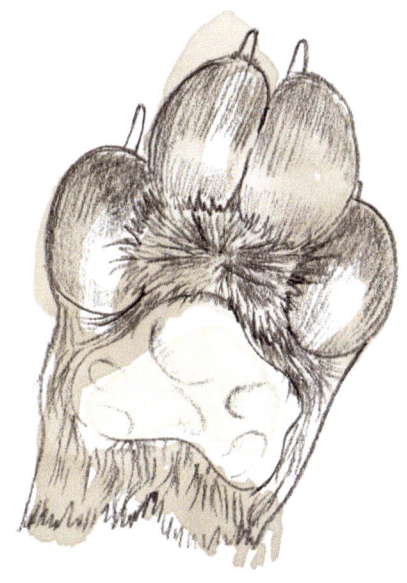

„Du bist zeitlebens für das verantwortlich,
was du dir vertraut gemacht hast."
(Antoine de Saint-Exupéry, „Der kleine Prinz")

1 Der Start ins Leben

Wenn ein Welpe zu uns kommt, hat er bereits entscheidende Entwicklungsphasen durchlaufen, die sein späteres Leben prägen:

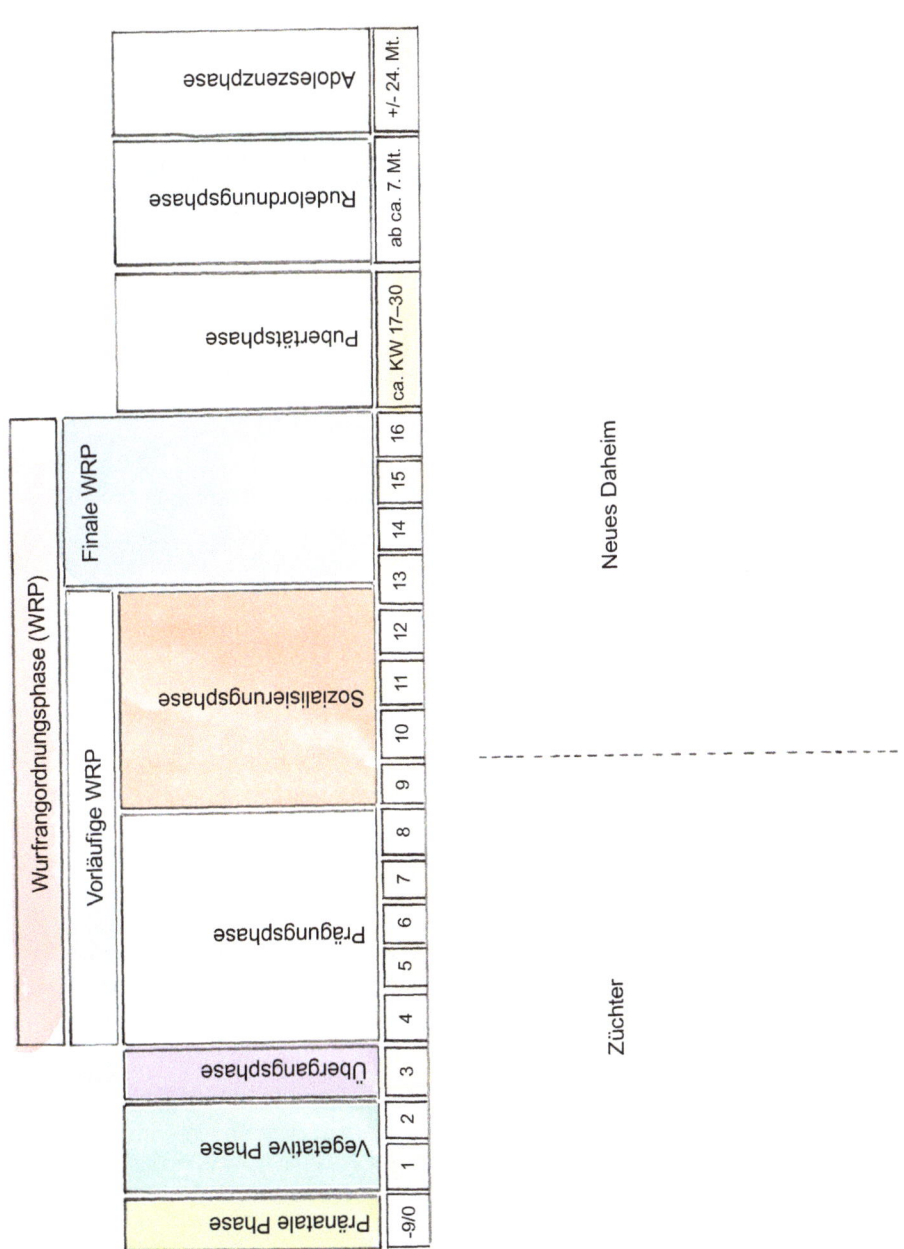

1.1 Die pränatale Phase (Woche -9 bis 0)

Für den Deckakt wählen Caniden einen stressfreien, sicheren Ort, wie zum Beispiel das Zentrum ihres Territoriums. Idealerweise erfolgt die Verpaarung bei Zuchthunden im vertrauten Zuhause der Hündin. Die Realität sieht aus kommerziellen Gründen jedoch häufig anders aus: Die Hündin reist zum Rüden, weil ein Züchter seine Hündin in der Regel nur einmal pro Jahr decken lässt, während sich der Rüde mehrmals jährlich reproduziert.

Die natürliche Auslese sucht nach einem Partner, der das eigene Immunsystem ergänzt und um neue Abwehrmechanismen bereichert. Dabei repräsentieren die sogenannten MHC-Moleküle (Major Histocompatibility Complex) unser Immunsystem. Kann eine Hündin einen Rüden nicht riechen – das dürfen Sie wörtlich nehmen – beziehungsweise passt er nicht, beißt sie ihn weg (vgl. Brensing 2018[1], S. 50 f.). Interessant ist auch, dass in einem Rudel Mischlingshunde, das man sich selbst überlässt, die Ähnlichkeit unter den Individuen in Verhalten und Aussehen von Generation zu Generation zunimmt. Dirk Roos, Biologe, wissenschaftlicher Leiter der Eberhard Trumler Station und Dozent, führt dies darauf zurück, dass unter anderem das Sozialverhalten der einzelnen Tiere als Selektionskriterium bei der Partnerwahl eine Rolle spielt[2]. Bei den arrangierten Ehen unter Rassehunden greifen diese natürlichen Auswahlkriterien allerdings nicht.

Das Stressniveau bei der Verpaarung hat Einfluss auf die Entwicklung der Welpen. Eine Vergewaltigung führt nebst der Ausschüttung von Stresshormonen zu einem Vertrauensbruch zwischen Hündin und Züchter, welcher die bevorstehende Aufzucht der Welpen ungünstig belastet. Zwar soll eine gute Zuchthündin über eine hohe Stresstoleranz verfügen, dennoch ist Zuchtmiete, bei der eine Hündin vorübergehend bei einem für sie fremden Züchter untergebracht wird, abzulehnen. Beobachtungen haben gezeigt, dass gestresste Muttertiere eher magere, quirlige respektive überdrehte Welpen hervorbringen. Maternaler Stress hinterlässt Spuren im Stresssystem der Nachkommen. Hüther (vgl. Hüther 2018[3]) und Bauer (vgl. Bauer 2013[4]) beschreiben in ihrer Literatur, dass die negativen biologischen Folgen weit über die Jugendphase des Nachwuchses hinausreichen.

Das Verhalten einer Hündin kann sich während der Trächtigkeit verändern. Das Wissen um das natürliche Verhalten von Caniden weist uns den Weg für einen rücksichtsvollen Umgang mit der Mutter in spe. So sind zum Beispiel unbekannte Situationen und fremde Artgenossinnen zu meiden. Positiver Stress hingegen, zum Beispiel in Form von ruhigen Aktivitäten, stellt punkto Stressverarbeitung eine Bereicherung für die Entwicklung der Welpen dar. Geeignet sind Beschäftigungen rund um das Nahrungserwerbsverhalten wie Fährten oder Flächensuche. Auch Körperkontakt zu einer Vertrauensperson sowie sanfte Musik und Massagen werden durch die Föten wahrgenommen und stimulieren die Entwicklung des zentralen Nervensystems.

Nach einer Trächtigkeit von rund neun Wochen werden die Welpen meist zwischen dem 58. und 63. Tag geboren. Ein ruhiges Umfeld ohne Fremdpersonen und ohne Hunde – auch nicht vertraute – bildet einen authentischen Rahmen für eine Geburt. Mögliche Geburtsraumen kommen am häufigsten beim erst- und letztgeborenen Welpen vor. Der erste Welpe kämpft den Geburtskanal frei, während sich der zuletzt geborene Welpe mit der Erschöpfung der Mutter und nachlassender Wehentätigkeit (Abnahme des Hormons Oxytocin) konfrontiert sieht.

Hormone steuern das parentale Verhalten der Mutter, es ist genetisch verankert und muss nicht erlernt werden. Das Lecken der Welpen ist gut für deren Durchblutung. Zur Wärmeregulierung des eigenen Körpers ist der Welpe auf andere angewiesen, eine wichtige Erfahrung für den sozial lebenden Beutegreifer. Deshalb sollte nicht zu eilig auf Wärmelampen zurückgegriffen werden.

Die Aufzucht mehrerer Würfe Zwinger an Zwinger ist für die Entwicklung der Welpen fatal, ganz besonders für die Babys einer eher submissiven Hündin. Die Natur kennt die soziale Kastration, die es nur der ranghöchsten Hündin – in selteneren Fällen zwei ranghohen Hündinnen – eines Rudels erlaubt, Nachwuchs zu gebären. Oft bemüht, aber gänzlich missverstanden wird zudem der Begriff „Welpenschutz". Der Welpenschutz hat nur innerhalb eines Familienverbandes für den eigenen Nachwuchs Gültigkeit. Fremde Welpen werden getötet, um die Überlebenschancen (Ressourcen, Territorium et cetera) für den leiblichen Nachwuchs zu erhöhen. Es hat einen biologischen Sinn, wenn eine Hündin rudelfremde Welpen attackiert, und es ist unprofessionell, dies als eine Verhaltensstörung abzuurteilen. Betrachtet man lediglich die beiden genannten Faktoren, lässt sich vage erahnen, wie sich eine Hündin fühlen muss, die inmitten konkurrierender Artgenossinnen ihren Nachwuchs zu versorgen hat. Unter Umständen ersparen Sie sich viel Kummer, wenn Sie von einem Welpen aus einer Zuchteinrichtung mit Parallelwürfen absehen.

Natürlich gibt es sie, die Adoptionen verwaister, verstoßener oder aus anderen Gründen mutterloser Welpen durch ein rudelfremdes Tier. Diese liebenswürdigen Individuen, die in der Rolle als Amme aufblühen, agieren unter dem Einfluss des Hormons Prolaktin. Prolaktin stammt aus der Hirnanhangsdrüse, nicht etwa aus den Geschlechtsorganen. Daher zeigen auch männliche Tiere Brutpflegeverhalten. Interessant ist, dass Prolaktin nicht nur mit Herzchen in den Augen auf das Kindchenschema antwortet, es ist ebenso am Infantizid, also an der Tötung fremder Jungtiere beteiligt (vgl. Strodtbeck/Gansloßer 2016[5], S. 59 ff.). In Wildhunde- und Wolfsrudeln fällt die Aufgabe als Tante beziehungsweise Onkel meist jüngeren und/oder rangniederen Tieren zu, die keinen eigenen Nachwuchs aufziehen.

1.2 Die vegetative Phase (Woche 1 bis 2)

Augen und Ohren sind in den ersten beiden Wochen noch geschlossen, jedoch tasten und riechen die Welpen bereits. Zu Beginn jeden Lebens dominiert das Reflexverhalten über das Instinktverhalten. Für die spätere Auseinandersetzung mit Erziehungsfragen ist es grundlegend, zumindest ein oberflächliches Verständnis für diese beiden Verhaltensformen zu entwickeln:

Reflexverhalten (Primärverhalten) dient dem Zweck der Selbsterhaltung und erfüllt *keine* soziale Funktion. Instinktverhalten (Sekundärverhalten) ist eine genetisch verankerte beziehungsweise angeborene Verhaltensform, welche modifiziert werden kann. Beim Welpen beobachten wir unter anderem:

REFLEXVERHALTEN	INSTINKTVERHALTEN
PENDELREFLEX Der Pendelreflex beschreibt eine Pendelbewegung des Kopfes, die dem Welpen ermöglicht, Mamas Milchleiste zu finden. Die Körperwärme der Mutter dient dabei als Orientierungshilfe (vgl. König/Umbach 2018[6]).	**SUCHVERHALTEN** Das Drehen im Kreis passt zu der natürlichen Unterbringung der Welpen in einer Höhle. Das Kreisdrehen verhindert zudem, dass die Welpen auf der Suche nach der Mutter und den Geschwistern aus dem schützenden Nest robben.
SAUGREFLEX Das Saugen an der Zitze ist ein angeborener Reflex.	**JAMMERN** Jammern ist Kommunikation. Eigene Bewegungen sind notwendig, damit sich Nervensystem und Körpertonus entwickeln, daher sollte den Welpen nicht übertrieben geholfen werden. Auch lernen die Kleinen in diesem Kontext Frusttoleranz und die Bewältigung von Stress.
SCHMERZREFLEX Unangenehme Reize oder schmerzhafte Eindrücke beantwortet der Körper mit einer unwillkürlichen Abwehr- respektive Schutzbewegung.	
KÄLTEREFLEX Ein Kältereiz löst verschiedene Reaktionen, wie zum Beispiel das Muskelzittern oder das Aufstellen der Körperhaare, aus.	**MILCHTRITT** Der Milchtritt ist eine Verhaltensweise junger Säugetiere. Mehr oder weniger rhythmisches Treten der Vorderpfoten gegen die Zitzen der Mutter regen den Milchfluss während des Säugens an (vgl. Wikipedia 2020[8]).
LÖSUNGSREFLEX Das Belecken der Analregion durch die Mutterhündin führt dazu, dass sich die Welpen erleichtern.	**FELLBOHREN** Beim Suchen der Zitze streicht der Welpe mit seiner Nase das Fell der Mutter zur Seite. Diese Bewegung erfolgt meistens von unten nach oben. Eine modifizierte Form des Fellbohrens ist die Bettelgeste. Das Anstupsen kann unter Umständen (zum Beispiel bei offenen Erziehungsfragen) in ein unerwünscht aufdringliches Fordern übergehen.
SCHLUCKREFLEX Der Schluckakt ist ein komplexer Vorgang mit dem Ziel, Nahrung in den Magen zu befördern, ohne dabei die Atemwege zu verlegen. Die Reizung des Zungengrundes ist der unwillkürliche Part des Schluckens, der den Schluckreflex auslöst (vgl. Wikipedia 2020[7]).	
	KONTAKTLIEGEN Dies ist der primäre Anfang von Sozialverhalten. Die Welpen lernen, dass sie andere (Geschwister, Menschen) brauchen, um ihre Bedürfnisse zu befriedigen. Wärmelampen erschweren diese Lernerfahrung.
SPEICHELREFLEX In Erwartung von Nahrung sondert der Körper vermehrt Speichel ab, welcher der Vorbereitung der Nahrungsaufnahme dient.	

Im Zeitfenster ab der 24. Stunde nach der Geburt bis zum neunten Lebenstag können mittels Biotonustest (BGSS[9]) Informationen über die angeborenen Eigenschaften und das Temperament der Hundebabys gewonnen werden. Jan Nijboer arbeitete diesen ursprünglich durch den Verhaltensforscher Eberhard Trumler (1923–1991) entwickelten Test weiter aus: Getestet werden die Bewegung, die Geräuschproduktion, der Saugreflex und die Schmerzempfindlichkeit der Hundebabys. Sinnvollerweise bieten die Testergebnisse Leitplanken bei der Entscheidung, welcher Welpe zu welchem Interessenten passt.

Bei den Aufzeichnungen eines Wildhunderudels[10] gelang es Leidhold und Trumler festzuhalten, wie das Muttertier ihre Welpen im Alter von zwei, vier und fünf Wochen in ein neues Domizil umsiedelte. Außer dem Vermeiden von Tiergeruch, welcher die Jungen an Feinde verraten würde, wird als Beweggrund für dieses Verhalten angenommen, dass die Umsiedelungen und der damit verbundene Abwechslungsreichtum der Umgebung (Environmental & Behavioral Enrichment) die Gehirnentwicklung und die Ausbildung von Nervenstrukturen stimuliert und damit die Lernfähigkeit des Nachwuchses fördert.

1.3 Die Übergangsphase (Woche 3)

In der dritten Woche öffnen sich Augen und Ohren. Anfangs ist das Sehvermögen beschränkt auf Eindrücke wie hell und dunkel, diesen folgt das Erkennen von Bewegungen. Die Ohrmotorik ist noch nicht ausreichend entwickelt, sodass das Lokalisieren von Geräuschen in der Anfangsphase Schwierigkeiten bereitet. Aber schon sehr bald erreicht das Hörvermögen das Niveau eines erwachsenen Hundes. Die ersten Milchzähne (28 an der Zahl) stoßen durch, die Welpen richten sich auf, sitzen und gehen sogar ein paar Schritte. Trotz der enormen Anstrengung, das Gehen zu erlernen – 1000 Mal hinfallen inklusive – ist jedes Jungtier motiviert, dieses Geschick zu beherrschen. Bewegung ist der zentrale Schlüssel zur Befriedigung von Bedürfnissen, sei es, um die Nähe von Sozialpartnern aufzusuchen oder um sich Futter zu beschaffen et cetera.

In der Übergangsphase sind die Hundebabys oral sehr aktiv. Sie erkunden ihre Umwelt mit dem Maul, halten Dinge mit ihrem Fang fest und zeigen erstes Beuteschütteln. Hervorzuheben ist das soziale Spiel unter den Geschwistern. Spiel ist funktionsgerichtet, das heißt, es ist notwendig für die motorische, kognitive, soziale und emotionale Entwicklung, dient der Kommunikation und offenbart besondere Fähigkeiten und Talente. Bereits in diesem zarten Alter bildet sich eine Wurfrangordnung heraus. Die Übergangsphase ist somit auch der Beginn der vorläufigen Wurfrangordnungsphase.

Durch die um das Sehen und Hören erweiterten Sinne steigt die Schreckhaftigkeit der Tiere. Ein besonderes Augenmerk ist auf das Verhalten der Mutterhündin zu richten, denn ein bestimmtes Maß an Angst bei den Jungtieren liegt in ihrem Interesse, da sie das Überleben ihres Nachwuchses sichern will. Die Gesellschaft aber fordert ruhige und ausgeglichene Hunde. Ängstliche Hunde haben es schwerer, diese Auflagen zu erfüllen. Ein verantwortungsvoller Züchter nimmt deshalb Einfluss auf die Reizprägung der Welpen, indem er sie zum Beispiel in der Obhut eines entspannten, gelassenen Menschen mit unbekannten Geräuschen konfrontiert. Während dieser Erfahrung (Desensibilisierung/Geräuschprägung) bleiben die Kleinen von der Mutter getrennt. Sie halten das für barbarisch, die Winzlinge so früh schon ihrer Mama zu entreißen, auch wenn es nur für ein begrenztes Zeitfenster ist? Ja, hier stoßen wir bereits erstmals auf die Doppelmoral der Hundehaltung:

Wie die meisten meiner Leser – so hoffe ich – wünsche ich mir für unsere Hunde ein artgerechtes Leben und ein natürliches Gedeihen. Sie sollen einfach nur Hund sein dürfen, nicht wahr? Nun, diese Illusion begraben Sie lieber gleich. In einer naturgetreuen Aufzucht lernen die Welpen eine gewisse Vorsicht und ein gesundes Maß an Skepsis, um in der harten Realität überleben zu können. Um sich ein Stück vom Kuchen – sprich: Ressourcen – zu sichern, braucht es zudem genügend territorialen Biss und eine Portion Durchsetzungsvermögen. Genau das ist das Problem, spätestens dann, wenn sich die süße, kleine Socke in ein ausgewachsenes Teil verwandelt hat. Unsere Hunde sollen nämlich duldsame, unauffällige, freundliche, stets gut gelaunte, gehorsame und gefällige Heilige werden, damit sie uns keinen Ärger bereiten mit den Nachbarn, den Gesetzeshütern und den Postboten. Das bedingt, dass ihr natürliches Verhalten dahingehend modifiziert wird, dass sie später an der Seite des Homo sapiens nicht allzu sehr leiden beziehungsweise gestresst sind.

Ob ich das gut finde? Um diese Frage geht es hier nicht, auch wenn ich bezweifle, ob es legal ist, Tiere an Haltungsbedingungen anzupassen, anstatt die Lebensführung an die Tiere zu adaptieren (vgl. Brensing 2018[1], S. 347). Die Frage ist, ob ich mit der Lüge und dem Vertrauensbruch leben will, meinen Hund glauben zu lassen, dass er einfach nur Hund sein darf. Ja, ich verrate mein Versprechen, wenn ich meinem Hund beim ersten Ansatz von jagdlichem Interesse einen Satz Metallschellen um die Ohren pfeffere. Das in loyaler Verteidigung unseres Heims an den Kurier adressierte Wadenzwicken mit einer Salve aus der Wasserpistole zu vergelten, ist ein Verrat an meinem Versprechen. Und ja, ich verrate mein Versprechen, wenn ich meinen Hund nach der Umsetzung von sozial motivierten Erziehungsmaßnahmen an meinem Balg ins Tierheim abschiebe. All das – Jagen, Verteidigen, Erziehen – tut ein Hund nun mal, wenn er einfach nur Hund sein darf.

Dass der Hund einfach nur Hund sein darf, bleibt in unserer Gesellschaft ein bloßes Lippenbekenntnis. Hand aufs Herz: Sie zwingen dem Hund ein artfremdes Leben an Ihrer Seite auf, also bleiben Sie fair. Haben Sie den Schneid, alles Nötige zu tun, ihm dieses Leben so angenehm wie möglich zu gestalten und ihn entsprechend vorzubereiten. Nun, jetzt beruhigen Sie sich erst mal wieder: Wir tasten uns ganz langsam ran ans Hundeleben. Kommen Sie, ich führe Sie.

1.4 Die Prägungsphase (Woche 4 bis 8)

Bis zur sechsten Lebenswoche ist das Durchstoßen der 28 Milchzähne abgeschlossen. Ergänzend zur Muttermilch erhalten die Welpen ihr erstes Futter. Auch lösen sie sich bereits ohne Massage durch die Mutterhündin.

Suchen, das Jagen von sich bewegender Beute und Apportieren üben die kleinen Hunde bereits fleißig. Die motorischen Fähigkeiten verfeinern sich, und die Reaktionen auf Sinneswahrnehmungen werden immer gezielter. Im Spiel mit den Geschwistern erlernen die Welpen die Beißhemmung, eine Form und der Beginn von Empathie. Sowohl Empathie als auch die Beißhemmung sind nicht angeboren und müssen erlernt werden. Darin wurzelt eines der Probleme, die uns wenig oder nicht sozialisierte Hunde bereiten.

Die Prägungsphase ist eine Zeit intensiven Lernens. Erfahrungen in diesem Lebensabschnitt sind prägend, da den jungen Lebewesen Vergleichsmöglichkeiten sowie gefestigte psychische Strukturen fehlen, die das Erlebte in einen relativierenden Kontext setzen könnten. Die vorherrschenden Themen der Prägungsphase sind Sicherheit, Überleben und Bindungsaufbau.

Wölfe stufen fremde Artgenossen nach der Prägungsphase als potenziell gefährlich ein. Ähnlich verhält es sich beim Fremdeln von Kindern. Die Anwesenheit der Züchterfamilie ist nicht gleichbedeutend mit der Prägung auf Menschen. Ebenso wenig verspricht die Prägung auf den Hauskater Rudi einen katzenverträglichen Hund. Jan Nijboer pflegt es so zu erklären: „Der kleine Kerl ist eben nicht katzengewohnt, er ist lediglich Rudi-gewohnt". Die Familie, in der die Welpen das Licht der Welt erblicken, ist Teil ihres Rudels. Andere Menschen (und Tiere) sind Fremde. Unruhiges Verhalten und Stress der Mutterhündin in Anwesenheit von Besuchern kann der Grund für späteres Misstrauen oder Problemverhalten der Jungtiere gegenüber unbekannten Personen sein.

Nebst Besuchen durch die neuen Besitzer zwecks Bindungsaufbau ist die Prägungsphase das Zeitfenster, in dem der Nachwuchs durch geeignete Prägung auf das Leben als sozial offener, gesellschaftsfähiger Hund vorbereitet werden sollte. Gut geprägte Welpen verfügen über mehr Reizverarbeitungsmöglichkeiten, was in der bevorstehenden Sozialisierungsphase zu besseren Lernchancen führt. Die Reizprägung kann rassespezifisch erfolgen, wie zum Beispiel auf Bewegung (Hütehund) oder unbekannte Menschen (Terrier), oder sie kann darauf abzielen, die Kleinen mit Alltagssituationen vertraut zu machen. Das Füttern mit aufgesetztem Töffhelm, das Erkunden von Röhren und Klettergeräten, das Beobachten von Fahrrädern und Flatterbändern, das Durchwühlen von fremd riechenden Decken und Kleidern oder eine Fahrt mit den öV sind mögliche Aktivitäten, in die Zukunft der Fellknäuel zu investieren. Bei allem guten Willen bleiben wir uns aber bewusst, dass ein Welpe unmöglich auf alles geprägt werden kann. Der Grat zwischen konstruktivem Lernangebot und Overload ist oft ein schmaler. Lassen Sie mich für die, die es gerne etwas genauer wissen wollen, kurz ausholen beziehungsweise auf die Lektüre von Gerald Hüther verweisen:

Juvenile, die in einem „enriched environment" (angereicherte Umwelt) aufgezogen werden, entwickeln im Bereich der Gehirnreifung einen dickeren Cortex und weiter verästelte Dendritenbäume (Verzweigungen) der Pyramidenzellen. Pyramidenzellen machen einen großen Teil der Neuronen in der Großhirnrinde aus. Sie bilden einen wesentlichen Baustein der kognitiven und affektiven Informationsverarbeitung. Außerdem lassen sich eine höhere Synapsendichte (Verbindungen zwischen Nerven- respektive Sinneszellen), eine stärkere Versorgung mit Gefäßen und Kapillaren sowie mehr gliale Zellen feststellen. Letztere bilden ein Gerüst für die Nervenzellen, sorgen für deren elektrische Isolation, übernehmen Aufgaben bei der Aufrechterhaltung der Homöostase im Gehirn und sind in den Prozess der Informationsverarbeitung eingebunden. Ein Angebot hingegen, das die Verarbeitungsmöglichkeiten überfordert, destabilisiert bereits bestehende Verknüpfungen im Gehirn, verändert die Reifung von Transmittersystemen und begünstigt das Risiko für Angststörungen sowie affektive Leiden (vgl. Hüther 2018[3], S. 101 f.). Ausgedehnte Ruhephasen sind für unsere Hunde genauso essenziell wie ein variables Lernangebot.

Die Prägungsphase kann als eine Phase der Frühförderung verstanden werden, wobei die Einzelbeschäftigung ein hilfreiches Werkzeug darstellt. Die immer deutlicher greifende Wurfrangordnung gleist bei den einzelnen Tieren erste Muster von submissivem beziehungsweise dominierendem Verhalten auf. Setzt der Züchter diesen Verhaltenstendenzen nichts entgegen, formen sie sich zu einem Persönlichkeitsmerkmal aus. Die Einzelbeschäftigung mit den Hunden strebt nach einer Chancengleichheit für die Welpen und zielt darauf ab, die Unterschiede im Wurf zu nivellieren. Indem zurückhaltende Charaktere bestärkt und die Vertreter der Hau-drauf-Strategie begrenzt werden, dürfen sich alle Welpen in einer breiten Palette an Verhaltensmöglichkeiten üben. Gerade die kleinen Prinzen und Prinzessinnen, die mit einer Tendenz zur Ellbogenmentalität ins Leben gestolpert sind, werden so schon früh mit Lektionen der Frusttoleranz und Impulskontrolle bekannt gemacht. Werden diese Wonneproppen erst mit Entbehrungen und Regeln konfrontiert, nachdem sie bereits der Kinderstube entwachsen sind, taxieren sie ein Nein als Grenzüberschreitung. Das kann heftige Proteste provozieren, und die ersten dunklen Wolken trüben die Beziehung zwischen Mensch und Hund. Natürlich würde eine Mutterhündin ihren auserwählten Thronfolger in seinem expansiven Bestreben fördern, auch deshalb ist die egalisierende Einzelbeschäftigung mit dem Menschen eine wichtige Vorbereitung auf das bevorstehende Leben. Devise ist also: Gleiche Bedingungen für alle beim Start ins Leben. Die Einzelbeschäftigung mit dem Welpen macht zudem den Menschen in diesem Moment zum einzig wählbaren Sozialpartner für das Tier. In der Regel entspricht dies der nahen Zukunft der Welpen, da ein Hund meistens als Einzelhund gehalten wird.

Bei der Beschäftigung mit Hunden sollte man sich im Klaren sein, welche Formen und Gegenstände für das gemeinsame Spiel gewählt werden. Spiel hat einen Beweggrund. Raufspiele versteht der vierbeinige Schüler als Vorbereitung auf den Ernstfall, sprich als Übung für eventuelle Kampfhandlungen. Dass unsere Gesellschaft solches Verhalten wenig goutiert, bedarf keiner Erklärung. Sinnvoller sind soziale Spiele im Bereich des Nahrungserwerbs. Bei dieser Form der Interaktion punktet der soziale Status des Menschen: Die Beschäftigung mit ernst zu nehmenden Angelegenheiten wie Nahrung und Ressourcen versichert unserem Schützling, dass ihn das Leben in vertrauenswürdige Hände gelegt hat. Regelspiele fördern die Entwicklung der Impulskontrolle. Impulskontrolle ist ein grundlegender Baustein für die spätere Bewertung von Frust und Stress. Wie Robert Mehl (siehe Kapitel 3) in seinen Seminaren eindrücklich darstellt, verschlingt das Erlernen der Impulskontrolle viel Energie und bedeutet für das Gehirn einen aufwendigen Prozess. Aus diesem Grund lernen wir erfolgreiche Selbstbeherrschung in erster Linie aus unangenehmen Erfahrungen und negativen Konsequenzen. Ohne diese würde das Gehirn den anspruchsvollen Marathon, Impulse zu kontrollieren, erst gar nicht in Angriff nehmen. Unliebsame Denkzettel hält der Alltag zu Hauf für uns bereit, nehmen wir als Beispiel die Jagd: Einem Räuber entwischt das Kaninchen so oft, bis er gelernt hat abzuwarten. Er muss seine Impulse hemmen, sich behutsam anpirschen und die Spannung aushalten können, um das Beutetier nicht frühzeitig aufzuscheuchen. Trotz der Schwerstarbeit für das Gehirn ist es einfacher, Impulskontrolle zu erlernen, als mit dem Maß an Frustration zurechtkommen zu müssen, welches uns das Leben bei mangelnder Selbstbeherrschung entgegenschleudert. Sie meinen, diese kleinen Knäuel seien aber einfach viel zu süß für derlei happige Lektionen? Nein. Eine Mutterhündin erzieht ihre Welpen schon sehr früh in Richtung Impulskontrolle, beispielsweise indem sie den bettelnden Nachwuchs auch mal abwarten lässt, bevor sie zur Milchmahlzeit einlädt.

Das Spiel ist zwingend dem Alter und Entwicklungsstand des Tieres anzupassen. Sinnvolle Regelspiele, wie zum Beispiel die beziehungsorientierte Hetzjagd (fortgeschrittene Teams), bereichern das Zusammenleben von Mensch und Hund. Das mit Regeln einhergehende Spiel an der Hetzangel kann auch den Grundstein legen für ein späteres, erfolgreiches Stoppsignal. Das Leben steckt voller Überraschungen, und manchmal sind wir dankbar, wenn wir auf eine verlässliche Notbremse zurückgreifen können. Damit der junge Hund die Lektionen der Impulskontrolle meistern und konstruktiv verarbeiten kann, ist er auf eine empathische Bezugsperson angewiesen. Nahrung als Erziehungsmaßnahme vorzuenthalten respektive Nahrung gegen Leistung einzutauschen, erzeugt ein Gefühl des Verlusts von Sicherheit und beschädigt das Vertrauen. Diese von einigen Trainern verfolgte Praxis missachtet eine wichtige Voraussetzung für das Erlernen von Impulskontrolle (wie für das Lernen generell), nämlich eine sichere Bindung. In einer solchen zeigt der Hundehalter Einfühlungsvermögen, Verlässlichkeit, Verbindlichkeit, Verfügbarkeit und Führungsqualitäten. Dazu erfahren wir später mehr.

Die Prägungsphase ist eine Zeit, in der Bindungen aufgebaut werden und ein Bewusstsein für das Rudel erwacht. Bei dem von Leidhold und Trumler beobachteten Wildhunderudel erfolgte die Entlassung der Welpen aus dem von Mutter und Kindermädchen (rangniedere, meist jüngere Weibchen) geschützten Kokon ins zukünftige Rudel im Alter von sechs Wochen[11]. Daher ist das Ende der Prägungsphase ein aus entwicklungszyklischer Sicht günstiger

Zeitpunkt, die Welpen in ihr neues Zuhause zu entlassen. Das Tierschutzgesetz erlässt diesbezüglich folgende Vorschrift:

TSchV 70, Abs. 4: „Welpen dürfen frühestens im Alter von 56 Tagen von der Mutter oder der Amme getrennt werden."

Die Praxis vieler Züchter, ihre Welpen nicht vor vollendeter neunter Lebenswoche ihrer neuen Familie zu überlassen, lässt sich aus neurobiologischer Sicht infrage stellen.

Welpen werden in der Regel aufgrund ihrer Fellfarbe, ihres Aussehens und/oder ihres Geschlechts von den angehenden Besitzern ausgewählt. Ein etwas anderes Vermittlungs-Tool bietet ein Test[12], welcher im Alter von sechs Wochen durchgeführt werden kann. Dieser prüft verschiedene Punkte wie unter anderem die soziale Orientierung, das Explorationsverhalten und das Assoziierungsvermögen der jungen Hunde. Zudem gibt er Aufschluss über das Temperament der einzelnen Tiere, liefert Hinweise zur weiteren Förderung von Talenten und beschreibt das Porträt der jeweils optimal kompatiblen Familien beziehungsweise Bezugspersonen. Im Fokus steht eine harmonische Beziehung zwischen Mensch und Hund.

Lassen Sie uns hier kurz unterbrechen und spaßeshalber ein Spiel (vgl. Kyno-Mental 2013[13]) spielen, okay?

1.4.1 Welcher Hund passt zu mir?

Nehmen Sie sich ein Stück Papier und notieren Sie acht Werte, die Ihnen im Leben wirklich wichtig erscheinen, wie zum Beispiel Respekt, Freundschaft, Freiheit oder Gesellschaft. Haben Sie das? Okay. Jetzt müssen Sie Prioritäten setzen: Streichen Sie drei der acht Wörter auf Ihrer Liste wieder durch. Fertig? Gut! Dann wiederholen Sie das, schubsen Sie zwei weitere Werte aus Ihrer Favoritenliste. So, und das machen wir gleich noch ein letztes Mal. Pusten Sie noch einen Begriff aus den Rängen, und wenn alles richtig gelaufen ist, verbleiben auf Ihrem Zettel noch die beiden Qualitäten, die Ihnen so viel bedeuten, dass Sie darüber nicht verhandeln. Prima!

Stellen Sie sich nun vor, ich sei eine ältere, etwas strenge Tierheimaufseherin mit einem silbergrauen, zu einem Dutt gebundenen Haarknoten. Sie strecken mir Ihren Zettel in freudiger Aufregung entgegen. Mit einem kritischen Blick spähe ich über den Rand meiner Brille und nehme Ihre Notizen entgegen. Penibel prüfe ich, ob Sie das Papier sorgsam oder schludrig gefaltet haben. Dann verschwinde ich im Trakt der Hunde, um den für Sie passenden Begleiter zu finden.

Gemeinschaft
Familie
Harmonie
Zusammenarbeit
Kontakt
Offenheit
Freunde
Geselligkeit

Nein, aus dem Herdenschutzhund wird wohl nichts. An Ihrer Seite sehe ich einen Begleiter, der die Toleranz und Gelassenheit für offene Systeme mit sich bringt und bereit ist, sein Rudel flexibel zu erweitern um die Freunde der Kinder, Onkel, Tanten, Schwiegermütter, Nachbarn, die Damen vom Turnverein et cetera. Er ist kaum territorial, etwas naiv, freundlich und gut gelaunt. „Die Family Edition eines Wolfes, der Golden Retriever" (Zitat Dietmar Wischmeyer) dürfte sich bei Ihnen wohlfühlen.

Respekt
Zuverlässigkeit
Sicherheit
Struktur
Integrität
Verantwortung
Ruhe
Konzentration

Ah ja, dann kommen Sie mal mit! Sie dürfen sich einen Weggefährten aussuchen, da ich Ihre Werte für äußerst kompatibel mit den rasseübergreifenden Ansprüchen eines Hundes halte. Nur vielleicht den Beagle lassen wir bei Ihnen außen vor, da Sie mir nicht den Eindruck erwecken, dass der unverbindliche Spirit einer Flower-Power-Kommune Ihrer Werthaltung oder gar Ihren Wünschen Rechnung trägt.

Unabhängigkeit
Inspiration
Selbstbestimmung
Autonomie
Freiheit
Spontanität
Feiern
Reisen

Nun ja, Ihre Werte in Ehren, aber ein Hund ist nun mal ein Wesen, das Verlässlichkeit braucht. Sie wollen Freiheit? Für einen Hund gibt es diese bestenfalls auf mentaler Ebene [Erklärung folgt], nämlich dann, wenn Sie bereit sind, für seine Sicherheit zu sorgen, seine Bedürfnisse zu erfüllen, Verantwortung zu übernehmen und sich auf eine verbindliche Beziehung mit Ihrem Tier einzulassen. Bedaure, ich habe keinen Hund für Sie, nicht mal einen Bolonka – bestenfalls eine Katze …

1.5 Die Sozialisierungsphase (Woche 9 bis ca. 12/13)

Beim Übergang von der Prägungs- in die Sozialisierungsphase gibt es keine klaren Grenzen, beide Lebensabschnitte greifen ineinander. Prägende Phasen weben sich immer wieder in unser Leben ein. Prägung findet das ganze weitere Leben statt, allerdings nicht mit einem so nachhaltigen Effekt wie in den sensiblen Phasen, die während der Pubertät und im Alter nochmals eine besondere Bedeutung erlangen.

Einen Unterschied von der Prägungs- zur Sozialisierungsphase finden wir im Lernprinzip (vgl. HEB, 2015[14]): Die Prägungsphase ist durch das Selbstlernprinzip bestimmt. Der Welpe entdeckt die Welt, ohne dabei durch Erziehung oder Korrekturen gelenkt zu werden. Erfahrungen sind zum Beispiel:

- Der Ball ist rund.
- Der Ball rollt.
- Der Ball stoppt, wenn ich mich auf ihn drauf schmeiße.
- Der Schirm klappt auf und zu.
- Der Schirm ist weich und hart.

In der Sozialisierungsphase beeinflussen Sozialpartner den jungen Hund:

- Der Welpe lernt, dass der Ball eine Ressource des älteren Hundes ist, weil dieser sein Spielzeug tabuisiert.
- Der Mensch erklärt dem Neuankömmling, dass er den Schirm nicht kaputt machen darf.

Die Sozialisierungsphase ist der Beginn sozialen Lernens und der Erziehung. Dazu gehört unter anderem das Verfeinern der Kommunikation, das Kreieren von Tabus und das Setzen von Grenzen. Der Mensch lebt in offenen Gruppen, nicht in fixen Rudeln. Es ist in unserer Gesellschaft nicht möglich, die territorialen Bedürfnisse eines Hundes zu befriedigen. Daher gilt unsere primäre Aufmerksamkeit dem Thema Sicherheit: Regeln, Grenzen und Tabus vermitteln unserem Schützling Sicherheit.

Die Sozialisierungsphase ist die Zeit, in der die Welpen in ihr neues Zuhause ziehen. Für Sie bedeutet das, dass Sie dem Fellknäuel fortan ein verantwortungsvoller, vertrauenswürdiger und verlässlicher Sozialpartner sein werden, ihm die Dienstleistung Erziehung angedeihen lassen, Sicherheit gewähren und den Neuling sinnvoll und seinen Talenten gemäß fördern. Unsere Hunde haben ein Recht auf Empathie, Führung, Geborgenheit und Konsequenz.

Ja, gerne, aber wie? Wenn Sie sich gerade die Haare raufen und Ihr Blick mit dem Ausdruck erster Verzweiflung über das heillose Durcheinander an Prospekten diverser Hundeschulen gleitet, sind Sie in guter Gesellschaft. Hundeschulen breiten sich mit Lichtgeschwindigkeit aus, und der Ideenmarathon immer neuer Angebote für Mensch mit Fiffi macht geradezu schwindlig. Den Durchblick zu ergattern, ist nicht selten reine Glückssache.

Somit sind wir beim Kernanliegen dieses Buches angelangt. Welchen Weg Sie mit Ihrem Hund gehen wollen, müssen Sie allein entscheiden. Was ich mir jedoch für Sie und Ihren Hund wünsche, ist, dass Sie diese Entscheidung nicht dem Wurf einer Münze überlassen. Ein Schluck Pädagogik, eine Prise neurobiologischen Hintergrundwissens und einen Happen Hundeverstand an Bord zu haben, scheint mir sinnvoll, bevor Sie die Segel für Ihre gemeinsame Reise setzen.

Draußen klatschen die Tropfen eines nicht enden wollenden Herbstregens gegen meine Fensterscheiben. Irgendwo bellt ein Hund, eine Autotür schlägt zu. Die nahe Kirchturmuhr kündet mit dem monotonen, schleifenden Klang der Glocken an, dass es 01:00 Uhr in der Früh ist. Ich liege wach in meinem Bett. Es ist bereits die elfte Nacht, in der ich keinen Schlaf finden kann – die elfte! –, seit dem Einzug der kleinen Hündin. Das Wehklagen des unglücklichen Tieres malträtiert Nacht für Nacht meine Ohren und mein Herz. Der Schmerz brennt in meiner Seele. Ihr Jammern und die eiserne Stimme der Hundetrainerin liefern sich ein erbittertes Duell in meinem Kopf. *„Du gibst nicht nach, klar?! Dreh sie auf den Rücken, wenn sie nicht pariert. Wieso? Weil ich das schon seit 20 Jahren so mache, du Greenhorn!"* Das Gedankenkarussell donnert mit halsbrecherischer Geschwindigkeit von Schläfe zu Schläfe: „Die Frau hat gesagt, da muss sie durch. – Aber es fühlt sich total verkehrt an. – Aber sie ist doch ein Profi? – Aber …" Eine neue Welle leisen, verzweifelten Wimmerns stoppt jäh das Rotieren in meinem Schädel. Mit einem Ruck befreie ich mich strampelnd aus den Bettlaken. Genug. GENUG!!! Das ächzende Geräusch der alten Holztreppe begleitet mich in den kühlen Flur des baufälligen Bauernhauses. Winzig klein zusammengekauert liegt es da, dieses zitternde, geknickte Fellknäuel, und schaut mich aus großen, ängstlichen Augen an. Behutsam nehme ich das Tier hoch und trage es in mein Schlafzimmer. Wenig später lausche ich dem ruhigen, gleichmäßigen Atem des Hundes, kuschle mich in meine Decke und schlafe, umarmt von einer erlösenden Stille, endlich ein.

Erst viel später begriff ich, was ich meinem Seelenhund bis zu jener Nacht angetan habe. Mit der Ausgrenzung aus dem Rudel verhängte ich eine der wohl schlimmsten Strafen, die einen sozialen Beutegreifer treffen kann, über das unverstandene Tier. Mit der Platzierung im Flur auferlegte ich dem Hundekind zudem die Aufgabe, das Rudel zu beschützen, welches sich in der Sicherheit der Kernzone aufhielt (Schlafzimmer) – eine heillose Überforderung, ganz abgesehen davon, dass Hunde in der Rolle als Aufpasser und Handlungsbeauftragte in unserer Gesellschaft unerwünscht sind. Wir sind es, die unseren Hunden Sicherheit, Schutz, Geborgenheit und Verlässlichkeit schulden.

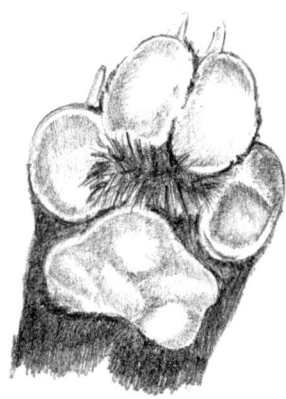

1.6 Endgültige Wurfrangordnungsphase (Woche 13 bis 16)

Was während der vorläufigen Wurfrangordnungsphase (Woche 3 bis 12/13) an Dominanz und Unterordnung in Form von Rangordnungsspielen geübt wurde, mündet in der endgültigen Wurfrangordnungsphase regelrecht in einen Rangordnungsstreit und verliert seinen spielerischen Charakter. Tendenzen, sich so oder so zu verhalten (zum Beispiel submissiv oder dominant), kerben sich als Persönlichkeitsmuster ein und begleiten das Individuum sein weiteres Leben lang.

Die Nivellierung durch den Menschen zielt darauf ab, allen Welpen die Chance zu bieten, zu einem anpassungsfähigen Hund zu gedeihen. Es ist von Bedeutung, den Welpen nicht in einer Verhaltenstendenz festhängen zu lassen, sondern ihn zu ermuntern, adaptionsfähige, an eine Situation angepasste Reaktionen zu zeigen. Das gibt den Junghunden die Chance, ein breites Repertoire an Verhaltensmöglichkeiten anzulegen. Dies verlangt eine individuelle, von den Geschwistern getrennte Förderung jedes einzelnen Welpen.

Allerdings bleibt durch dieses Egalisieren die Wurfrangordnung ungeklärt, was zu Spannungen führt, wenn die Welpen zu spät abgegeben werden. Dazu kommen rassespezifische Unterschiede: Bei Hütehunden ist die Rangordnung bereits früher festgelegt, zum Teil bereits in der sechsten Lebenswoche – ein Grund mehr, die Hundekinder zum frühestmöglichen Zeitpunkt in ihre künftige Familie zu entlassen.

Nach dem Einzug des neuen Familienmitgliedes steht der Besuch einer Hundeschule meist ganz oben auf der Liste. Gestatten Sie mir deshalb an dieser Stelle ein Wort zur „Förderung" von Welpen. Folgende Übung scheint in vielen Welpenspielstunden sehr beliebt zu sein: Eine Hilfsperson hält den kleinen Knopf fest, während sich die Bezugsperson in ein paar Metern Entfernung vis-à-vis vom Welpen aufstellt (ja, einige verstecken sich sogar!). Hat die helfende Hand – meist die Hundetrainerin – entschieden, dass der Zappelphilipp genug lange gewartet hat, gibt sie das Hundekind frei, worauf dieses zu seinem Menschen tapst. Diese Übung verfolgt offenbar zwei Ziele: Zum einen soll der Abruf trainiert werden. Das Festhalten des Welpen mimt einen Verfügbarkeitsabriss zu seiner Bezugsperson. Der Sozialpartner Mensch, der sich alles andere als sozial verhält, soll durch diesen aufoktroyierten Verlust an Attraktivität gewinnen, sodass der junge Hund besonders freudig zu Herrchen beziehungsweise Frauchen zurückstolpert. Ich halte diese Praxis für den falschen Weg: Strebt der Mensch eine sichere Bindung zu seinem Hund an, repräsentiert er Vertrauenswürdigkeit, Verlässlichkeit, Verbindlichkeit, Verfügbarkeit und Sicherheit. Was glauben Sie zu erreichen, wenn Sie einem so jungen, noch fragilen Leben bereits in dieser frühen Phase Ihres gemeinsamen Weges zu verstehen geben, dass die menschliche Führung ein Raritätsartikel ist? Diese Frage dürfen Sie sich selber beantworten.

Der zweite Aspekt dieser Übung soll der Aufbau von Impulskontrolle sein. Sich selbst zu beherrschen (Selbstbeherrschung) erfordert Hemmung. Diese Hemmung zu erlangen ist ein aufwendiger Lernprozess, welcher den Körper viel Energie (unter anderem in Form von Adenosintriphosphat ATP) kostet. Wenn Sie Ihren Welpen festhalten (lassen), stehlen Sie ihm die Chance, seine Impulse beziehungsweise sein Bremspedal selber kontrollieren zu lernen. Bei der beschriebenen Lektion lernt der Welpe salopp gesagt nichts respektive nicht das, was Sie sich erhofft haben. Üben in Ehren, aber man sollte sich darüber im Klaren sein, was man tut.

Lassen Sie Ihren Hund ruhig Fehler machen. Fehler gehören zum Leben und sind Chancen, um zu wachsen. Lächeln Sie, wenn Sie Ihrem Hundekind empathisch erklären: „Das probieren wir gleich noch einmal." oder: „Komm, ich zeig dir einen Weg, wie sich diese Herausforderung konstruktiv lösen lässt.". Der Mensch versteht so wenig vom Leben, und dennoch beansprucht er zu wissen, was richtig und was falsch ist. Wenn wir reflektieren, wie wir auf die Fehler unserer Hunde reagieren, stellt sich die Frage, ob wir damit ihre Lust am Lernen und somit auch ihre Lernkapazität fördern. Unsere Antworten auf vermeintliche oder reale Fehler sind meist wenig freundlich und zerstören die naturgegebene Lust am Lernen. An die Stelle von Neugier tritt eine Fehlervermeidungskultur, die Hochkonjunktur feiert. Der durch Angst vor Fehlern bedingte Stress lässt das Gehirn auf Notprogrammkurs navigieren, welcher das Verinnerlichen von Lerninhalten sabotiert. Das ist schade.

Gebetsmühlenartig höre ich Hundehalter immer wieder beteuern, dass sie sich mehr Freiheit für ihre Hunde wünschen. Was aber ist Freiheit? Nein, wenn Sie glauben, Sie brauchen nur den Karabiner vom Halsband zu lösen, sind Sie auf dem Holzweg. Freiheit heißt, sich in einem geschützten *Rahmen* ausprobieren zu dürfen, ohne ver- und beurteilt zu werden. Das schließt ein, Fehler machen zu dürfen. Freiheit ist das bedingungslose Ja zu einem Wesen – ein

Ja, das das Gegenüber weder zu einem Bonsai stutzen noch zu einem Soldaten dressieren will. Freiheit ist, geliebt zu werden als der, der man ist – und zwar immer. Freiheit bedeutet, dass ich auch dann geliebt und zugehörig bin, wenn ich Mist baue oder wütend bin. Freiheit ist, wenn ich nicht an meinem Tun gemessen, sondern allein dafür geliebt werde, dass ICH BIN. Freiheit ist der Rahmen, das soziale Sicherheitsnetz, das einen hält, wenn man strauchelt. Freiheit bedeutet, dass ich innerhalb geschützter *Grenzen* eigene Lösungsvorschläge einbringen darf, anstatt einzig den Ansprüchen anderer genügen zu müssen. Diesen sicheren Rahmen zu bieten, in dem all das möglich ist, ist die Aufgabe einer wohlwollenden Erziehung. Freiheit und Liebe haben viele Parallelen: Freiheit schenkt mir den Raum, so zu sein, wie ich bin (und ein Raum hat nun mal Grenzen – sonst wäre es die unendliche Leere), und die Liebe beschützt diesen Raum weitab von laissez faire. Dementsprechend halte ich nichts von Hundeschulen und Hundehaltern, die dem Tenor folgen: „Lass mal, die machen das schon!" Nein, *Sie* führen, *Sie* machen – und zwar die *Regeln*. Sie legen Rahmenbedingungen fest und fordern Grenzen ein. Nun, es ist Ihr Hund. Es ist Ihre Beziehung. Es ist Ihre Entscheidung und Ihre Verantwortung, wie Sie Ihren Hund erziehen. So weit, so gut. Lassen Sie uns zurückkehren zum Thema Wurfrangordnungsphase.

Mit der endgültigen Wurfrangordnungsphase ist auch die Zeit gekommen, in der die Milchzähne ausfallen und die 42 bleibenden Zähne durchbrechen. Der Zahnwechsel erfolgt bei größeren Hunderassen früher als bei kleinen und zieht sich bis circa in den siebten Lebensmonat hin. Zeigen Sie sich während der Zeit rund um den Zahnwechsel besonders einfühlsam. Lassen Sie die Hundeschule ruhig einmal aus, wenn sich Ihr Hund fiebrig oder unwohl fühlt (genau, auch dann, wenn Sie selbst einen Mordsspaß an den Lektionen haben). Verzichten Sie – am besten generell, aber besonders in dieser Phase – auf Zerrspiele, die pädagogisch ohnehin fragwürdig sind.

1.7 Die Rudelordnungsphase (5. bis 7. Monat)

Die präpubertäre Phase verlangt uns sehr viel Konsequenz und Klarheit ab. Natürlich dürfen Sie es mit der Eindeutigkeit halten, wie Sie wollen, aber murren Sie nicht, wenn Ihr Hund den Spielraum unklarer Regeln zu seinen Gunsten auslegt. Mit der Integration ins Rudel bezieht der Junghund seinen Platz in der Rangordnung. Diese stellt die Basis für eine erfolgreiche Zusammenarbeit und dient der Vermeidung von Aggressionen. Der Novize lernt durch Vorbildverhalten seiner Sozialpartner. Das dürfen Sie wörtlich nehmen: Ein **Vor**bild geht **vor**ne – auch an der Leine ... aber dazu später mehr.

Im Schutz des Rudels – also nicht allein im Garten – entdeckt der Jungspund die Grenzen des Territoriums. Wilde oder frei lebende Hunde ... oder sagen wir es mit Jan Nijboers Worten: „Hunde, die nicht gezwungen sind, mit Menschen zusammenzuleben", erlauben ihrem Nachwuchs, an der Jagd und Streifzügen teilzunehmen, wenn die Jungen ein Alter von circa *sechs Monaten* erreicht haben. Entgegen dieser Praxis schleift der Mensch seinen Zögling durch den urbanen Dschungel, kaum ist dieser im neuen Zuhause angekommen. Das Unbehagen am Ende der Leine kaschiert der Mensch mit einer verharmlosenden Geste und einem amüsierten Lächeln. Harmlos beziehungsweise amüsant ist diese Situation für den jungen Hund allerdings gar nicht, denn dieser weiß nur zu genau, dass Welpenschutz in der freien Wildbahn, das heißt außerhalb des eigenen Rudels, nichts gilt. Attila wird wenig Nachsicht zeigen, wenn die biologische Not eines Dreikäsehochs seine Duftmarkierung überplätschert. Viele Hundekinder trauen sich deshalb nicht, draußen zu pinkeln und lösen sich stattdessen, kaum sind sie zurück, im sicheren Daheim. Was für das Tier logisch – biologisch – ist, trägt ihm Schelte ein. Und die ersten Fragezeichen in Bezug auf die Verlässlichkeit seines Menschen fangen an zu keimen.

In der Rudelordnungsphase orientiert sich der Junghund stark an seinem Rudel. Gefragt sind Konsequenz und Führungsqualitäten. Erziehung und Führung sind Dienstleistungen, die den Spross optimal auf das Leben vorbereiten. Erziehung generiert Chancen und Vorteile für den Nachwuchs. Unterordnung ist der falsche Ansatz. Die Eltern gewährleisten die Sicherheit der Juvenilen, stellen sich zwischen potenzielle Gefahren und ihre Kinder und gehen somit vorne. Den Hund *ohne Zielvorgabe* in die Pampa zu schicken – wir nennen das gerne Freilauf –, ist in etwa so, als ob wir unter der Flagge „Inkontinenz" segeln und die Beziehung „laufen lassen". Nijboers Vergleich der „inkontinenten Beziehung" trifft die Realität eines Hundes leider ziemlich genau. Dasselbe gilt für die Treue beziehungsweise das Vertrauen, mit denen es der Sozialpartner Mensch oft nicht so wörtlich nimmt: Die Betreuung weist Lücken auf, und der Junior ist auf sich allein gestellt: die bare Überforderung für ein unbeschriebenes Blatt. Es ist Ihr gutes Recht, das so zu halten, allerdings haben Sie auch mit den Folgen dieser Veruntreuung und den Entscheidungen Ihres Prinzen zu leben. Glauben Sie mir, die Konsequenzen übersteigen in ihrer Endgültigkeit Ihre Vorstellungen. Sie lächeln? Nun gut, da Risikomanagement und vorausschauendes Handeln offenbar nicht zu Ihren Stärken zählen, helfe ich Ihnen gerne auf die Sprünge. Lassen Sie mich ein wenig überzeichnen, damit ich sicher sein kann, dass wir uns richtig verstehen:

Hundchen soll Freilauf geniessen: einfach nur Hund sein!

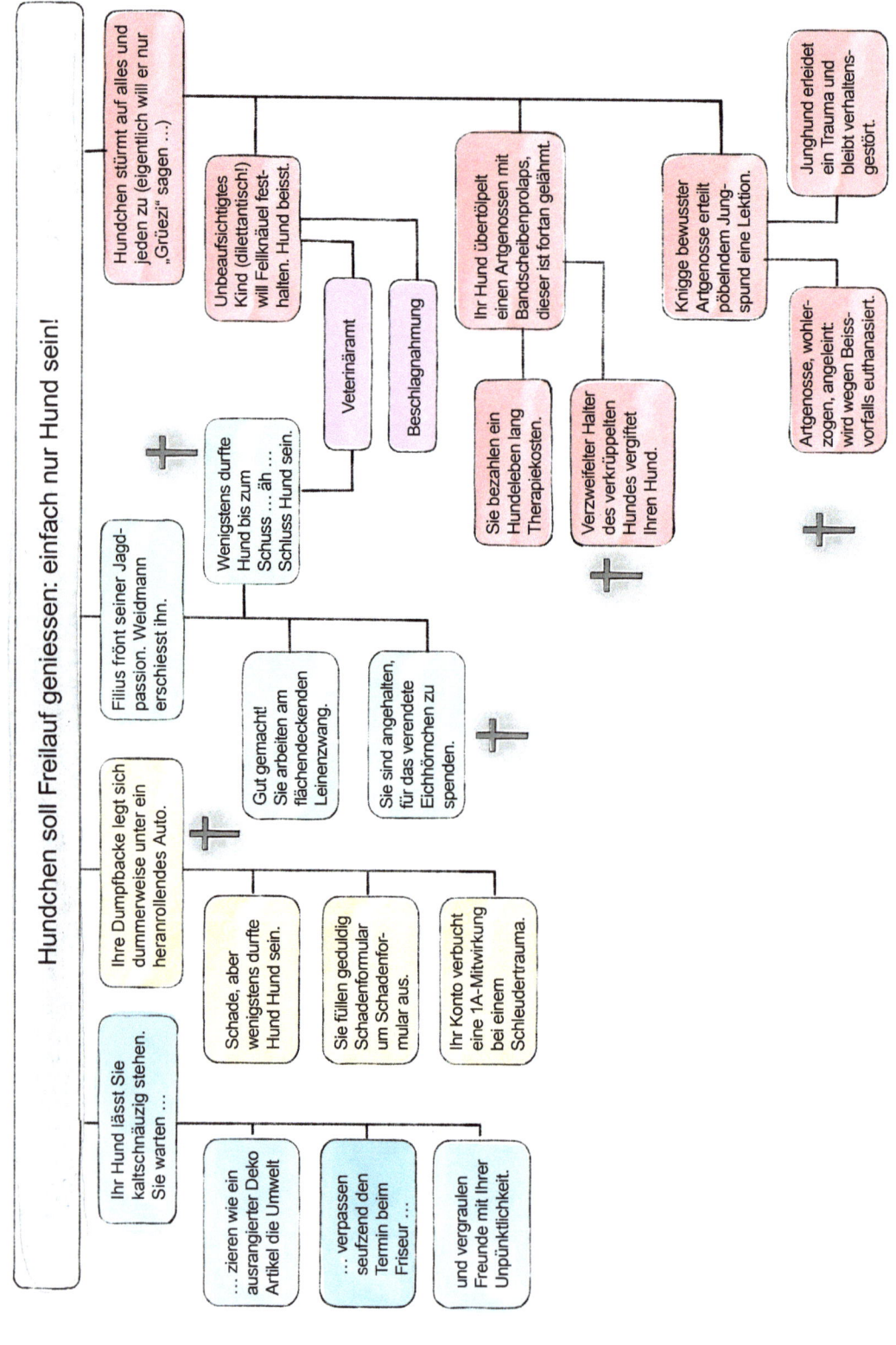

Hundchen stürmt auf alles und jeden zu (eigentlich will er nur „Grüezi" sagen ...)

Unbeaufsichtigtes Kind (dilettantisch!) will Fellknäuel festhalten. Hund beisst.

Veterinäramt

Beschlagnahmung

Ihr Hund übertölpelt einen Artgenossen mit Bandscheibenprolaps, dieser ist fortan gelähmt.

Sie bezahlen ein Hundeleben lang Therapiekosten.

Verzweifelter Halter des verkrüppelten Hundes vergiftet Ihren Hund.

Knigge bewusster Artgenosse erteilt pöbelndem Jungspund eine Lektion.

Junghund erleidet ein Trauma und bleibt verhaltensgestört.

Artgenosse, wohlerzogen, angeleint: wird wegen Beissvorfalls euthanasiert.

Filius frönt seiner Jagdpassion. Weidmann erschiesst ihn.

Wenigstens durfte Hund bis zum Schuss ... äh ... Schluss Hund sein.

Gut gemacht! Sie arbeiten am flächendeckenden Leinenzwang.

Sie sind angehalten, für das verendete Eichhörnchen zu spenden.

Ihre Dumpfbacke legt sich dummerweise unter ein heranrollendes Auto.

Schade, aber wenigstens durfte Hund Hund sein.

Sie füllen geduldig Schadenformular um Schadenformular aus.

Ihr Konto verbucht eine 1A-Mitwirkung bei einem Schleudertrauma.

Ihr Hund lässt Sie kaltschnäuzig stehen. Sie warten ...

... zieren wie ein ausrangierter Deko Artikel die Umwelt

... verpassen seufzend den Termin beim Friseur ...

und vergraulen Freunde mit Ihrer Unpünktlichkeit.

Chapeau, das haben Sie sauber hinbekommen: Sie sind zum Albtraum der Gesellschaft mutiert, diffamieren das ohnehin schon schief hängende Image von Canis lupus familiaris, verschulden ein paar Hundeleben und das Leben eines putzigen Baumfuchses (der Tierfreund in Ihnen war wohl gerade auf Urlaub), und Sie verstehen es in Perfektion, die Befindlichkeit Ihrer Mitbürger unangenehm zu tangieren.

Zurückrufen? Nein, ist nicht, Sie haben doch Freiheit versprochen, nicht wahr? Also gut, rufen Sie das Tierchen ab, das beschert Ihnen die maximale Punktzahl auf dem Konto Inkonsequenz, so viel ist sicher. Immer, wenn's knackig wird, revidieren Sie Ihre Ansage und verraten Ihr Versprechen „Freiheit! Sei einfach nur Hund". Und in Ihrer Eigenschaft als Vorbild bröseln Sie gerade ganz erheblich … Wer will Ihnen da noch folgen?

Eine kompetente, ernst zu nehmende Führungsperson setzt Grenzen, gibt Sicherheit und fördert ihren Schützling mit sinnvollen Aktivitäten. Ein Hund, der mit all seinen natürlichen Anlagen sozial akzeptiert wird, fühlt sich wohl. Ein Kunde monierte kürzlich, dass ihm dieses Getue um die Hierarchie missfalle. Dominanz und Hierarchie assoziieren viele von uns mit Manipulation, Willkür, Unterdrückung und Strafe. Diese negative Besetzung legt offen, wie wenig der Mensch verstanden hat, was es bedeutet, wahrhaft zu führen. Dieses Thema hat ein gesondertes Kapitel verdient. Fakt ist, dass die natürliche Lebensweise der Caniden als Rangordnungssystem organisiert ist. Wie bereits erwähnt, bildet diese Struktur die Basis für eine erfolgreiche Zusammenarbeit und dient der Vermeidung von Aggressionen. Es stellt sich also die Frage, ob Sie den Hund in seiner ganzen Essenz, in seinem Wesen als hierarchisch organisierter, sozialer Beutegreifer akzeptieren wollen. Es stellt sich die Frage, ob Sie ihn dafür lieben, dass er ist, wie er nun mal ist, oder ob Sie ihn nur dann Freund nennen, wenn er in seinem Sosein mit dem erlesenen Zirkel Ihrer Werte korrespondiert. Ein Attribut von Führung ist Zuverlässigkeit. Zuverlässig ist, wer seinen Hund ohne Klausel und ohne doppelten Boden anerkennt als das, was er ist, mit all seinen Talenten und seiner Unvollkommenheit – und zwar immer.

Es ist nicht genug, sich zu echauffieren ob dem Genre an Tiermedizinern, die den Hund kommerziell ausschlachten, sein Lid straffen, ihn mit Silikonhoden bestücken, mit Botox aufspritzen und ihm das Fett absaugen. Es ist nicht genug, den despektierlichen Missbrauch der zu Selbstmordattentätern ausgebildeten Hunde zu kritisieren, die als Kollateralschaden im Krieg der Menschen in Kauf genommen werden. Es bedarf auch eines Bewusstseins dafür, dass asoziale Erziehungsstile, Antijagdtraining und ebenso Maximen unserer Rechtsprechung die Würde und das Wesen unserer Gefährten ohrfeigen.

In der Kindererziehung ist es logisch, dass die Grenzen der Welt eines Babys eng gesteckt sind. Wir benutzen Laufgitter und begrenzen die Kleinen zu ihrer eigenen Sicherheit. Auf dem Weg in den Kindergarten nehmen wir Hänschen noch bei der Hand, in die Oberstufe trödelt Hansi schon ganz allein. Noch überwachen wir die Freizeitaktivitäten unserer Kids, erlauben den Besuch einer Party oder treten auf die Spaßbremse. Wenn die Zeit reif ist, trifft Hans seine eigenen Entscheidungen und verlässt das elterliche Haus.

Im Gegensatz zu unseren Kindern erziehen wir Hunde nicht zur Selbstständigkeit. Analog jedoch sollte eine nachvollziehbare und faire Erziehung nach und nach die Grenzen der Welt unserer heranwachsenden Hunde weiten. Leider sieht die Realität für gewöhnlich anders aus: Die kleine Krabbe darf alles – sie ist ja so süß –, und wenn es dann zu anstrengend wird, pfeifen wir den Brecher zurück, zur Not mit Kopfhalfter, Nohudo, EasyWalk und anderen schlagenden Argumenten.

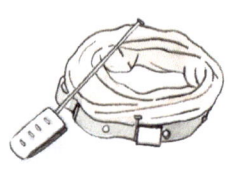

Nohudo bedeutet „No Hunting Dog", also „nicht jagender Hund". Per Fernbedienung lässt sich eine Haube aktivieren, die sich über den Hundekopf stülpt. Sie dient dazu, das Sichtfeld des Hundes einzuschränken, damit dieser davon abgehalten wird, Joggern, Wild und anderen Objekten nachzustellen.

Es gibt gesellschaftstaugliche und artgerechtere Formen, mit dem Jagdtrieb des Hundes umzugehen. Ein Antijagdtraining bedeutet so viel wie Antihundtraining und hat nichts damit zu tun, den Hund in seinem Wesen zu akzeptieren.

Erlauben Sie mir eine Randbemerkung: Ist es nicht erstaunlich, wie sehr sich der Mensch ob seinem jagenden Gefährten echauffiert?

„Nein, wir wollen keine Rotkäppchen-Killer [...], wir wünschen uns mehr so den Landlust-Wolf, der pittoresk im Forst umherstreift und von Trockenfutterspenden lebt. [...] Wir vegetieren als fette Larven in der Wabe des Sozialsystems [...], aber es musste auch erst der graue Räuber kommen und daran erinnern, dass – wer Fleisch fressen will – auch Tiere abmurksen darf; das hatten wir völlig vergessen als bewusste Biofleisch-User, die nur Schweine fressen, die einen Organspendeausweis dabei haben."

(Dietmar Wischmeyer, Wischmeyer und der Wolf[15])

Derselbe Mensch, der sich im Lodenkittel zum Herrn des Waldes aufspreizt und lustvoll das blutige Handwerk ausführt, verurteilt die hündische Passion und das wölfische Treiben aufs Schärfste. Und dabei will der Weidmann auf einen Trophäenkult, der eines wahren Naturschützers unwürdig ist, nicht verzichten und schmückt sein Wohnzimmer mit den ausgestopften Überresten seiner Opfer. Einst war es die Aufgabe des Wolfes, den Bestand des Wildes zu regulieren. Wurde Isegrim deshalb vom Jäger, dem Terminator des Waldes, ausgerottet, weil seine Wolfsnatur die Willkürherrschaft der Grünröcke als funktionslos entlarvt hat? Verbirgt sich hinter sauberen ökologischen Argumenten nicht vielleicht doch die bloße menschliche Lust am Töten, einem Sport, den Homo sapiens mit niemandem zu teilen gewillt ist? (vgl. Precht 1997[16], S. 266 ff.) Verrät nicht etwa auch der Name „Kantonaler Jagdschutzverein", dass es vielmehr um den Schutz der Jagd als um den Wildschutz geht?

Nein, ich toleriere es gewiss nicht, dass Hunde unkontrolliert jagen. Allerdings sind weder das Antijagdtraining noch das Nohudo und Co. pädagogisch akzeptable Problemlösungsstrategien. Der Weg hin zu einer erfolgreichen Jagdkontrolle führt über ein Angebot, das dem Hund echtes, sinnhaftes Alternativverhalten ermöglicht.

Kehren wir zurück zu unserem Thema: Die Erziehung unserer Hunde gleicht einem am Schwanz aufgezäumten Pferd. Das verunglückte Verhältnis von Grenzen setzen und Freiraum gewähren ist eine Krux, die sich hartnäckig in der Hundewelt festgebissen hat. Naturgemäß lebt ein Welpe in engen, sicheren Grenzen. Nach und nach weiten sich diese Grenzen, bis unser Hund als erwachsenes, adultes Individuum das Maß an Spielraum genießt, das seine Persönlichkeit zulässt. In Obhut des Menschen hingegen wird der Freiraum eines Hundes Stück für Stück beschnitten: Für den Welpen gelten noch kaum Einschränkungen. Die überforderten Tiere wachsen zu anstrengenden, rüpelhaften Junghunden heran, was dazu führt, dass es zu Diskussionen zwischen Mensch und Hund kommt, die erste Sanktionen nach sich ziehen. Beim kaum noch kontrollierbaren, adulten Hund bleiben nebst maximaler Begrenzung zum Teil auch Zwangsmittel nicht aus. Die Spirale dreht in die komplett falsche Richtung. Schade für den Hund.

Freilauf (und damit ist das Laufenlassen *ohne Zielvorgabe* angesprochen) infrage zu stellen, ist ein Sakrileg. Er wird hartnäckig gefordert und umgesetzt, leider auch von Teams, die in ihrer Reife weit davon entfernt sind, gemeinsam sicher unterwegs zu sein. Ist die Vehemenz, mit der der Freilauf unserer Hunde verteidigt wird, ein Ventil, mit dem sich unser eigener Wunsch nach Autonomie ein Schlupfloch durch das engmaschige Netz aus Regeln, Verboten und Pflichten unserer Zeit bahnt? Oder ist es – etwas simpler betrachtet – einfach wesentlich komfortabler, nicht von Pinkelstelle zu Pinkelstelle gezerrt zu werden und das Mobiltelefon zweihändig bedienen zu können? Das ist nicht amüsant. Ein nach eigenen Regeln losziehender Hund kann für Dritte ein ernst zu nehmendes Problem darstellen. „Rambo tut nix." und „Er will nur spielen." sind gern bemühte Ausreden uneinsichtiger Virtuosen der Eristik (Kunst, recht zu behalten, ohne recht zu haben). Dass sie versäumt haben, Strolch zu erziehen und nur zu genau wissen, dass jeglicher Versuch, Schröder abzurufen, reine Zeitverschwendung bedeutet, dementieren sie vehement. Mit beeindruckender Lern-resistenz und beispielloser Rücksichtslosigkeit suhlen sie sich im vermeintlichen Privileg, al-len und jedem ihre Töle zumuten zu können. Die Bitte, den Hund anzuleinen, wird dilettan-tisch überhört. Manieren sind offensichtlich nicht mehr in Mode. Davon, dass es für einen Hund einen *gravierenden Unterschied* macht, ob ein Artgenosse an der Leine daherkommt oder eben nicht, haben sie selbstredend noch nie etwas gehört. Frauchen und/oder Herr-chen hüllen sich in einen Mantel aus Ignoranz und Gleichgültigkeit. Wenn andere mit ihrem Benehmen ein Problem haben, ist das schließlich nicht ihre Baustelle. Diesen kalten Men-schen, die einen egalitären Erziehungsstil praktizieren, ist es egal, wenn ein fremder Hund Schaden nimmt, sei es emotional, mental oder physisch. Das läuft alles unter der Rubrik: „Die regeln das schon!" Ein Phänomen, das zu denken gibt. Beunruhigend ist, dass trotz recht-licher Grundlage das Gesetz geradezu launenhaft und willkürlich beansprucht wird: Anstatt Hundehalter mit der obgenannten Gesinnung in die Pflicht zu nehmen, werden lieber unsin-nige Rasselisten verfolgt.

HuG, Abs. 2, § 5 Allgemeine Pflichten:
Hundehaltende sind verpflichtet,
- *ihren Hund so zu halten, dass Menschen und Tiere nicht gefährdet oder*
  übermäßig belästigt werden.
- *ihren Hund jederzeit unter ihrer Aufsicht und Kontrolle zu halten.*

Ich frage mich: Was muss alles schiefgelaufen sein, dass die Beziehung zwischen Mensch und Hund dermaßen verunglückt ist, dass das Gehen an der Leine einer Beeinträchtigung oder gar Strafe gleichkommt?

1.8 Die Pubertätsphase (ca. ab dem 7. Monat)

Dass unsere Knutschkugel in der Pubertät angelangt ist, bemerken wir meistens daran, dass wir schon etwas zerknittert nach einem guten, einem richtig guten Hundetrainer Ausschau halten. Aber was macht diese Phase eigentlich so knackig?

Die Pubertät ist die Entwicklungsphase, welche Veränderungen in der Hirnstruktur einleitet. Im Frontalhirn kleiden Membranen die Axone von Nervenzellen ein, man nennt das Myelinisie-rung. Dieser Umbau verbraucht Unmengen an Energie, weshalb eine Fehl- oder Mangelernäh-rung in den ersten Lebensmonaten gravierende Leistungseinbußen zur Folge haben kann. Am Ende des Myelinisierungsprozesses steht im Idealfall eine Reifung der Körperbeherrschung und des Reaktionsvermögens, der kognitiven sowie der sozialen Fähigkeiten und der Empathie. Die Phase der Pubertät kommt durch das Einschalten bestimmter Gene ins Rollen. Die Initialzündung geht von der Zirbeldrüse aus. Die Zeit unmittelbar vor dem Start der Pubertät stellt eine diffizile Phase dar. Sind in diesem Zeitfenster vermehrt Stresshormone aktiv, ist mit Konsequenzen für das Verhalten des erwachsenen Tieres zu rechnen: Emotionale Instabilität, beeinträchtigte Lern- und Gedächtniskapazität sowie eine Schwäche des Immunsystems sind mögliche Folgen. Die Pubertät bedeutet eben nicht nur eine körperliche Veränderung, sondern sie modelliert auch die Gehirnarchitektur. Das durch die Pubertät losgetretene Fluten des Körpers mit Sexualhormonen ist für eine optimale Entwicklung eines Individuums enorm wichtig: Geschlechtshormone beeinflussen unter anderem direkt oder indirekt die Schilddrüse und die Stresshormondrüsen (Ängstlichkeit), das Längenwachstum der Röhrenknochen, das Justieren von Drehmomenten und Drehverhältnissen in den Gelenken, die Ausbildung von Gelenksflächen, die Belastbarkeit von Sehnen und Bändern (Kreuzband), den Muskelaufbau, die Festigkeit des Bindegewebes, die Reifung des Nervensystems sowie diverse Stoffwechselfunktionen. Sexualhormone verringern die Anfälligkeit für Demenz und Alterserscheinungen. Von besonderer Bedeutung ist die Differenzierung der Gehirnareale. Gerade die Entwicklung des vorderen Hirnlappens, dem Sitz der sozialen Kompetenz, ist in Bezug auf das Beziehungsverhalten entscheidend. Aber auch das rationale Denken und die Fähigkeit zur Problemlösung sind von einem pubertären Schub abhängig (vgl. Strodtbeck/ Gansloßer 2016[5], S. 33/45 ff./92/136).

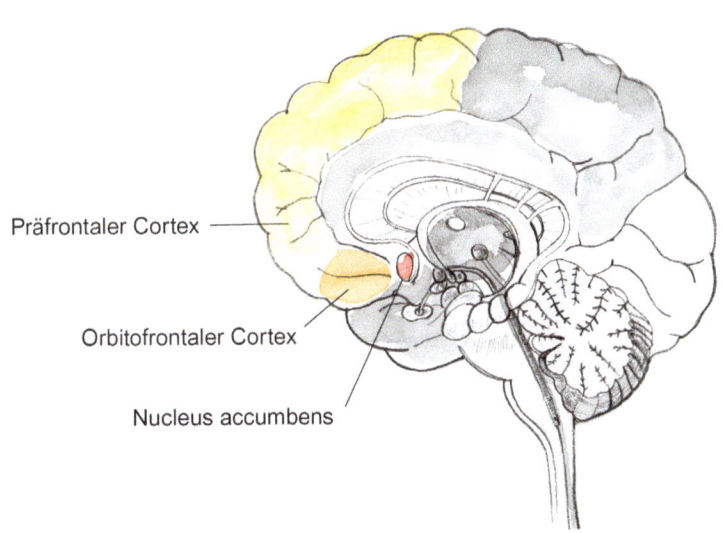

Präfrontaler Cortex

Orbitofrontaler Cortex

Nucleus accumbens

Während die Dichte der Dopaminrezeptoren im Frontalhirn zunimmt, gehen 30 % der Synapsen im Belohnungssystem Nucleus accumbens verloren. Was das Umfeld von dieser Gehirnakrobatik mitbekommt, ist die Null-Bock-Laune Pubertierender. Grund dafür ist, dass das Dopamin nur im Nucleus accumbens, nicht aber im Frontalhirn glücklich macht (vgl. Mehl, 2018[17]).

Ja, das ist bitter. Was früher cool war, ist jetzt doof. Langeweile und eine Interessenverschiebung hin zu jagen und Sex rufen Hundeflüsterer auf den Plan.

Die Umgestaltung der Gehirnarchitektur macht Teenager aber auch offen für die Neubewertung von Situationen. Jugendliche lernen zum Beispiel in der Welt eines Lehrbetriebes neue Strukturen und Werte kennen. Ist das Verhältnis zwischen Mensch und Hund in dieser Lebensphase bereits arg zerrüttet, empfiehlt sich dieses Entwicklungsalter als der wohl beste aller schlechten Zeitpunkte für das Drama einer Umplatzierung. Eine neue Familie, ein neues Regelwerk, die Chance, nochmals neu anzufangen – aus neurobiologischer Sicht ist das Fenster der Pubertät ein adäquater Moment für eine solche Maßnahme (ebd.).

Teenager sind also auf der Suche nach neuen Situationen, wobei der Anreiz, etwas als gut oder belohnend zu empfinden, viel größer sein muss als bisher, was mit dem bereits erwähnten Synapsenabbau im Nucleus accumbens zu tun hat. „Ich verstehe dich, ich weiß, wie du dich fühlst – *und jetzt reiß dich zusammen!*" (Zitat Robert Mehl), das ist die Unterstützung, die Youngsters in dieser Lebensphase brauchen. Respekt in der Erziehung heißt, einen Pubertierenden nicht wie einen Knirps zu behandeln; ein solches Verhalten ruft Statusprobleme aufs Tapet. Vom Erzieher sind Geduld, soziale Verlässlichkeit und Kompetenz, Struktur und Regeln, Orientierung, Sicherheit, Berechenbarkeit, Konsequenz sowie Durchsetzungs- und Abgrenzungsvermögen gefragt, damit der Schüler sein Potenzial voll entfalten kann. Erziehung nimmt also Einfluss darauf, ob Chancen gelebt oder aber verpasst werden.

Einen Junghund zu führen, heißt nicht, ihm meinen Willen aufzuzwingen, sondern dass ich seine Bedürfnisse in gesellschaftsverträglicher Form erfülle. Führen ist eine Dienstleistung und Folgen eine aktive Entscheidung.

Lassen Sie mich kurz abschweifen, um etwas klarzustellen: Es ist wichtig, dass Sie verstehen, dass konsequent sein nicht dasselbe ist, wie dem Hund seinen Willen aufzuoktroyieren. Sprechen wir über das Thema der falsch verstandenen Dominanz: Die Fachsprache kennt die Begriffe „formale Dominanz" und „situative Dominanz". Die formale Dominanz ist die Dominanz eines Rudelführers mit Führungskompetenzen. Er ist für das Wohlergehen seiner Gruppe verantwortlich, trifft dementsprechende Entscheidungen und gibt die Richtung vor. Als Boss hält er alles zusammen und hat sozusagen einen unbefristeten Langzeitvertrag, für eine stabile Rudelordnung und Sicherheit zu sorgen. Die situative Dominanz, die sich zum Beispiel in Form von Kopfauflegen, Schnauzbiss, Scheinattacken, Nase rümpfen oder knurren ausdrücken kann, wird auch von einem rangtiefen gegenüber einem ranghohen Tier gezeigt. Die Hierarchie wird dabei *nicht* infrage gestellt. Es geht vielmehr um die Kommunikation eines Rangtieferen, der signalisiert, dass ihm in der momentanen Situation irgendetwas Unbehagen bereitet. Auch Individuen am unteren Ende einer Hierarchie sind Mitglieder der Gemeinschaft, die ernst genommen werden. Es gibt sogar die situative Anführerschaft, bei der ein rangniederes Tier kurzzeitig den Lead übernimmt, um in Zusammenarbeit mit der

Gruppe eine Aufgabe zu bewältigen, die es besonders gut kann (vgl. Strodtbeck/Gansloßer 2016[5], S. 26 f.). Die Natur verschwendet keine Ressourcen (Talente).

Ein falsches Verständnis in Bezug auf Dominanz führt immer wieder zu Situationen, die für den unverstandenen Hund belastend und stressbeladen sind. Ein Klassiker ist das Thema Futter: Unter Primaten – also auch bei uns Menschen – ist es legitim, wenn ranghohe Tiere gegenüber Individuen, die im Rang tiefer stehen, einen Anspruch an deren Fressen geltend machen (ebd., S. 24). Bei Caniden ist dem nicht so. Das Futter gehört dem, der es hat. Ein rangniederes Tier wird demnach – mit den Mitteln der situativen Dominanz – sein Futter verteidigen. Wenn es darum geht, ein erlegtes Beutetier zu verschlingen, macht das Einfordern einer Hierarchie für ein Hunderudel keinen Sinn: Die kantinenübliche Formation der Einerkolonne am Futtertrog ist nicht zielführend, wenn die Jäger ihre Beute nicht an Nahrungskonkurrenten verlieren wollen. Was gemeinsam erjagt wurde, gehört allen.

Das Gängeln am Futternapf zur Klärung von Hierarchieverhältnissen ist deshalb denkbar ungeeignet. Es erzeugt lediglich Stress und beschädigt das Vertrauen. Einen pädagogisch sinnvollen Beitrag zur Erziehung leistet es mitnichten. Insofern stelle ich auch die diesbezügliche, am Hundehalterbrevet geforderte Aufgabe infrage. Einem kynologisch Verständigen müsste klar sein, dass diese Übung dem antretenden Team hinsichtlich Beziehung und Erziehung einen Bärendienst erweist. Nun, es ist mir durchaus bewusst, dass die zunehmende Giftköder-Problematik geradezu danach verlangt, dass ein Hund eine Beute auf Verlangen hin prompt ausspuckt. In einer stabilen Beziehung kann ein derartiges Training sinnvoll sein, wenn sich die Rahmenbedingungen wohlwollend gestalten und frei von Machtspielen operieren.

Eine etwas andere Übung zum Thema „Futter verschmähen" sorgte an einem Bahnhof im Kanton Basel für rege Belustigung unter den Passanten. Für manch einen Hundeführer war die gestellte Herausforderung allerdings nicht gerade ein amüsanter Klacks: Wären Sie in der Lage, Ihren Hund auf einem Gehsteig (beschränkter Platz) gelassen an einem Obdachlosen vorbeizuführen, der Sie recht aufdringlich anquatscht und geradezu unappetitlich schmatzend eine Cervelat verspeist, wobei ihm ungeschickterweise auch das eine oder andere Stückchen Wurst aus der Hand rollt?

So weit, so gut; kehren wir zurück zum Thema: Empathie, Status, Respekt und Attraktivität sind unsere besten Argumente für eine konstruktive Zusammenarbeit. Attraktivität erlangen wir, wenn wir sinngebende Aufgaben für unseren Hund kreieren, die seine Bedürfnisse erfüllen. Die grundlegenden Bedürfnisse von Mensch und Hund lassen sich vergleichen, nur deren Erfüllung ist artspezifisch unterschiedlich. Die wichtigsten Themen für unser Wohlergehen sind: Nahrung, Wasser, Schlaf, Unversehrtheit, Ressourcen, Geborgenheit, Zugehörigkeit, Liebe, sozialer Anschluss, Kontakt, Status, Anerkennung, Selbstwirksamkeit und Selbstverwirklichung (vgl. Mehl 2019[18]). Die meisten Punkte sind selbstredend, nur: Was ist mit Selbstverwirklichung und Selbstwirksamkeit bei einem Hund gemeint? Ein Hund mit der Möglichkeit zur Selbstverwirklichung lebt das, wozu er geboren ist, das heißt, er lebt sein Potenzial und die Fähigkeiten, welche die Natur für ihn vorgesehen hat. Eine artgerechte Erziehung arbeitet mit, anstatt gegen diese natürlichen Anlagen. Wir praktizieren also kein Antijagdtraining, sondern nutzen den Jagdinstinkt als Kapital für die Erziehung und lenken ihn in gesellschaftskompatible Bahnen. Wie das aussehen kann, zeigt uns die Philosophie von Natural Dogmanship®. Ein qualifizierter Hundeerziehungsberater oder Instruktor leitet Sie gerne an.

Selbstwirksamkeit beinhaltet ein Gefühl von Lebendigkeit und steht diametral zur erlernten Hilflosigkeit. Unter dem Einfluss der erlernten Hilflosigkeit ist der Hund nicht in der Lage, angemessen auf Umweltreize zu reagieren und zeigt sich unsicher. Der Verhaltensforscher Curt Richter beschreibt in seinem Essay „On the Phenomenon of Sudden Death in Animals and Man"[19] aus dem Jahre 1957 das Sterben und Verhalten norwegischer Ratten, die in ausbruchssicheren Glasschwimmbädern dem sicheren Tod überlassen wurden. Manche Tiere schwammen nur wenige Minuten, bevor sie kapitulierten und ertranken, andere kämpften satte 60 Stunden um ihr Leben, bevor sie starben. Richter notierte sogar einen Spießrutenlauf, der 81 Stunden gedauert haben soll, bevor der Tod diesem grausamen Schauspiel ein Ende bereitete. Den unterschiedlich ausgeprägten Überlebenswillen der Nager suchte der Experimentator in Veränderungen am parasympathischen System. Interessant jedoch ist seine Beobachtung, dass Individuen, die im Vorfeld des Versuches *Chancen* erhielten, *erfolgreich* aus einem Käfig auszubüxen oder sich aus der Umklammerung menschlicher Hände zu befreien, länger und entschlossener um ihr Leben mühten. Jene Versuchsgruppe aber, die sich bereits vor dem Aussetzen ins todbringende Nass mit einem *Verlust der Kontrolle* über ihre Situation konfrontiert sah, resignierte in der Todesfalle schon nach wenigen Minuten. Den Tieren dieser Gruppe erlaubte Richter zum Beispiel nicht, aus seiner Hand zu schlüpfen, und ihr Winden und Zappeln blieb *erfolglos*. Unkontrollierbarer Stress sowie die anhaltende Erfahrung, die Umwelt nicht beeinflussen zu können, überwältigen sowohl Mensch als auch Tier mit Gefühlen der Hilflosigkeit und der Ohnmacht. Das Vertrauen in das eigene Handlungsvermögen schwindet. Daraus resultieren unter anderem inadäquates Verhalten und Passivität bis hin zur Selbstaufgabe. Die Folge ist eine zum Teil stark verminderte Lebensqualität.

Für die putzigen Nager in Richters Tierversuchen gab es kein Happy End. Weder menschliche Gnade noch ein mitfühlendes Herz bewahrte sie in letzter Sekunde vor ihrem traurigen Ende. Mögen die Tieropfer nicht umsonst gewesen sein.

Zur erlernten Hilflosigkeit – einer Depression aufgrund von Trauma-Folgestörungen – folgten weitere Experimente, so zum Beispiel durch den Psychologen Martin Seligmann:

Hundegruppe 1 wird elektrischen Schocks ausgesetzt. Durch selbstwirksames Handeln können die Tiere den Stromschlägen entkommen, indem sie durch eine offene Trennwand in ein anderes, stromfreies Abteil flüchten.

Hundegruppe 2 wird ebenfalls mit elektrischen Schocks konfrontiert, diese Gruppe kann jedoch nichts gegen die aversiven Reize unternehmen (geschlossene Trennwand). Das Verhalten der Tiere (Ausbruchsversuche) hat keinen Einfluss auf die Stromschläge. Sie sind nicht in der Lage, ihre Umwelt durch Handlungen zu beeinflussen und sind somit hilflos.

Hundegruppe 2 erhält erneut Stromschläge, diesmal allerdings mit der Möglichkeit, durch eine offene Trennwand in einen anderen Raum zu fliehen. Trotz einer Fluchtmöglichkeit unternehmen die Hunde nichts gegen die quälenden Stromschläge. Sie haben im Vorfeld gelernt, dass sie nichts ausrichten und Situationen, die ihnen widerfahren, nicht kontrollieren können. Sie lassen passiv über sich ergehen, was ihnen geschieht.

Eine Einsicht, die aus den Versuchen gewonnen wurde, lässt sich folgendermaßen zusammenfassen: Erleidet ein Individuum den Verlust von Kontrolle, und fehlt ihm die Möglichkeit, mit einem *alternativen Verhalten* auf die Situation zu reagieren, lernt es, dass es nichts bewirken oder ausrichten kann. Seine Selbstwirksamkeit ist gleich null. Es resigniert und ergibt sich in sein Schicksal (vgl. Ovadia 2019[20]).

Was bedeutet das nun für die Erziehung unseres besten Freundes? Es ist uns nicht möglich – und es ist auch nicht notwendig – unseren Caniden alle Bedürfnisse zu erfüllen. Wichtig ist, dass Bedürfnisse gesehen und *echte* Alternativen und Entwicklungschancen geboten werden. Bedürfnisse, die ernst genommen werden, generieren Vertrauen in den Erzieher. Beobachten Sie Ihren Hund, erkennen Sie seine Talente und seine Persönlichkeit und fördern Sie diese (eventuell in Zusammenarbeit mit einer vernünftig ausgebildeten Fachperson) auf gesellschaftsverträgliche Weise. Wer geneigt ist, mit Strafen zu agieren, sollte bedenken, dass der Alltag für einen jungen Hund genug Potenzial der Selbstbestrafung liefert (siehe Impulskontrolle). Unterordnung nur um des Funktionierens willen mag vielleicht für den Menschen bequem sein, fair ist dieser Ansatz dem Hund gegenüber eher nicht.

Eine Szene, die sich im Sommer 2012 am Vierwaldstättersee zugetragen hatte, ist mir bildhaft in Erinnerung geblieben: Eine mit mehreren Tuben Le Parfait bewaffnete Hundehalterin versuchte, ihrem Schweizer Sennenhund ein Bad im kühlen Nass schmackhaft zu machen. Die Hartnäckigkeit, welche die Dame dabei an den Tag legte, hätte selbst einen Vollblut-Terrier staunen lassen. Der Große Schweizer Senn jedoch antwortete mit allen Signalen des Widerwillens und des Unbehagens. Diese bühnenreife Darbietung stimmte mich traurig. Sie war nicht nur unsinnig und egoistisch, sondern dem Hund gegenüber in hohem Maße respektlos. Ehrlich gemeinte Talentförderung lässt sich auf die Präferenzen des Tieres ein und versucht nicht, seinem Gefährten das eigene Wunschkonzert aufzuzwingen. Das Ausleben von Vorlieben hat aber natürlich auch Grenzen wie im Fall meiner Rothaarigen. Ließe ich die Hündin nach ihrem Gusto gewähren, bliebe der See für Badefreunde fortan gesperrt. Die überambitionierte Bademeisterin pflückt alles und jeden aus dem Wasser, ungeachtet dessen, ob das betreffende Objekt überhaupt gerettet werden will. Hier gilt es, diese leidenschaftliche Passion in vernünftige Bahnen zu lenken: Die selbst ernannte Rettungsschwimmerin durfte lernen, ihre Impulse zu beherrschen und nur jene Dinge zu bergen, welche ich zur Rettung freigegeben habe. Spielräume, in denen sich ein Jungspund ausprobieren und erfahren darf, erfordern Betreuung, Regeln, Leitplanken, Anleitung und Grenzen.

Der Volksmund weiß, dass nichts so aggressiv ist wie kleine Kinder. Die Hirnareale, die für soziale Kompetenzen zuständig sind, reifen eben erst spät. In der Pubertät stehen zudem Lernschritte wie Hemmung, Impulskontrolle und das Abwägen von Konsequenzen an. Auch wenn soziale Interaktionen ruppig daherkommen, liegt ein Hund mit seinen Impulsen grundsätzlich richtig, weil sie sein Überleben sichern. Die Frage nach dem WARUM eines impulsiven Ausbruchs ist der falsche Ansatz. Die Schlüsselfrage lautet vielmehr: „WOZU hast du das getan?" Ein Beispiel (vgl. Mehl, 2018[17]):

„Warum hast du dem Jungen eine Watsche verpasst?"
„Weil er mich schräg angeguckt hat."

„Wozu hast du dem Jungen eine Watsche verpasst?"
„Um ihn mir vom Leib zu halten."

Mit der ersten Fragestellung nach dem Warum dringen wir nicht auf den Grund der eigentlichen Ursache vor. Die zweite Frage nach dem Wozu liefert uns einen Hinweis auf das Thema Sicherheit. So kommen wir dem (unerfüllten) Verlangen beziehungsweise Bedürfnis auf die Spur, was uns bei der Wahl der weiteren Erziehungsschritte ein Wegweiser sein kann.

Neulich erreichte mich ein Anruf einer emotional sehr aufgewühlten Hundehalterin. Sie war verzweifelt, weil ihre Hundetrainerin ihr vorhielt, dass ihr Hund mit zehn Monaten noch bei Weitem nicht das kann, was in diesem Alter erwartet würde. Es stimmt mich besorgt, wie sehr unsere Hunde in das *leistungs*orientierte Weltbild des Homo sapiens gedrückt werden. Lernen ist ein Prozess, der sich mit einem *prozess*orientierten Konzept deutlich nachhaltiger entfaltet als unter Leistungsdruck. Streben wir zudem eine primär soziale Beziehung zu unserem Hund an, führt der sicherste Weg über *prozess*orientierte Ansätze. Ein Apfel ist eben reif, wenn er reif ist. Der Weg ist das Ziel. (Das Thema primär soziale beziehungsweise sekundär soziale Beziehung wird noch gesondert behandelt.) Bei solchen Vorlagen erstaunt es wenig, dass bereits Literatur zu ADS (Aufmerksamkeitsdefizit) und ADHS (Hyperaktivitätsstörung) beim Hund die Regale füllt. Als Ursachen von ADS beziehungsweise ADHS werden unter anderem Traumafolgestörungen aufgrund frühzeitiger Einschulung, Überforderung sowie erzieherischer Übergriffe beschrieben (ebd.). Gewiss, Erziehung auf später zu verschieben, ist ein schlechter Rat, allerdings sollte die Förderung unserer kleinen Begleiter altersangemessen und vor allem individuell erfolgen.

Die Pubertät ist eine der sensiblen Entwicklungsphasen und birgt ein erhöhtes Risiko, traumatisiert zu werden, was mit den Umbauprozessen im Gehirn zusammenhängt. Lebt der Hund in einer sicheren Bindung zu seinem Menschen, ist eine Traumatisierung weniger wahrscheinlich. In einer beängstigenden Situation weiß der Hund: „Ich stehe nicht alleine da. Mein Mensch hält zu mir." Das Vertrauen in die Beziehung hält den Widrigkeiten des Lebens stand. In der komplettierenden Lernphase der Pubertät perfektionieren unsere Hunde erlerntes Verhalten und kombinieren es mit gesammelten Erfahrungen. Durch die körperliche Reifung und die damit verbundene potenzielle Möglichkeit, Nachwuchs zu zeugen, gewinnt auch das territoriale Verhalten an Bedeutung. Der Ernst des Lebens beginnt. Eine gute Wahl ist der Kontakt zu jüngeren, noch nicht geschlechtsreifen Artgenossen oder zu älteren, souveränen Tieren.

Der Verlauf der Erziehung in den vorangegangenen Entwicklungsphasen entscheidet mit, ob sich Pöbeleien und Provokationen in Grenzen halten, oder ob es zu regelrechten Rangordnungsstreitigkeiten kommt. Leider erlebe ich oft, dass gerade in der sensiblen Phase der Pubertät Zwangsmittel zum Einsatz kommen – ausgerechnet in einer Zeit, in der es um Vertrauen und das eigene Weltbild geht. Was für eine Weltanschauung vermitteln wir damit bloß unseren Hunden?

„Besonders problematisch ist es, wenn man mit falschen und zu gewaltbereiten oder rigorosen Dominanzkonzepten in der Pubertät eines Hundes agiert. Wer in dieser Zeit mit dem berüchtigten Alpha-Wurf oder anderen körperlich gewaltsamen Methoden den Hund zu disziplinieren versucht, zeigt genau das Gegenteil: Die Dominanzbeziehung ist nicht gefestigt und wird nicht anerkannt, man muss Gewalt anwenden. Gerade pubertierende Hunde, insbesondere von bestimmten Rassen, ziehen daraus sehr schnell die Schlussfolgerung, dass sie selbst die Verbesserung ihrer Position in die Pfote nehmen müssen, oder dass ihr Verbleiben in der Gruppe nicht mehr gewünscht ist – aber

im Gegensatz zu jungen Wölfen und Wildhunden haben Familienhunde meist nicht die Möglichkeit, ihre Köfferchen zu packen und abzuwandern."
(Strodtbeck/Gansloßer 2016[5], S. 29)

1.9 Die Adoleszenzphase (ab ca. 2 Jahren)

In der Natur verlassen die Jungerwachsenen ihre Familie. Submissivere Tiere, die im elterlichen Rudel verbleiben, übernehmen eine Aufgabe, wie zum Beispiel das Erziehen der Welpen als Onkel oder Tante. Für die Persönlichkeitsentwicklung unserer Haushunde ist es von Bedeutung, dass sie mit Aufgaben betraut werden, die ihrem Rang und ihren Fähigkeiten entsprechen. Pflichtbewussten Hundehaltern wird die opportunistische Verbiegung abverlangt, ihren Begleiter in der Kindrolle zu halten, obwohl wir es fortan mit einem erwachsenen Individuum zu tun haben. In unserer Gesellschaft sollen Caniden nicht erwachsen werden, das heißt, sie dürfen keine selbstständigen hündischen Entscheidungen treffen, da dies zu Streit mit unseren Zeitgenossen und zu Konfrontationen mit dem Gesetz führt. Der Spagat besteht darin, unseren Gefährten als hoch entwickelten sozialen Beutegreifer ernst zu nehmen, ihm eine angemessene Aufgabe zu übertragen und ihm damit die Erfahrung von Selbstwirksamkeit zu ermöglichen, während wir uns gleichzeitig der Verantwortung gegenüber unserem Umfeld bewusst bleiben. Wir üben Einfluss auf das Tun des Vierbeiners aus und gewährleisten Sicherheit sowie klare hierarchische Strukturen.

Ein Hund ohne Aufgaben hat gute Chancen, in die erlernte Hilflosigkeit abzurutschen. Unsere Gefährten allein auf ihre sozialen Anlagen zu reduzieren, gleicht einer Verstümmelung. Unsere Vierbeiner sind weit mehr als nur Kuschelpralinen:

Instinktkreis nach Jan Nijboer

- Territorialverhalten
- Jagdverhalten
- Sozialverhalten
- Sexualverhalten

Das Leben strebt nach Expansion und Wachstum. Der Beutegreifer Hund will seine Talente einsetzen und hegt einen territorialen Anspruch. Unser Lebensstil lässt jedoch keinen Raum, die territorialen Bedürfnisse unserer Hunde zu befriedigen, umso mehr bieten wir ihnen Sicherheit und Führung.

Während bei Wildhunden die Läufigkeit beziehungsweise Samenproduktion einmal im Frühjahr einsetzt, gibt es bei domestizierten Hunden das ganze Jahr über läufige respektive reproduktionsbereite Tiere. Das bedeutet Stress ohne Ende. Bei wilden Caniden greift zudem die soziale Kastration, infolge derer nur die ranghohen Tiere Nachwuchs zeugen. Da klare Rangstrukturen in der Lebensgemeinschaft zwischen Mensch und Hund mehrheitlich ein stiefmütterliches Dasein fristen, kastrieren beziehungsweise sterilisieren wir unsere Hunde – wenn überhaupt – mit dem Skalpell. Die Meinungen medizinischer Fachkreise zum Thema Kastration driften nicht unerheblich auseinander, da scheint das Zünglein an der Waage zu sein, von wem wir uns beraten lassen. Mein Standpunkt als Ansprechperson für Erziehungsfragen ist eine Befürwortung der Kastration, da sie im Optimalfall sexuellen Stress zu minimieren vermag. Die maroden Führungsqualitäten und das abgetakelte Verständnis des Homo sapiens für die Rudelordnungsstrukturen des Canis lupus lassen wenig Optimismus zu, dass allein unser Status für Ruhe in der Wurmbüchse zu sorgen vermag oder anders gesagt, unsere Gefährten sozial kastriert. Darüber hinaus gibt es gesundheitliche Gründe, die für eine Kastration sprechen, wie zum Beispiel Anal- und Hodentumore sowie Hodenhochstand (Kryptorchismus) beim Rüden und die Gebärmutterentzündung/Gebärmuttervereiterung sowie manche Formen der Diabetes bei der Hündin (vgl. Strodtbeck/Gansloßer 2016[5], S. 130 ff.). Mein Standpunkt jedoch, der sich auf entwicklungsbiologische Daten beruft, beansprucht hingegen ein Nein zur Kastration. Die Geschlechtshormone haben nicht nur ein entscheidendes Wörtchen mitzureden, wenn es um Ängste, Aggressionen und Stressmanagement im Allgemeinen geht, sondern sie erfüllen auch Aufgaben bei der Reifung des Organismus, wie wir bereits im Kapitel zur Pubertätsphase gesehen haben: Hormone begleiten unter anderem die Ausbildung eines gesunden Bewegungsapparates und stoßen strukturelle Umbauprozesse im Zentralnervensystem an.

Einen Hund mit der Intention zu kastrieren, ihn dadurch leichter führbar zu machen oder rüpelhaftes, eventuell aggressives Verhalten zu unterbinden, ist nur in wenigen Fällen von Erfolg gekrönt. Warum? Aggression ist ein Kind des limbischen Systems. Mit aggressivem Verhalten in Zusammenhang stehen insbesondere die Botenstoffe Dopamin, Serotonin und Noradrenalin. Produziert werden diese Hormone im Gehirn, Serotonin zum Teil auch im Darm. Geschlechtsteile wegzuschnippeln hilft also nicht sonderlich weiter.

Dopamin, welches auch mit Selbstbelohnung und Erfolgserlebnissen korreliert, hat einen Bezug zu männlichem Sexualverhalten und sexueller Handlungsbereitschaft. Aufreiten, werben und Paarungsverhalten zeigen deshalb auch Kastraten. Aufreiten ist allerdings nicht immer sexuell motiviert: Rhythmische Bewegungen stimulieren die Dopaminproduktion. Gerade Tiere in schlechten Haltungsbedingungen oder solche, die unter chronischem Stress leiden, verhelfen sich mittels rhythmischer Bewegungen zu einem Dopamin-Kick und damit zu einem besseren Gefühl (ebd., S. 74 ff.). Wer kennt ihn nicht, Rainer Maria Rilkes Panther, dessen Blick vom Vorübergehen der Stäbe müd geworden ist, oder den verhaltensgestörten Elefanten im Zoo, der sich an schwere Eisenketten gefesselt monoton von einem Bein auf das andere in einen Dämmerschlaf des Vergessens wiegt? Auch das repetitive Stoßen beim Aufreiten erfüllt unter anderem den Zweck der Stressbewältigung.

Das Kampfhormon Noradrenalin ist vor allem bei der Selbstverteidigung aktiv. War die Präventivschlagstrategie beziehungsweise das „Sich aus einer Situation heraushauen" erfolgreich, sorgt Noradrenalin dafür, dass das Individuum an diesem Erfolg nachhaltig lernt. Das heißt, die Reizschwelle für Wiederholungen sinkt, und die Strategie hat gute Chancen, erneut zum Einsatz zu gelangen. Für Sie heißt das, dass Sie Ihren Leinenpöbler kaum über eine Kastration kurieren (ebd., S. 73).

Aggressives Verhalten mit dem Zudrehen des Testosteronhahns beseitigen zu wollen, ist in doppelter Hinsicht riskant: Aggression steht nicht ursächlich in Zusammenhang mit Testosteron. Im Vorfeld einer Aggression ist – neben weiteren Faktoren – meist das Abflachen des Serotoninspiegels zu beobachten (Serotonin ist der Stimmungsaufheller). Testosteron zeigt sich als das Hormon des sozialen Erfolgs erst dann, wenn die Schlacht schon geschlagen ist. Bedeutsam ist auch, dass Testosteron als Gegenspieler des Stresshormons Cortisol Gefühlen der Angst sowie Stress regulierend entgegentritt. Nach einer Kastration ist deshalb mit einer erhöhten Stressanfälligkeit zu rechnen. Zudem zieht man schüchternen Hunden noch gänzlich den Boden unter den Füßen weg, da Testosteron mit einem gesunden Selbstbewusstsein einhergeht. Das Cortisol hat sozusagen freies Spielfeld, womit auch die ressourcenbedingte Aggression aus Gründen der Unsicherheit zunehmen dürfte (ebd., S. 73/83 f.).

Vasopressin steht für Themen wie Eifersucht, die individuelle Erkennung eines Sozialpartners und den Schutz von Gefährten. Somit lässt sich auch das lautstarke und unfreundliche Verteidigen von Frauchen gegen Jogger, andere Hunde und möglicherweise den Ehemann nicht durch eine Kastration beheben, denn auch Vasopressin kommt aus der Werkstatt des Gehirns, nicht aus den Geschlechtsdrüsen (ebd., S. 66 ff.). Eine Kastration, die im Übrigen noch viele weitere Fragen aufwirft, sollte daher im Vorfeld gründlich abgeklärt, abgewogen und reiflich überlegt werden. Mit Sicherheit lässt sich jedoch festhalten, dass die Amputation von Geschlechtsorganen keinen Ersatz für eine sinnvolle Erziehung darstellt. Die Diskussion um pro und kontra einer Kastration ist aber nicht Gegenstand dieses Buches, daher sei nicht weiter darauf eingegangen.

„Das hat er ja noch nie gemacht!" ist einer der Klassiker aus dem Munde eines Hundehalters. In der Adoleszenzphase ist es tatsächlich so, dass manch ein vermeintlich unproblematischer Vierbeiner unbequem wird und sich genötigt sieht, der Malaise des Alltags die Stirn zu bieten. „Ein Hund, der Probleme macht, *hat* Probleme." (Zitat Jan Nijboer). Ihr Wauwau tut das nicht, um Sie zu ärgern. Bisher hat ihn lediglich seine Infantilität daran gehindert, der Welt entgegenzuschleudern, wo Barthel den Most holt, wenn eine Situation seine Toleranz überstrapaziert hat. Das ist nun vorbei, Ihr Hund ist erwachsen. Willkommen im realen Leben.

Wenn Sie Ihre Aufgaben als Hundeeltern in den letzten zwei Jahren pflichtbewusst wahrgenommen haben, dann ist es jetzt so weit – ENDLICH! Der Jungerwachsene betritt einen neuen Kreis des Vertrauens, das heißt, sein Spielraum wird weiter. Und für uns heißt das: Der Abbau der Sicherheitsleine kann beginnen, herzliche Gratulation!

1.10 Das Senectum

Sie genießen nun schon viele Jahre das Privileg, einen Hund an Ihrer Seite zu wissen. Ihr Gefährte ist alt geworden und die letzte Phase seines Lebens bricht an, das Senectum. Die Zeit, die vor Ihnen liegt, bedarf einiger Anpassungen und Veränderungen (vgl. Vaupel/Nijboer 2020[21]). Diese finalen Jahre oder Monate werden noch einmal sehr intensiv und geben uns Gelegenheit, für alles dankbar zu sein, was wir mit unserem treuen Freund erleben durften.

Die Zeit der Erziehung ist vorbei. Fortan geht es vielmehr darum, jeden Tag aufs Neue herauszufinden, was der Hund braucht, was seine Tagesform zulässt, und was in diesem Moment – heute, hier und jetzt – für unseren Gefährten möglich ist. In vielerlei Hinsicht ähnelt das Leben mit alten Hunden dem Leben mit Welpen, beide stellen besondere Ansprüche an die Betreuung.

Allmählich lassen die Sinne des alternden Hundes nach. Die Ohren werden taub und die Augen trüb. Dieser körperliche Abbau verunsichert die Tiere. Sie sind ängstlicher und erschrecken sich leichter. Unvermittelte Bewegungen oder das Stören im Schlaf können Abwehrreaktionen provozieren, was zu Unrecht als aggressiv etikettiert wird. Alte Hunde spüren, dass sie nicht mehr schnell genug ausweichen oder sich adäquat verteidigen können, was ihre Reaktionsbereitschaft erhöht. Unüberlegt unterstellen wir den Oldies, dass sie stur seien, weil sie sich öfter mal zieren, wenn sie sich hinsetzen sollen. Aber möglicherweise versuchen die Tiere nur, Schmerzen zu vermeiden. Mit degenerativen Veränderungen an Wirbelsäule und Gelenken fällt es zunehmend schwerer, Unterordnung zu befolgen. Es stellt sich die Frage, ob ein alter Hund überhaupt noch das Training bestreiten muss. Das Alter erfordert eine Anpassung der Beschäftigung und der Aktivitäten. Da der Hund körperlich nicht mehr in der Lage ist, gewisse Leistungen zu erbringen, sollten wir Aufgaben für ihn kreieren, die er im Rahmen seiner Möglichkeiten gut bewältigen kann. Es ist nicht sinnvoll, dem wackeligen Greis wieder und wieder seine schwindende Fitness zu demonstrieren. Herausforderungen wollen angepasst werden, und es ist wichtig, auf gelenkschonende Aufwärmphasen zu achten. Nasenarbeit kann von den meisten Hunden noch lange erfolgreich ausgeübt werden und gibt den Senioren ein gutes Selbstwertgefühl.

Die Muskeln bauen ab, während die Tendenz, Fett anzusetzen, zunimmt. Der Ernährung der Senioren ist besondere Aufmerksamkeit zu schenken. Persönlich halte ich wenig von den marktüblichen Seniorenfuttern, da deren Eiweißanteil zugunsten eines erhöhten Kohlenhydratanteils niedrig gehalten wird. Um einen schnellen Muskelabbau nicht unnötig zu forcieren, braucht es aber ausreichend *hochwertige* Eiweiße in einer Qualität, welche den Nieren nicht schadet (hohe Bioverfügbarkeit/NNU). Kohlenhydrate hingegen machen dick, erschweren die Proteinresorption, belasten die Bauchspeicheldrüse und enthalten Phytinsäure, welche das Calcium-Phosphor-Verhältnis zugunsten des Phosphors verschiebt. Ein Zuviel an Phosphor tut den Nieren nichts Gutes. Allenfalls ist der Zeitpunkt gekommen, wieder häufiger kleine Mahlzeiten zu füttern. Die Verlangsamung des gesamten Stoffwechsels und ein schwächelndes Immunsystem führen dazu, dass Schlacken weniger effizient abgebaut werden, was ein erhöhtes Tumorrisiko mit sich bringt. Tumoröse Veränderungen sind für andere Hunde riechbar. Tumorpatienten sind gern gesehene Mobbingopfer, weshalb es Sinn macht, darüber nachzudenken, wie, wo und wann wir mit unseren Opas und Omas nach draußen gehen. In jedem Fall – und das gilt nicht nur für Hunde mit Tumoren – sind wir in hohem Maße gefordert, für unsere Alten einzustehen, für Sicherheit zu sorgen und Betreuung zu gewährleisten. Ein Hund, der das Glück hatte, die Leine als etwas Positives kennenzulernen, profitiert im Senectum von diesem Anker. Das physische Band zu seinem Menschen verspricht Halt und Zweisamkeit. Die Leine als Verbindung zu einem vertrauenswürdigen Sozialpartner gibt ängstlichen, unsicheren, desorientierten, sehbehinderten und tauben Hunden die Anlehnung, auf die sie mehr und mehr angewiesen sind.

Haut und Fell verändern sich. Möglicherweise müssen nun auch regelmäßig die Krallen gekürzt werden. Sehnen und Bänder sind weniger elastisch und das Skelett zeigt Deformationen. Eine häufige Alterserscheinung nebst Arthrose ist die Spondylose, eine schmerzhafte Zubildung (Kalkeinlagerungen) an den Wirbelkörpern. Drücken solche Sporne auf Nerven, kann das zu

Folgeerscheinungen, wie zum Beispiel Inkontinenz führen. Der instabile Bandapparat, der Muskelabbau und die Veränderungen am Skelett lassen unseren Senior schon mal etwas wackelig unterwegs sein. Beobachten Sie Ihren alten Freund, denn es kann sein, dass er Dinge, die ihm früher Spaß gemacht haben, nicht mehr tun will. Wenn er nicht mehr mit seinen Kumpels unterwegs sein möchte, ist das in Ordnung – wer verliert schon gerne sein Gesicht. Was jetzt zählt, sind Sie – Sie und das Vertrauen, das Sie in den vergangenen Jahren gemeinsam aufgebaut haben. Sie sind der Fels in der Brandung, der Ihrem Hund Sicherheit und Frieden gibt, wenn ihn das Leben hie und da etwas durchschüttelt und gelegentlich anstrengend sein kann.

Körperkontakt gewinnt im Alter aus verschiedenen Gründen wieder an Bedeutung: Einen Sozialpartner zu spüren, vermittelt das Gefühl von Sicherheit. Die Frage nach Sicherheit ist im Lebensabschnitt des Senectums immer lauter zu vernehmen, denn der Hund weiß, dass er je länger, desto weniger für sich selbst sorgen und eintreten kann. Wenn Ihr Hund erfahren durfte, dass er an Ihrer Seite geführt, betreut und beschützt ist, und dass er die Freiheit hat, weder die Umgebung kontrollieren noch auf das Rudel aufpassen zu müssen, bleibt ihm viel Stress erspart. Beim Kontaktliegen spürt der Senior, dass jemand da ist, denn das Alleinbleiben fällt aufgrund der zunehmenden Unsicherheit allmählich schwerer. Der Körperkontakt stimuliert zudem die Produktion des Bindungshormons Oxytocin, welches hilft, mit Stress besser klarzukommen. Der Neurotransmitter Dopamin (Tatendrang) nimmt im Alter ab, alte Hunde schlafen mehr. Manchmal sucht ein altes Tier die physische Nähe zu einem Bindungspartner, um die Wärmeregulation seines Körpers leichter aufrechterhalten zu können. Vielleicht ist es an der Zeit, über den Kauf eines Pullovers oder Hundemäntelchens nachzudenken. Auch müssen Senioren nicht bei jedem Hundewetter nach draußen gezerrt werden. Stattdessen freuen sie sich an gemeinsamen Ritualen mit ihrem Menschen. Abends darf mir zum Beispiel unser altes Mädchen einen leeren Dummy in der Größe eines Necessaires apportieren. Dann öffnet sie mittels eines Knotenseils die Schublade einer Kommode, in der ihr Wellness-Equipment verstaut ist. Abhängig von der Tagesform und der Befindlichkeit unserer Hündin fülle ich den Dummy entweder mit Kräuterstempeln, dem Magnetblock oder Laser des VetBemers, einer Rolle Tape, einer CD mit Entspannungsmusik, dem Qigong-Massagestriegel oder mit einer Tube Heillehm. Nun darf die Seniorin den Dummy auf ihre Decke im Wohnzimmer tragen. Das anschließende abendliche Ritual genießt nicht nur unsere Oma. Es hilft auch mir zu entspannen und zu entschleunigen. Jegliche Art positiver Beschäftigung mit dem Hund hat zudem den angenehmen Effekt, dass sich die Schmerzwahrnehmung des Tieres dahingehend verändert, dass Schmerzen besser toleriert werden.

Regeln, Routine und Strukturen geben den Senioren Halt und Sicherheit. Mit einem alten Hund umzuziehen oder es sich zur Gewohnheit zu machen, ständig die Möbel zu rücken, kann einen Veteranen erheblich belasten. Gerade blinde oder desorientierte Hunde verlangen nach Verlässlichkeit und Beständigkeit sowohl der Umgebung als auch der Bezugsperson. Führt man einen alten Hund an neue Herausforderungen heran, ist es hilfreich, vertraute Elemente in die Aufgabe einzubinden. Hunde, die in jungen Jahren die Chance hatten, verschiedene Strategien und Verhaltensmöglichkeiten zu erlernen (auch „Hilf mir!" ist eine Strategie), haben es jetzt leichter, physische und kognitive Verluste zu kompensieren. Wenn Ihr Hund sowohl verbale als auch körpersprachliche Signale kennt, bleibt ihm im Fall einer Erblindung beziehungsweise eines Gehörverlustes noch länger die Möglichkeit erhalten, mit seinem Umfeld zu kommunizieren. Gerade bei blinden Hunden verändert sich die Kommunikation auch gegenüber Artgenossen. Sie erleben ihre Umwelt vermehrt über den Geruchssinn, was in eine frontale Annäherung an einen anderen Hund münden kann, welcher diese unbeabsichtigte Provokation womöglich nicht goutiert. Schützen Sie Ihren Hund vor solchen Missverständnissen. Es muss nicht sein, dass unsere Alten in ihrer letzten Lebensphase mit vermeidbarem Ärger konfrontiert werden.

Wir erinnern uns an die Phase der Pubertät: Im Frontalhirn kleideten Membranen die Axone von Nervenzellen ein, diesen Vorgang nennt man Myelinisierung. Mit diesem Prozess ging eine Reifung der Körperbeherrschung und des Reaktionsvermögens, der kognitiven sowie der sozialen Fähigkeiten einher. Nun, im Alter, degeneriert diese Myelinisierung der Nervenzellen. Das hat zur Folge, dass die gesamte Reizleitung mehr Zeit in Anspruch nimmt. Ihr Hund wird langsamer und braucht für all die großen und kleinen Dinge des Alltags mehr Zeit. Greifen Sie sein Tempo auf, hetzen Sie ihn nicht. Genießen Sie die Zweisamkeit mit jedem Atemzug, denn die Momente mit Ihrem besten Freund sind endlich. Die Zeit der großen Sprünge ist vorbei, gehen Sie langsam – und bewusst. Ich stelle nicht in Abrede, dass das Senectum anstrengend sein kann. Besonders Hunde mit CCD (canine cognitive dysfunction) stellen uns vor besondere Herausforderungen. Ihre neu sortierten Schlaf- und Wachphasen kollidieren mit unserem eigenen Biorhythmus und lassen uns spüren, was es heißt, unter Schlafstörungen zu leiden. Spaziergänge folgen nicht länger dem vorgefassten Plan, sondern richten sich zunehmend nach den nur beschränkt verhandelbaren Ideen unseres grau gewordenen Begleiters. An Wegkreuzungen kann es vorkommen, dass unser Rentner in einen tranceähnlichen Zustand verfällt. Selbst wenn Sie ein Klavier nach ihm schmeißen würden, ließe sich eine Entscheidungsfindung nicht beschleunigen. Der Verlauf der weiteren Route will gründlich überlegt sein. Atmen Sie ein, atmen Sie aus – und genießen Sie auch diesen Moment.

Alte Tiere strahlen eine besondere Würde aus, die es wertzuschätzen gilt. Sie haben es verdient, dass wir bis zum letzten Atemzug an ihrer Seite weilen. Bedenken Sie, dass Sie alles sind, was Ihr Hund hat. Die Zeit, die Sie jetzt verbindet, kehrt nie mehr wieder. Ich behaupte nicht, dass es leicht ist, in jedem Wimpernschlag die Vergänglichkeit zu spüren, dennoch kann diese letzte Phase wunderschön, einzigartig und voller Gnade sein. Menschen, die ihre Hunde bei abnehmender Leistungsfähigkeit und zunehmendem Alter ins Tierheim abschieden, stoßen bei mir auf null Toleranz und rigorose Ablehnung. All meine Bemühungen, Toleranz und Empathie vorzuleben, halten mich nicht davon ab, diese Zeitgenossen hart zu rügen.

Nach diesem flotten Aufwärmgalopp durch die Lebensphasen, der gewiss keine Vollständigkeit beansprucht, kommen wir nun zu unserem Kernthema „Lernen, Erziehung und Pädagogik". Na, dann lassen Sie uns mal die Ärmel hochkrempeln!

II LERNEN, ERZIEHUNG UND PÄDAGOGIK

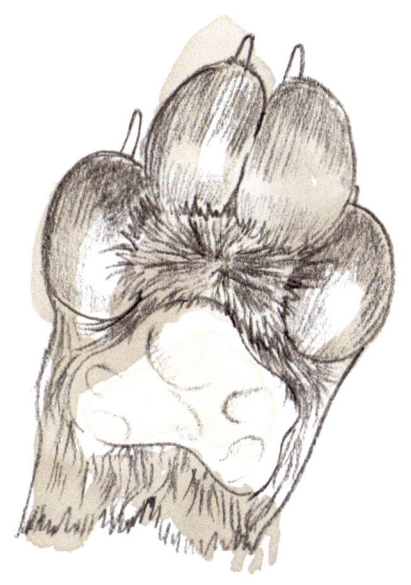

„Ich habe einen Blick aus Hundeaugen gesehen,
einen sich rasch verlierenden Ausdruck erstaunter Geringschätzung,
und ich bin überzeugt, dass Hunde im Grunde denken,
Menschen seien verrückt."
(John Steinbeck)

2.1 Verhaltensebenen

Eine erfolgreiche Erziehung setzt voraus, dass wir uns im Klaren sind, was unsere Einflussnahme beim Lernenden auslöst. Welche Verhaltensebene sprechen wir mit unseren Maßnahmen an? Welcher Lernformen bedienen wir uns? Erst einmal orientieren wir uns im Begriffslabyrinth. Verhalten lässt sich in eine primäre, eine sekundäre und eine tertiäre Stufe gliedern.

Zur primären Verhaltensebene zählen die Reflexe. Reflexe, wie wir sie bereits in der vegetativen Entwicklungsphase kennengelernt haben, dienen dem Überleben und der körperlichen Unversehrtheit eines Individuums. Sie sind unterschiedlich komplex und können sowohl angeboren als auch erworben sein. Reflexe erfolgen unwillkürlich, schematisch beziehungsweise stereotyp und sind nicht veränderbar. Ein Reflex ist bloße Reaktion, er beinhaltet keine soziale Komponente.

Die sekundäre Verhaltensebene ist die Ebene der Instinkte. Instinkte dienen der Befriedigung biologischer Bedürfnisse. Diese angeborenen Verhaltenstendenzen, wie zum Beispiel der Mäuselsprung, werden durch Üben perfektioniert. Auch eine Modifizierung des Instinktverhaltens ist denkbar: Im Jagdinstinkt ist das Tragen der Beute angelegt. Beim Apportieren bringt der Hund seine Beute jedoch nicht in ein sicheres Versteck, sondern er trägt sie zu seiner Bezugsperson. Im Optimalfall repräsentiert der Bindungspartner ebenfalls einen sicheren Hafen (siehe Kapitel 4). Die angeborene Verhaltenstendenz kann also in der Art und Weise ihrer Ausführung verändert werden und ist mit einem Signal, wie zum Beispiel „Apport!", abrufbar (vgl. Nijboer 2012[1], S. 117).

Somit bleibt uns noch die tertiäre Verhaltensebene: Tertiäres Verhalten umfasst persönliche Erfahrungen, die wir auf der Basis sozialen Lernens erworben haben. Sie sind weder angeboren noch in einem Instinkt angelegt. Je größer der Pool an individuellen Lösungsstrategien, desto besser sind die Überlebenschancen. Deshalb lernt jedes Wesen von Natur aus gern. Die Fähigkeit, aus Situationen und Ereignissen zu lernen, bringt den entscheidenden Vorteil, sich der Umwelt anpassen und sinnvoll agieren zu können.

Das Rudelleben bildet das Fundament sozial lebender Caniden. Kooperation und soziales Lernen stehen daher an vorderster Stelle (ebd., S.113).

„Erziehung kann nur über den Weg des sozialen Lernens erfolgen.
Alles andere ist Dressur."
(Jan Nijboer)

2.2 Formen der Konditionierung

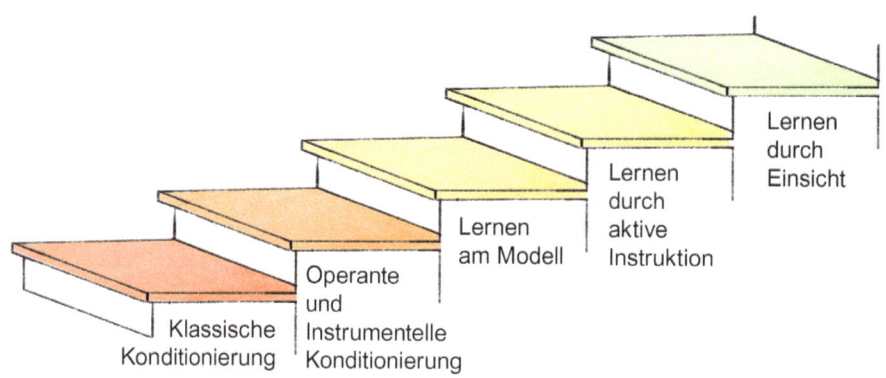

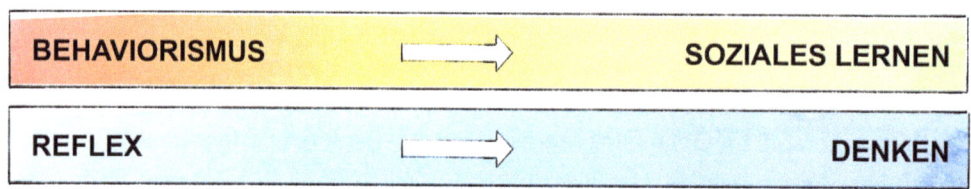

siehe auch HEB 2015[2]

2.2.1 Behaviorismus

Die klassische, operante und instrumentelle Konditionierung sind Kinder des Behaviorismus, dem die Zeitspanne von 1890 bis circa 1960 zugeordnet wird. Der Behaviorismus ist ein wissenschaftstheoretisches Konzept, welches das Ziel verfolgt, das Verhalten von Mensch und Tier zu erforschen und zu erklären. „Input", „Output", „Leistung", „messbar" und „objektiv" galten als Steuergrößen der Untersuchungen, Parameter also, die wenig mit der dynamischen Unberechenbarkeit des wirklichen Lebens korrespondieren. Soziale Faktoren, individuelle Biografien, Psyche und Emotionen bleiben außen vor.

Die Protektoren des Behaviorismus waren jahrzehntelang die einflussreichsten Verhaltensforscher an den Universitäten der USA und erklärte Gegner der aufkommenden psycho-
analytischen Richtungen. An dieser Ignoranz krankt die Hundeszene bis in die Gegenwart.

Die wichtigsten Vertreter des Behaviorismus:

Iwan Petrowitsch Pawlow (1849–1936) war ein rus-
sischer Mediziner und Physiologe. Er erhielt 1904 den
Nobelpreis für seine Arbeiten über die Verdauungsdrü-
sen. Pawlow erarbeitete wichtige Grundlagen für die
Verhaltensforschung und legte damit einen Grundstein
der behavioristischen Lerntheorien. Er entdeckte das
Prinzip der klassischen Konditionierung.
Quelle: Wikipedia[3]

Edward Lee Thorndike (1874–1949) war ein amerika-
nischer Psychologe und Begründer der instrumentellen
Konditionierung. Seine Verhaltensstudien an Tieren,
speziell seine Studien über Lernvorgänge, führten zur
Theorie des Behaviorismus.
Quelle: Wikipedia[4]

John Broadus Watson (1878–1958) war ein amerikanischer Psychologe, der die Schule des Behaviorismus
begründete.

*„Gebt mir ein Dutzend wohlgeformter, gesunder Kin-
der und meine eigene, von mir entworfene Welt, in der
ich sie großziehen kann, und ich garantiere euch, dass
ich jeden von ihnen zufällig herausgreifen kann und ihn
so trainieren kann, dass aus ihm jede beliebige Art von
Spezialist wird – ein Arzt, ein Rechtsanwalt, ein Kauf-
mann und, ja sogar ein Bettler und Dieb, ganz unabhängig von seinen Talenten, Neigungen, Tendenzen,
Fähigkeiten, Begabungen und der Rasse seiner Vorfahren."* John B. Watson: Behaviorism, S. 82
Quelle: Wikipedia[5]

Burrhus Frederic Skinner (1904–1990) war ein amerikanischer Psychologe und der prominenteste Vertreter des Behaviorismus in den USA. Er prägte die Bezeichnung *operante Konditionierung*, erfand das sogenannte *programmierte Lernen* und verfasste den weltweit beachteten utopischen Roman „Walden Two". Zudem propagierte er die Air Crib, eine Aufbewahrungsbox für Kleinkinder. Skinner ist der Begründer des radikalen Behaviorismus und der Verhaltensanalyse.
Quelle: Wikipedia[6]

Die Behavioristen verstanden Lernen als konditionierten Reflex und als Verkettung von Reizen und Reaktionen, deshalb galt die Verwendung des Begriffs „Lernen" als unwissenschaftlich. Lernen impliziert einen mentalen Vorgang, doch im Verhalten sahen die Behavioristen lediglich das Ergebnis blinder, zwanghafter Reflexe auf die herrschenden Umstände.

Die im Jahr 1957 aufkeimende kognitive Wende veranlasste viele Psychologen, sich vom Behaviorismus loszulösen. Selbst das Gemüt des zeitlebens notorischen Optimisten Skinner verfinsterte sich auf seine alten Tage. Sein Menschenbild erlitt Dellen, und für Skinner stand außer Frage, dass sein Werk „Walden Two" mit den unfreien, farblosen und braven Protagonisten keine realistische Prognose abbildet (vgl. Der Spiegel[7]).

Die aktuelle Hundeszene ignoriert Skinners Zweifel und zeigt sich unkritisch verstaubten, behavioristischen Lehren hörig, allen voran die Clicker-Fraktion mit ihrer vermeintlichen Wattebausch-Dressur, was noch zu erklären bleibt.

2.2.1.1 Klassische Konditionierung

Das Prinzip der klassischen Konditionierung geht auf den Russen Iwan Petrowitsch Pawlow zurück. Seine Tierversuche mit den sabbernden Hunden sind hinlänglich bekannt. Pawlows Experimente und die daraus gewonnenen Erkenntnisse finden bis in unsere Zeit Anerkennung und Bewunderung. Wir wollen aber auch die Hunde nicht vergessen: Mit den chirurgisch ins Maul eingepflanzten Schläuchen und Speichelauffangbehältern forderten die belastenden Versuche im Namen der Wissenschaft einen hohen Preis von den Tieren (siehe auch Funke 2016[8]).

Die klassische Konditionierung löst Verhalten aus, das in seiner Form nicht beeinflussbar ist, nur die Häufigkeit der gezeigten Reaktion kann manipuliert werden. Bei der klassischen Konditionierung wird ein unbedingter Reiz, wie zum Beispiel Futter, der einen angeborenen Reflex, wie zum Beispiel Speicheln auslöst, mit einem neutralen Reiz, wie zum Beispiel einem Glockenton, verlinkt. In der Folge löst der Glockenton dieselbe Reaktion aus wie das Futter. Kompliziert? Versuchen wir es mit einem pragmatischeren Beispiel:

Ihr Hund hängt mit seinem ganzen Lebendgewicht in der Leine. Um seine Aufmerksamkeit zu gewinnen, machen Sie sich mit einem „Ssst!" (neutraler Reiz) bemerkbar. Das erhoffte Resultat bleibt aus. Genervt rucken (unbedingter Reiz) Sie an der Leine, worauf Ihr Hund zusammenzuckt (unbedingte Reaktion, Schreck- beziehungsweise Schmerz*reflex*). Kombinieren Sie fortan Ihr „Ssst!" mit dem Ruck an der Leine (neutraler Reiz plus unbedingter Reiz), reicht nach ein paar Wiederholungen das „Ssst!" auch ohne Leinenruck aus, um Ihr Tier zusammenfahren zu lassen („Ssst!" wurde zum bedingten Reiz und das Zusammenzucken zur bedingten Reaktion konditioniert.).

Leinenführigkeit durch Rucken am Halsband zu trainieren, ist in doppelter Hinsicht fragwürdig: Der Impuls ist einerseits gesundheitlich relevant, andererseits vermag die klassische Konditionierung weder einen Lernprozess anzustoßen noch ist unsere Disziplinierung für den Hund nachvollziehbar. Das Tier reagiert unbewusst, seine Reaktion ist ein Reflex. Wir sprechen also von primärem Verhalten.

Der Hund hat ein Recht auf Erziehung. Klassisch konditioniertes Verhalten wird nicht als ein Teil der Persönlichkeit beziehungsweise als sinnvolle Verhaltensoption integriert. Bleibt der unbedingte Reiz (Leinenzupf) über eine gewisse Zeit aus, verlernt Zamperl die Verknüpfung „Ruck" und „Ssst!", die Fachsprache nennt das Extinktion. Bereiten Sie sich also auf einen langen, zermürbenden Kampf vor. Sie beginnen bald wieder von vorne ... es sei denn, Sie haben ganze Arbeit geleistet und Ihren Hund dermaßen zerknittert – vielleicht sogar traumatisiert –, dass er sich in die Resignation verabschiedet hat. Bravo!

Geben wir dem Hund einen guten Grund, uns sowohl körperlich als auch mental zu folgen. Empathie, Klarheit, Führung und das Vermitteln von Sicherheit zeichnen uns als Leader aus. Hunde sind überaus soziale Wesen, sie erkennen einen wahren Häuptling und schließen sich ihm an. AnSCHLUSS also – auch an der Leine –, während die Bezugsperson das VORbild ist.

Die Lösung eines Problems liegt selten dort begraben, wo es sich zeigt. Konkret heißt das, dass die Ursachen für Troubles mit der Leinenführigkeit nicht ausschließlich bei der Leine selbst zu suchen sind. „Er hat ein Problem mit der Leine, er tut sonst nix." Wie oft höre ich diese weichgespülte Erklärung von Kunden mit Leinenpöblern. Vergessen Sie es! Gestatten Sie mir ein ehrliches Wort? Ihr „Tutnix" vertraut Ihnen nicht. Er traut Ihnen nicht zu, dass Sie in der Lage sind, ihn heil am Hund, der Ihnen gerade entgegenkommt, vorbei zu manövrieren, weil er irgendwo in Ihrer Führungskompetenz ein Leck vermutet. Vielleicht leistet auch die

Erfahrung, dass Sie in jeder fremden Töle einen Spielkameraden sehen, seinem Verhalten Vorschub. Das ist nämlich ziemlich naiv, denn Ihr Hund weiß ganz genau, dass Rudelfremde in erster Linie Konkurrenten sind. (Das gilt nicht für Besitzer von Goldies, deren zumindest für den Homo sapiens angenehme Verhaltensstörung sie glauben lässt, dass die ganze Welt aus Kumpels besteht. Vorsicht, andere Caniden teilen dieses Weltbild nicht! Wir erfahren mehr dazu in einem späteren Kapitel.) Möglicherweise ist aber auch irgendwo auf Ihrem gemeinsamen Weg die Sache mit der Rudelhierarchie in den Brunnen gefallen, und Ihr treuer Samweis Gamdschie sieht sich genötigt, Sie – der/die Sie den Status eines unbeholfenen Zöglings haben – gegen potenzielle Gefahren beschützen zu müssen. Spätestens dann, wenn ein Hund glaubt, für seinen Menschen Verantwortung übernehmen beziehungsweise führen zu müssen, endet seine Freiheit. Des Hundes Freiheit, die Sie so sehr wollten, liegt begraben unter der Bürde der sozialen Verpflichtung gegenüber seinem menschlichen Rudelgefährten. Damit sich Ihr Leinenpöbler nicht länger so toll aufführen muss, leinen Sie Ihr Tierchen eilig ab und ersparen sich, dass die Situation noch peinlicher wird. Den Kollateralschaden, dass Dritte dadurch in Bedrängnis geraten, nehmen Sie achselzuckend in Kauf und argumentieren: „Er ist ein ganz Braver, wenn er nicht angeleint ist." Ja, jetzt, wo Ihr Bodyguard nicht länger durch die Leine begrenzt wird, kann er in Ruhe den Job, der eigentlich Ihre Aufgabe wäre, erledigen: Jogger vertreiben, fremde Menschen checken und andere Hunde in Schach halten. Das Kernproblem – genau genommen das Beziehungsproblem zwischen Ihnen und Ihrem Hund – ist damit aber nicht gelöst (im Gegenteil!), auch wenn Sie sich das gerne vorgaukeln.

„Probleme kann man niemals durch dieselbe Denkweise lösen,
durch die sie entstanden sind."
[Albert Einstein]

Die Sache mit dem wöchentlichen Training auf dem Hundeplatz wird chronisch überbewertet. Wir alle wissen um die Platzidioten, die in der Hundeschule glänzen wie geschliffene Diamanten, im Alltag jedoch zum Querkopf mutieren. Erziehung kann weder geübt noch trainiert werden, sie wird gelebt. Erziehung findet 24 Stunden am Tag statt. Dabei ist *alles* Kommunikation: das, was wir tun, aber auch das, was wir nicht tun ... Das Training der Leinenführigkeit beginnt also bereits zu Hause in Form von Beziehungsarbeit. Beweisen Sie Vertrauenswürdigkeit, indem Sie laute und/oder übergriffige Kinder managen, Besucher freundlich, aber bestimmt anweisen, wo sie sich hinzusetzen haben, Ressourcen verteidigen und den Höhlen- beziehungsweise Hauseingang zu Ihrem alleinigen Hoheitsgebiet erklären. Ein guter Coach instruiert Sie gerne.

Ist klassische Konditionierung immer „schlecht"? Nein, natürlich nicht. Entscheidend ist, wie und wo wir sie einsetzen, und dass wir uns bewusst sind, dass klassische Konditionierung per Definition wenig mit Erziehung zu tun hat. Wikipedia zitiert den Duden wie folgt: Erziehung bedeutet, „jemandes Geist und Charakter bilden und seine Entwicklung fördern".[9]

Stellt sich ein Welpe an den Abgrund einer gefährlichen Klippe, fixiert die Mutter ihr Junges und knurrt es dabei an (neutraler Reiz). Dann setzt sie zu einem Nackenstoß (unbedingter Reiz) an, damit das Jungtier vom Abhang zurückweicht (Schreckreflex als unbedingte Reaktion). Das ist klassische Konditionierung, die der Sicherheit dient. Später genügt die Drohmimik der Mutter (nun der bedingte Reiz), um ihren Welpen dazu zu bewegen, von einer Handlung abzulassen oder vor etwas zurückzuweichen (bedingte Reaktion). In diesem Beispiel ist die Konditionierung Part einer Beziehung. Die klassische Konditionierung durch die Mutter findet in einem kommunikativen und sozialen Kontext statt. Auch wenn die Erfahrung für das Jungtier nicht angenehm ist, so kann es die Handlung der Mutter im Interesse seiner Überlebenschancen doch nachvollziehen (vgl. Nijboer 2012[1], S. 118 f.).

Auch Tiere in der „Red Zone" erreicht man oft nur noch auf der Ebene des primären Verhaltens. Bis ein Hund im Grundzustand dieser Gemütsverfassung strandet, ist definitiv bereits sehr viel schiefgelaufen. Solch arme Socken gehören ausschließlich in die Hände erfahrener, emphatischer Coaches.

Ein Beispiel für unsinnige klassische Konditionierung liefert die Wurfschelle: Strolch inhaliert eine Fuchsfährte und entfernt sich zielstrebig von Herrchen. Der kalkulierte Wurf einer Schelle vor die Pfoten des kleinen Ausreißers stoppt dessen Unterfangen jäh. Die *anonyme* Korrektur entbehrt nicht nur der sozialen Grundlage, sondern sie bleibt auch nicht ohne Folgen für die Beziehung (ebd., S. 121 ff.):

1. Herrchen hat Strolch im Stich gelassen. Er erwies sich als inkompetent, unzuverlässig und nicht clever genug, um für Strolchs Sicherheit zu sorgen und Gefahren (Wurfschelle) abzuwenden.
2. Herrchen zeigt null Verständnis für die Kommunikationsversuche und die Bedürfnisse seines Tieres. Strolch hat durch intensives Schnuppern eine Einladung zu einem gemeinsamen Abenteuer ausgesprochen, doch seine Bezugsperson versteht ihn nicht. Dass der Hund einer Fährte nachstellt, drückt seine Ambitionen aus, Beute zu machen. Ein Farbtupfer in der Beziehung könnte zum Beispiel das Verstecken eines Futterbeutels sein, den der Hund unter Anleitung seines Menschen aufstöbern darf.
3. Strolchs Verhalten ist durch den Wurf der Schelle nicht gelöscht, es ist lediglich unterdrückt. Dieses Vorgehen ist nicht einmal im Ansatz eine Form von Erziehung.
4. Korrigiert nicht die Bezugsperson selbst ihren Hund, sondern ein aus heiterem Himmel kommender Verhaltensdurchbrecher, sprechen wir von situativer Korrektur. Die Situation als solche ist bedrohlich für den Hund. Der Hund hat aber ein Recht darauf zu wissen, von wem die Korrektur kommt. Es muss für ihn nachvollziehbar sein, warum er diszipliniert wird.
5. Strolch weiß nicht, wieso ihm die Sache mit der Wurfschelle passiert. Er hat sich erschrocken und ist verunsichert. Hunde fürchten Dinge, die sie nicht erklären beziehungsweise nachvollziehen können.
6. Risiken der „Verunsicherung auf Distanz" bleiben gerne unerwähnt, nichtsdestotrotz besteht das Potenzial traumatischer Folgen.

Nicht nur die Beziehung zwischen Mensch und Hund erleidet Kratzer. Das Gehirn bewertet sowohl Emotionen als auch den gesamten Kontext beim Erleben einer Situation. Deshalb können die Auswirkungen einer situativen Korrektur fatal sein, wie folgendes Beispiel zeigt (vgl. Nijboer 2004[10], S. 151 f.):

Hund Axel (Name erfunden) verbellte pausenlos Passanten, die der Einfriedung „seines" Anwesens entlangspazierten. Ein Teletac, das bei Axels Annäherung an den Zaun zum Einsatz kam, sorgte für Ruhe. Der Zaunkläffer verhielt sich fortan still. Als jedoch ein Besucher das Grundstück betrat, attackierte der Hund diese Person ohne Vorwarnung. Was ist passiert? Axel verknüpfte den Stromstoß nicht wie gewünscht mit dem Gatter, sondern mit den Menschen hinter dem Zaun, die er als potenzielle Gefahr für seine Ressourcen und sein Territorium einstufte. Der Hund ließ zwar das Bellen infolge aversiver Konsequenzen (Stromstoß) bleiben, stattdessen handelte er zu gegebener Zeit – wortwörtlich – diskussionslos. In diesem Szenario gibt es mindestens zwei Opfer.

Fehlverknüpfungen lassen sich nicht ausschließen, deshalb muss der Einsatz von Hilfsmitteln gut überlegt sein. Das meiste diesbezügliche Equipment entlarvt ohnehin nur einen Mangel an Verantwortung, die Faulheit mancher Hundebesitzer und die Ignoranz talentfreier Trainer. Ein Hilfsmittel ist nicht in der Lage, Erziehung zu ersetzen. In einem Clicker-Buch fand ich folgende Aussage: *„Das Kopfhalfter für Hunde ist ein Trainingshilfsmittel zum Führen des Hundes. Da der Hund ,an der Nase herumgeführt wird', ist er einfach und zudem mit wenig Kraftaufwand zu kontrollieren."* (Koring 2014[11], S. 112). Wer seinen Hund an der Nase herumführen will, hat die Gesellschaft eines so sozialen Wesens nicht verdient.

Der ganz normale Wahnsinn in der Hundewelt präsentiert sich als Nohudo, Wasserpistole, Teletac, Halti, Kettenhalsband, Wurfschelle, Calming Cap, Kontrollspray, Antischlingnapf, Dr. Horgan-Geschirr, Easy Walk, Bei-Fuß-Geschirr, Ultraschall-Bell-Stopper, Schaumstoffrolle, Schlagstock und als Furbo Dog Camera, mittels derer der Hundehalter seinen Hund sehen, mit ihm sprechen und ihm sogar Leckerlis geben kann, selbst wenn sich Herrchen gerade im Büro oder sonst wo aufhält. Hilfsmittel lösen zwar das Problem des Menschen, den Hund aber lassen sie in seiner Not allein. Hunde, die um die Möglichkeit der Kommunikation beraubt wurden, sind tickende Zeitbomben oder gebrochene Wesen. Wird ihnen verkauft, dass so das Leben geht, dann fühlt sich das richtig mies an. Ja, vielleicht gibt es sie, die Höllenhunde, bei denen ohne diese Krücken nichts mehr geht, aber diese Geschöpfe brauchen wahrlich einen viel umfassenderen Support als die Reduzierung auf Hilfsmittel.

„Was man mit Gewalt gewinnt, kann man nur mit Gewalt behalten."
(Mahatma Gandhi)

Nun, da auch Instruktoren zeitweise einem Brot-Job nachgehen, arbeite ich zwei Tage die Woche in einem „Kompetenzzentrum für Hunde" … das allein finde ich schon auf tragische Weise amüsant, aber lassen wir das mal außen vor. Es war einer dieser regnerischen Nachmittage, an denen Hundehalter offensichtlich lieber shoppen als spazieren gehen, weshalb bei uns einiges los war. Müde von den vielen Beratungen verkroch ich mich hinter dem Leckerli-Gestell und brachte etwas Ordnung ins Regal. Zumindest war das mein Plan, doch schon erspähte mich eine ältere Dame und humpelte an ihrem Gehstock auf mich zu:

„Ich brauche Ihre Hilfe!"
„Guten Tag. Was kann ich für Sie tun?"
„Ich brauche ein Halti."
„Kommen Sie, die finden wir da drüben." Ich holte tief Luft und hoffte, dass die Kundin meinen Widerwillen nicht bemerkte. Aber als brave Beraterin stellt man einen Kundenwunsch nicht infrage, im Gegenteil: Sie mutieren zu einer Virtuose der Verstellung, und nur das Minimalpensum von 40 % bewahrt Sie vor einem Amoklauf. Beim Rayon der Erziehungshilfen angelangt, fuchtelte die handicapierte Rentnerin mit ihrem Stock:
„Nein, nein. Das ist es nicht!"
„Nun ja, das ist ein Halti …"
„Das hatten wir schon. Da windet er sich raus. Ich brauch so ein Geschirr, das die Brust einengt, wenn er zieht. Das da, das ist es! Ich nehme dieses hier."
„Äh, wir sollten das Ihrem Hund anpassen."
„Er ist im Auto. Sie sehen ja, ich bin nicht gut auf den Beinen, ich kann ihn nicht mit in den Laden nehmen, er zieht wie ein Irrer."
„Gut, dann nehmen wir eine Auswahl mit und passen Ihrem Hund das Ausbildungsgeschirr beim Auto an."
„Nein! Er beißt. Geben Sie mir einfach dieses hier, meine Hundetrainerin schaut dann, ob es passt. Ich kann es doch umtauschen, nicht? Ansonsten wächst er da bestimmt noch rein."
„Er wächst da noch rein …?"
„Ja. Er ist erst fünf Monate alt. Ein Flat. Es ist wirklich schwierig mit ihm. Er ist so wild und stark. Sie müssen verstehen, ich habe schon mehr als 80 Jahre auf dem Buckel, wissen Sie!"

Was für ein gestohlenes Leben! Um das nervlich gut verpackt zu kriegen, vollführte ich im Anschluss an dieses Gespräch im Warenlift Verrenkungen, die als Tanz der Derwische in die Geschichte hätten eingehen können. Was für Dunkelmänner verkaufen einer 80-Jährigen einen Flat-Welpen? Wieso schweigt er, der sonst so schrill wiehernde Amtsschimmel, warum verstummt das Trommeln seiner Hufe, die so verlässlich nach den „Enfants terribles" zu treten wissen? Wie es scheint, fokussiert sich die Wildwestbranche derzeit mit ungesunder Vorliebe auf Listenhunde. Gibt es in diesem Land kein Tierschutzgesetz? Der Mob wäre zweifelsohne freigesprochen worden, hätte er in diesem Moment meine Notschlachtung beantragt, so toll führte ich mich auf. Aber nach dem Kunden von heute Morgen, der nach einem Sprayhalsband für seinen Chihuahua verlangte, welcher zum Groll seiner Nachbarn stundenlang lauthals beklagte, dass ihn sein arbeitendes Herrchen viel zu lange alleine ließ, brachte diese Seniorin das Fass zum Überlaufen.

Tun Sie mir bitte einen Gefallen: Wenn Sie sich entschließen, einen Hund in Ihr Leben zu lassen, dann navigieren Sie nicht unter dem Niveau dessen, was die Bezeichnung „Erziehung" verdient. Alles andere wäre eine ganz miese Kiste.

2.2.1.2 *Operante und instrumentelle Konditionierung*

> *„Der gegenwärtige Zustand der Welt ist das unmittelbare Resultat des Versuchs von Menschen, Belohnungskontingenzen füreinander festzulegen. Es ist Zeit zu erkennen, dass dieses Prinzip der sozialen Interaktion die Ursache der gravierendsten menschlichen Probleme und nicht deren Lösung ist."*
>
> (William T. Powers 1973[12])

Während die klassische Konditionierung Verhalten auslöst, sind wir bei der operanten und instrumentellen Konditionierung dort angelangt, wo Verhalten geformt wird. Die operante und die instrumentelle Konditionierung werden heute kaum mehr unterschieden. Im Verlauf dieses Kapitels sollen sie deshalb nicht weiter akribisch getrennt werden, lediglich der Vollständigkeit halber seien die Unterschiede kurz erklärt:

Die instrumentelle Konditionierung geht auf Edward Lee Thorndike zurück. Bei dem Versuch, ein Problem zu lösen, entscheiden der Erfolg beziehungsweise der Misserfolg, ob das Verhalten (der Lösungsansatz) wiederholt erprobt oder aber unterlassen wird. Ein Beispiel: Nervt die Hauskatze, könnte die Idee, sie zu zerpflücken, die Lösung sein. Entweder ist Mietze danach Geschichte (Erfolg), oder sie entpuppt sich als ein etwas zu klein geratener Säbelzahntiger und lädiert Hundchen ganz übel (Misserfolg). „Trial and Error" beziehungsweise Erfolg und Misserfolg beeinflussen, wie sich ein Individuum in Zukunft verhält: Erfolg begünstigt die Tendenz, das Verhalten erneut zu zeigen, Misserfolg schmälert die Wahrscheinlichkeit einer Wiederholung.

Burrhus Frederic Skinners operante Konditionierung ist den Clicker-Freunden unter Ihnen ausreichend bekannt. Bei der operanten Konditionierung antwortet der Hund nicht auf ein konkret anstehendes Problem, sondern er verhält sich spontan respektive ohne Bedingungen.

(Beim programmierten Lernen allerdings kann der Leistungsdruck, ein Leckerchen zu ergattern, durchaus als Bedingung gesehen werden. Allein das Wort „programmiertes" Lernen impliziert nicht besonders viel Freiwilligkeit. Aber lassen wir das, ich war noch nie ein Freund dieser Konditionierungstheorien.)

Auch bei der operanten Konditionierung beeinflussen positive beziehungsweise negative Konsequenzen, wie häufig der Hund sein zufällig gezeigtes Verhalten wiederholt. Die *positive Belohnung* wie das Zustecken eines Leckerlis oder die *negative Bestrafung*, wie zum Beispiel das Wegfallen von Schmerz – denkbar beim Entspannen der Rückenmuskulatur durch spontanes Wälzen – sind mögliche positive Konsequenzen. Unangenehme Konsequenzen hingegen machen die Wiederholung des Verhaltens unattraktiv. Das kann eine *negative Belohnung* sein, bei der der Mensch seinem Hund etwas Angenehmes, wie zum Beispiel Zuwendung, entzieht. Vielleicht kommt aber auch eine *positive Bestrafung* zum Zug, die dem Hund etwas Unangenehmes beibringt, wie es beim Leinenruck der Fall ist.

Interessant ist, dass die Behavioristen von „spontanem" Verhalten sprechen, da sie Verhalten als zweckgerichtete Reaktion verstehen, die innere Faktoren wie eben Spontaneität ausschließt. Der Terminus „spontan" widerspricht dem behavioristischen Ziel, Verhalten vorhersagen und kontrollieren zu können.

Nun, das war ein bisschen viel Fachchinesisch. Um dieses knochentrockene Thema der Konditionierungsformen etwas fluffiger zu gestalten, verschaffen wir uns mithilfe einer Tabelle Übersicht:

Instrumentelle Konditionierung (Thorndike)	Operante Konditionierung (Skinner)
• Verhalten ist ein *Instrument zum* Ziel • Selbstlernprinzip • Die instrumentelle Konditionierung basiert auf Versuch und Irrtum • Ein Problem will gelöst werden • Individuelles, auf sich bezogenes Lernen	• Verhalten *ist* das *Ziel* • Selbststimulierend! Daher kommen Korrekturen immer zu spät (das heißt also vorbeugen/Alternativen schaffen). • „Spontanes" Verhalten • Grundlage des programmierten Lernens

- Die Folgen des Verhaltens beeinflussen die Häufigkeit.
- Es geht nicht um das Verhalten selbst, sondern vielmehr um das Resultat/Ziel.
- Es handelt sich nicht um soziales, durch einen Erziehungsprozess geführtes Lernen (nicht der Weg, sondern das Endverhalten ist das Ziel).
- Nicht die Beziehung, sondern das Zielverhalten steht im Vordergrund.
- Der Hund führt den Erfolg auf sein selbstständiges Handeln zurück und verlinkt ihn nicht mit seiner Bezugsperson ⇨ die Beziehung ist oberflächlich und das Vis-à-vis austauschbar.
- Kommunikation spielt eine untergeordnete Rolle.
- Der Hund investiert emotional und mental nicht wirklich in die Aktivität; statt „Der Weg ist das Ziel" geht es um Leistung und das Produkt, zum Beispiel ein Leckerchen. Das wiederum beeinträchtigt die soziale Anpassungsfähigkeit negativ!
- Der Fokus liegt auf dem Produkt, nicht auf der Beziehung.
- Statt sozialem Miteinander generieren diese Lernformen Opportunisten, die ihre Chancen zum eigenen Vorteil nutzen.

(vgl. HEB 2015[2])

Nun, wenn Sie also denken, Sie hätten Ihrem Hallodri etwas beigebracht, indem Sie erwünschtes Verhalten mit einem Guetzli belohnen, dann haben Sie sich geschnitten. Ihre kleine Töle glaubt nämlich, sie habe ganz allein herausgefunden, was Leckerlis hervorzaubert. Das ist die Krux mit dem Konditionieren, wenn dabei die soziale Komponente fehlt. Als hoch soziales Wesen mag Ihr Hund Sie wahrscheinlich irgendwie, aber wirklich brauchen tut er Sie nicht.

Die Konditionierungsformen Chaining und Shaping formen Verhalten, welches in Teilschritten belohnt wird. Das Chaining trainiert den Aufbau einer Verhaltenskette, indem es mit dem zuletzt gewünschten Verhaltenselement beginnt (Ende ⇨ Anfang), während das Shaping die Übung mit dem ersten Element des Zielverhaltens startet (Anfang ⇨ Ende). Jene unter Ihnen, die begeistert meditieren, stellen sich einfach die Abfolge der Fünf Tibeter oder den Surya Namaskara (Sun Salutation/Sonnengruß) vor. Dann verstehen Sie, was mit einer

Verhaltenskette respektive einer Bewegungsabfolge gemeint ist. Der Unterschied zur Meditation besteht lediglich darin, dass die meditative Übung sehr bewusst ausgeführt wird, während eine Verhaltenskette mit der Zeit als Selbstläufer agiert.

Beim Erlernen komplexer Abfolgen ist das Frontalhirn gefordert. Nach dem Einstudieren übernimmt das Kleinhirn die konditionierten Programme. Letzteres ist in der Lage, die automatisierten Abläufe schneller abzurufen als das Großhirn. Die Bewegungsabfolgen eines solchen Motorprogrammes lassen sich, sind sie erst einmal losgetreten, kaum mehr stoppen (vgl. Mehl 2018[13]). Auch beim Pöbeln an der Leine können Signale wie etwa das Straffen der Leine eine Verhaltenskaskade einleiten. Nach einigen Wiederholungen erlangt die Leinenaggression Ritualstatus. In diesem konkreten Beispiel erschweren selbstbelohnende Aspekte sowie Lernen am Erfolg (gelungene Selbstverteidigung) das Problem. Die Wahrscheinlichkeit, dass ein Verhalten nach einer Therapie erneut durchbricht, bleibt ein Leben lang bestehen. Eine Löschung, die sogenannte Extinktion, gibt es nicht. Es vermindert sich lediglich die Stärke beziehungsweise Anzahl der synaptischen Verbindungen im Gehirn, die dafür verantwortlich sind, dass unser Hund pöbelt.

Überlegen Sie sich also gut, was Sie Ihrem Hund beibringen möchten, wenn Sie mit ihm Domino spielen. Eine Klassenübung zum Thema Shaping ist mir bis heute nachhaltig in Erinnerung geblieben:

Die beinahe schnittfeste, CO_2-geschwängerte Luft in der Bauernstube lullte mich in einen tranceähnlichen Zustand. Es war der dritte Schultag en bloc, der sich den zermürbenden Themen Konditionierung, Chaining, Shaping, Extinktion, Fading, Generalisierung, Diskrimination et cetera widmete. Meine Tagträumereien galten der Neurobiologie, die ganz unten auf dem Lehrplan posierte, als der freundliche, aber entschlossene Weckruf unserer Referentin die entrückte Klasse in die Gegenwart zurückpfiff: „Also, wer meldet sich freiwillig?" Mir ist bis heute nicht klar, was daran nach Freiwilligkeit aussieht, wenn man den Kopf wie wild von links nach rechts wirft, bis einem die ganze Pracht der Milchstraße im Schädel herumwirbelt, und sich die Finger so doll in die PET-Flasche krallen, dass diese mit laut knackenden Geräuschen protestiert. Nun, der langen Rede kurzer Sinn: Bevor ich mich versah, wartete ich vor der Tür des Klassenzimmers, um an einem Experiment teilzunehmen, das soeben hinter meinen Rücken (wortwörtlich) ausgeheckt wurde.

Ächzend öffnete sich die alte Holztür. Der unbeschwerte Youngster unserer kleinen Gemeinschaft forderte mich mit einem breiten Grinsen und tanzenden Zöpfen auf, den Raum zu betreten. Die beklemmende Stille im Zimmer verunsicherte mich, während 16 Augenpaare ihre prüfenden Blicke auf mich richteten. Kaltes Unbehagen legte sich wie eine Bleischürze auf meine Schultern, und im Hals hockte plötzlich ein faustdicker Kloß. Gehemmt schlich ich der langen Kante der Schulbank entlang und bewegte mich in Richtung meines Platzes. Da! Ein Click! Sandra streckte mir mit unbeweglichem Gesichtsausdruck ein blaues Smartie entgegen. „Ah, die wollen etwas von mir", kombinierte ich. „Dann streng dich mal an!"

Meine Körperfunktionen liefen auf Hochtouren, der Cocktail an Stresshormonen war angerührt und das Herz klopfte flott. Ohne zu wissen, wonach ich suchte, durchforschte ich den Raum. Da! Wieder ein Click! Mit unverändert versteinerter Miene reichte mir Sandra ein weiteres Smartie. Krampfhaft versuchte ich zu rekonstruieren, was den erneuten Click ausgelöst hatte. Ich spürte, wie die Röte mir ins Gesicht stieg und mein Körper mit unangenehm klebrigem Schweiß bedeckt war. Ich wurde hektisch. Der Gedanke, dass ich die Erwartungen, die ich noch nicht einmal kannte, nicht erfüllen könnte, löste Scham aus. Das Schleifen des Minutenzeigers der Wanduhr störte auf irritierende Weise die spannungsgeladene Stille. Ich suchte krampfhaft nach dem Objekt meiner Befreiung, mit dem das alles hier endlich vorbei wäre. Eine erdrückende, graue Wolke baumelte wie das Schwert des Damokles über meinem Haupt, kein klarer Gedanke wollte mir mehr gelingen – mir, die ich doch sonst so gerne logisch analysiere. Wie peinlich! Die Angst zu versagen hielt mich eisern in ihren Klauen. Meine Hand glitt hastig über die Fensterbank, in der Hoffnung, auf irgendeinen Hinweis zu stoßen. Da, endlich! Das erlösende Click! Etwas schroff griff ich nach dem Smartie, welches meine Kollegin mir reichte. „Wie lange noch", dachte ich mit leise wallendem Zorn. „Wie lange wollen die mich noch vorführen? Das Fenster also ..." Meine Hand packte den Griff des Fensters, als wäre er das letzte Rettungsboot auf der Titanic – und da! Wieder ein Click! Aufgeregt riss ich das Fenster auf und ... Tosender Beifall! Schulterklopfen und eine ganze Tüte Smarties für mich, die sich eben eine Runde zum Affen gemacht hatte. War das nicht ein Spaß?!

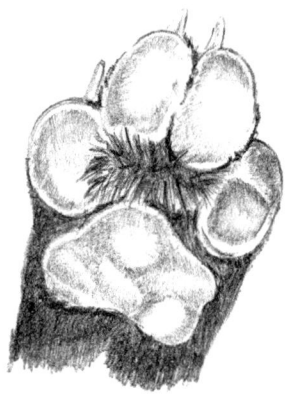

2.2.1.2.1 Der Clicker

Die Clicker-Fraktion bezeichnet sich gerne als die besonders hundefreundliche Szene, die Wattebausch-Liga sozusagen. Der harte Drill der Kadettenschulen, an die manche Hundetrainings erinnern, weist sie ebenso leidenschaftlich von sich wie alles, was hierarchisch anmutet. Ja, nicht wahr, „positiv bestärken" verbreitet doch gleich viel bessere Laune als „Rangordnung". Aber ist das auch für den Hund so? Nun, ich unterstütze rohe Gewalt, wie man sie auf manchen Hundeplätzen sieht, wahrlich nicht – aber ebenso wenig „saubere" Gewalt. Suzanne Grieger-Langer definiert saubere Gewalt als Gewalt, die man nicht sieht. Es ist die „Gewalt der Niedergeschwindigkeitstäter, man erkennt sie nur am langsamen Zerfall ihrer Opfer". Irritierend ist auch der aggressiv missionarische Eifer mancher Clicker-affinen Opinion Leaders, die in ihrem Einflussbereich von angehenden Hundetrainern erwarten, dass sich diese als Clicker-konform bekennen, falls die Kandidaten ernsthaft eine Berufszulassung anstreben.

In einem Clicker-Buch „Erfolgreich erziehen mit dem 8-Wochen-Plan" steht geschrieben: *„Die Emotionen Freude und Frust liegen so weit auseinander, dass der Hund sich in der Regel für Freude und Erfolg entscheidet"* (vgl. Koring 2014[11], S. 18). Nun, ich kann zwar nachvollziehen, was die Autorin meint, neurobiologisch gesehen liegt die Sache allerdings etwas anders. Alles passiert in ein und demselben Areal unseres Gehirns.

Belohnen ohne Strafe ist nicht möglich, das müssen wir uns bewusst sein: Ein Hund erhält ein Leckerchen, Click – Leckerchen. Beim ersten Mal generiert diese Belohnung die Ausschüttung von Dopamin und erzeugt ein gutes Gefühl. Das Gehirn errechnet aus eingehenden Reizen eine wahrscheinliche Prognose, das heißt, beim nächsten Click erwartet der Großrechner bereits eine Belohnung. Entspricht die errechnete Zukunftsprognose dem Ergebnis, nämlich einem Leckerli, wird kein Dopamin mehr ausgeschüttet. Um Ihren Hund tatsächlich zu belohnen, müssen Sie zum XL-Leckerli greifen und so weiter. Merken Sie etwas? Sie bauen Ihr Schloss auf Sand. Wir kennen diese Anspruchsinflation aus unserem eigenen Leben: Im ersten Monat zaubert uns das neue Auto ein entzücktes Lächeln ins Gesicht, wenn wir die Garage betreten. Spätestens nach einem halben Jahr ist das Jauchzen unseres Herzens beim Anblick der Karre verstummt, wir haben uns an den Standard des neuen Wagens gewöhnt. Das ist der Grund, weshalb Geld allein nicht glücklich macht: Wir gewöhnen uns mit der Zeit an das neue Level und nehmen dieses als Normalität, aber nicht länger als etwas Besonderes wahr (vgl. Mehl 2019[14]).

In besagtem Buch ist weiter zu lesen: *„Jetzt können Sie tief in die Trickkiste greifen und das ‚Klassische Konditionieren' hervorzaubern. Nehmen Sie einen Hund mit ausreichend Appetit (Motivation) und ganz tolle Leckerli …"* (Koring 2014[11], S. 20). Hunde sind Lebewesen, diese Anleitung erinnert mich allerdings mehr an die Bedienungsanleitung für eine Kaffeemaschine.

Bleibt das Leckerli gar weg, bestrafen Sie Ihren Hund mit Frust. Auf diesem Prinzip bauen findige Köpfchen die intermittierende Belohnung auf: Da das gewünschte Verhalten bei gleichbleibender Belohnung mit der Zeit abnimmt, da gleichbleibende Leckerli für den Hund eben keinen Ansporn mehr bedeuten, gibt's das Guetzli nur noch in unregelmäßigen Abständen. Statt Dopamin übernehmen Botenstoffe wie unter anderem Cortisol das Zepter. Der frustrierte Hund zeigt das geforderte Verhalten mit gesteigerter Intensität, um seine Belohnung zu erhalten. Mit Freude hat das wenig zu tun, der Hund steht unter Leistungsdruck. Mark Parisis Karikatur „Die dunkle Wahrheit über Pawlows Hund" zeigt einen Hund im Sträflingsanzug, der seinem Zellengenossen klagt: „Glocke läutet, ich bekomme Leckerli. Glocke läutet, ich bekomme Leckerli. So ging es einige Tage. Dann, wie aus heiterem Himmel: Glocke läutet, ich bekomme GAR NICHTS!! Na da! Ich meine, wie können die behaupten, sie hätten meine Attacke nicht provoziert?" Dieses Cartoon demonstriert bitterbösen, schwarzen Humor vom Feinsten.

Sowohl der Sucht als auch der Belohnung liegt derselbe neurobiologische Mechanismus zugrunde. Ein Merkmal der Sucht ist ein chronisch erhöhter Neurotransmitterspiegel (vgl. Mehl 2018[13]). Der Grat vom Spaß zum Junkie ist häufig ein schmaler. Wir kennen die Bilder von den zwanghaften Fixierungen der Ball-Junkies. Die Obsession dieser Kreaturen liefert ein armseliges Bild. Was der Mensch spielen nennt, ist mitnichten Spiel. Ein soziales Spiel kennt Regeln, die dazu beitragen, Frusttoleranz und Impulskontrolle zu lehren. Für einen Ball-Junkie existieren keine Regeln. Auf der Suche nach dem nächsten Dopamin-Kick agiert er bar jeder Kontrolle. Besonders traurig aber ist der Mensch, der sich mehr wie ein Dealer anstatt wie ein Bewährungshelfer verhält.

Die Dissertation von Imke Böhm[15] zum Thema „Vergleich der Stressauswirkungen anhand von Speichelcortisolwerten und der Lerneffekt von drei Ausbildungsmethoden bei Polizeidiensthunden" untersucht folgende Fragestellungen: „Ist die jeweilige Ausbildungsmethode geeignet, unerwünschtes Verhalten des Hundes zuverlässig abzubrechen?", „Führt die jeweilige Ausbildungsmethode zu einem Lernerfolg?" und „Welche Stressauswirkungen haben die Ausbildungsmethoden im Vergleich?". Untersucht wurden ein ankonditioniertes Abbruchsignal, das Stachelhalsband und ein elektrisches Erziehungshalsband. Auch wenn ich im Speziellen die beiden letztgenannten Formen der „Erziehung" nicht gutheiße, sind die Ergebnisse der Studie interessant, obwohl nicht überraschend: Der Lernerfolg zeigte sich beim konditionierten Abbruchsignal als am wenigsten zuverlässig. Gleichzeitig wiesen die Hunde, die mit dieser Methode trainiert wurden, die höchsten Cortisolwerte auf, die Studie spricht sogar von signifikant erhöhten Werten (ebd. S. 77 ff.).

Wie steht es mit der sozialen Komponente? In der Clicker-Lektüre erfahren wir Folgendes: *„Hunde kooperieren nur, wenn es sich für sie lohnt, wenn es Spaß macht und spannend bleibt. Machen Sie sich eine Liste mit zehn verschiedenen Belohnungen für Ihren Hund. Versuchen Sie, diese aus Sicht Ihres Hundes in eine Reihenfolge zu bringen."* (Koring 2014[11], S. 74) Ja, Hunde verarmen zu Opportunisten, wenn der soziale Kontext fehlt. Soziale Beutegreifer investieren jedoch bereitwillig in eine Beziehung, wenn denn eine da ist. Sie brauchen nicht mit Bezahlung geködert zu werden, weder mit der XXL-Belohnung noch mit dem „Supersignal", welches ebenfalls im zitierten Buch thematisiert wird (ebd., S. 105). Sagen Sie, was machen Sie eigentlich mit Ihrem Hund, wenn die Leckerlis gerade mal alle sind?

Aus dem Studium der Lektüre zum Clickertraining ergibt sich zudem, dass das Clickern als Kommunikationsbasis zwischen Mensch und Hund dienen soll. 100.000 Jahre Koevolution von Mensch und Hund bedürfen keines Clickers. Artübergreifende Kommunikation ist möglich – auch ohne Clicker. Körpersprache ist angeboren, denn auch blinde Kinder lächeln. Ihre Bedeutung allerdings muss von einem Jungtier erst noch erlernt werden, sogar intraspezifisch, also innerhalb der eigenen Art (vgl. Mehl 2018[13]). Tiere sind durchaus in der Lage, nicht nur die arteigene, sondern auch die Kommunikation Andersartiger deuten zu lernen. Ungewöhnliche Tierfreundschaften zwischen unterschiedlichen Arten sind hinreichend dokumentiert. Der Mensch zeigt sich allerdings in seiner Lernfähigkeit gerne etwas unbeholfen und strapaziert damit die Anpassungsfähigkeit seiner Tiergeschwister in ungesundem Maße.

Der Clicker erzeugt ein mechanisches Geräusch, welches identisch reproduzierbar ist und emotionale Schwankungen ausschließt. Emotionen stören also den Konditionierungsprozess. Das Leben unter Laborbedingungen, wie Skinner sie geschaffen hat, ist unterkühlt, unnatürlich, gefühllos und soziopathisch. Emotionen sind der Spiegel der Beziehung zu unserem Hund, wenn wir diesen als Sozialpartner sehen (vgl. Nijboer 2004[10], S. 158 f.). Clickern ist asozial, das erklärt, weshalb wir diese Methode unseren Kindern nicht antun. Keine Mutter clickert Kevin von der Steckdose weg. „Emotion" und „Beziehung" sind unabdingbar miteinander verflochten. Soziale Interaktionen beantworten wir natürlicherweise mit sozialem Verhalten (Kommunikation, Einflussnahme et cetera), anstatt mit einem Blechfrosch.

Auch die menschliche Sprache wird anthropozentrisch aufgebläht. Der Clicker-Literatur entnehme ich des Weiteren: *„Gleichbleibende Geräusche sind für den Hund einfacher zu erlernen als gesprochene Wörter. Je nach unserer eigenen Verfassung kann das Wort ‚Sitz!' schon sehr variieren. Ein für Hunde nur schwer lösbares Problem."* (Koring 2014[11], S. 25) Ich bitte Sie! Hunde sind nicht blöd, sie erkennen ein bestimmtes Signal unabhängig davon, ob es der Großvater, die Mutter, die Schwester oder der Lebenspartner ausspricht. Auch beim Hund finden sich im Bereich der Temporallappen Strukturen, die in der Lage sind, Laute präzis zu analysieren und auf ihre emotionale Botschaft zu prüfen. Außerdem berichtete mir ein Facharzt am Tierspital Zürich von einer Studie, die aufgezeigt haben soll, dass der Hund im Laufe seines Lebens bis zu 1.000 Wörter der menschlichen Sprache erlernen kann (siehe auch Reid/Pilley[16]), während der Durchschnittsamerikaner mit einem aktiven Wortschatz von gerade mal 750 Wörtern auskommt (vgl. Arguelles[17] und transparent® Language Solutions 2013[18]). Wie weit wollen Sie den Hund noch diffamieren, nur weil die Evolution bei der Ausbildung des brocaschen Zentrums bei Mensch und Hund andere Prioritäten verfolgte, und weil der Kehlkopf von Caniden nicht dazu geformt ist, Wörter zu bilden (vgl. Precht 1997[19], S. 132)? Dieses hoch soziale Wesen, dem wir in vielerlei Hinsicht nicht das Wasser reichen können, mit dem verglichen unsere sensorischen Fähigkeiten geradezu behindert wirken, reduzieren Sie auf „Click – Belohnung"? Nun ja, ganz offensichtlich traut sich die Clicker-Gilde selbst nicht so ganz, denn nur einen Abschnitt weiter lehrt sie uns Folgendes: *„Wir erinnern uns: Lernen beim Hund funktioniert besonders gut, wenn Lernerfahrungen mit Emotionen verknüpft sind."* (Koring 2014[11], S. 26)

Eine Hochburg für die Ausbildung angehender Hundetrainer legt den Schwerpunkt auf den Unterricht des Clickertrainings. Eine Referentin dieser Kurse sagt: *„Wir arbeiten ausschließlich mit positiver Bestärkung nach dem heutigen Wissen lerntheoretischer und tierpsychologischer Grundlagen".*[20] Die positive Bestärkung ist nach heutigen lerntheoretischen Grundlagen jedoch längst überholt, und auch das Zitat ihrer Kollegin legt offen, wie tief der Inhalt im behavioristischen Sumpf stecken geblieben ist: *„Training mit Tieren verfolgt ein grundsätzliches Ziel, nämlich deren Verhalten zu ändern. Durch die Verhaltensänderung soll der Hund gehorsamer und leichtführiger werden oder ein störendes Verhalten ablegen".*[20] Den Hund formen, wie ich ihn haben will, ist nichts weiter als Machtausübung – die Väter des Behaviorismus wären stolz! Doch allein das Verhalten zu ändern, ist nicht genug. Es ist wie das Errichten eines fragilen Kartenhauses, das beim leisesten Hauch zusammenstürzt. Ein Monument zu bauen, das den Stürmen des Lebens standhält, erfordert Arbeit an der inneren Haltung und die Bereitschaft, Emotionen auszuhalten, anstatt bloß Verhalten zu manipulieren.

Der ultimative Schocker zum Thema Clickern ist mir in einem „Do as I do"-Video im Rahmen meiner Ausbildung zur Hundeerziehungsberaterin begegnet. Beim „Do as I do" ersetzt Vorzeigen das Kommando. Mit sozialem Lernen hat diese Trainingsform allerdings wenig zu tun. Der Hund kopiert die Bewegungen des Menschen, zum Beispiel eine Pirouette, und erhält dafür ein Click und ein Leckerli. Im erwähnten Bildmaterial erklärt die Trainerin ihren Kunden, dass der Hund zuerst „eingeschaltet" werden müsse. Zu diesem Zweck nehme man ein Leckerli zwischen die Finger und fuchtle dieses in einer wilden Choreografie vor der Nase des Hundes herum. Jetzt ist er bereit. Ebenfalls muss der Hund am Ende der Übung „ausgeschaltet" werden, dies bewerkstelligt man mit einem lang gezogenen „Feeeertig!". Den Hund ein- beziehungsweise ausschalten ... was für ein Zynismus! Dennoch zeichnet diese Vorgehensweise ein eindrückliches Bild dessen, was die Belohnungsmentalität im Grunde verkörpert: Arbeit unter sozialem Druck, der die Akzeptanz unseres besten Freundes unter Bedingungen stellt.

Ein weiterer Kurzfilm (Apprendimento sociale – Do as I do, 2011[21]) eines solchen Trainings zeichnet wohl eher ungewollt die Folgen der Handfütterung auf. Kommt das Leckerchen nicht schnell genug, schnappt der Hund nach der Futterhand und bedient sich in rüpelhafter Manier selbst aus der Futtertasche. Auch wird die Halterin mehrmals von ihrem Tier unfreundlich angerempelt. Eine respektvolle Beziehung sieht anders aus.

Ressourcen wie Futter haben für Hunde eine Bedeutung. Ein Fürsorgepartner, der ernst zu nehmen ist, gibt weder das Futter aus der Hand noch schmeißt er damit inflationär um sich. Benehmen wir uns aus der Sicht eines Hundes unvernünftig, dürfen wir nicht erwarten, dass er uns Respekt zollt.

Das am meisten ins Feld geführte Argument für den Clicker ist: „Weil es funktioniert!" Schön, wenn Sie wollen, dass Ihr Hund funktioniert, clickern Sie weiter. Wenn Sie sich eine primär soziale Beziehung mit Ihrem Hund wünschen, lassen Sie es. Die Bindungsqualitäten besprechen wir in einem späteren Kapitel, nur so viel vorab: Wir sind gut unterwegs, wenn wir bereit sind, unsere menschlichen Bedürfnisse auch einmal hintanzustellen und den Hund so artgerecht wie möglich zu erziehen, anstatt ihn sinnentleerte Kommandos zu unserer Genugtuung und/oder Belustigung ausführen zu lassen. Anerkennen wir ihn als sozial orientierten Beutegreifer, fühlt sich der Hund als Mitglied des Rudels zugehörig, verstanden und sicher. Sicherheit ist es, die eine sichere Bindung schafft, nicht Futter.

Verschaffen wir uns einen Überblick (siehe Philosophie von Natural Dogmanship®):

WAS BEDEUTET SOZIAL?	WAS IST ASOZIAL?
• Der Hund ist intrinsisch motiviert, er investiert mental und emotional in gemeinsame Aktivitäten. Dieser Hund ist sozial anpassungsfähig. • Die Bezugsperson anerkennt und fördert die Talente ihres Hundes und wird zu einem wichtigen Schlüssel in der Entfaltung seiner Persönlichkeit. • Prozessorientiert: soziales, durch einen Erziehungsprozess geführtes Lernen. Der Hund erlebt sich als selbstwirksam. • Den Hund mit sinnvollen, lebenspraktischen Fertigkeiten zu beschäftigen, fördert seine Entwicklung. Er fühlt sich verstanden und sicher. Der Hund folgt uns sowohl körperlich als auch mental. • Kommunikation, Kooperation und sozial interaktive Aktivitäten vermitteln dem Hund, dass er als Teil des Rudels wahrgenommen wird. • Wir handeln im Interesse des Hundes, wir tun etwas *für den Hund*.	• Ein extrinsisch motivierter Hund arbeitet für die Belohnung, die Beziehung ist sekundär. Hunde mutieren zu Opportunisten. • Der Hund führt den Erfolg auf sein selbstständiges Handeln zurück (Selbstlernprinzip). Die Person ist unwichtig. • Produktorientiert: Nicht der gemeinsame Weg steht im Vordergrund, sondern die Leistung. • Belohnung und Bestrafung schaffen Abhängigkeit – Abhängigkeit von der Bestätigung anderer. Ich erreiche, dass der Hund alles für mich tut [Sucht]. • Leistungsdruck, Macht, Manipulation, Abhängigkeit: Das alles hat nichts mit Führung zu tun. • Den Hund nach eigenem Lustprinzip zu konsumieren, aberkennt seine Persönlichkeit. Der Hund wird gelebt. • „Zu glauben, der Hund sei so primitiv, dass er mit einem Leckerli zufrieden ist, degradiert ihn zum Sozialhilfeempfänger" (Zitat Jan Nijboer). • Ausklammern von Emotionen bedeutet ausklammern von Leben. • Der Hund soll etwas *für uns* tun.

2.3 Motivation – oder eher Motivierung?

Stellen Sie sich vor, Sie seien einer dieser Teenager mit ölig leuchtenden Pickeln im Gesicht, einer gemein funkelnden Zahnspange im Mund und einer dicken Hornbrille auf Ihrer Nase. Das Schicksal hat Ihnen definitiv andere Vorzüge verliehen als die von Catherine Zeta Jones oder Brad Pitt. Zu Beginn des Semesters kam ein Neuzugang in Ihre Klasse, für den/die Sie sich in glühender Verehrung verzehren. Sie trauen sich aber nicht, das holde Wesen anzusprechen, bis es eines zauberhaften Morgens direkt auf Sie zukommt und Sie ins Kino einlädt. Sie sind noch Tage benommen von so viel unfassbarem Glück, taumeln berauscht und verzückt durchs Leben und sind nicht mehr in der Lage, klar zu denken, geschweige denn zu essen. Wie eine Fata Morgana flimmert der Samstag noch surreal am Horizont, aber dann … ENDLICH! Es ist der Abend Ihres Lebens, Sie schwelgen in vollkommener Leichtigkeit, fühlen sich unverwundbar, unbesiegbar, unsterblich! In der Gewissheit, dass Ihnen das Leben nie wieder etwas Vergleichbares bieten wird, verschlingen Sie gierig jeden Augenblick, als wäre es der letzte Ihres jungen Daseins. Als der Moment des Abschieds gekommen ist, zückt Ihr Traumprinz beziehungsweise Ihre Traumprinzessin die Geldbörse, streckt Ihnen 50 Franken entgegen und sagt: „Danke, dass du mitgekommen bist."

Das ist bitter, nicht wahr? In etwa so fühlt es sich an, wenn Belohnung (Motivierung) die Motivation torpediert – oder wenn wir unsere Hunde wie Personal behandeln und ihre Kooperation mit Leckerlis abgelten.

Nach einer kurzen begrifflichen Differenzierung zwischen Motivation und Motivierung widmen wir uns vornehmlich der Motivierung. Die Arbeitsgrundlage für dieses Thema lieferte im Besonderen das Buch „Mythos Motivation" von Reinhard K. Sprenger[22].

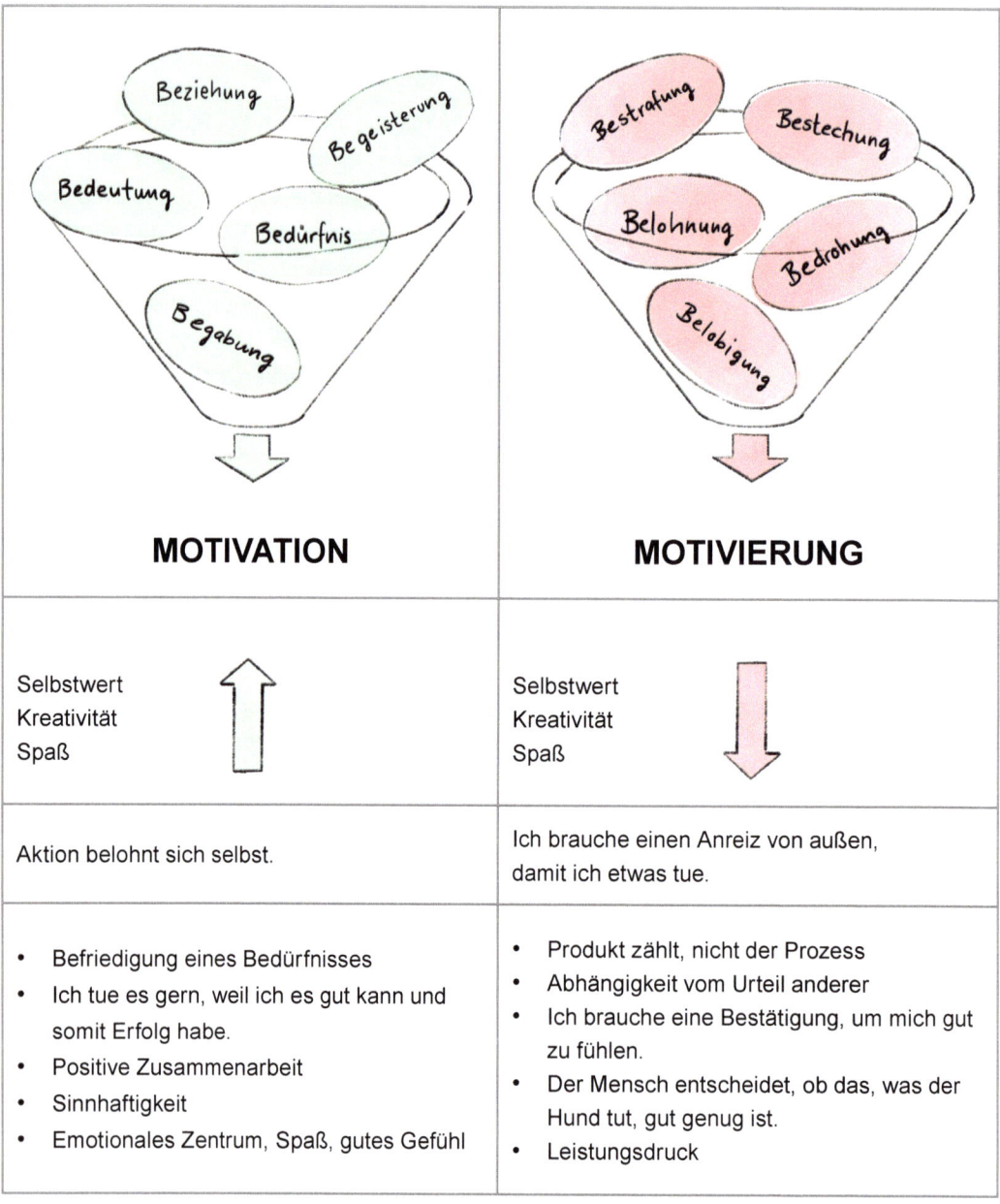

MOTIVATION	MOTIVIERUNG
Selbstwert Kreativität Spaß ⬆	Selbstwert Kreativität Spaß ⬇
Aktion belohnt sich selbst.	Ich brauche einen Anreiz von außen, damit ich etwas tue.
• Befriedigung eines Bedürfnisses • Ich tue es gern, weil ich es gut kann und somit Erfolg habe. • Positive Zusammenarbeit • Sinnhaftigkeit • Emotionales Zentrum, Spaß, gutes Gefühl	• Produkt zählt, nicht der Prozess • Abhängigkeit vom Urteil anderer • Ich brauche eine Bestätigung, um mich gut zu fühlen. • Der Mensch entscheidet, ob das, was der Hund tut, gut genug ist. • Leistungsdruck

Motivierung ist aus folgenden Gründen der falsche Ansatz:

I. Der Kern der Motivierung ist Manipulation und Misstrauen.

II. Motivierung geht davon aus, dass der Hund ein manipulierbares Instrument aus Reizen und Reflexen ist.

III. Motivierung nimmt den Hund nicht ernst.

IV. Die Befindlichkeit des Hundes interessiert nicht, weil sie für die zu erbringende Leistung keine Rolle spielt.

I. Der Kern der Motivierung ist Manipulation und Misstrauen: Dass wir überhaupt motivieren, beleuchtet unsere Haltung gegenüber dem Hund beziehungsweise das, was wir in ihm sehen:

> Hunde tun freiwillig nicht das, was sie tun sollen. Futterbelohnung impliziert, dass wir der Sache NICHT TRAUEN, ob der Hund ohne Leckerli mitmacht. Vielleicht stichelt auch unterschwellig das ungute Gefühl, dass der Hund zu sinnentleerten Kunststückchen genötigt wird, die er von sich aus nicht tun würde. Deshalb muss das Tier extrinsisch (durch einen Anreiz von außen) motiviert werden mit Bestrafung, Belohnung, Bestechung, Belobigung oder Bedrohung, damit es seinen Beitrag zum Erreichen unserer Ziele leistet.
> Motivierung ist methodisiertes Misstrauen und ein Gewitter der Fremdsteuerung (ebd. S. 13).

Sprenger bezeichnet die Lenkung mittels Motivierung [Leckerligabe] als Stützverband für eine innere Fehlhaltung. Sein Beispiel veranschaulicht, was damit gemeint ist: „Diese Führungskräfte gleichen dabei in ihrem Verhalten abgewiesenen Liebhabern, die darüber nachdenken, wie sie die begehrte Frau zurückerobern können, nicht, warum sie ging." Wenn Sie glauben, dass Ihr Hund nicht von sich aus mit Ihnen kooperiert, sollten Sie sich fragen, was Sie getan haben, um ihn zu demotivieren. Führen lässt sich weder auf Tricks reduzieren noch funktioniert es mithilfe von Verführungstaktiken. Führen verlangt danach, die Beziehungsebene zu beleuchten (ebd., S. 12/16f./201/259).

Es geht auch anders. Das Bild, das wir von unserem Hund haben, kann zum Beispiel so aussehen:

> Der Hund lernt von Natur aus gern, weil das seine Überlebenschancen erhöht. Sieht der Hund Sinn in unserer Zusammenarbeit, und fühlt er sich in seinen Talenten, Fähigkeiten und Qualitäten angesprochen, kooperiert er gerne und freiwillig mit uns. Indem wir lebenspraktische Fertigkeiten mit ihm perfektionieren, erlebt sich der Hund als ernst genommen, gesehen und als Teil einer Familie. Weil wir zudem für seine Sicherheit sorgen, hat der Hund den Kopf frei, sich kreativ einzubringen und sein Potenzial zu entfalten. Das Tier ist intrinsisch (aus sich selbst heraus) motiviert, in gemeinsame Aktivitäten und in die Beziehung zu investieren.
> Die innere Haltung ist die des Vertrauens.

II. Motivierung geht davon aus, dass der Hund ein manipulierbares Instrument aus Reizen und Reflexen ist: Der von René Descartes proklamierte Automatenkörper feiert in der breiten Hundeszene sein fröhliches Comeback. Für Descartes bedeuteten Tiere nicht mehr als Hohlkörper, sinnlose Wesen, die lediglich die Frage nach dem „Wie?" ihres Funktionierens, nicht aber die Frage nach dem „Wozu?" aufwerfen: Maschinen also, die man schmiert, damit sie laufen. „Tu dies, dann bekommst du das", degradiert den sozialen Canis lupus familiaris zu einem käuflichen Bedürfnisbündel (ebd. S. 59/151 f.). Mit Belohnung und Bestechung lässt der Mensch seine Marionette Hund tanzen, wie immer es ihm beliebt, und reduziert sie damit auf eine simple Gleichung: Bedürfnis plus entsprechender Anreiz ergibt das erwünschte Verhalten (ebd. S. 53). Die Sache ist nur die:

„Belohnen ist, wie mit dem Schlauchboot die Wüste zu durchqueren, oder wie das Bauen auf Treibsand."
[Reinhard K. Sprenger]

Gleichbleibende Belohnung ist keine Belohnung mehr, wie der vorangegangene Abschnitt bereits erklärt hat. Ist die Anreizspirale erst einmal in Gang gesetzt, dreht sie sich weiter und weiter, und wie das Steinewälzen des Sisyphos führt sie uns nie ans Ziel. Dem Leckerli folgt ein XL-Leckerli, diesem ein XXL-Leckerli. Und wehe, wenn die Belohnung der Anspruchsinflation nicht mehr genügt oder gar ausbleibt! Sie haben gerade Ihren Hund bestraft, wo Sie doch ausschließlich positiv bestärken wollten – und jetzt wundern Sie sich, dass Sie den Zorn Ihres kleinen Lieblings heraufbeschworen haben.

Beim Leckerli-Training peilen wir zudem an der Bedürfnislage unserer Hunde vorbei: Futter hat seinen exklusiven Status längst eingebüßt. Unsere Tiere müssen nicht mehr um ihr Futter bangen oder darum fighten, viele sind überernährt. Natürlich fressen die meisten Vierbeiner, wenn wir ihnen Futter anbieten, aber in einer Zeit des Überflusses gibt es Wichtigeres als Futter. Bei Hunden ist soziale Anerkennung eines der Grundbedürfnisse, für das es immer eine offene Bedürfnislage gibt. In den nachfolgenden Kapiteln erfahren wir mehr dazu.

Die Mittel sabotieren ihre Zwecke. Das bereits zitierte Werk „Mythos Motivation" beschreibt Folgendes: „Je höher die mögliche Belohnung [oder Bestrafung], desto höher die Nervosität, desto größer die Ablenkung von der Aufgabe, desto geringer die [kognitive] Leistung." (ebd. S. 77/277). Ja, da beißt sich die Katze in den eigenen Schwanz.

„Triebigen" Hunden wird gerne Eifer und Freude unterstellt. Ich sehe hinter derlei aufgeregtem Verhalten eher einen unsicheren, planlosen, unbeherrschten, hektischen, nervösen, mental schwachen, zwiespältigen, hilflosen und widersprüchlichen Hund. Ein fürsorglicher Erzieher wünscht sich jedoch für seinen Vierbeiner Souveränität im Sinne von vertrauensvoller Gelassenheit und spielerische Entfaltung. Dem entgegen gibt ein Belohnungssystem das vom Menschen gewünschte Resultat als Maßstab vor, Raum für Kreativität bleibt keiner. Potenziale liegen brach, Neugier und Interesse schwinden. Tritt Belohnung an die Stelle der Sinnhaftigkeit von gemeinsamem Tun, provoziert sie Unzufriedenheit, Frustration, Aggression und/oder Depression.

Lob ist ebenso als Belohnungssystem zu werten wie Leckerlis. De Vries und Zan umschreiben Lob prägnant als mit Zuckerguss überzogene Kontrolle[23]. Loben eignet sich wunderbar zur süffisanten Selbsterhöhung. Wer lobt, hat das Interpretationsmonopol und die Macht zu entscheiden, was gut ist beziehungsweise was nicht genügt. Wangen tätscheln und Köpfchen streicheln folgt dem Gefälle von oben nach unten. Den „Sirup der Lobrede" (Zitat Sprenger) gibt es nur gegen Leistung. Lob ist der gierige Moloch, der Vitalität verschlingt und kraftlose Wesen oder einen fremdbestimmten Hund in Duldungsstarre zurücklässt, einen Hund, der seine Lebensfreude auf dem „Friedhof verwitterter Sehnsüchte und abgelegter Träume" (Zitat Sprenger) vergraben hat. Für einen Caniden ist es existenziell und lebenswichtig, in den Schutz eines Rudels integriert zu sein. Lob wiegt ihn in der vermeintlichen Sicherheit und dem trügerischen Gefühl, zugehörig zu sein. Das macht ihn abhängig von Anerkennung – ein leichtes Spiel für uns Menschen. Wer von Lob abhängig ist, verliert immer: Auf der Suche nach Lob verliert ein Individuum seine Selbstwirksamkeit, und bleibt das Lob aus, verliert es seinen Selbstwert (vgl. Sprenger 2014[22], S. 91 f./94 ff./260).

„Das ist das Schlimmste, was Sie sich antun können. Sie wären besser dran, wenn Sie von Heroin abhängig wären. Solange Sie welches haben, lässt Heroin Sie nie im Stich und macht Sie immer glücklich. Wenn Sie aber von einem anderen Menschen erwarten, dass er Sie glücklich macht, so werden Sie unablässig enttäuscht."
[Morgan Scott Peck]

Wittern wir die Chance zu melken, loben wir gerne. Wir tauschen Lob gegen Leistung und deklarieren unseren Anspruch für die Zukunft mit „Weiter so!". Aber wenn Sie Ihren Hund bedingungslos lieben, anerkennen Sie ihn in seiner ganzen Persönlichkeit. Sie lieben ihn nicht nur für sein Leistungspotenzial und seine Ups, sondern auch für all seine Downs (ebd. S. 89/258).

„Und wie ist es dir gelungen, ihn fertigzumachen?" „Durch Lob ..."
[E. Kishon]

Wenn sich bei Ihnen mittlerweile ein paar Fragezeichen türmen, verstehe ich das gut. Natürlich hat unser Hund ein Recht auf Feedback! Die Nuancen sind filigran, aber es gibt sie, die Unterschiede zwischen Lob und Anerkennung. Wenn der Hund etwas getan hat, wie und weil ich es will, lobe ich ihn: „Das hast du gut FÜR MICH gemacht." „ICH bin zufrieden."

„Das RESULTAT passt." Anerkennung jedoch ist geteilte Freude darüber, dass der Hund eine kreative Lösung für eine Herausforderung gefunden, seine Fähigkeiten erweitert oder eine neue Situation gemeistert hat: „Es freut mich FÜR DICH, dass du den Weg um das Hindernis herum gefunden hast, um an die Beute heranzukommen!" „Toll, dass DIR neue Möglichkeiten zur Verfügung stehen, weil du dich ins Wasser trautest." „Schön, dass WIR GEMEINSAM Spaß haben können."

Seien Sie Ihrem Hund mehr als nur ein Bonbon-Onkel, seien Sie ihm ein echter Sozialpartner! Wie Sie das anstellen? Respektieren Sie die Biologie des Hundes, und erziehen Sie ihn in seinem Interesse. Investieren Sie in seine Persönlichkeit, indem Sie authentische, sinnvolle Lernerfahrungen kreieren. Nehmen Sie Ihren Hund ernst, nehmen Sie seine ureigenen Bedürfnisse wahr, seien Sie aufmerksam und Ihrem Tier zugewandt. Zeigen Sie ein grundsätzliches und beständiges Interesse – nicht an seiner Leistung, sondern an seiner Individualität. Schaffen Sie Spielfelder der Zusammenarbeit, und freuen Sie sich gemeinsam. Wenn etwas gelingt, ist es Ihr geteilter Erfolg. Misslingt etwas, ergründen Sie als Erstes, womit Sie Ihren Hund irritiert haben. Damit legitimieren Sie Ihre Führung. Fehler sind wichtige Informationen in Bezug auf die individuelle Förderung und weitere Lernschritte. Wenn also Führen bedeutet, zielbezogen zu lenken, ist es alles andere als laissez faire. Erstrebenswerte Ziele sind zum Beispiel, dem Hund sinnerfüllte Aufgaben zu stellen, die seiner Natur entsprechen, und mit denen er sich identifizieren kann. Seien Sie wohlwollend, nicht pedantisch: Pedanterie zerstört die Freude an der Zusammenarbeit. Bieten Sie Ihrem Hund Chancen, Situationen zu bewältigen, seine Fähigkeiten erleben und einsetzen zu können und mit Lust, Freude und Neugier interaktiv (zusammen mit Ihnen) Erfahrungen zu sammeln. Neugier und Kreativität brauchen Freiraum. Als Führungsperson ist es Ihre Verpflichtung, diesen Freiraum zu schaffen und mit klaren Grenzen zu schützen (ebd., S. 25/96/180 ff./205/286/291). Genau dann genießt Ihr Hund Freiheit. Freiheit hat nichts damit zu tun, den Hund losgelöst von allen Banden ins Ungewisse laufen zu lassen.

Ein Raum/Freiraum verlangt nach Grenzen. Diese RAHMENbedingungen liegen in Ihrer Verantwortlichkeit. Wenn Sie Ihren Hund auf eine Weise fördern, die seine Selbstachtung wahrt und ihm Wahlmöglichkeiten innerhalb vorgegebener Grenzen einräumt, brauchen Sie keine Antreiberpraxis in Form von Lob und Motivierung und keine Leckerlis als Führungsprothese.

> Begeisterung ist die einzig hinreichende Voraussetzung
> für wirklich erfolgreiche Zusammenarbeit (ebd., S. 42).

III. Der Hund wird nicht ernst genommen: Die Idee, motivieren zu müssen, entspringt der Annahme, dass der Hund tendenziell ein Leistungsverweigerer ist. Wir unterstellen ihm, dass er lediglich Schmalspurleistungen erbringt, wenn wir ihm keinen Anreiz bieten. Isegrims

Nachfahren haben für uns eine rein funktionelle Bedeutung, könnte man meinen. Die existenziellen Anliegen, Ideen und Werte interessieren nicht.

„Fähigkeit bringt das Bedürfnis mit sich, diese Fähigkeit auch zu gebrauchen."
(Szent-Györgyl, Biochemiker und Nobelpreisträger)

Wo die Möglichkeit versagt bleibt, sich auszuprobieren und einzubringen, schleicht sich die Kooperationsbereitschaft vom Acker, während eine Kultur der Fehlervermeidung ihren Platz einnimmt. Da ein Hund sein Herrchen oder Frauchen nicht abwählen kann, bleibt ihm – innerlich gekündigt – nur noch die leblose Hülle quantitativer Zeit, die einen verbindet.

Damit wir uns richtig verstehen: Motivieren ist in diesem Kontext als Bezahlung beziehungsweise Ködern mit Anreizen gemeint. Den Hund verbal zu ermutigen, wenn dieser vor einer schwierigen Herausforderung steht, ist eine andere Geschichte. In diesem Fall sprechen wir von Stimulieren.

IV. Die Befindlichkeit des Hundes interessiert nicht, weil sie für die zu erbringende Leistung keine Rolle spielt: Die Trennung von Körper und Geist zerstört die Sinnhaftigkeit einer Aufgabe. Spaß am Lernen und Freude am Tun stellt sich ein, wenn der Sinn einer Aufgabe nachvollziehbar ist, und wenn sie die eigene Natur sowie Talente und Fähigkeiten anspricht. Herausforderungen, welche in interaktiver Zusammenarbeit gelöst werden, stärken das Gefühl, anerkannt und zugehörig zu sein. Ein Hund, der sein Persönlichkeitspotenzial einbringen darf, investiert freiwillig in die Beziehung. Ein Handlungsspielraum, in dem der Hund innerhalb bestimmter Regeln und Grenzen wählen und sich einbringen darf, zeugt von einer Vertrauenskultur. Ein solcher Hund braucht kein Schmerzensgeld in Form von Leckerlis für das Leben, das wir ihm gestohlen haben.

„Vor den Erfolg haben die Götter den Spaß gesetzt."
(Sprenger 2014[22], S. 250)

Wir Menschen trennen unser Leben in Arbeit und Freizeit. Zu dieser Kultur zwingen wir auch unseren Vierbeiner: Auf dem Hundeplatz soll James arbeiten, schließlich bekommt er auch seine Be**lohn**ung. Auf dem Spaziergang darf Jimmy dann **Frei**lauf genießen und einfach nur Hund sein. Im Freilauf ist Fiffi also einfach nur Hund –, und was ist er dann bitte den Rest des Tages? Hunde geben ihre Natur weder beim Zuschnappen des Leinenkarabiners noch am Tor zum Übungsgelände ab. Ein Hund ist 24 Stunden am Tag Hund mit allen Ansprüchen eines Caniden wie Sicherheit, Zugehörigkeit, Führung, Empathie, Integration in eine soziale Matrix, Sinnhaftigkeit, Zuverlässigkeit, Verbindlichkeit, einem Platz und einer Aufgabe im Rudel et cetera.

Mit Leckerchen zu manipulieren ist eine Praxis, die im Kern den Hund nicht ernst nimmt – eine Revue der Abwertung und der Aberkennung von Persönlichkeit und Potenzialen. Die Missachtung der Würde zerstört die Selbstachtung, aber gerade die Selbstachtung ist die wahre Quelle der Motivation.

> *„Motivierung bedeutet: Du sollst dich von Belohnung und Bestrafung anspornen lassen, damit ich dich leichter lenken kann. Wenn mich jemand motivieren kann, dann kann er mich auch demotivieren. Dann lade ich alle Welt ein, über die Qualität meines Lebens zu entscheiden. Dann gebe ich anderen die Macht über meine Selbstachtung."*
> (Sprenger 2014[22], S. 256)

Fähigkeiten und Potenziale bringen das Bedürfnis mit sich, gelebt zu werden, sollen sie nicht in Aggression, Resignation oder Langeweile umschlagen. Gestalten Sie gemeinsame Aktivitäten mit Ihrem Hund, die an seine biologischen Bedürfnisse anknüpfen. Erlauben Sie ihm, eigene Lösungswege zu finden und erwarten Sie nicht, dass Ihr Vierbeiner eine Herausforderung exakt so löst, wie Sie sich das ausgedacht haben. Bekanntlich führen verschiedene Wege nach Rom. Lassen Sie Kreativität zu, und anerkennen Sie Lösungswege, die der Persönlichkeit Ihres Begleiters entsprechen. Achten Sie bei Ihrem Tun auf Effizienz: Ihr Hund ist mittlerweile erwachsen, langweilen Sie ihn nicht mit Kinderkram. Erschaffen Sie eine Welt, in der sich Ihr Hund innerhalb eines sicheren Rahmens seiner Natur gemäß entfalten kann. Stellen Sie Verhalten nicht einfach ab, denn Verhalten ist Ausdruck von Bedürfnissen, Denken und Emotionen. Verhalten zu unterdrücken bedeutet, das Vis-à-vis abzuerkennen. Lehren Sie Ihren Hund stattdessen Strategien, die gesellschaftsverträgliche Alternativen zu unerwünschtem Verhalten darstellen. Das Zauberwort heißt „Wir" anstatt „Ich": Der Hund lernt dann besonders nachhaltig, wenn er vom Sozialpartner Mensch begleitet, gefördert und beschützt wird. Ein solcher Hund ist nicht allein oder auf sich gestellt und hat den Kopf frei für die Überraschungen des Lebens. Das ist Freiheit – Freiheit, die wir alle unseren Hunden wünschen.

Hundehalter sprechen mich vermehrt darauf an, ob ihre Fellnasen an einem Burn-out leiden könnten. Nun, ist das überhaupt möglich? Ein Burn-out hat weniger mit der quantitativen Anforderung zu tun als vielmehr damit, wie jemand seine Aufgabe erlebt. Ansporn von außen ist ein schmerzender Stachel im Fleisch, der blutige Spuren hinterlässt. Wenn nicht die eigenen Beweggründe wichtig sind, sondern eine Leistung als Coupon für eine Belohnung herhalten muss, verblasst das Gefühl der Identifikation mit dem, was wir tun. Genau in diese Kerbe schlägt die Motivierung. Verlust von Sinn und Identifikation ist die Wurzel von Stress (vgl. Sprenger 2014[22], S. 122 f.). Diese Abwärtsspirale zu unterbrechen, hat mit Selbstverantwortung zu tun, die ein Hund in unserer Gesellschaft so nicht übernehmen kann; er kann uns nicht einfach kündigen. Diese Situation der Ausweglosigkeit scheint mir durchaus ein fruchtbarer Boden für ein Burn-out beziehungsweise eine Depression bei Hunden zu sein. Irgendwann vermag das Schmerzensgeld die Schmerzen nicht mehr zu kaschieren.

„Einem Fisch kann man nicht das Schwimmen verbieten."
[Walter Ludin]

Zur Präzisierung sei erwähnt, dass bei einer Depression der Antrieb leidet, nicht die Motivation. Neurobiologisch gesehen ist der Antrieb ein Kind des alten Gehirnteils, des limbischen Systems, um genau zu sein. Antrieb ist nicht der bewussten Entscheidung des Großhirns unterstellt. Man fasst also nicht den Entschluss, Antrieb zu haben oder eben nicht. Depressive in Motivierung zu duschen, ist definitiv der falsche Ansatz – im Gegenteil: Depressive sind oft von Schuldgefühlen geplagt, weil sie es nicht schaffen, Leistung zu erbringen (vgl. Mehl 2019[14]).

Wer sich tiefer auf das Thema der Motivation respektive Motivierung einlassen möchte, ist mit Sprengers Buch „Mythos Motivation" gut beraten.

2.3.1 Futterbelohnung – gesundheitliche Aspekte

Den pädagogischen Aspekt der Handfütterung beziehungsweise des Leckerli-Trainings haben wir bereits beleuchtet: Belohnungssysteme sind asoziale Stressproduzenten und Machtinstrumente, in denen der Mensch bewertet, wann etwas gut war respektive wann eine Leistung genügt.

Die Erfahrung von Leckerli-Gaben aus der Hand vermittelt dem Hund, dass wir nicht in der Lage sind, Ressourcen zu verwalten oder gar für diese aufzutreten. In diesem Zusammenhang erinnere ich mich an Berufskollegen, die ihre Kunden anweisen, Würstchen gleich Handvoll hinter sich zu schmeißen, um den Hund vom Ziehen an der Leine abzuhalten. Dies kommt einem inflatorischen Um-sich-Werfen mit Beute gleich. Wie soll der Hund jemanden ernst nehmen, der noch nicht einmal für sich selbst sorgen kann? Wie soll er uns seine Sicherheit anvertrauen?

Selbst ein rangniederes Tier gibt einen ergatterten Futterbrocken nicht freiwillig her. Aus diesem Grund erachte ich das von manchen Trainern empfohlene Gängeln am Futternapf, welches die Hierarchieverhältnisse demonstrieren soll, für absolut fragwürdig. Solche Szenen tragen nichts, aber auch gar nichts zur Klärung einer Beziehung bei, im Gegenteil. Beim Verteidigen ihres Futters stehen die Hunde unter dem Einfluss des Cortisols, dem Hormon des Kontrollverlustes.

„Ein Hund, der sein Fressen verteidigt, ist also keineswegs dominant oder Ähnliches, sondern extrem im Stress."
(Strodtbeck/Gansloßer 2016[24], S. 83)

Leckerli-Training sabotiert nicht nur die Beziehung, es hat auch gesundheitliche Konsequenzen. Betrachten wir zuerst einmal die verschiedenen Varianten der Nahrungsaufnahme: Hunde sind sozial lebende Beutegreifer, die im Rudel gemeinsam Beute jagen (eine Ausnahme bilden die Solitärjäger), zusammen fressen und anschließend während einer langen Ruhephase verdauen und faulenzen. Die Futteraufnahme hat sich für unsere Haushunde drastisch verändert, wie die folgenden Skizzen zeigen (vgl. HEB 2015[2]):

Jagen – Fressen – Verdauen: der natürliche Zyklus

VERDAUEN
- hormonell vorbereiteter Körper
  (gastrointestinale Hormone)
- Peristaltik und Verdauungssäfte
  sind angeregt
- Enzyme stehen für die Verdauung
  bereit
- Schleimbildung
- Aufschließen der Nahrung
- Sättigung
- keine körperliche Aktivität
- Vagus

Ruhephase/Schlafen

Hungergefühl

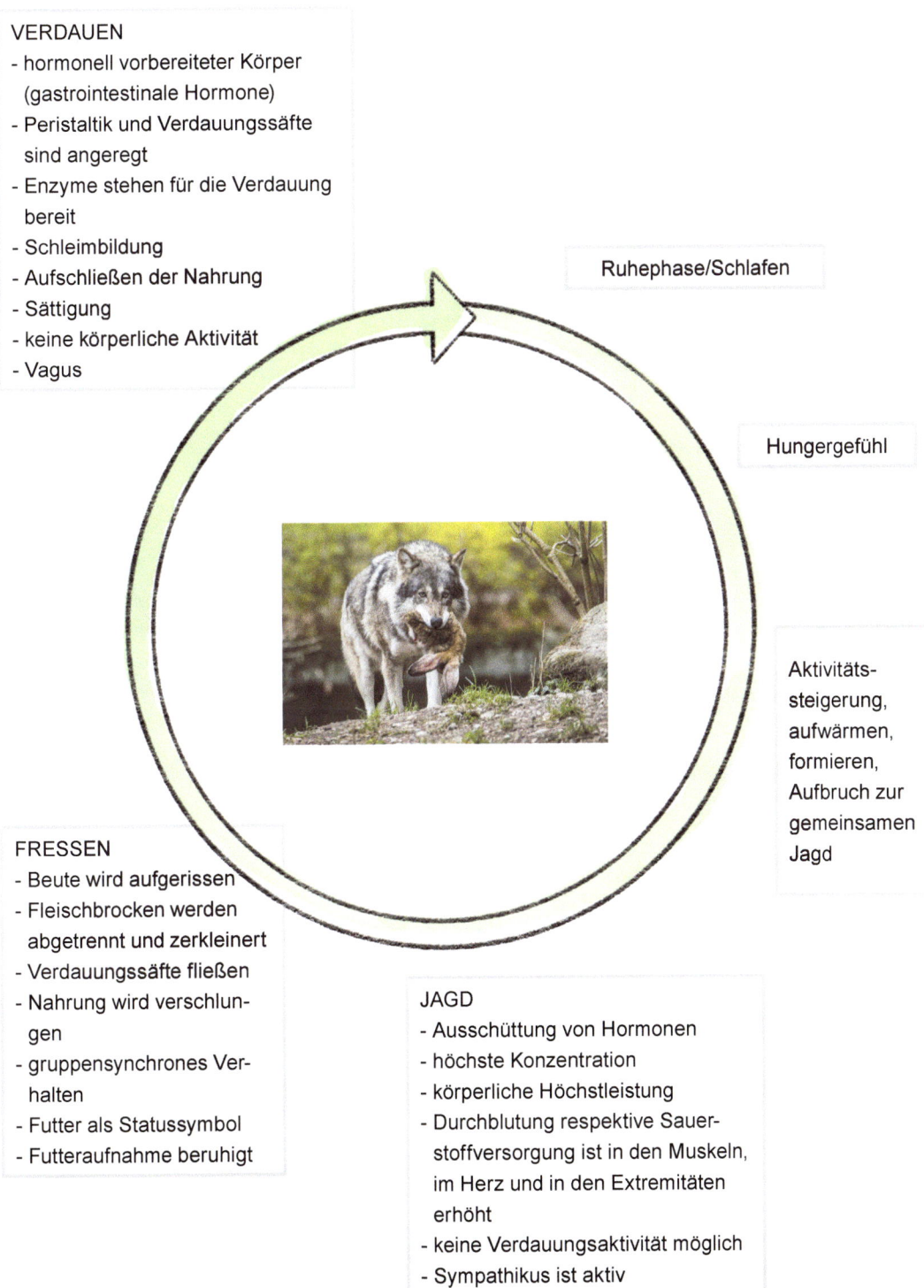

Aktivitäts-
steigerung,
aufwärmen,
formieren,
Aufbruch zur
gemeinsamen
Jagd

FRESSEN
- Beute wird aufgerissen
- Fleischbrocken werden
  abgetrennt und zerkleinert
- Verdauungssäfte fließen
- Nahrung wird verschlun-
  gen
- gruppensynchrones Ver-
  halten
- Futter als Statussymbol
- Futteraufnahme beruhigt

JAGD
- Ausschüttung von Hormonen
- höchste Konzentration
- körperliche Höchstleistung
- Durchblutung respektive Sauer-
  stoffversorgung ist in den Muskeln,
  im Herz und in den Extremitäten
  erhöht
- keine Verdauungsaktivität möglich
- Sympathikus ist aktiv

Jagen – Fressen – Verdauen: sinnvoller Ersatz

VERDAUEN
- hormonell vorbereiteter Körper (gastrointestinale Hormone)
- Peristaltik und Verdauungssäfte sind angeregt
- Enzyme stehen für die Verdauung bereit
- Schleimbildung
- Aufschließen der Nahrung
- Sättigung
- keine körperliche Aktivität
- Vagus ⇨ Hund in Ruhe lassen!

Ruhephase/Schlafen

Hunger zulassen

Aufbruch zu *gemeinsamer* Aktivität (Ausschüttung des Bindungshormons Oxytocin)

FRESSEN
- Beute (Futterbeutel) wird vom Rudelführer geöffnet
- zerkleinern von Futterbrocken und Knochen
- Verdauungssäfte fließen
- Nahrung wird verschlungen
- soziale Interaktion
- Futter als Statussymbol
- Futteraufnahme beruhigt
- komplette Tagesration auf einmal füttern (bei gesunden, adulten Hunden)

Mögliche AKTIVITÄTEN
- beziehungsorientierte Hetzjagd
- Fährten
- Revieren (Flächensuche)
- Markieren (eine Form der Distanzarbeit)
- Treibball
- Gruppentrail
- Anpirschen
- Ersatzbeute (Preydummy) ausbuddeln
- et cetera

Jagen – Fressen – Verdauen: heute üblich

VERDAUEN
- Hormone und Enzyme wurden unzureichend gebildet (fehlende Aktivität)
- verminderte Darmresorption
- Appetitabfall
- Fressen ohne richtigen Hunger bewirkt eine unzureichende Verdauung/Nährstoffausbeute (gesundheitliche Folgen)

Ruhe- respektive Schlafphasen in der Regel zu kurz, Hund wird ständig aktiviert

HUNGER wird nicht mehr zugelassen

FUTTER steht immer bereit, keine gemeinsame Nahrungsbeschaffung

FRESSEN
- in Rekordzeit wird das Futter nahezu unzerkaut verschlungen
- aufgrund der fehlenden (jagdlichen) Aktivität wird der Verdauungstrakt überrascht
- bei Leckerli-Gaben wird der Verdauungstrakt ständig aktiviert
- Ersatzobjekte (zum Beispiel Spielzeug) werden vom Hund als Ersatz-Statussymbol eingesetzt (verhaltensspezifische Folgen)

MINIMALAKTIVITÄTEN
- minimale Aufregung
- keine Bewegung im Kontext der Jagd
- feste Fütterungszeiten
- Futterbeschaffung durch Kunststückchen: keine Sättigung (Konsequenzen im Hormonhaushalt)

Der Verdauungstrakt eines Caniden ist nicht geschaffen für häufige kleine Mahlzeiten. Das ständige Anschubsen der Verdauung durch Leckerli-Gaben und Zwischenmahlzeiten macht dem Gastrointestinaltrakt zu schaffen. Die Enzymproduktion (im Besonderen die der Bauchspeicheldrüse) ist nicht auf eine kontinuierliche Nahrungsaufnahme ausgerichtet.

Nebst dem Fütterungsmanagement hat sich auch die Futterzusammensetzung deutlich verändert. Der unnötige Kohlenhydratanteil im Hundefutter wird immer wieder schöngeredet. Gewiss, es ist attraktiv, Kohlenhydratabfälle, die aus der Lebensmittelindustrie anfallen, profitabel in Tierfuttermitteln entsorgen zu können. Das bestreitet natürlich jeder, genauso wie die Liaison zwischen Futtermittelindustrie, Pharmaunternehmen und Tierärzteschaft. Augenöffner zu diesem Thema gibt es genug auf dem Markt, allen voran die Bücher „Hunde würden länger leben, wenn …" von Dr. med. vet. Jutta Ziegler, „Katzen würden Mäuse kaufen" von Hans-Ulrich Grimm und „Der Jahrtausendirrtum der Veterinärmedizin" von Klaus Dieter Kammerer.

Es gibt keine essenziellen Kohlenhydrate. Zucker (Glucose) kann auf dem Weg der Gluconeogenese über glycogene Aminosäuren sowie dem Glycerin aus Fetten gebildet werden. Im Gegensatz zum Menschen weisen sowohl der Speichel als auch der Magensaft des Hundes keine kohlenhydratspaltenden Enzyme auf. Der Verdauungstrakt unserer Haushunde hat sich im Vergleich zum Wolf nicht verändert, lediglich die Anzahl der stärkespaltenden Enzyme ist etwas mehr geworden. Das heißt aber nicht, dass der Hund die Kohlenhydrate im Stoffwechsel auch benötigt. Ja, es ist möglich, Hunden Kohlenhydrate zu füttern, aber entspricht das auch ihren Bedürfnissen? Und ja, es ist möglich, Nutztiere auf engstem Raum in einer nicht artgerechten Haltung zusammenzupferchen und die Tiere vor sich hin vegetieren zu lassen, obwohl das nicht den Bedürfnissen dieser Kreaturen entspricht. Es ist vieles möglich, das heißt aber noch lange nicht, dass es auch zu empfehlen ist. Fakt ist, dass Erkrankungen vor allem des Pankreas durch das Aufkommen getreidelastiger Trockenfutter stark zugenommen haben (vgl. Ziegler 2016[25]/2017[26]).

Ein artfremdes Fütterungsmanagement sowie eine suboptimale Futterzusammensetzung belasten die Gesundheit. Unverdaute Stärken bilden im Dickdarm flüchtige Fettsäuren, die Blähungen, Durchfall und Störungen der Dickdarmflora verursachen. Überschüssige Zucker bilden in Verbindung mit Proteinen „Advanced glycoprotein end products", die sogenannten AGES, welche sich in den Gelenken ablagern und diese schädigen können. Cerebrale Allergien bleiben oft unerkannt und belasten nicht nur den Hund, sondern auch seinen Halter, da die Symptomatik das soziale Zusammenleben deutlich tangiert: Hyperaktivität, Zerstörungsdrang, Erschöpfungszustände, neurotisches Dauerkläffen, aggressiver Kontrollverlust und Wutsyndrom sind mögliche Gesichter einer cerebralen Allergie. Weitere gesundheitliche Folgen einer suboptimalen Fütterung können Stoffwechselentgleisungen, Tumorbildungen, Diabetes, Übergewicht und Unverträglichkeiten sein (ebd.). Natürlich juckt es mich als Ernährungsberaterin, mich weiter zu diesem Thema zu ergießen, doch überlasse ich das den weitaus begnadeteren, oben erwähnten Autoren. Lassen Sie mich nur noch diese eine, beunruhigende Dynamik festhalten: Neue „Sorten" von Eliteküshen und Schweine, deren „Schlachtkörperzusammensetzung" im Fettgehalt „korrigiert" wurde (vgl. Precht 1997[19], 3.3), versorgen das Ende der Nahrungskette – also uns und unsere Hunde – nicht mehr mit demselben Angebot an Nährstoffen, welches noch im Fleisch ihrer nicht designten Vorfahren enthalten war. Das erinnert mich an ein indianisches Sprichwort, das prophezeit, dass wir vor vollen Tellern verhungern werden. Interessant, nicht wahr? Haltungsbedingungen und Futterangebot werden nicht den Tieren angepasst, sondern folgen kommerziellen Interessen (vgl. Brensing 2018[27], S. 347). So müssen sich unsere in Stehsärge gezwängten Kühe zunehmend mit Getreide begnügen, anstatt Gras weiden zu dürfen. Das Gesetz verschließt Augen und Ohren vor dem Leid dieser unglücklichen Kreaturen, ihren schmerzenden Körpern, ihrem unwürdigen Dasein und dem inadäquaten Fraß. Den Konsequenzen für eine solche Behandlung unserer tierischen Geschwister können wir uns auf Dauer nicht entziehen. Die aktuelle Lage um Covid-19 spricht Bände.

„Wir werden den Weg in die Zukunft den Synergismen der Natur ablauschen müssen und nicht mehr allein den Privatbedürfnissen des Menschen und den Verwertungsinteressen des Kapitals."
(Richard David Precht, Noahs Erbe, S. 379)

Widmen wir uns noch einmal dem Nahrungserwerbsverhalten (vgl. HEB 2015[2]): Die verschiedenen Phasen der biologisch natürlichen Abfolge von Jagen – Fressen – Verdauen entfesseln einen hormonellen Cocktail. Sie werden gleich verstehen, weshalb Ihre Katze nicht davon abzubringen ist, bedauernswerte, kleine Mäuse zu fangen und zu quälen, obwohl sie zu Hause stets einen prall gefüllten Futternapf vorfindet.

In einem Rudel, das zur gemeinsamen Jagd aufbricht, sorgt das Hormon Oxytocin für die emotionale Bindung, Gruppenverhalten und ein Gefühl der Sicherheit. Endorphine, auch als körpereigenes Morphin bekannt, regulieren das Schmerzempfinden, stärken die Abwehr und beruhigen den Stress. Dopamin verleiht Antrieb, Lust und Tatendrang. Aus Dopamin und Enzymen stellt der Körper Noradrenalin her, einen Botenstoff, der die Aufmerksamkeit und das fokussierte Agieren steuert. Die Selbstbelohnungsdroge Dopamin an sich hat schon Suchtpotenzial. Doch in Verbindung mit Noradrenalin, welches die Intention zur Wiederholung steigert, ist die Jagd auch dann „best choice ever" und drängt sich zum erneuten Tun auf, wenn der Jagdausflug erfolglos war. Die Jagd selbst ist die Belohnung, mehr noch als das erlegte Tier. Das ist auch gut so, Mutter Natur will ihre Kinder ja nicht verhungern lassen. Die Caniden sollen intrinsisch motiviert bleiben zu jagen, auch wenn sie nicht jedes Mal eine Beute erwischen.

Mit von der Partie beim Jagdverhalten ist außerdem das Acetylcholin. Es ist verantwortlich für die Erregungsübertragung zwischen Nerven und Muskeln und ist an kognitiven Funktionen beteiligt.

In Aussicht auf ein üppiges Mal produzieren die Magenschleimhaut und die Bauchspeicheldrüse das Peptid Ghrelin, welches auch als Appetithormon bekannt ist. Unsere Räuber sind also mit einem recht potenten Becher an Botenstoffen unterwegs.

Die Kaskade von Jagen – Fressen – Verdauen ruft weitere Spieler auf den Plan. Das Serotonin wird unter anderem durch körperliche Bewegung mobilisiert. Es dämpft Angst und Aggressionen, verbessert die Impulskontrolle und erhöht als Gegenspieler von Cortisol die Stresstoleranz. Nach einem erfolgreichen Beutezug ist das Rudel dank Serotonin gelassen und zufrieden. Aus Serotonin wird das Schlafhormon Melatonin produziert, welches die Körpertemperatur absenkt, das Immunsystem ankurbelt und sowohl das Lernen als auch das Gedächtnis stimuliert (ja, genau, wir lernen im Schlaf!). Wenn die Bäuche vollgefressen sind, entlassen die körpereigenen Fettzellen das Signalmolekül Leptin. Als Antagonist zu Ghrelin dämpft es – gemeinsam mit Serotonin – den Hunger und sorgt dafür, dass der Hund satt ist. Ein Defizit an Schlaf (Melatonin) führt übrigens zu einem Mangel an Leptin; interessanterweise stellt auch die aktuelle Forschung einen Zusammenhang zwischen Übergewicht und Schlafmangel her (Taheri 2004, zit. nach Michalk 2019[28]).

Die hormonellen Abläufe sind recht komplex. Falls Ihnen die Geschichte mit den Neurotransmittern zu weit geht, verstehe ich das. Es gibt aber noch einen weiteren Grund, ein artgerechtes Fütterungsmanagement anzustreben. Die Tierschutzverordnung verlangt, dass ein Tier sein Fressen auf dem von der Natur vorgesehenen Weg erarbeiten kann. Ein prall gefüllter Napf erfüllt diese Forderung mitnichten.

> *TSchV Kapitel 2, Abschnitt 1, Art. 4, Abs. 2: „Den Tieren ist die mit der Nahrungsaufnahme verbundene arttypische Beschäftigung zu ermöglichen."*

Wir wollen uns mit der nachfolgenden, geradezu unzulässig vereinfachten Grafik begnügen, wenn wir die biologischen Prozesse nochmals zusammenfassen:

HORMONHAUSHALT BEIM RITUAL JAGEN – FRESSEN – VERDAUEN

Aufbruch zur gemeinsamen Jagd! Oxytocin, Endorphine, Dopamin, Noradrenalin und Acetylcholin sind am Start. Natürlich mischt auch das Hungerhormon Ghrelin mit. Jagen ist selbstbelohnend und macht Lust auf mehr.

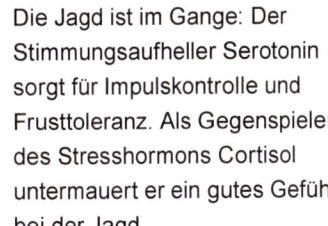

Die Jagd ist im Gange: Der Stimmungsaufheller Serotonin sorgt für Impulskontrolle und Frusttoleranz. Als Gegenspieler des Stresshormons Cortisol untermauert er ein gutes Gefühl bei der Jagd.

Nach einer knackigen Jagd belohnt Serotonin die Jäger mit einem zufriedenen, wohligen und relaxten Gefühl. Durch Serotonin wird das Schlafhormon Melatonin aufgebaut.

Die Jäger haben sich satt gefressen. Zusammen mit Serotonin zügelt Leptin den Appetit. Leptin initiiert den Rückzug des Hungerhormons Ghrelin. Unter dem Einfluss von Melatonin ist es nun Zeit zu schlafen und zu verdauen (physisch und mental). Den Hund in Ruhe lassen!

Wird das Nahrungserwerbsverhalten beziehungsweise das Kontinuum von Jagen – Fressen – Verdauen gestört, kommt es zu Veränderungen im Hormonhaushalt.

Fehlt die Interaktion mit einem Sozialpartner, das heißt, ist der Hund beim Lösen einer Aufgabe auf sich allein gestellt, schüttet der Körper kein Oxytocin aus. Da die Überraschung und die Lust, die in etwas Neuem stecken, sowohl beim gleichbleibenden Leckerli-Training als auch beim prall gefüllten Napf nicht bedient werden, gibt es keinen Grund für das Belohnungszentrum, die Dopaminproduktion anzuwerfen. Ohne Dopamin bleiben zudem das Noradrenalin und die Glücksgefühle aus. Wo kein Abenteuer lockt, schlafen auch die Endorphine weiter.

Das Fehlen bestimmter Neurotransmitter verändert den Verlauf des hormonellen Zusammenspiels. Dopamin, Endorphin und Serotonin werden in der Literatur als die Botenstoffe des Glücks zusammengefasst (Jagen ist selbstbelohnendes Verhalten). Das Fressen aus dem Napf oder das Ausführen sinnentleerter Aufgaben am spärlichen Tropf des Leckerli-Hahns sind uncool und zaubern kein Glücksgefühl hervor. Ein Abfall an Serotonin bremst den regulierenden Effekt auf die Stressachse, die Stimmung, den Appetit und das Aggressionsverhalten. Die Produktion von Melatonin bleibt ebenfalls gedrosselt. Eine Reduktion des Serotoninspiegels steht mit Angst, Wut und Frustration in Verbindung.

Leptin kommt die Aufgabe zu, den Abbau des Hungerhormons Ghrelin anzustoßen. Allerdings muss das Tier satt sein. Das Training mit Goodies verfolgt nicht die Idee, den Hund satt zu bekommen. Deshalb wird kein Leptin ausgeschüttet, das Appetithormon Ghrelin wird nicht gebremst, und zurück bleibt ein hungriges Tier. Mit Ghrelin im System bleibt eine nervöse, frustbeladene Unruhe.

Eine Katze kehrt ihrer Fressschüssel den Rücken und geht Mäuse ermorden, weil sie das in die lustvolle Euphorie versetzt, die sie an keinem Napf findet, ist er auch noch so übervoll mit exquisiten Naschereien. Und was macht Ihr Hund? Wenn Sie Glück haben, zerpflückt er lediglich sein Spielzeug.

Die Befindlichkeit leidet, wenn der Nahrungsbeschaffung (Jagen) nicht gefrönt werden kann. Mastschweine zum Beispiel, die regelmäßig gefüttert werden, schrubben sich dennoch ihre Rüssel wund. Bei dem Versuch, ihrer Natur gemäß im Boden nach Nahrung zu wühlen, ziehen sich die Tiere durch den Beton schmerzhafte Verletzungen zu. Das Füttern aus dem Napf belastet zudem die Gesundheit: Die ungenügende hormonelle Vorbereitung beziehungsweise das Überrumpeln des Verdauungstraktes zieht ungünstige Konsequenzen nach sich.

Die folgende Grafik soll nochmals zum besseren Verständnis beitragen. Hormone und ihre Regulierung sind ungemein komplexe Themen, natürlich läuft es in der Natur nicht so simpel ab. Ich bin mir bewusst, dass diese Ausführungen der Realität nicht gerecht werden. An dieser Stelle genügt es jedoch, wenn Sie verstehen, dass es nicht egal ist, wie Sie Ihren Hund füttern.

HORMONHAUSHALT BEI LECKERLI-TRAINING ODER FÜTTERUNG AUS DEM NAPF

Ohne interaktive Beschäftigung mit dem Sozialpartner mangelt es an Oxytocin. An Endorphinen, Dopamin und Noradrenalin fehlt es ebenfalls, wenn die zu bewältigende Aufgabe nicht sinnvoll ist und kaum Lust erzeugt.

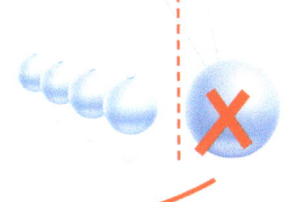

Das Herumzappeln beim Konditionierungstraining signalisiert vielmehr Leistungsdruck als freudige Erwartung. Da die Gegenspieler des Stresshormons Cortisol fehlen (der Stimmungsaufheller Serotonin und der Sozialkitt Oxytocin), werden die Stressauswirkungen nicht kompensiert.

Das gelegentliche hohe Bellen verrät ersten Frust. Am Ende des Trainings stellt sich ohne den Support von Serotonin kein gutes, zufriedenes Gefühl ein. Ohne Serotonin kein Melatonin – somit ist es auch um einen erholsamen, lernfördernden Schlaf schlecht bestellt.

Zwar hat das Training den einen oder anderen Futterbrocken abgeworfen, aber Fressenszeit ist noch lange nicht. Ohne volles Bäuchlein gibt's aber kein Leptin, welches zusammen mit dem Serotonin – das ja auch fehlt – den Appetit und das Hungerhormon Ghrelin zügelt. Die Stimmung ist im Keller und irgendwas muss jetzt dafür herhalten. Hoffentlich ist dieses Etwas nur das Spielzeug.

Um satt und zufrieden zu sein, verlangt der biologische Prozess von Jagen – Fressen – Verdauen nach Vollständigkeit. Hund und Katz wollen also das ganze Repertoire des Jagdverhaltens ausleben. Nehmen Sie die unnötigen gesundheitlichen Nachteile der Leckerli-Mentalität nicht einfach in Kauf, Sie brauchen das Trostpflaster Leckerli eh nicht, wenn Sie sinnerfüllte Qualitätszeit mit Ihrem Hund verbringen. Sie sind etwas verwirrt? Sie können Ihren Hund doch nicht jagen lassen? Nein, das sollten Sie nicht. Es gibt sinnvolle Ersatzaktivitäten, die das Thema Nahrungserwerbsverhalten bedienen (siehe Grafik „Jagen – Fressen – Verdauen: sinnvoller Ersatz"). Wir wollen uns aber nicht belügen: Der Hund weiß, dass unser Angebot nur ein Substitut, also nicht echt ist. Wir haben uns entschieden, mit dieser Doppelmoral der Hundehaltung zu leben. Die Qualität einer Beschäftigung hängt wesentlich davon ab, wie sehr Sie sich selbst für das gemeinsame Abenteuer begeistern können. Auch kleine Mädchen kümmern sich liebevoll um ihre Puppen, obwohl sie verstehen, dass Susi und Mona nur leblose Spielsachen sind. Dennoch trainieren sie mit ihrem Rollenspiel eine Fähigkeit, die die Natur in ihnen angelegt hat (Mutter zu sein), und sie befriedigen das Bedürfnis, sich zu kümmern. Sich zu kümmern gibt ein gutes Gefühl (Oxytocin) und ist selbstbelohnend (Menschen mit einem Helfersyndrom befriedigen in erster Linie eigene Bedürfnisse und nicht unbedingt jene der Zwangsgeretteten). Sowohl die Lebensbedingungen des Menschen als auch die des Hundes gestalten sich nicht immer artgerecht, wobei der Homo sapiens sein Leben selbstverantwortlich gewählt hat.

Beschäftigen wir uns noch kurz mit der Aggression im Kontext der Jagd: In Bezug auf Jagd und Aggression höre ich immer wieder abenteuerliche Interpretationen wie Beuteaggression. Ja, Katze, Fuchs, Marder und Co. oder auch ein Einbrecher können einen Hund schon mal in Rage versetzen. Allerdings handelt es sich bei der genannten Gruppe um Rivalen, um Konkurrenten, die unseren Caniden Ressourcen wie Nahrung streitig machen oder das Territorium bedrohen. Gegen Beutetiere wie Hase, Reh oder Maus hegen unsere Hunde keine Wut oder Aggression, sie sind nicht böse auf ihre Beute, wozu auch? Sie sind ja auch nicht wütend auf Ihre Pommes frites. In diesem Sinne gibt es keine Beuteaggression.

Konrad Lorenz zeigte bereits in seinem Buch „Das sogenannte Böse"[29] auf, dass [innerartliches] Aggressionsverhalten auf die Vergrößerung der Individualdistanz abzielt. Jagdverhalten hingegen arbeitet an einer Distanzverringerung zwischen Jäger und Beute. Aggression und Jagd sind eigenständige Formen von Verhalten. Die neurobiologischen Wege nutzen unterschiedliche Verschaltungen. Das für das Jagdverhalten zuständige Gehirnareal ist insbesondere der *laterale* Hypothalamus im unteren, seitlichen Bereich des Zwischenhirns. Bei aggressiven Verhaltenskomplexen hingegen ist das limbische System (*mittlerer* Hypothalamus, Amygdala, graue Substanz) angesprochen. Zudem gibt es Unterschiede bei den Botenstoffen, die für das Jagdverhalten respektive für das Aggressions- und Stressverhalten verantwortlich sind. Jagdverhalten ist somit durch Methoden der Aggressionskontrolle nicht effektiv zu beeinflussen. Das gilt auch für die Kastration: Jagdlich motivierte Hunde lassen sich durch eine Kastration nicht therapieren, meistens ist das Gegenteil der Fall. Studien an Katzen zeigten, dass alle Sexualhormone mit Ausnahme von Follikulin die Jagdleidenschaft beziehungsweise das Beutefangverhalten drosseln (vgl. Strodtbeck/Gansloßer 2016[24], S. 86/120 f.).

So, ich denke, Sie haben inzwischen die Schnauze voll von Leckerlis, also lassen Sie uns den letzten Teil zum Thema Motivation/Motivierung unter die Pfoten nehmen.

2.3.2 Die Neurobiologie von Motivation

Die Neurobiologie betrachtet die Motivation als einen komplexen physiologischen Zustand, der von inneren und zum Teil auch von äußeren Faktoren abhängig ist. Geraten das Wohlbefinden und die Harmonie eines Individuums in Schieflage, versucht der Organismus, alles wieder in Balance zu bringen. Diese Regulationsmechanismen werden auch als Homöostase bezeichnet, deren Aufgabe es ist, den Ist- mit dem Soll-Wert in Übereinstimmung zu bringen. Eine konstante Körpertemperatur, Hunger und Durst, aber auch Schlaf, Geborgenheit, Liebe, Sicherheit und Autonomie unterliegen dem Prozess der Steuerung durch Motivation.

Manchmal entkoppelt sich das Verhalten von einer offenen Bedürfnislage. Dinge, die uns Spaß machen (singen, tanzen, spielen, Sexualverhalten) zeigen wir auch dann, wenn unser inneres Gleichgewicht stabil ist und keinen Ausgleich erfordert: Ein Vogel singt, auch wenn er gerade nicht balzt, Erwachsene spielen, obwohl sie [motorisch] schon alles gelernt haben. In diesem Fall belohnt uns nicht das Erreichen des Ziels, sondern es sind die *Handlungen*, welche uns Befriedigung verschaffen (vgl. Brensing 2018[27], S. 306). Dieses von einer offenen Bedürfnislage losgelöste Handeln ist selbstbelohnend. Selbstbelohnendes Verhalten ist schwer zu beeinflussen beziehungsweise zu korrigieren.

„Der Weg ist das Ziel."
(Konfuzius)

Dirigenten rund um das Geschehen der Motivation sind unter anderem die phylogenetisch alten Hirnteile Hypothalamus, Striatum und Nucleus accumbens. Die im Althirn geborene Motivation (zum Beispiel Essen) lässt sich durch den jüngeren Teil des Gehirns, den Neocortex (rationales Denken/Impulskontrolle), nicht überschreiben, daher stehen Diäten so oft unter einem schlechten Stern. Idealerweise findet der Neocortex – also unsere „Intelligenz" – Strategien und Wege, unsere vom Althirn gemeldeten Bedürfnisse zu erfüllen. Allerdings stehen wir vor der kulturellen Problematik, dass wir unsere Bedürfnisse oft ausblenden, ohne uns um alternative Verhaltensweisen zu kümmern. Die neurobiologische Leistung des Neocortex, Verhalten anzupassen, wird dazu missbraucht, Verhalten zu unterdrücken (vgl. Mehl 2019[14]).

Diese ungesunde Lebenspraxis setzen wir unglücklicherweise auch bei unseren Hunden durch. Dabei vergessen wir, dass die Befriedigung von Bedürfnissen eine essenzielle Grundlage für Kooperationsbereitschaft bildet.

Nicht nur die Erziehung, sondern auch der Alltag schlachtet Situationen, Ereignisse und emotionale Zustände aus, um bei einem Individuum eine Motivationslage zu kreieren. Das beste Beispiel hierfür ist die Werbung. Wenn es um unsere Hunde geht, sollten wir unser diesbezügliches Tun einer sorgfältigen ethischen Reflexion unterziehen.

Erlauben Sie mir zum Schluss ein verteidigendes Plädoyer für jagdlich motivierte Hunde vorzutragen: Der Thalamus ist sozusagen der Türsteher für eingehende Reize. Er entscheidet, was ins System eingelassen respektive was zensiert wird. Das ist auch gut so, denn nur so können wir nachts überhaupt schlafen. Müssten wir jedes Geräusch verarbeiten, kämen wir nie zur Ruhe. Aber irgendwann hören wir die Straßenbahn nicht mehr, und auch das Schlurfen des Wanduhrzeigers verblasst in unserer Wahrnehmung. Ganz anders sieht es aus, wenn zu fortgeschrittener Stunde die Holztreppe, die zu den Schlafräumen führt, unheimlich ächzt, obwohl alle Familienmitglieder bereits in ihren Betten liegen. Wir werden wach, wenn eine Fensterscheibe um 01:00 Uhr in der Früh zerspringt, oder das Baby schreit. Das ist die Leistung des Thalamus. Wenn Sie von Ihrem motivierten Jäger gerade noch ein paar Erdklumpen mitbekommen, die Ihnen um die Ohren fliegen, dann ist der Sprinter bereits so sehr auf seine Jagd fokussiert, dass der Thalamus alle störenden Reize ausblendet – also auch das gesamte Repertoire Ihrer verzweifelten Rückrufe. Es ist nicht so, dass Ihr Hund Sie nicht hören *will*, aber er *kann* Sie ganz einfach nicht hören, weil sein Thalamus gerade einen richtig guten Job macht (ebd.). Lassen Sie diese Erkenntnis einfließen, wenn Sie das nächste Mal über Strafmaßnahmen nachdenken. Zudem ist das Jagdverhalten selbstbelohnend, das heißt, Sie sind gut damit beraten, an der Prophylaxe anstatt an der Schadensbegrenzung zu arbeiten. Einflussnahme im jagdlichen Kontext ist möglich. Das demonstrieren Wölfe, die in Kooperation jagen, und manchmal auch jagdlich geführte Hunde. Dies verlangt allerdings nach Führung, Erziehung und im besonderen Maße nach Sinnhaftigkeit der Bezugsperson.

2.4 Soziales Lernen

„Im Wald zwei Wege boten sich mir dar, und ich ging den, der weniger betreten war.
Und das veränderte mein Leben."
(Robert Frost)

Hunde koexistieren durch Kooperation, deshalb steht das soziale Lernen bei Caniden an erster Stelle – alles andere ist Dressur (vgl. Nijboer 2012[1], S. 113). Hunde haben ein Recht auf Erziehung. Diese verlangt dem Erzieher Empathie, Verlässlichkeit, Verfügbarkeit, Feinfühligkeit, Führungskompetenzen und Konsequenz ab. Erziehung ist an eine Hierarchie gebunden, was nichts mit Macht oder Unterdrückung zu tun hat, sondern Sinn ergibt: Erziehung bedeutet soziale Einflussnahme und das bewusste Eingreifen in das Verhalten eines Sozialpartners, und sie bereitet ein Individuum auf das Leben in einer sozialen Gruppe vor. Teil einer Gruppe und sozial anerkannt zu sein, bedeutet Sicherheit. Sicherheit ist eines der Basisbedürfnisse eines Caniden. Sicherheit stellt sich ein, wenn wir vorausschauend und verantwortlich handeln. Das bedeutet zum Beispiel, dass wir eine Weggabelung als Erste inspizieren, Fremde und Besucher zuerst von uns begrüßt – sprich gecheckt – werden, oder dass wir beim Kreuzen anderer Teams der natürlichen Veranlagung unseres Vierbeiners folgen und eine angemessene Bogenlinie laufen, anstatt frontal zu passieren.

Erziehung ist eine Dienstleistung am Lernenden. In diesem Sinne fördert sie seine Talente, Fähigkeiten und Möglichkeiten. Der Erzieher initiiert und kontrolliert Aktivitäten, wobei das Verhalten des Hundes in eine sozial akzeptable und gesellschaftsverträgliche Richtung gelenkt wird.

Diese Hündin hat bereits die Erfahrung gemacht, dass es sich lohnt, in Kooperation mit ihrem Menschen zu jagen. Sie hat sich für den von ihrer Bezugsperson vorgeschlagenen Dummy entschieden und lässt die Katze unbehelligt. Zur Beruhigung der Katzenfraktion unter Ihnen: Trotz authentischen Bewegungen und verblüffend echten Lautäußerungen ist die Mieze im Bild lediglich eine Attrappe.

Trickdog, Kunststücke und sinnlose Handlungen haben mit Erziehung nichts zu tun, weil sie nicht der natürlichen Veranlagung des Hundes entsprechen, sondern vielmehr der Belustigung des Menschen dienen.

Das unvoreingenommene Beobachten unserer Zuckerschnuten fördert bisweilen interessante Leidenschaften zutage. Talente und Begabungen zeigen sich im freien Spiel beziehungsweise in unbeeinflussten Momenten ohne fremden Input, Kommandos und/oder „Fördermaßnahmen". Bleiben Sie offen und bereit – auch für rasseatypische Vorlieben. Kann es vielleicht sein, dass Ihr Hund eine bemerkenswerte Lernresistenz an den Tag legt, wenn es darum geht, Ihr Seerosenbecken als Ihr ganz persönliches Eigentum zu respektieren? Droht das der Feng-Shui-Oase geltende Tabu zur Lachnummer zu entgleisen? Wird die Architektur Ihres Kleinods in jedem unbeobachteten Moment barbarisch umgestaltet, weil Ihre Rennsemmel mit zwanghafter Entschlossenheit versucht, ihren viel zu großen Körper in das viel zu kleine Teichbecken zu quetschen? Wenn sich Ihr Hund durch nichts auf der Welt davon abbringen lässt, das Seepferdchen-Abzeichen zu erlangen, sollten Sie darüber nachdenken, ihm Alternativen zu bieten, die seiner unübersehbaren Wasserverliebtheit Rechnung tragen. Wenn Ihr Hund sich für die Arbeit im kühlen Nass entschieden hat, achten Sie bitte darauf, dass Aktivitäten im Wasser sehr anstrengend sind. Passen Sie die Herausforderungen dem Alter und der Kondition Ihres Hundes an. Es gibt viele Möglichkeiten, gemeinsam Spaß zu haben. Dirigieren Sie zum Beispiel Ihren Baywatch-Star mit Schwimmflügeln im Schlepptau zu Ihrem Partner, der ungeschickterweise in Seenot geraten ist. Jetzt wartet er auf seiner dahintreibenden Luftmatratze sehnlichst auf den kleinen Rettungsschwimmer, damit er die Schwimmhilfen in Empfang nehmen, von seiner Luftinsel heruntergleiten und an Land schwimmen kann. Ihr kleiner Brody – stolz wie Anton – darf die Luftmatratze ans Ufer ziehen. Sie machen sich lächerlich? NEEEIN, man beneidet Sie, glauben Sie mir!

Gut, vielleicht stopfen Sie lieber eine Forelle (selbstverständlich eine tote!) in einen Preydummy. Das überschreitet Ihre Schmerzgrenze? Okay, das normale Hundefutter tut es auch. Werfen Sie dann den Futterbeutel auf den See hinaus, und lassen Sie Ihren Piraten seine Mahlzeit auf Ihr Signal hin entern. Sind Sie und Ihr Hund bereits ein fortgeschrittenes Team im Beute-Apportieren? Prima, lassen Sie Ihrer Fantasie freien Lauf! Vielleicht sind Sie schon mit dem Handling der Hetzangel vertraut und inszenieren eine kurze Flucht der Beuteattrappe. Oder Sie begleiten Ihren Hund mit dem Gummiboot und kreisen die Beute mit ihm gemeinsam ein. Nach erfolgreicher Jagd ziehen Sie Ihren Helden ins Boot (dabei sollte der Hund mit einem speziellen Geschirr für den Wassersport oder mit einer Schwimmweste ausgerüstet sein) und lassen ihn seinen frischen Fang verputzen. Für sich selbst haben Sie vielleicht auch etwas Leckeres eingepackt. Guten Appetit!

Soziales Lernen bedeutet, sich gemeinsam an Herausforderungen heranzuwagen. Der Mensch ist verfügbar und zuverlässig, er lässt seinen Hund nicht allein. Der Erzieher definiert Regeln für das Zusammenleben und achtet konsequent darauf, dass diese eingehalten werden. Nur so kann er für Sicherheit sorgen. Gerade das Gewährleisten von Sicherheit verlangt nach Begrenzung, besonders in den juvenilen Jahren unserer Hunde. Möglichkeiten zu kreieren beinhaltet auch, Regeln und Grenzen festzulegen.

Strukturen und Grenzen geben unseren Hunden die Sicherheit und Geborgenheit, im Kopf frei zu sein. Entscheidungen zu fällen, Antworten und Strategien zu liefern, die Bürde der Verantwortung zu tragen und die Herausforderung, Win-win-Situationen zu schaffen, Vorbild zu sein und jede Situation zu managen, sind Pflichten, die auf den Schultern des Leaders lasten. Mentale Freiheit ist das Geschenk eines verantwortungsvollen Hundehalters an seinen Hund. Frei sein bedeutet nicht, sich aus einer Hierarchie zu befreien. „Frei ist, wer nicht mehr verführt wird von Belohnungs- und Bestrafungssystemen, die nichts weiter sind als Dressur, deren Merkmal es ist, die Würde zu beschädigen." (Zitat Gerald Hüther). Ein kompetentes Vorbild führt, indem es einlädt und inspiriert zu folgen.

Vor ein paar Tagen kam mein Partner besonders gut gelaunt von einem Ausflug mit unserer Hündin zurück. „Wie ist das bloß möglich, dass dieses alte Haus geradezu sprüht vor Energie?!", lachte er. Ja, in der Tat: Als die rasende Oma mit circa zweieinhalb Jahren aus einer Beschlagnahmung zu uns kam, war sie in einem desolaten Zustand. Mittlerweile, nach elf Sommern in unserer Gemeinschaft, ist sie in einer beneidenswert guten Verfassung. „Nun, sie ist in ein Rudel eingebettet, das sie anerkennt und ihre Bedürfnisse ernst nimmt. Sie darf eine ihr angemessene Aufgabe erfüllen und genießt die Verlässlichkeit und Sicherheit ihrer Familie. All das erlaubt ihr, neugierig und offen Lebenserfahrungen zu sammeln, sich zu entfalten und spielerisch zu lernen", antwortete ich. Dieser Gedanke zauberte mir ein Lächeln ins Gesicht, und für einen Moment lehnte ich mich in meinem Stuhl zurück. Ich verlor mich an die Vorstellung, wie schön es wohl wäre, mich nicht um Finanzen, Zeitmanagement, berufliche Spagate, die Lösung von Problemen, gesellschaftliche Verpflichtungen und Existenzfragen kümmern zu müssen. Den Tag in Gesellschaft der Liebsten zu verbringen und spannende Herausforderungen zu knacken, die sich an persönlichen Begabungen orientieren, scheint mir der zuträglichere Lebensstil zu sein. Meine eigene, angeschlagene Gesundheit macht mir deutlich, wie sehr alltägliche Belastungen an uns zehren. Wen wundert es, dass die Lebenserwartung ranghoher Tiere statistisch gesehen weniger lang ausfällt als die der Follower.

Beim Kreieren von Lerneinheiten schafft ein empathischer Hundehalter optimale Voraussetzungen für sein Tier, das heißt, er sorgt dafür, dass die basalen Bedürfnisse seines Vierbeiners erfüllt sind. Der Hund soll sich zum Beispiel vor Beginn des Unterrichts versäubern dürfen. Externe als auch interne Stimuli wie Hormonstatus oder Schmerzen sind ebenso zu berücksichtigen wie die jeweilige persönliche Lernbegabung und Aufnahmekapazität. Ein pauschal gültiges Ausbildungsprogramm gibt es nicht – im Besonderen nicht in einer professionell geführten Hundeschule. Die Anforderungen sind jedem Hund individuell anzupassen. Unterforderung gilt es ebenso zu vermeiden wie Überforderung.

Ebenfalls eine zentrale Rolle spielt das Umfeld, weil der Lernprozess durch Gefühle und körperliche Empfindungen beeinflusst wird. Situation, Umgebung und Kontext einer Lernerfahrung unterliegen der Prüfung und emotionalen Bewertung durch verschiedene Gehirnstrukturen, unter anderem durch die Amygdala. Die gesammelten Informationen werden verknüpft und ganze Bedeutungszusammenhänge in unterschiedlichen Hirnrealen abgespeichert. Deshalb schaffen wir gerade bei neuen und/oder schwierigen Aufgaben ein kontrollierbares, angstfreies Umfeld, in dem sich der Hund wohlfühlt. Der Einbezug von Elementen (Orten, Personen, Gegenständen), die dem Hund bereits vertraut sind, ist hilfreich. Ein Hundeplatz verdient in der Regel die Bezeichnung „entspanntes Milieu" aus verschiedenen Gründen nicht. Nehmen wir nur folgendes Beispiel: Das menschliche Riechorgan ist im Vergleich mit der Leistung einer Hundenase geradezu behindert – und das ist noch nett formuliert. Sie verlangen also während des Trainings auf der Hundewiese in Ihrer olfaktorischen Begrenztheit von Ihrem eher unsicheren Hund, dass er sich just auf die Pinkelstelle eines von ihm als gefährlich eingestuften Artgenossen setzen soll. Was soll Ihr Hund bloß von Ihnen denken? (vgl. Wohlfarth/Mutschler[30], S. 6)

Lebenskluge Menschen wissen, dass Druck, Zwang und Einschüchterung schlechte Lehrmeister sind. Diese Vorgehensweisen lehren nicht in erster Linie den wissenswerten Kern einer Botschaft, sondern vielmehr Strategien zur Vermeidung von Bestrafung. Die neurobiologische Forschung untermauert diesen Standpunkt: Zwar sorgt die Amygdala im Dienste des Überlebens dafür, dass sich negative Erlebnisse rascher und nachhaltiger in unser Gedächtnis einprägen als positive, allerdings werden dabei nur Fragmente gelernt. Das wiederum begünstigt einen unfreien kognitiven Stil, der sich in Form von Routinehandlungen manifestiert. Das Entwickeln von Fähigkeiten wie Assoziieren, Adaptieren und Verknüpfen bleibt außen vor, weshalb es schwerfällt, adäquat, angemessen und individuell auf eine Situation reagieren zu können. Es kommt zu Fixierungen, zum Beispiel zur Lösungswegfixierung (ebd., S. 8). Auch Hüther äußert sich dazu: „Das Gehirn ist kein Muskel, bei dem der Weg zu mehr Leistung über Anstrengung und hartes Training führt. Das Gehirn ist für unser Überleben und unser Wohlbefinden zuständig, deshalb reagiert es sehr gut auf Begeisterung." (siehe auch Hüther 2011[31]/2020[32]). Stress hingegen führt zu Konzentrationsproblemen.

Entdecken und Lernen erzeugen Lust und Begeisterung. Diese wiederum wecken die Neugier, noch mehr zu entdecken und zu lernen. Freude am Lernen ist uns allen in die Wiege gelegt ... bis sie uns durch ungünstige Erziehungsmethoden abgewöhnt wird.

Beklemmendes Gefühl beim Lernen durch Druck, Strafe und Verunsicherung: Der Schüler hat keine Lust mehr, Neues zu entdecken. Die Freude entkoppelt sich vom Lernen.

Unser Hund lernt gerade dann besonders interessiert, wenn wir persönliche Bedürfnisse ansprechen und uns mit lebenspraktischen Fertigkeiten und Problemlösungsstrategien beschäftigen. Lernen ist erfolgreich, wenn es sich in angeborene Verhaltensweisen einfügt. Ein Lernprozess bedeutet eine neuronale Umstrukturierung, eine für das Gehirn aufwendige und stoffwechselphysiologisch teure sowie mit Risiken behaftete Investition. Der Aufwand muss sich lohnen, deshalb korrespondiert die Bereitschaft zu lernen mit der Sinnhaftigkeit des Lerninhaltes. Ziel sollte es sein, beim Lernen der natürlichen Bedürfnisstruktur des Hundes Rechnung zu tragen. So ist der Hund intrinsisch motiviert, sich auf Herausforderungen und auf eine Beziehung einzulassen. Intrinsische Motivation ist nicht zu verwechseln mit Motivierung: Intrinsische Motivation entspringt im Individuum selbst und zeigt sich in Neugier. Der

Hund lernt aus eigenem Interesse und nicht für eine Belohnung, oder um eine Strafe zu vermeiden (vgl. Wohlfarth/Mutschler[30], S. 4).

Die emotionale Begeisterung für den Lehrer und/oder der Kontakt zu einem vertrauenswürdigen Sozialpartner erleichtern das Lernen. Eine sichere emotionale Bindung (wir erfahren bald mehr darüber) ist Voraussetzung für eine optimale Hirnentwicklung. Das Gefühl, nicht allein zu sein, begünstigt den Lernerfolg. Ein Individuum, das von einem Bindungspartner Unterstützung erfährt, weist tiefere Cortisolwerte auf als jemand, der auf sich allein gestellt ist. Das heißt also, dass sich ein Hund, der in einer gesunden Beziehung zu seinem Menschen unterwegs ist, robuster gegenüber dem Einfluss von Stress und dessen Auswirkungen zeigt als seine allein agierenden Artgenossen. In einer Gesellschaft wie der unseren, die hohe Anforderungen an den Hund stellt, ist das von enormer Wichtigkeit. In einer tragfähigen Beziehung, die Sicherheit vermittelt und Support verspricht, darf der Hund sich einordnen: laissez faire ist der falsche Weg im Umgang mit Caniden. Ein Hund braucht Führung, das heißt eine konsequente, in ihren Reaktionen vorhersehbare, souveräne und eindeutige Leitfigur mit klaren Zielen, die die Zügel in der Hand hält. Lernen setzt eine Beziehung und einen Rangunterschied voraus, und das hat nichts mit „hierarchischem Scheiß" oder gar Machtgelüsten zu tun. Ein sinnvoller Sozialpartner stellt für den Hund eine Bereicherung dar, generiert Möglichkeiten, zeigt ihm Lösungswege auf und fördert seine Entwicklung und somit seine Lebensqualität. Ein Hund, der sich durch einen zuverlässigen Bindungspartner begleitet, geborgen, sicher, geführt, anerkannt und unterstützt weiß, ist auch in der Lage, schwierige Situationen zu meistern und Herausforderungen als Chance zu nutzen. „Wir" anstatt „Ich" heißt das Zauberwort (vgl. HEB 2015[2]):

Lernen verlangt nach Struktur und Regeln. Seien Sie berechenbar und verfolgen Sie eine Linie. Die Erziehungsphilosophie im Turnus der Leibwäsche zu wechseln, ist nicht ratsam, das erzeugt lediglich ein Tohuwabohu. Eine Prise Rütter, einen Schuss Clicker und ein Quäntchen Cesar Millan ... wie soll Ihr Hund das auf die Reihe kriegen? Treffen Sie eine Entscheidung, wie es sich für einen fähigen Häuptling gehört. Nichts ist schädlicher als chaotischer Input! Der Hippocampus verankert Neues im Gedächtnis und leitet es portionenweise an die Großhirnrinde weiter, welche die Informationsbrocken abstrahiert und in Regeln respektive in Kategorien zusammenfasst. Weist der Input keine Regelhaftigkeit auf, können keine Inhalte extrahiert werden, was das Lernen erheblich erschwert (vgl. Wohlfarth/Mutschler[30], S. 9 f.). Lernen erfordert klare Strukturen und Ordnung (Rangordnung). Nach größeren Herausforderungen braucht der Hund Ruhe, damit Gelerntes verarbeitet, sortiert und verankert werden kann, eine Konsolidierungsphase sozusagen. Provozieren Sie nach dem Lernen keine emotionalen Achterbahnen, und vermeiden Sie Konflikte jeglicher Art. Leider sabotieren viele Hundeschulen den Lernprozess mit dem obligaten Spielen nach der Stunde. Hunde nach der Lernphase miteinander herumtollen zu lassen, ist aus neurobiologischer und emotionspsychologischer Sicht keine gute Idee.

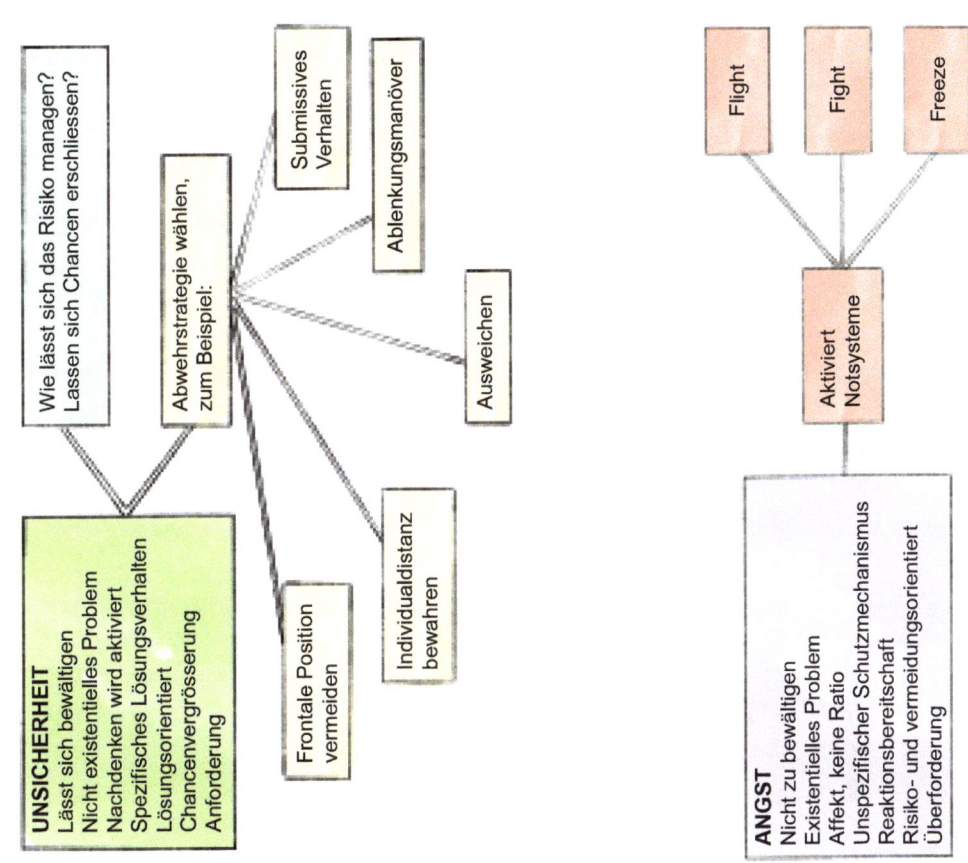

UNSICHERHEIT
Lässt sich bewältigen
Nicht existentielles Problem
Nachdenken wird aktiviert
Spezifisches Lösungsverhalten
Lösungsorientiert
Chancenvergrösserung
Anforderung

Wie lässt sich das Risiko managen?
Lassen sich Chancen erschliessen?

Abwehrstrategie wählen, zum Beispiel:

- Submissives Verhalten
- Ablenkungsmanöver
- Ausweichen
- Individualdistanz bewahren
- Frontale Position vermeiden

Flight

Fight

Freeze

Aktiviert Notsysteme

ANGST
Nicht zu bewältigen
Existentielles Problem
Affekt, keine Ratio
Unspezifischer Schutzmechanismus
Reaktionsbereitschaft
Risiko- und vermeidungsorientiert
Überforderung

BEDROHLICHER REIZ

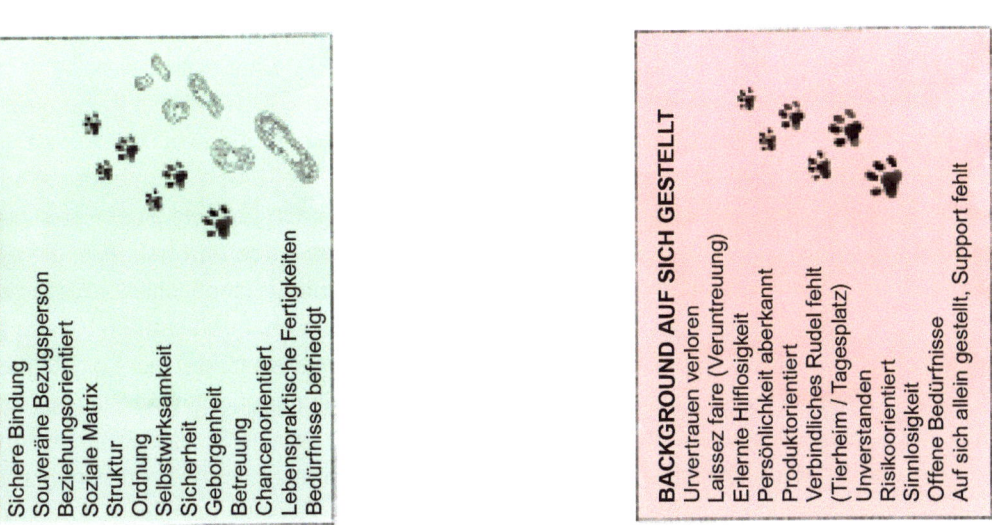

BACKGROUND GEMEINSAM
Sichere Bindung
Souveräne Bezugsperson
Beziehungsorientiert
Soziale Matrix
Struktur
Ordnung
Selbstwirksamkeit
Sicherheit
Geborgenheit
Betreuung
Chancenorientiert
Lebenspraktische Fertigkeiten
Bedürfnisse befriedigt

BACKGROUND AUF SICH GESTELLT
Urvertrauen verloren
Laissez faire (Veruntreuung)
Erlernte Hilflosigkeit
Persönlichkeit aberkannt
Produktorientiert
Verbindliches Rudel fehlt (Tierheim / Tagesplatz)
Unverstanden
Risikoorientiert
Sinnlosigkeit
Offene Bedürfnisse
Auf sich allein gestellt, Support fehlt

Erziehung findet den ganzen Tag statt. Verabschieden Sie sich vom Üben auf dem Hundeplatz, LEBEN Sie! Erfahrungen müssen in unterschiedlichen Kontexten wiederholt werden, um zu greifen. Lediglich dann diszipliniert zu erziehen, wenn Ihnen der Hundetrainer über die Schultern schaut, ist sowohl Betrug an Ihnen selbst als auch an Ihrem Hund. Unsere Fellnasen sind Virtuosen der Beobachtung. Mit einem Hund an Ihrer Seite haben Sie 24 Stunden am Tag, 7 Tage die Woche und 365 Tage im Jahr die Möglichkeit, sich als Vorbild auszutoben und sich zu beweisen. Alles, was Sie tun oder lassen, hat Konsequenzen. Führung endet nicht am Hauseingang.

Beziehungsorientiertes Lernen basiert auf einer verständlichen Kommunikation. Sie müssen bereit sein, Ihren Hund verstehen zu lernen und Ihr Verhalten gegebenenfalls zu ändern respektive anzupassen. Seien Sie Ihrem Hund ein interessierter Partner. Überlassen Sie ihn nicht sich selbst. Ihre Einflussnahme, Ihr Erziehungsstil und Ihr Engagement sind richtungsweisend, ob Ihr Hund voller Vertrauen oder aber mit einem Rucksack voller Unsicherheit durchs Leben geht.

Sie haben nun vieles gehört, was Sie sollten, und was Sie nicht sollten. Allerdings sehe ich die Fragezeichen in Ihrem Gesicht förmlich vor mir. Mittlerweile haben sich Denkfurchen tief in Ihre Stirn eingegraben, aber wie Sie das alles nun umsetzen können, bleibt Ihnen ein Rätsel. Lassen Sie mich deshalb zwei, drei Begriffe genauer erklären.

Beginnen wir mit der Konsequenz: Nein, konsequent sein bedeutet nicht, alles immer in derselben Manier zu tun. Gehen wir davon aus, Sie handhaben es für gewöhnlich so, dass Ihr Hund bei der Anwesenheit von Besuch den Auftrag hat, ruhig auf seiner Decke liegen zu bleiben. Schließlich sind Sie ein großes Mädchen/ein großer Junge und sind in der Lage, IHREN (!) Besuch auch ohne Schützenhilfe Ihres Wonneproppen zu managen. Nach einer Weile, wenn die Gäste nicht nur physisch, sondern auch mental angekommen sind und die erste Aufregung verflogen ist, laden Sie Brutus mit einer Handgeste ein, sich zu der Gruppe dazuzugesellen. So weit, so gut. Heute ist es aber so, dass Ihre Schwester auf einen Sprung bei Ihnen vorbeischauen will mit der Absicht, Ihnen ihre neue Flamme vorzustellen. Der Neue aus der Limmatstadt ist Pressesprecher einer christlichen Partei. Das bereitet Ihnen ordentlich Bauchschmerzen, denn einerseits haftet der größten Stadt der Schweiz der Ruf an, gegenüber großen Hunden eine recht unfreundliche Politik zu betreiben. Zum anderen sind Sie der Meinung, dass es sich bei Ihrem Schwager in spe um den Lakaien einer Partei handelt, die sich in der Listenhundedebatte ausnahmslos peinlich aufgeführt hat. Nun, die Körpermaße Ihres Labradors überschreiten die 30-cm-Marke, und der pechschwarze, schwere Kopf mit dem sabbernden Maul könnte einen Laien dazu verleiten, Ihren sanften Riesen als Kampfhund zu schubladisieren. Sie beschließen also, Brutus dieses Mal nicht einzuladen, sich dem Kaffeekränzchen anzuschließen. Sind Sie nun inkonsequent, weil Sie vom üblichen Protokoll bei Besuchen abweichen? Nein. Konsequent sein heißt, eine Entscheidung, die man gefällt hat, durchzuziehen. Das Leben ist unberechenbar, deshalb sind unumstößliche Standardabläufe nicht realistisch. Führen heißt, in der jeweiligen Situation die für alle

Beteiligten bestmögliche Entscheidung zu treffen und diese glasklar, das heißt konsequent, durchzusetzen. Eine Entscheidung kann je nach Kontext heute so und morgen so ausfallen. Wichtig ist, dass Sie im Sinne des Gemeinwohls handeln. Machtspiele und das Ausagieren Ihrer Befindlichkeit sind fehl am Platz. Ihr Hund durchschaut Ihre Absicht und Ihre Motivation schneller, als Sie bis Drei zählen können, also leisten Sie sich keine Spielchen. Durfte Ihr Hund die Erfahrung machen, dass hinter Ihren Anordnungen das altruistische Ziel des Rudelwohls steht, anerkennt er Sie als souveränen Führer und stellt Ihre Entscheidungen nicht infrage. Sind Ihre Befehle allerdings chaotisch, willkürlich, stimmungsabhängig, nicht nachvollziehbar und schikanös, brauchen Sie sich nicht zu wundern, wenn Ihnen Ihr Hund alsbald die innere Kündigung ausspricht. Gewiss, Entscheidungen im Interesse der Gemeinschaft sind nicht immer angenehm oder populär, und manchmal pinkeln Sie sich damit sogar ans eigene Bein. Ja, das sind die Leiden eines wahrhaften Häuptlings, wie das folgende Beispiel zeigt: Als unser rothaariger, explosiver Tierschutzfall bei uns einzog, stellte sie mich auf eine harte Probe. Jede meiner Vorgaben wurde mit tausenden Warum, Weshalb und Wieso torpediert. Da die Rennsemmel dennoch einen gewissen Charme zu versprühen weiß, dauerte es nicht lange, bis sie die Verteidigungslinie meines Lebenspartners durchbrochen und das Sofa eingenommen hatte, welches sie fortan in ihrer unendlichen Gnade mit ihm zu teilen bereit war. Die Versuche meines Partners, der Charmeoffensive zu widerstehen und sowohl die Rudelformation als auch sein Durchsetzungsvermögen zu rehabilitieren, scheiterten vollends. Die traurige Bilanz war, dass unser Uruk-Hai selbstbewusster denn je das Sofa besetzte und mein Partner gerade noch eine Popobreite für sich beanspruchen durfte. Spätestens als Rotschopf pünktlich zu „meiner" Sendezeit von „The Big Bang Theorie" fröhlich auf dem noblen Möbel herumturnte, war es Zeit, ein unmissverständliches Statement abzugeben. Nein, keine Szene, kein Wutausbruch. In gefasster Manier kletterte ich auf den Dachboden, mobilisierte mit ein paar Kabelbindern ein windschiefes, in die Jahre gekommenes Kinderlaufgitter und parkierte dieses in unserer Stube. Damit war es für den Vierbeiner erst mal aus mit dem Couchsurfen. Das ist bitter, nicht? Ein bisschen Kuscheln wäre doch ganz nett gewesen. Konsequenz meint, eine Sache durchzuziehen und dabei den Nutzen für die Gemeinschaft im Herzen zu tragen, auch wenn Sie selbst die daraus resultierenden Folgen bedauern. Die eindeutige Zuweisung ihres Platzes beziehungsweise Ranges und die damalige Begrenzung im Zentrum des Rudels haben viel zu einer positiven Entwicklung unserer Hündin beigetragen.

Dann haben wir noch die Sache mit der Berechenbarkeit. Verwechseln Sie das Berechenbar-Sein nicht mit Monotonie. Letzteres sieht so aus: Sie verlassen täglich um 07:30 Uhr mit Ihrem Hund das Haus, biegen in die Beethovenstraße ein und erreichen 07:52 Uhr den Stadtpark. Sie holen das Bällchen aus der Tasche und schmeißen es an der immer gleichen Stelle exakt drei Mal zum Apportieren. Via Marktgasse kehren Sie zurück nach Hause, wo Sie Ihrem Hund um 08:20 Uhr einen prall gefüllten Napf vor die Nase pflanzen – und das jeden Morgen. So ist das nicht gemeint. Berechenbar ist, wer vorhersehbar und angemessen auf eine Situation reagiert, Ja sagt, wenn er Ja meint und Nein sagt, wenn er Nein meint. Beziehen Sie Ihre Handlungen ausschließlich auf diesen einen Moment – hier und jetzt. Das heißt, Ihre Reaktion hat nichts damit zu tun, dass Ihr Chef Sie vor drei Stunden im Büro angebrüllt hat. Sie fokussieren sich einzig auf das, was in diesem Augenblick ansteht, und reagieren angemessen. Ein Negativbeispiel:

Tag 1: Ihr Hund schmeißt sich wie irre in die Leine. Sie finden das zwar unangenehm, aber wer will an einem so wunderschönen Tag wie heute schon derart garstig sein, also sagen Sie nichts.

Tag 2: Auch heute scheint die Sonne bilderbuchmäßig und die Schmetterlinge tanzen durch die Luft. Trotzdem sind Sie etwas angespannt, weil Ihnen der bevorstehende Zahnarzttermin Sorgen bereitet. Ihr Hund hängt mit all seinem Lebendgewicht in den Seilen. Sie säuseln müde: „Kannst du das nicht lassen, mein Liebling, bitte?", unternehmen aber weiter nichts.

Tag 3: Sie sind spät dran. In Windeseile entlocken Sie der Kaffeemaschine einen duftenden Espresso, doch als Sie die Milch dazu gießen, stellen Sie fest, dass diese gekippt ist. Sie sind sauer und schlurfen unmotiviert mit Ihrem Hund die Morgenrunde ab. Dieser schleift Sie in üblicher Manier hinter sich her. Heute beklagen Sie sich schon etwas lauter: „Hey, das reicht jetzt aber!" und zupfen einmal halbherzig an der Leine.

Tag 4: Ja, seit zwei Tagen läuft es nicht gerade prickelnd für Sie, und heute Morgen hat so eine Schlafmütze auch noch eine Beule in Ihr Auto gestanzt. Ihr schönes Auto! Das Schmuddelwetter an diesem Feierabend macht die Sache nicht wirklich besser. Sie verstecken Ihren Kopf tief in der Regenjacke und lassen sich von Ihrem Hund durchs Quartier zerren. Überrascht vom „Grüß Gott!" aus einem Schrebergarten bleibt der Vierbeiner abrupt stehen. Das Hindernis vor Ihren Füßen bringt Sie ins Straucheln. Nur mit Mühe können Sie sich die Peinlichkeit ersparen, vor den Augen Ihres Nachbarn auf dem Allerwertesten zu landen. Sie verschwinden um die Ecke des letzten Einfamilienhauses, und dann bricht es aus Ihnen heraus: „Du blöder Köter, was fällt dir eigentlich ein, mich so vorzuführen?! Du läufst jetzt verdammt noch mal anständig, HAST DU MICH VERSTANDEN!?!?" Ihre Stimme überschlägt sich, die Schläfen pochen und mit hochrotem Kopf brüllen Sie Ihren Hund an, während Sie die Leine außer sich vor Wut ruckartig hin und her reißen. Dann verpassen Sie dem erschrockenen Tier einen Tritt und stampfen wortlos weiter. Der Hund versteht die Welt nicht mehr: Bis heute glaubte er, alles richtig gemacht zu haben, und nun so was …

Solches Benehmen ist unberechenbar, unvorhersehbar, unfair und inakzeptabel. Entscheiden Sie sich, wie Sie (in diesem Beispiel) mit dem Thema Leinenführigkeit umgehen wollen, und halten Sie sich konsequent und berechenbar an Ihre Entscheidung. Ihr Hund kann nicht nachvollziehen, warum Sie dreimal zu einer Sache schweigen und sich beim vierten Mal aufführen wie ein Berserker. Derart aufzutreten ist einer Führungsperson unwürdig, und Sie disqualifizieren sich damit.

Erlauben Sie mir noch ein offenes Wort zum Thema „gemeinsam": Gemeinsam meint, Qualitätszeit miteinander zu verbringen, sich aufeinander einzulassen, in einen Dialog zu treten und zusammen etwas zu erleben. Exklusive Zweisamkeit lässt sich auch vom Klingelton des Handys nicht stören. Gemeinsam meint hingegen nicht, dass ich meinen Hund überallhin mitschleppen muss. Was mag das für ein Erlebnis sein, in einen Fresstempel verbracht und unter einen Stuhl parkiert zu werden, während sich die „Sozialpartner" in Gesellschaft von Fremden den Wanst vollhauen? Der Hund, der doch zum Rudel gehört, bekommt nichts ab und geht leer aus – eine seltsame Art, Verbundenheit zu zeigen. Es ist auch nicht nötig, Ihren Hund im Petshop vorzuführen, wenn er nicht gerade ein neues Geschirr, eine Schwimmweste oder einen Wintermantel anprobieren muss. Ich versichere Ihnen, dass solche Läden für die meisten Hunde Stress bedeuten. Sie dürfen sich auch getrost von der Illusion verabschieden, dass das Verkaufspersonal Ihren Hund genau so toll findet wie Sie, in diesem Punkt ist sich nämlich jeder selbst der Nächste. Die arme Laden-Crew hört ohnehin von frühmorgens bis spätabends nichts anderes als unglaubliche und zuweilen ermüdende Geschichten von „ganz besonderen", „höchst speziellen" und „sehr aussergewöhnlichen" Hunden. Es ist eine erfrischende Ausnahme, wenn einmal von einem „normalen" Hund die Rede ist. Missbrauchen Sie Ihren Hund nicht als Vehikel, um sich ins Zentrum der Aufmerksamkeit zu rücken und ein Defizit an Beachtung zu kompensieren. Freuen Sie sich stattdessen, einen ganz normalen Hund zu haben – und stehen Sie zu ihm! Ein „normaler" Hund ist Gold wert, glauben Sie mir. Und alles andere interessiert eh keinen … so leid es mir tut.

So, ich denke, damit lassen wir es fürs Erste. Fassen wir zum Schluss die wichtigsten Punkte einer auf sozialem Lernen basierenden Erziehung nochmals zusammen (vgl. HEB 2015[2]):

Beziehungsspender		Beziehungsfrager
Liefert (Antworten, Strategien etc.)		Erwartet Lösungen/Support
Hat etwas zu bieten		Hat Bedürfnisse
Zeigt Vorbildverhalten		Ahmt nach
Ist eine Identifikationsfigur		Identifiziert sich mit der Bezugsperson
Beweist Führungsqualität		Fühlt sich geborgen

Soziales beziehungsorientiertes Erz

Lernen am Modell / unterstützte Eigentätigkeit / Identifikation mit der Bezugsperson / Emotionen spielen im Lernprozess eine wichtige Rolle / Bezugsperson ist ein Vorbild / Erziehung findet den ganzen Tag statt / Über- und Unterforderung vermeiden / Situationen, Kontexte und Vertrauenswürdigkeit haben Einfluss auf das Lernen / nachvollziehbare und eindeutige Regeln / Lernen braucht eine Konsolidierungsphase / Lernen eröffnet neue Möglichkeiten / alles, was man tut oder lässt, hat Konsequenzen / das Gehirn speichert Bedeutungszusammenhänge / Lernen wird durch Gefühle und körperliche Empfindungen beeinflusst / neu Gelerntes in unterschiedlichen Kontexten wiederholen / Lernen bedeutet eine aufwändige, neuronale Umstrukturierung, deshalb sollen Lerninhalte sich lohnen, das heisst, sie dienen lebenspraktischen Fertigkeiten / Lernen ist in die natürliche Bedürfnisstruktur des Hundes eingebettet / Talente und Potentiale werden in einer sozial und gesellschaftlich akzeptablen Richtung weiterentwickelt / eine sichere Bindung stellt eine wesentliche Voraussetzung für eine optimale Hirnentwicklung dar / die Verletzung emotionaler Beziehungen hat einen destabilisierenden Einfluss auf bereits entstandene neuronale Verknüpfungen / Sicherheit bedeutet: Der Hund darf sich einordnen (Rangordnung), er wird geführt (klare Ziele, Konsequenz, Anleitung, Betreuung), der Hund wird durch einen Sozialpartner begleitet (Wir anstatt Ich), das Lernumfeld ist entspannt und die Persönlichkeit sowie die Talente des Hundes werden anerkannt / Erziehung setzt Beziehung und eine Hierarchie voraus / der Mensch versteht die Kommunikation des Hundes und ist bereit, sein eigenes Verhalten zu ändern beziehungsweise anzupassen / der Mensch ist verlässlich und verfügbar, er lässt den Hund nicht alleine (kein Laissez faire) / der Hund ist intrinsisch motiviert / Angst ist ein schlechter Lehrmeister / das Gehirn speichert Informationen in Abhängigkeit subjektiver Bewertungen / der Hund hat das Recht auf eindeutige Rückmeldungen (ignorieren ist der falsche Weg, emotionale Ausgrenzung ist Mobbing) / Motivierung demotiviert / Neues mit Vertrautem kombinieren / nichts ist schädlicher als chaotischer Input / individuelle Unterschiede müssen beim Lernen berücksichtigt werden / zu viele Aktivitäten hemmen den Lernprozess: Nur eine Sache, aber diese konzentriert anpacken / Konflikte nach dem Lernen beeinträchtigen den Lernerfolg / wir erziehen Hunde eindeutig, der Situation angepasst und sozial / Erziehung kann nicht geübt oder trainiert werden, sie wird gelebt (vorleben) / ein fähiger Häuptling definiert Regeln für das Zusammenleben und übernimmt die Verantwortung für die Sicherheit / Ethik in der Hundeerziehung bedeutet, dass wir den Hund als Individuum mit einer Persönlichkeit, Gefühlen und Bedürfnissen respektieren, dem wir ein Recht auf eine beziehungsorientierte Erziehung einräumen und dem wir Empathie schulden / Erziehung bereitet auf das Zusammenleben mit Sozialpartnern vor, deshalb bedeutet Erziehung soziale Einflussnahme / der Erzieher bringt dem Lernenden Vorteile / ZUSAMMENleben und ErziehungsPROZESS (Persönlichkeitsentwicklung) sind wichtiger als die Leistung (Produkt) / Beziehung ist unabhängig von der An- respektive Abwesenheit von Gegenständen / Selbstwert durch soziale Anerkennung (leistungsUNabhängig) / klar sein, nicht planlos und ohne Grund auf den Hund einlabern / Fähigkeiten symbolisieren

Erziehung ist ein gleichermaßen schwieriges wie brisantes Thema, dessen bin ich mir bewusst. Weil sich aber erzieherische Maßnahmen ebenso weitreichend wie tiefschürfend auf ein Individuum auswirken, ist es zwingend notwendig, über unser diesbezügliches Tun nachzudenken.

Das ausdrucksstarke und berührende Drama „Der Club der toten Dichter" mit einem brillanten Robin Williams in der Hauptrolle bietet sich als unterhaltende, aber auch als nachdenklich stimmende Auseinandersetzung mit den Themen Erziehung und Lernen an. Der Film befasst sich mit dem Konflikt zwischen Tradition, Disziplin, Leistung und Gehorsam einerseits und Selbstentfaltung, Individualität und dem Motto „Carpe diem!" (Dichter Horatius) andererseits.

„Die meisten Menschen führen ein Leben in stiller Verzweiflung."
(Henry David Thoreau)

2.5 Bestrafung

„Denn sie wissen nicht, was sie tun." Dieser Filmtitel beschreibt das Bestrafen sehr treffend. Sind Sie in der Lage, präzis vorauszusagen, womit Ihr Hund den Stromschlag verknüpft, den Sie gleich per Teletac an ihn adressieren werden? Mit dem Gartenzaun? Mit dem Jogger? Mit dem Kindergeschrei? Nein, Sie wissen es nicht mit Bestimmtheit.

Vielleicht denken Sie auch, dass Ignorieren eine freundliche Geste ist, mit der Sie unerwünschtes Verhalten höflich ausblenden. Das interpretiere ich etwas anders. Ignorieren ist eine massive, soziale Strafe: Ihr Hund hat ein Recht auf Feedback respektive einen Resonanzrahmen. Ignorieren ist eine Form sozialer und emotionaler Ausgrenzung, die ich „mobben" nenne. Natürlich geht es nicht darum, aus jeder Mücke einen Elefanten zu machen. Man darf auch mal über einer Sache stehen, das ist aber noch lange nicht dasselbe wie ignorieren. Auch ein Time-out kann ein sinnvolles Instrument sein, eine Situation zu entschärfen. Einem überforderten Hund räumt es die Chance ein herunterzufahren. Aus einer Situation herausbegleiten ist aber nicht dasselbe wie ausgrenzen oder wegsperren.

Als Verantwortlicher für die Sicherheit, das Überleben und das Wohlergehen Ihres Rudels haben Sie das *Recht*, zugunsten der Gemeinschaft Regeln, Grenzen und Tabus zu definieren und deren Einhaltung im Interesse aller einzufordern. Wenn Sie mit Ihrer Golden-Dame Daisy über grüne Bergalmen wandern, und der sorglosen Blonden nichts Gescheiteres in den

Sinn kommt, als den Herdenschutzhund Boss mit einer Spielaufforderung zu beleidigen, ist es Ihre heilige *Pflicht*, mit Ihrem Grünschnabel Tacheles zu reden. Ihre Süße ist nämlich gerade dabei, sich selbst und das Rudel in Gefahr zu bringen. Es ist normal, dass Hunde mit Fremden nicht „spielen" wollen. Mit böse, aggressiv oder verhaltensgestört hat das nicht das Geringste zu tun, gar nichts. Zusammengehörigkeit ist nicht wahllos. Vor allem ernsthafte Hunde und Rassen des Urtyps, deren Weltanschauung weitab von der Naivität und Infantilität eines Golden Retrievers liegt, tun sich schwer mit so viel Penetranz und provozierender Aufdringlichkeit. Es ist erstrebenswert, einem Hund schon früh beizubringen, um Erlaubnis zu fragen, mit wem er „spielen" darf (meistens geht es vielmehr um ein Abchecken, aber dazu später mehr). Und Ihnen, einem seriösen Hundehalter, gebietet der Anstand, zuerst beim anderen Hundebesitzer nachzufragen, ob er mit der geplanten Aktion einverstanden ist, bevor Sie Ihre Töle auf die Welt loslassen. So handhaben das wahre Leader. Wenn es zwischen Hunden *und* Haltern passt, und das Zusammentreffen durch die Menschen moderiert wird, ist an einem Hundekontakt nichts auszusetzen.

Zurück zum Thema: Bei Überschreitungen steht es Ihnen zu, sauer zu werden, Ihre Emotion kundzutun und den Schwerenöter zu tadeln. Maßregelungen sind angebracht, wenn die Beziehung geklärt ist, ansonsten provozieren Sie einen Streit (Pubertät!). Bevor es Ihnen also zusteht, den Hund zu korrigieren, müssen Sie sich Ihren Rang als Leader durch überzeugende Kompetenzen verdienen. Seien Sie authentisch, verlieren Sie aber nicht die Selbstbeherrschung. Rügen Sie genau dann, wenn Ihr Hund Fehlverhalten zeigt. Eine Woche lang die Faust im Sack zu ballen und dann wegen einer Belanglosigkeit die Contenance zu verlieren, ist durch und durch unprofessionell und für Ihren Hund komplett unverständlich. Bestrafen Sie, wenn es denn sein muss, konsequent, unmittelbar und dem Vorfall sowie der Persönlichkeit des Tieres angemessen. Ihr Hund nimmt Ihre klare Rückmeldung ernst, denn eine soziale Matrix beziehungsweise in einer solchen integriert zu sein, ist für einen Caniden überlebenswichtig. Emotionen korrigieren nachhaltiger als gewaltsame Formen der Züchtigung. Konsequenzen sollen sich am natürlichen Ausdrucksverhalten eines Hundes orientieren, und die Ursache der Bestrafung muss nachvollziehbar sein. Willkür, das Ausagieren Ihrer Befindlichkeit und/oder Übellaunigkeit sind indiskutabel und für eine souveräne Führungsperson inakzeptabel. Unser Gefährte hat außerdem das Recht zu wissen, wer ihn maßregelt. Diskscheiben und Co. navigieren weitab von Erziehung und beziehungsorientiertem Lernen. Strafen, die vom Himmel fallen, arbeiten ambitioniert daran, dass Ihr Hund seine gesamte Umwelt als bedrohlich wahrnimmt und bereiten einen Nährboden der Angst, Frustration, Aggression und des Meidens.

Wenn – neurobiologisch gesehen – kein Bremssystem angelegt wurde, greifen selbst massive, negative Konsequenzen nicht. Mit anderen Worten: Ein Hund, der nicht gelernt hat, seine Impulse zu kontrollieren, kann sich trotz einer Bestrafung nicht beherrschen. Grund dafür ist, dass (mangels Erziehung) keine Gehirnstrukturen ausgebildet wurden, die Impulse hemmen. Diese Hunde empfinden zwar die Strafe als aversiv, sind aber nicht in der Lage, ihr Verhalten anzupassen (vgl. Mehl 2018[13]). Anstelle von Bestrafung verlangen solche Tiere nach einer umfassenden Therapie.

Wo das Verhalten eines Hundes auf Angst basiert (zum Beispiel Gewitterangst), hat Bestrafung nichts verloren, will man weder einen Vertrauensbruch noch eine Belastung der Beziehung herausfordern. Seien Sie sich im Klaren, welches *Verhalten* Sie sanktionieren wollen; ein Gefühl kann man nicht bestrafen (vgl. Rohn 2004[33], S. 104).

Paradoxerweise lenkt Bestrafung die Aufmerksamkeit auf unerwünschtes Verhalten. Eine konstruktive Korrektur strebt danach, Verhalten nicht einfach zu unterdrücken, sondern Hinweise auf Alternativverhalten zu liefern. Wer nur noch mit Gewalt argumentieren kann, gesteht ein, dass er/sie hilflos ist und nicht weiterweiß. Auf körperliche Bestrafung reagiert ein Hund oft nur mit Reflexen; je mehr Reflexverhalten ein Tier zeigt, desto weniger ist konstruktives und nachhaltiges Lernen möglich. Wer sich durchsetzen will, sollte mit seinem Wesen überzeugen, anstatt mit roher Gewalt zu agieren.

Hinterfragen Sie unerwünschtes Verhalten und distanzieren Sie sich davon, Ihrem Hund mutwilligen Ungehorsam zu unterstellen. Reduzieren Sie Missverständnisse in Ihrer Beziehung, indem Sie bereit sind, sich Wissen anzueignen und Ihren Hund intensiv kennen- und verstehen zu lernen. Das sind Sie Ihrem Gefährten schuldig. Versäumen Sie es auch nicht, Ihrem Hund soziale Anerkennung zu schenken und ihn an positiven Rückmeldungen teilhaben zu lassen, wenn diese angebracht sind.

2.6 Erziehungsstile

Kurt Tsadek Lewin (1890–1947) gilt als einer der einflussreichsten Pioniere der Psychologie. Er ist einer der Begründer der modernen experimentellen Sozialpsychologie und gehört zusammen mit Max Wertheimer, Wolfgang Köhler und Kurt Koffka zu den großen Vier der Berliner Schule der Gestaltpsychologie. Sein Name ist verbunden mit der Feldtheorie in den Sozialwissenschaften.

Quelle: Wikipedia[34]

Kurt Lewin wollte wissen, welche Auswirkungen Erziehung auf Kinder haben kann. Also unternahm er Ende der Dreißigerjahre einen sozialpsychologischen Versuch mit Vorschulkindern, die er in drei Gruppen einteilte. Das Experiment stellt die Frage nach dem Erfolg des autoritativen, autoritären und antiautoritären Erziehungsstils, die mit Anregung, Kooperation und Anforderung (1), mit Disziplin und Gehorsam (2) und mit einem Höchstmaß an Freiheit (3) operieren (vgl. SFC[35]).

Gruppe 1 – der autoritative Erziehungsstil:
Die Kindergärtnerin, Tante Kati genannt, stellt den Kindern einen Korb voller farbigem Plastilin zur Verfügung und lässt sie selbst entscheiden, welche Figuren sie damit kneten wollen. Eines der Kids möchte ein Küken modellieren. Die Gruppe nimmt diesen Vorschlag auf, und es soll ein Osterschaufenster werden. Tante Kati stimmt den Ideen wie Osterhase, Eierkorb et cetera zu, ermuntert die Kinder und heißt deren Entscheidungen gut. Die Kinder arbeiten selbstständig, während die Bezugsperson mit kleinen Korrekturen Hilfestellung leistet, die die Fantasie der Kinder anregt. Die Kids unterstützen sich gegenseitig und präsentieren Tante Kati nicht nur ihre eigenen Werke, sondern sind auch stolz auf die Figuren ihrer Freunde. Die Kindergärtnerin lässt sich alles zeigen und tadelt nicht. Ist etwas nicht gelungen, versucht man es einfach noch einmal von Neuem. Das Lernumfeld ist entspannt und positiv und die Kinder sind sehr kreativ und produktiv.

Gruppe 2 – der autoritäre Erziehungsstil:
Tante Kati spricht die Kinder autoritär an: „Hände vom Tisch, *ich* verteile das Plastilin. Wir machen ein Osterschaufenster. Wir kneten Eier – nur rote Eier! Jeder arbeitet still für sich, es wird nicht geredet. Arbeitet sorgfältig, aber nicht zu langsam. Gebt euch Mühe und beeilt euch. Wenn ich wiederkomme, seid ihr fertig." Nachdem die Kindergärtnerin den Raum verlassen hat, arbeiten die Kinder gehemmt und in beklemmender Stille. Sie vergleichen ängstlich ihre Kneteier mit den Resultaten ihrer Nachbarn. Als eines der Kinder etwas flüstert, droht ein anderes, es bei Tante Kati zu verpetzen. Ein Junge steht auf, geht herum und mustert die Arbeiten seiner Kollegen: „Wer hat das gemacht? Das ist nicht schön ... das auch nicht!" Die Betreuerin kehrt mit prüfendem Blick zurück: „Warum ist dein Platz so schmutzig? Wie soll denn das Schaufenster aussehen, wenn ihr nicht mal Eier kneten könnt, das sieht aus wie eine Kartoffel?! Christine hat genauso schlecht gearbeitet wie du. Knetet es zusammen und macht gefälligst rote Eier, rote Ostereier. Wenn sie schön aussehen, dürft ihr danach gelbe machen." Die Kinder dieser zweiten Gruppe sind weniger produktiv als die Kinder der ersten Gruppe, und sie zeigen sich untereinander nicht überaus sozial und empathisch. Diese Kinder haben wenig bis keinen Selbstwert, sie sind ihre Leistung, das heißt, sie sind von Lob und einem Fremdwert abhängig.

Gruppe 3 – der antiautoritäre Erziehungsstil:
Den Kids dieser Gruppe wird maximale Freiheit gewährt. Sie dürfen mit dem Plastilin machen, was sie wollen: einen Cowboy, einen Osterhasen, Kriegsfiguren oder eben gar nichts, wenn ihnen nicht nach Kneten zumute ist. Auch einer Plastilin-Schlacht gebietet Tante Kati keinen

Einhalt, sie ist ohnehin in dem Trubel aus Gebrüll, Krawallen, Raufereien und an die Wand klatschender Knetmasse längst untergegangen. Die stärkeren Kinder mobben die sensibleren und verprügeln die schwächeren. Die Brutalität und Aggressivität, die die Kinder an den Tag legen, erschrecken. In Kürze ist der ganze Raum verwüstet. Inmitten des Desasters tanzen einige auf den Bänken, andere kauern weinend in einer Ecke. Die wilde Bande hat – selbstredend – nichts produziert, verhielt sich in hohem Maße asozial, zänkisch und teilweise tätlich.

Bilder sagen bekanntlich mehr als tausend Worte. Wer sich das in Ungarn von der SFC produzierte Filmmaterial zu diesem Experiment anschauen möchte, findet das Video auf Youtube unter „Forsøg med pædagogiske metoder (Anderkendende/Autoritær/laissez faire)".

Erziehung treibt manchmal seltsame Blüten. Das Training mit dem Hund erinnert viel zu oft an eine Gebrauchsanleitung, mit der man etwas „hinkriegen" oder „abstellen" möchte. „Der Hund mutiert immer mehr zu einem Luxusprodukt, das funktionieren soll, und das wir genießen wollen." (Zitat Jan Nijboer) Das Aneignen eines Verständnisses für den Hund und das Eintauchen in sein Wesen sind zu anstrengend, also therapiert man lieber den Gangster mithilfe eines Hundetrainers, der das Enfant terrible zurechtstutzt. Aber auch alternativmedizinische Methoden sind hoch im Kurs. Es ist leichter, den Hund zu verbiegen und ihn mit Globuli abzufüllen, als sich selbst reflektieren zu müssen und einen Beziehungskonflikt *gemeinsam* anzugehen. Was wir demnach auf dem Hundeplatz vorfinden, ist der Ansatz eines autoritären Erziehungsstils, welcher darauf abzielt, dass der Hund sich so verhält, wie es der Trainer haben will. Die Befindlichkeit des Hundes spielt dabei eine untergeordnete Rolle. Autoritäre Erziehung ist nicht responsiv, das heißt, sie beantwortet weder die Bedürfnisse noch die Emotionen des Lernenden. Gebetsmühlenartig erfüllt der Hund die Erwartungen seiner Bezugsperson und wird durch ein extrinsisches Belohnungssystem, welches die Machtverhältnisse eindeutig demonstriert, entpersonifiziert. Der Hund steht unter Leistungsdruck. Da dennoch die meisten Menschen ihre Hunde auf irgendeine verkorkste Art lieben, vermischt sich der autoritäre Erziehungsstil gelegentlich mit dem antiautoritären, da Hierarchiedenken ja eigentlich out ist. Aber sowohl der permissive/antiautoritäre Stil (laissez faire) als auch der autoritäre Erziehungsansatz sind wenig interaktiv. Das scheint jedoch egal zu sein, Hauptsache, der Hund macht keinen Ärger. Ein typisches Beispiel: Der Hund ist auf dem Spaziergang sich selbst überlassen, er darf einfach nur Hund sein und genießt seine Freiheit. Steht das Tier aber nicht beim ersten Pfiff stramm wie ein Soldat und mit der Geschwindigkeit eines geschmierten Zäpfchens neben seinem Halter, reagiert dieser stinksauer. Frei, aber doch nicht zu frei – das nennt man konsequente Inkonsequenz im Kampf zwischen vermeintlicher Freiheit und Grenzen setzen (vgl. Nijboer 2013[36]).

Weder eine autoritäre noch eine permissive Erziehung werden der Natur des Hundes gerecht. Anzustreben ist ein autoritativer Erziehungsstil, der dem Erzieher Be**treu**ung und Aufsichtspflicht, die Übernahme von Verantwortung, die Gewährleistung von Sicherheit, Empathie, Konsequenz und fü[h]rsorgliches Verhalten abverlangt. Das sind wir nicht nur unseren Hunden, sondern auch den neueren Erkenntnissen der Neurobiologie und Psychologie schuldig.

Der folgende Überblick fasst die Erziehungsstile nochmals zusammen (vgl. HEB 2015[2]):

ERZIEHUNGSSTIL	ERZIEHER	LERNENDER
Autoritativ	Der Erzieher stellt Anforderungen, ist warmherzig, geht auf den Nachwuchs ein, achtet auf Sorgen und Nöte, setzt klare Regeln, Grenzen und Tabus und überwacht deren Einhaltung. Er lässt Autonomie innerhalb von Grenzen zu, straft maßvoll, konsequent und nicht willkürlich, ist sozial integrativ, responsiv und konsequent.	Der Lernende ist selbstwirksam und selbstsicher, hat eine gute Verhaltenssteuerung und zeigt soziale Verhaltensweisen. Er ist sozialkompetent und kooperationsbereit. Grenzen geben ihm Geborgenheit, und durch das verständnisvolle Verhalten des Erziehers fühlt er sich anerkannt und wertgeschätzt.
Autoritär	Der Erzieher stellt hohe Anforderungen und zeigt wenig Reaktion auf die Bedürfnisse des zu Erziehenden. Dieser soll den Anweisungen ohne Fragen nachkommen. Die Einhaltung von Forderungen wird erzwungen durch Macht, Drohung und Strafen. Der Erzieher ist autokratisch, wenig responsiv und zeigt wenig Empathie.	Der Lernende hat geringe soziale Kompetenzen und teilweise Lernschwierigkeiten. Er ist gehemmt, deprimiert und hat nur ein geringes Selbstvertrauen.
Antiautoritär (auch permissiv-verwöhnend oder als laissez faire bezeichnet)	Der Erzieher ist zum einen nachsichtig und reagiert stark auf die Bedürfnisse und Wünsche der Anvertrauten. Er stellt wenig Anforderungen, verlangt keine Selbstregulation oder angemessenes Verhalten, verwöhnt und ist nachsichtig. Zum anderen überlässt er seine Schutzbefohlenen sich selbst. Laissez faire ist das Motto, Hauptsache, der zu Erziehende wird dem Erzieher nicht lästig. Laissez faire ist eine Form der Vernachlässigung.	Der Lernende ist impulsiv und zeigt wenig Selbstbeherrschung. Er hat Lernschwierigkeiten und neigt zu Suchtverhalten sowie zu Aggressionen.

In Ergänzung zu Lewins Experiment folgen zwei weitere Erziehungsstile, der demokratische und der zurückweisend-vernachlässigende: Der demokratische Stil eignet sich nicht für die Erziehung eines Hundes, da er dessen Natur nicht gerecht wird, während der zurückweisend-vernachlässigende Stil tierschutzrelevant ist.

ERZIEHUNGSSTIL	ERZIEHER	LERNENDER
Demokratisch	Der Erzieher entscheidet gemeinsam mit dem Lernenden. Er unterstützt, ermutigt, anerkennt oder tadelt sachbezogen und konstruktiv, berücksichtigt die Bedürfnisse und Wünsche der Nachkommen und fördert Unabhängigkeit, Sicherheit und Entscheidungsfähigkeit.	Kinder: Diese sind zufrieden, ausgeglichen, spontan und aktiv. Sie bringen sich ein und machen Vorschläge. Die Kinder haben Fantasie und sind kreativ. Zudem sind sie freundlich im Umgang mit Drittpersonen. Sie sind vertrauensvoll und unbefangen und erbringen hohe sowie dauerhafte Leistungen. Hunde: Caniden leben natürlicherweise in einem hierarchisch organisierten Rudel. Sie mit Entscheidungen im Kontext einer menschlichen Gesellschaft zu belasten, ist eine Überforderung und unfair. Entspannte Hunde dürfen sich an einem vertrauenswürdigen Leader orientieren. Die Rahmenbedingungen, in denen unsere Haushunde leben, lassen es nicht zu, sie zur Selbstständigkeit zu erziehen. Selbstwirksamkeit und Wahlfreiheit innerhalb geschützter Grenzen widersprechen einer Hierarchie jedoch nicht.
Zurückweisend-vernachlässigend	Der Erzieher stellt wenig Anforderungen und ist uninteressiert. Er zeigt keine Reaktion auf die Kinder beziehungsweise den Hund und setzt keine Grenzen, übernimmt keine Kontrolle, gibt keine Unterstützung und ist vornehmlich auf seine eigenen Bedürfnisse konzentriert.	Der Lernende sieht sich mit nicht tragfähigen Bindungsmustern konfrontiert und hat Probleme mit Beziehungen. Er verhält sich asozial, hat eine schlechte Selbstregulation und neigt zu Aggressionen.

Ich nehme an, Sie sind schon etwas müde von den ganzen Lerntheorien. Wenn Sie nach diesem Kapitel zu der Erkenntnis gelangt sind, dass eine autoritative Erziehung mit ihrem sozial integrativen (wir), responsiven (Was willst du?) und konsequenten (Regeln) Vorgehen eine vielversprechende Basis für den gemeinsamen Weg mit Ihrem Hund sein könnte, ist das schon mal sehr erfreulich. Wenn Ihnen auch noch klar geworden ist, dass „Hund sein" nicht bedeutet, selbstständig – also auf sich gestellt – durch die Gegend zu stolpern, dann bin ich geneigt, stolz auf Sie zu sein. „Hund sein" bedeutet, gemeinsam mit Sozialpartnern jagen zu dürfen (wir beschränken uns auf Beuteattrappen), seine Qualitäten und Fähigkeiten zu leben und in einer verbindlichen Gruppe integriert und ohne Bedingungen akzeptiert zu sein.

Okay, dann lassen Sie uns etwas Feuer unterm Hintern machen: Gehen wir über zum Thema Aggressionen.

III AGGRESSION

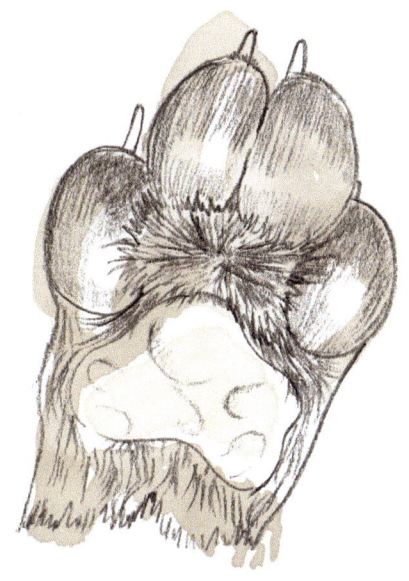

„Unser Leben ist ausgeglichen.
Wir schwanken zwischen Aggression und Depression."
(Michael Richter)

3 Aggression

Der Aggression ist ein eigenes Kapitel gewidmet. Sie ist mit Vorurteilen beladen, und wir beantworten sie mit Ablehnung. Interessant beim Thema Aggression ist auch deren unterschiedliche Bewertung: Ich habe das Glück, idyllisch auf dem Land zu wohnen. Meine liebenswürdigen Nachbarn halten Hühner. Unser Küchenfenster ist der ideale Ausguck, um die gackernde Schar im Baumgarten zu beobachten. Das Hickhack unter dem Federvieh ist beeindruckend bis grausam, aber niemanden stört es. Ebenfalls kein Aufsehen erregen die zahllosen kampfestollen Katzen: Während meiner Zeit in der Tierarztpraxis eröffneten wir an den Miezen dutzende Abszesse und spülten gruselige Wunden, eine Arbeit, die einen guten Teil des Tagesgeschäftes ausmachte. Dass sich Katzen bis auf die Knochen verkloppen, löst weder Besorgnis noch eine Anzeige aus. Die Aggression des Menschen lassen wir hier mal außen vor. Doch wenn Hunde sich kabbeln … ei, ei, ei! „Wenn Sie als Mann Ihre Partnerin vor pöbelnden Jugendlichen beschützen, sind Sie ein Held. Tut ein Hund dasselbe, verteidigt er Frauchen oder Herrchen, ist er ein Verbrecher." (Zitat Jan Nijboer) Ein interessantes Phänomen.

Das Verständnis und die Einsicht für die neurobiologischen Seiten von Angst und Aggression verdanke ich in erster Linie den Seminaren von Robert Mehl, Diplom-Psychologe und Kriminologe. Seine Lehrveranstaltungen „Impulsiv und unberechenbar"[1] sowie „Angst und Aggression"[2] bildeten das Fundament zu diesem Kapitel.

3.1 Stress

Aggression und Angst sind zwei Seiten ein und derselben Medaille. Ob wir ängstlich oder wütend reagieren, entscheidet die Aktivität in der Amygdala, einem Gehirnteil des limbischen Systems. Alles, was wir nachfolgend zum Thema Aggression besprechen, gilt auch für die Angst. Da Stress eine wichtige Steuergröße für unser Verhalten darstellt, befassen wir uns zuerst mit dieser Thematik.

Stress ist ein Teil unseres Alltags und erhält uns am Leben. Er ist ein Indiz dafür, dass sich ein Organismus nicht mehr im Gleichgewicht befindet. Damit ein Individuum wieder in seine Balance (Homöostase) zurückfindet, reagiert es mit Verhalten. Verhalten ist ein hochkomplexes Geschehen (vgl. Mehl 2018[1]):

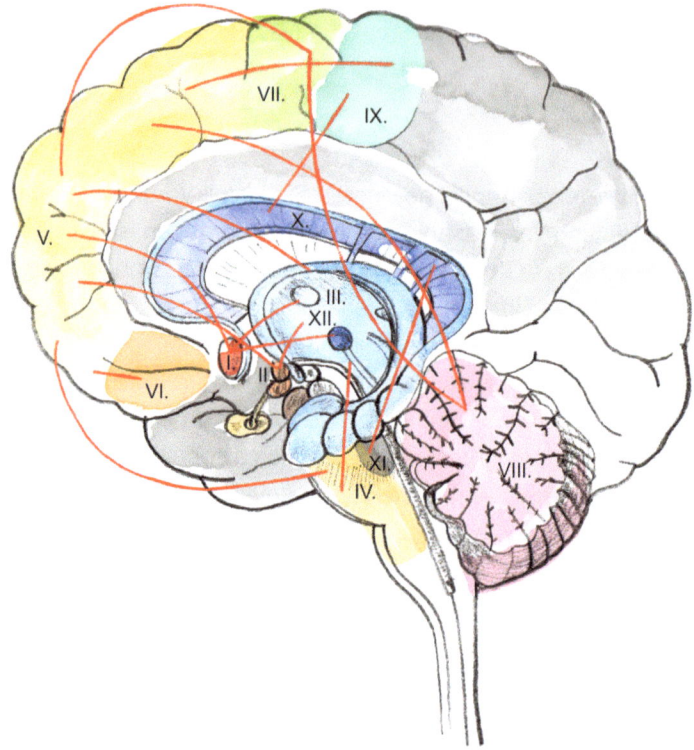

I. Nucleus accumbens: Dieser setzt den Reiz respektive triggert das Verlangen, sich so zu verhalten, dass unser Bedürfnis befriedigt wird (zum Beispiel Essen).

II. Hypothalamus: Minister, der die Bedürfnisse überwacht, über die aktuelle Lage informiert und mit den verschiedenen Gehirnbereichen interagiert.

III. Limbisches System: Diese Gehirnstruktur ist unter anderem die Instanz für Emotionen (zum Beispiel Wut, Scham oder Angst) und das Erleben. Die Amygdala – ein Teil des limbischen Systems – dirigiert körperliches Ausdrucksverhalten.

IV. An der Erregung sind kernige Strukturen im Mittelhirn beteiligt (Steuerung via Serotonin und Noradrenalin). Interessant zu wissen ist Folgendes: *Eine hohe Erregung setzt die Beteiligung des Frontalhirns außer Gefecht.*

V. Frontalhirn: Nebst weiteren Aufgaben bewertet das Frontalhirn Situationen, antizipiert Konsequenzen, legt eine Handlungsstrategie fest und plant ein Bewegungsmuster, initiiert Hemmung und kontrolliert Impulse. Das Frontalhirn kann einen Handlungsimpuls bremsen, um ein Alternativverhalten zu planen, welches das Bedürfnis mit weniger Kosten befriedigt. *Eine hohe Erregung kippt das Frontalhirn aus dem Spiel.*

VI. Orbitofrontalcortex: Dieser ist unter anderem verantwortlich für Mitgefühl und Empathie. Er erkennt die Absicht Dritter und wägt Konsequenzen für sich selbst sowie für Sozialpartner ab.

VII. Prämotorischer Cortex: Die im Frontalhirn geplante Bewegung wird im prämotorischen Cortex programmiert und in einer kurzzeitigen Gedächtnisschleife festgehalten.

VIII. Kleinhirn: Eine Kopie des neu erstellten Bewegungsprogrammes wird mit früheren motorischen Programmen und deren damaligen Ergebnissen abgeglichen. Eine überarbeitete Kopie geht zurück ans Großhirn. *Bei impulsiven Handlungen werden gespeicherte Motorprogramme ohne Einbezug des Frontalhirns abgespult.*

IX. Motorcortex: Der Motorcortex ist für die Ausführung des erstellten Bewegungsprogrammes verantwortlich. Das eigentliche Startsignal erteilen die Basalganglien.

X. Basalganglien: Den Startschuss zur Ingangsetzung des Bewegungsprogrammes feuern die Basalganglien ab. Sie werden gesteuert durch eine Ausschüttung von Dopamin aus der Substantia nigra.

XI. Substantia nigra: Die dopamingesteuerte Signalleitung ist bei Parkinsonpatienten beeinträchtigt (Die Betroffenen bleiben in Bewegungsintentionen stecken: Es fällt ihnen schwer, rasch loszugehen oder abrupt zu stoppen.).

XII. Ventrales tegmentales Areal (VTA): Dieses sendet Dopamin aus, welches den Nucleus accumbens stimuliert respektive belohnt, wenn das Bedürfnis [art-/rassespezifisch] erfüllt worden ist (Hier stellt sich die Frage, welche Handlung für ein Individuum befriedigend ist: Wozu bin ich geboren?).

Das Knäuel (rote Linien) im Gehirn vermittelt eine Idee davon, wie aufwendig der Prozess ist, der schlussendlich zu einer Handlung führt (die Grafik widerspiegelt keine biologisch korrekten Abläufe, sie dient lediglich einer ungefähren Vorstellung der Komplexität). Dass das Leben gerade unter Stress Abkürzungen durch das Gehirnlabyrinth einschlägt, die auf die Qualität des Verhaltens Einfluss nehmen, verwundert nicht. In bedrohlichen Situationen verarbeitet das Gehirn Informationen lediglich auf dem monosynaptischen Weg zwischen Thalamus und Amygdala. Dieser Überlebensmechanismus hat einen Bezug zur Generalisierung von Ängsten und zur klassischen Konditionierung. Wir kommen bei der Betrachtung der Impulskontrolle nochmals auf die Leistungen des Gehirns zurück.

Stress gänzlich vermeiden zu wollen, ist kontraproduktiv. Beim Aufbau eines gesunden Nervensystems ist Stress ein essenzieller Faktor, der die Entwicklung von Anpassungsleistungen fördert. Problematisch wird es erst dann, wenn die Erregung beziehungsweise der Stress nicht zu bewältigen und der Hund überfordert ist. Kontrollierbarer Stress stärkt das Gefühl der Selbstwirksamkeit, während Stress, mit dem ein Hund nicht umgehen kann, Ohnmacht und ein Gefühl des Ausgeliefertseins auslöst.

Für Stress und letztendlich Aggression beim Hund gibt es viele verschiedene Ursachen. Häufig zu beobachten sind Frust durch Über- und/oder Unterforderung, eine nicht artgerechte Haltung, das Strapazieren der Anpassungsfähigkeit, Mobben in Form einer „Laissez faire"-Erziehungsphilosophie und Menschen, die im Umgang mit dem Hund nicht mehr verstehen, was sie tun (zum Beispiel das Gängeln am Futternapf). Weitere Themen, die zu Stressoren werden können, sind:

INNERE STRESSOREN	ÄUSSERE STRESSOREN
Hunger – Durst Wärme – Kälte Schlaf – Ruhe Sexualität Schmerzen Erkrankungen Soziale Sicherheit Zugehörigkeit Bindung und Beziehung Soziale Gruppen/Verbindlichkeit Selbstwirksamkeit Territoriale Sicherheit	Körperliche und/oder psychische Bedrohung der eigenen Person Körperliche und/oder psychische Bedrohung von Sozialpartnern: sozial motivierte Aggression Aversive Reize wie Lärm Reizüberflutung Deprivation, Unterforderung Mobbing Isolation Veränderungen im Rudel (Scheidung) Einschneidende Ereignisse (Unfälle)

Schauen wir uns ein paar dieser Stressoren genauer an. Eine der bedeutendsten Stressquellen beim Hund ist das Fehlen von sozialer Sicherheit und Zugehörigkeit. Die Zuwendung eines Sozialpartners setzt Oxytocin frei. Dieses Hormon ist ein wichtiger Gegenspieler von Cortisol, welches für die Entstehung von chronischem Stress mitverantwortlich ist. Insbesondere Tierheimhunde, die nicht Teil einer verbindlichen sozialen Gruppe sind, leiden unter Stress. Auch Beobachtungen an Hunden auf Pflegestellen zeigen, dass die Tiere den temporären Charakter ihres Aufenthaltes und die fehlende Verbindlichkeit wahrnehmen und mit entsprechenden, wenn auch subtileren Zeichen von Stress reagieren. Chronischer Stress beziehungsweise ein permanent erhöhter Cortisolspiegel bergen diverse gesundheitliche Risiken: Infektanfälligkeit, erschwerte Wundheilung, supprimiertes Immunsystem, Muskelabbau, Unsicherheit, Trennungsangst, Demenz, Destabilisierung von Gehirnstrukturen, Schlafstörungen et cetera.

Neurobiologisch gesprochen sind zwei Bahnen für eine Stressantwort verantwortlich: Einerseits steuern Neurotransmitter das vegetative Nervensystem (Sympathikus und Parasympathikus) an, wobei der Zustand der körperlichen Alarmbereitschaft dem Sympathikus zuzuordnen ist. Andererseits setzen Hormone die Hypothalamus-Hypophysen-Nebennierenrinden-Achse (englisch: hypothalamus-pituitary-adrenocortical, **HPA**) in Gang. Dieser Weg ist etwas langsamer, dafür ist die Stressreaktion umso nachhaltiger. Sie spielt bei chronischem Stress eine maßgebliche Rolle:

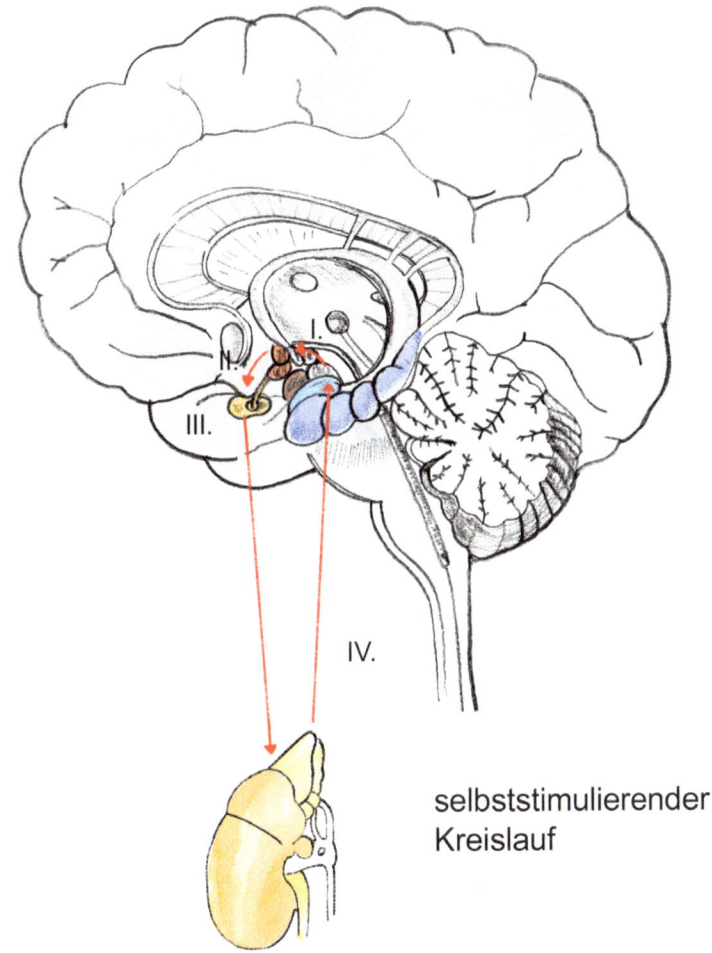

selbststimulierender
Kreislauf

I.   Amygdala aktiviert Hypothalamus
II. Der Hypothalamus schüttet CRH (Corticotropin-releasing-Hormon) aus.
III. CRH aktiviert die Hypophyse. Diese schüttet ACTH (adrenocorticotropes Hormon) aus.
IV. ACTH regt die Nebenniere an, diese schüttet Cortisol aus. Das Cortisol wiederum stimuliert die Amygdala, womit sich der Kreislauf selbst erhält.

Kontrollinstanzen, die das Cortisol regulieren, sind unter anderem Dopamin, Serotonin, Sexualhormone und der Hippocampus.

Bei manchen Tieren in suboptimalen Haltungsbedingungen lassen sich krankhafte, stereotype Verhaltensmuster beobachten. Die rhythmischen Bewegungen einer Stereotypie stimulieren einen Dopaminanstieg, der die unglücklichen Kreaturen einlullt und sie ihre traurige Realität irgendwie ertragen lässt. Ein anderer Weg, die Produktion von Dopamin anzuregen, der deutlich konstruktiver ist, führt über die erfolgreiche Bewältigung von Aufgaben: „[…] Erfolgserlebnisse erhöhen den Dopaminspiegel, und ein erhöhter Dopaminspiegel ist wiederum eine gute Vorbeugemaßnahme sowohl gegen Demenzerscheinungen als auch gegen die übermäßige Cortisolproduktion und den daraus resultierenden Stress" (Zitat Strodtbeck/Gansloßer 2016[3], S. 145).

Auch Sexualhormone beeinflussen die Auswirkungen des Cortisols, indem sie dessen Produktion flach halten. Gerade für Tierschutzhunde, die vorbehaltlos kastriert werden, ist der Ausfall dieser regulierenden Instanz doppelt gravierend: Das passive Stresssystem unter dem Befehl des Cortisols wird auch als das Kontrollverlustsystem bezeichnet (siehe erlernte Hilflosigkeit). Ein Tier, das sich nicht selbst aus einem Schlammassel befreien kann (Auffangstationen), kapituliert angesichts der unbefriedigenden Lebensumstände und verabschiedet sich in die Resignation respektive Depression. Der Arzt Hans Selye benannte diesen Vorgang als Anpassungssyndrom. Tierschutzhunde tragen zudem meist den Rucksack einer unschönen Vergangenheit mit sich, was die Vormachtstellung des Cortisols weiter beflügelt. Geben weder Sexualhormone noch Dopamin (Erfolgserlebnisse gehören in einem Shelter nicht zur Tagesordnung) Gegensteuer, gestaltet sich die Regulierung der Stressachse zunehmend hoffnungslos. Den vergessenen Wanderpokalen leistet auch keine tragende, sichere Bindung Hilfestellung, da es meist an einem dauerhaft verfügbaren und verlässlichen Sozialpartner fehlt. Stattdessen hat die Trennungsangst diese armen Socken mehr und mehr im Griff (ebd., S. 78 ff.).

Ein möglicher Ansatz, diese Abwärtsspirale zu stoppen, wäre zum Beispiel der Versuch, gerade Hunde aus dem Tierschutz anstatt zu kastrieren (entfernen der Hoden beziehungsweise Eierstöcke) lediglich zu sterilisieren (durchtrennen der Samen- beziehungsweise Eileiter). Dabei bleibt die Hormonproduktion intakt, dennoch ist die Zeugung von Nachwuchs nicht mehr zu befürchten. So oder so ist bei der Vermittlung von Tierschutzhunden besondere Sorgfalt im Hinblick auf den zukünftigen Halter gefordert. Nicht selten fokussiert sich die Praxis allerdings mehr auf die Quantität anstatt auf die Qualität der Vermittlungen. Ziel ist die „Rettung" möglichst vieler Hunde mit der Folge, dass das neue Zuhause und die angehenden Bezugspersonen nur ungenügend geprüft werden.

Eine weitere Stellgröße für die Cortisolaktivität ist der Hippocampus:

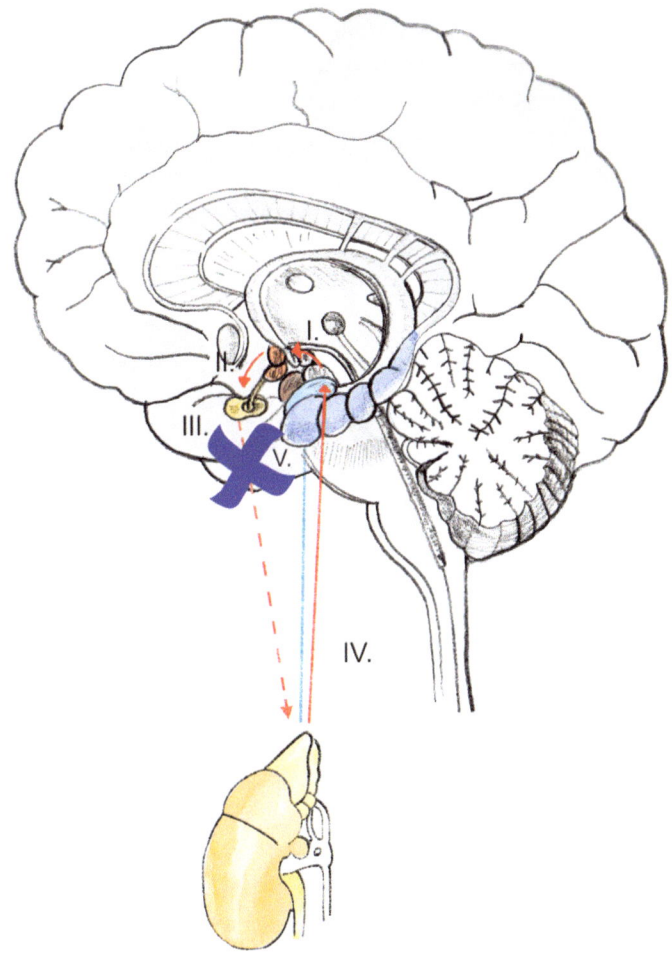

I.   Amygdala aktiviert Hypothalamus

II.   Der Hypothalamus schüttet CRH (Corticotropin-releasing-Hormon) aus.

III. CRH aktiviert die Hypophyse. Diese schüttet ACTH (adrenocorticotropes Hormon) aus.

IV. ACTH regt die Nebenniere an, diese schüttet Cortisol aus.

    a) Das Cortisol wiederum stimuliert die Amygdala, womit sich der Kreislauf selbst erhält und …

V.   b) das Cortisol aktiviert den Hippocampus, welcher die Ausschüttung von ACTH aus der Hypophyse hemmt. Der Kreislauf wird gebremst.

Dauerhafter Stress zerstört die Bremswirkung des Hippocampus unwiederbringlich. Insbesondere der Antrieb, die Motivation und die Neugier sind vom Abbau der Zellen betroffen. Was bleibt, ist eine pessimistische Grundstimmung. Mit der Zeit machen sich Regulationsstörungen bemerkbar. Dem Individuum fällt es zunehmend schwerer, mit Stress umzugehen.

Oxytocin, der Sozialkleber, wurde eingangs bereits als der Gegenspieler von Cortisol genannt. Da sowohl die Erziehung als auch die Beziehung Einfluss auf die Produktion von Oxytocin haben, greife ich dieses Thema nochmals auf: Oxytocin wird unter anderem bei Körperkontakt und gemeinsamen Aktivitäten freigesetzt. Erziehungsstile, die mit der Politik sparsamer Streichelbewirtschaftung agieren, stehen auf dem Schlauch, aus dem Oxytocin fließen sollte. Reguliert der Mensch durch das Zur-Schau-Stellen einer falsch verstandenen Dominanz, wann gestreichelt, gekuschelt und Kontakt aufgenommen wird, leidet sowohl die Selbstwirksamkeit des Hundes als auch die Beziehung zu seinem Halter. Es geht nicht darum, jeder Flause des Hundes nachgeben, das Tierchen totstreicheln oder sich 24 Stunden am Tag im Stand-by-Modus für seinen Vierbeiner parat halten zu müssen. Hier ist das Ausreizen beziehungsweise Missbrauchen der eigenen Position gegenüber einem Tier gemeint, das von sozialer Integration abhängig ist.

„Fehlt diese Zuwendung oder wird Vertrauen enttäuscht, entsteht ein Urmissvertrauen,
und der Umgang mit anderen und der Umwelt ist oft geprägt von Ängsten.
Man vertraut nur sich selbst und kämpft sich durch."
(Brensing 2018[4], S. 314)

Das Gefühl von Sicherheit und sozialer Wirksamkeit hängt eng damit zusammen, wie Bindungssignale beantwortet werden. Das bedeutet nicht, dass jeder Wunsch und jedes Bedürfnis unmittelbar erfüllt werden müssen. Ja, Bedürfnisse wollen gesehen respektive gehört werden, dennoch akzeptiert ein Hund mit einer gesunden Frusttoleranz ein wohlwollendes Nein. Die meisten Bedürfnisse lassen sich problemlos auch zu einem späteren Zeitpunkt noch erfüllen. Bleiben Sie authentisch: Sagen Sie Ja, wenn es das ist, was Sie fühlen, und sagen Sie Nein, wenn Sie Nein meinen. Wenn Sie nicht ehrlich kommunizieren, wie soll der Hund dann wissen, ob Sie wirklich aufrichtig sind, wenn Sie ihm zuflüstern: „Ja, bist ein ganz Guter."?

„Softe" Erziehungsmethoden nehmen für sich in Anspruch, den Hund allein mittels positiver Verstärkung zu erziehen. Dass Belohnung ohne Bestrafung nicht möglich ist, haben wir bereits gesehen. Diese Erziehungsformen distanzieren sich von Strafe, stattdessen ignorieren sie unerwünschtes Verhalten. Ignoranz beinhaltet soziale Signale der Ablehnung, von Mobbing, Isolation und Ausschlussverhalten. Wer Hunde wirklich versteht, weiß, dass diese Manipulationsmasse sozialer Ausgrenzung eine massive Bestrafung und einen gravierenden Stressor für Hunde darstellt.

Schauen wir uns weitere Ursachen von Stress an: Die im 16. Jahrhundert aufblühende, religiös untermauerte Leistungsethik des Puritanismus sowie die Industrialisierung im 18. Jahrhundert, welche nach Arbeitskräften verlangte, legten den natürlichen Rhythmus des Menschen in Ketten. Sie pflanzten den Samen einer lebensfeindlichen Leistungsgesellschaft. Wer nicht permanent gestresst und während 24 Stunden am Tag erreichbar ist, gilt als arbeitsscheu. Wer ein Ruhebedürfnis anmeldet, hat den Ruf, faul zu sein. Aus neurobiologischer Sicht ist diese Abwertung nicht okay, zum Ausbeuten hingegen eignet sie sich vorzüglich. Diese nicht artgerechte Haltung stülpen wir mehr oder weniger unbewusst auch unseren Hunden über. Der selige Schlaf von Stella wird bereits um 06:00 Uhr in der Früh jäh gestört, damit es noch zum Pinkeln reicht, bevor Frauchen ins Büro eilen muss. Und das ist erst der Anfang: Montagabend steht Agility mit Herrchen auf dem Plan, während es der Dienstag etwas ruhiger angehen lässt, da ist ein „Social Walk" mit Frauchen und der Plauschhundegruppe angesagt. Am Mittwoch ist ein Spielnachmittag mit den Kindern des Quartiers Programm, und am Donnerstag holt die älteste Tochter der Familie, eine Lehrerin, den Hund zu einem Tagesausflug ins Klassenzimmer ab. Jeweils am Freitag ist ein Aufenthalt im Hundehort gebucht, und samstags geht es mit der ganzen Familie auf große Einkaufstour. Der Sonntag steht ganz im Zeichen der Individualität: Jeder macht eben das, worauf er Lust hat, und Hundchen erledigt im Garten den Job, das Haus und die Familie zu bewachen ... Die Folgen eines Mangels an Ruhephasen beim heutigen Canis lupus familiaris werden gerne unterschätzt. Ähnliches gilt für die Flut an Umweltreizen. Ein Hund ist aufgrund seiner feinen Sinne nicht mit derselben Vielzahl an Reizen kompatibel wie der Homo sapiens. Der Thalamus zensiert alle eingehenden Reize, bevor diese zur Beantwortung weitergeleitet werden. Beratend stehen Amygdala und Teile des Großhirns zur Seite, doch die Entscheidung, wie die Reize abgefertigt werden, obliegt allein dem Thalamus. Störungen im Bereich dieses Filterprozesses sind uns als ADHS bekannt.

Was einem Tier zugemutet werden darf, bleibt individuell abzuschätzen und erfordert ein hohes Maß an Empathie. Die Lernumgebung und das Umfeld sind in jedem Fall der Persönlichkeit des Hundes anzupassen. Eine Desensibilisierung bei Reizen phobischer Natur (zum Beispiel Angst vor Gegenständen) ist möglich, Desensibilisierungsversuche bei aversiven Reizen (Schmerz, grelles Licht, quälendes Geräusch) hingegen sind reine Folter. Gerade die Geräuschprägung beziehungsweise Desensibilisierung auf Geräusche soll in einem vernünftigen Rahmen stattfinden. Hunde nehmen Geräusche viel lauter wahr als wir, weshalb lärmige Umgebungen nachhaltige Stressquellen für Hunde darstellen. Lärmbelastungen im Bereich von 65 Dezibel können auf Dauer das hündische Gehör schädigen. In Schweizer Haushalten liegt die zulässige Lautstärke für Staubsauger bei 80 Dezibel. Anhaltender Lärm nutzt die Sinneshaare ab, welche sich im Mittelohr respektive in der Ohrschnecke befinden. Eine akute Knallbelastung kommt einem Kahlschlag dieser Härchen gleich. Jene Frequenzen, die durch die zerstörten Sinneshaare verarbeitet wurden, können nicht mehr wahrgenommen werden. Dieser Prozess leistet der Taubheit im Alter Vorschub (vgl. Vaupel 2020[5]).

Weitere Stressquellen für unsere Haushunde sind Unterforderung und Langeweile. Damit ist gemeint, dass Talente, im Besonderen rassespezifische Talente, von unserer Gesellschaft nicht toleriert und entsprechend gedeckelt werden. Unterdrückte Begabungen begünstigen die Anfälligkeit für Verhaltensanomalien.

Sowohl Angst als auch Aggression kommen aus der Küche der Amygdala. Zutaten wie die Persönlichkeit, organische Probleme, Persönlichkeitsstörungen und/oder psychische Erkrankungen bestimmen, welches Verhalten ein Individuum beim Auftreten eines Stressors zeigt.

3.2 Aggression

Verhalten, dessen Absicht es ist, einen anderen zu schädigen,
wobei der andere diesen Schaden zu vermeiden versucht
(siehe auch Baron und Richardson, 1994, zitiert nach Mehl 2019[2]).

Ich stehe im Supermarkt vor dem Regal mit den Glühbirnen. Krampfhaft versuche ich mich an den Schraubsockeldurchmesser des Leuchtkörpers zu erinnern, der in meiner Schreibtischlampe kaputtgegangen ist. Zugegeben, ich stehe etwas ungebührend lang vor dem mit Angeboten überhäuften Gestell. Ein grimmiger Mann mit Schnurrbart und dem Taillenumfang eines Globus türmt sich mit verächtlich hochgezogener Oberlippe und feindselig zusammengekniffenen Augen vor mir auf. Um einer Eskalation auszuweichen, schiebe ich meinen Einkaufswagen zur Seite und gehe ein paar Schritte zurück, obwohl ich meine Wahl hinsichtlich der Glühbirne noch nicht getroffen habe.

Das ist Aggression. Der Fremde beanspruchte das Gestell mit den Leuchtartikeln für sich und argumentierte sehr überzeugend mit seiner beeindruckenden Körpermasse. Um einen Schaden zu vermeiden, wich ich zurück, denn diese Lokomotive von Mann hätte kaum gezögert, meinen Karren mit seiner Wampe zu rammen.

In subtiler Form ist Aggression omnipräsent und dient der Kommunikation. Sind wir nicht in der Lage, die Signale unserer Hunde zu lesen, sind die Vierbeiner genötigt, ihrem Verhalten eins draufzusetzen, um sich deutlicher Gehör zu verschaffen. Spontan denke ich an den unbeaufsichtigten und unbegleiteten Kontakt zwischen Kindern und Hunden. Reden Hunde mit den Kleinen Tacheles, werden sie nicht selten dafür bestraft, obwohl das Informieren über die eigenen Grenzen Sozialkompetenz bedeutet. Knurren und Drohen ist unerwünscht und wird von der Gesellschaft nicht mehr geduldet. Nicht selten hat das für den unverstandenen Hund düstere Folgen. Unsere in Bezug auf Caniden ungebildete Kultur beantwortet die hundesprachlichen Versuche, sich mitzuteilen, mit unfairen und für den Hund nicht nachvollziehbaren Konsequenzen. Je nach Rasse fallen diese fatal und unverhältnismäßig aus. In dieser Hinsicht besaß die Generation meiner Eltern und Großeltern mehr Vernunft und gesunden Menschenverstand als der heutige Zeitgeist: Als Kind konnte ich es nicht lassen, jeden dahergelaufenen Hund zu betatschen, obwohl meine Eltern mir das nachdrücklich untersagt hatten. Ich habe mich in dieser Hinsicht als ausgesprochen lernresistent erwiesen und hatte großes Glück, dass ich nie gebissen wurde. Wäre es aber dazu gekommen, hätten meine Erzieher – zu Recht! – ihrem „gepamperten Selbstbestimmerle" (Zitat Suzanne Profiler) gehörig den Marsch geblasen, anstatt das überrumpelte Tier zu beschuldigen.

Hunde, die nicht mehr kommunizieren, sind tickende Zeitbomben. Wenn sie es beispielsweise aufgrund aversiver Konsequenzen oder traumatischer Erfahrungen vermeiden, sich mitzuteilen, ist ein plötzlicher Wutausbruch als Versuch, die innere Spannung zu regulieren, nicht verwunderlich. Im Gegenteil: Er ist sogar früher oder später sehr wahrscheinlich. Auch dieses Verhalten quittiert der Mensch unwissend und wenig einfühlsam: „Das hat er ja noch nie gemacht!", ist der typische Begleitkommentar. Die Konsequenzen lassen einem schon mal das Herz bluten.

Die Definition der Aggression verlangt, dass „der andere diesen Schaden zu vermeiden versucht". Das heißt: Solange einer mitmacht, handelt es sich nicht um aggressives Verhalten. Bei Auseinandersetzungen zwischen Hunden ist immer das Verhalten beider Tiere zu analysieren. Verallgemeinernde Aussagen wie etwa: „Wer beschädigt, ist schuld." sind nicht haltbar. Leider ist dieser Tenor nicht nur bei selbst ernannten Profis, sondern auch in unserer Rechtsordnung zu vernehmen. Nie vergesse ich die Worte meines ehemaligen Chefs, eines väterlichen, gutherzigen Gerichtspräsidenten: „Recht, mein liebes Kind, ist nicht gleich Gerechtigkeit."

Es gibt verschiedene Ursachen für eine Aggression, nicht aber verschiedene Aggressionen (diese kann sich in heißer oder kalter Form zeigen, dazu später mehr). Auf der Suche nach dem Schlüssel zur Büchse der Pandora, der Aggression, entstanden verschiedene Erklärungsmodelle, wie zum Beispiel die Theorie aggressiver Hinweisreize von Berkowitz oder die Katharsistheorie von Freud und Lorenz. Die freudsche Triebtheorie (Katharsistheorie) darf getrost vergessen, wer seine Reputation behalten will. Sie ist definitiv widerlegt (vgl. Mehl 2019[2]).

Ein interessantes Aggressionsmodell jenseits von Frustration und Trieben stammt von Bandura:

Albert Bandura (1925) gilt als einer der führenden Psychologen der zweiten Hälfte des 20. Jahrhunderts. In der Aggressionsforschung stellte er die entscheidende Rolle des sozialen Lernens von aggressivem Verhalten in den Vordergrund. Seine wohl bekannteste Studie ist die 1963 durchgeführte „Bobo doll study", die zur Entwicklung der Theorie des Lernens am Modell führte. Bandura entwickelte Konzepte der Selbstwirksamkeitserwartung und der sozialkognitiven Lerntheorie.

Quelle: Wikipedia[6]

Die Hundewelt ist bei der operanten Konditionierung stehen geblieben, während Banduras „Lernen am Modell" bereits in den 60er-Jahren aufzeigen konnte, dass Lernen durch Beobachtung das Verhalten eines Individuums nachhaltig beeinflusst. Aggressives Verhalten kann somit durch das Vorbildverhalten einer Bezugsperson erlernt oder aber modifiziert werden. „Führen heißt Vorbild sein!" (Zitat Hüther 2018[7]). Es ist erwiesen, dass gewaltsame Inhalte und Interaktionen (Medien, Videospiele, Umgangsformen) die Bereitschaft zu aggressivem Verhalten deutlich erhöhen.

Das von Bandura durchgeführte „Bobo Doll Experiment" ist auch auf Youtube leicht nachzuverfolgen. Die „Social Learning Theory of Aggression" beweist sehr eindrücklich, wie unmittelbar Kinder das Verhalten eines als Vorbild fungierenden Versuchsleiters nachahmen. Die Studie rüttelt uns wach, uns der Verantwortung als Vorbild bewusst zu werden, und nötigt uns geradezu eine Reflexion unseres Verhaltens ab. Den durchschnittlichen Hundehalter nehme ich in seinem Auftreten vor allem unter seinesgleichen als aggressiv bis hin zu respektlos wahr. Was wohl der Hund lernt, wenn er dieses Verhalten beobachtet?

Ursachen für Aggressionen können unter anderem der Status, Territorien und Ressourcen, die Regulation von Distanz und Nähe sowie Sozialpartner sein. Ein so zentrales Bedürfnis wie soziale Zugehörigkeit treibt selbst den Menschen zu Handlungen, die mit der normalen Logik nicht zu erklären sind und sogar Zweifel an der Existenz eines freien Willens aufwerfen. Wer sich für diese Thematik interessiert, findet möglicherweise Gefallen an der Lektüre „Das Milgram-Experiment" von Stanley Milgram:

„Drei Viertel der Durchschnittsbevölkerung können durch eine pseudowissenschaftliche Autorität dazu gebracht werden, in bedingungslosem Gehorsam einen ihnen völlig unbekannten, unschuldigen Menschen zu quälen, zu foltern, ja, zu liquidieren. Dieses Ergebnis einer sorgfältig vorbereiteten und kontrollierten Testreihe löste in der Welt ungläubige Betroffenheit und auch erbitterte Proteste aus. In diesem Buch stellt Milgram die Voraussetzungen, Methoden, Resultate und Interpretationen seines berühmten Experiments umfassend dar."[8]

Aggression ist ein multifaktorielles Geschehen. Was und wie gelernt wird, ist nur eines von vielen beteiligten Zahnrädchen. Eine Therapie erfolgt nie ohne eine umfassende, ganzheitliche Diagnostik, da sich die Situation verschlechtern kann, wenn wir nicht wissen, was wir tun respektive was wir therapieren. Einer Aggression pauschal mit Zwangsmitteln zu begegnen, ist definitiv der falsche Ansatz. Aggression lässt sich nicht mit Aggression behandeln. Verhalten unterdrücken zu wollen, verstärkt das Problem ebenfalls: Aggressives Verhalten ist der Versuch – wenn auch ein ziemlich verzweifelter – ein Problem zu lösen. Das Abwürgen von Verhalten vernichtet die Strategie des Hundes, auf ein Problem zu antworten. Das Tier bekommt also ein Problem on top zum ursprünglichen Auslöser aufgebuckelt. Der Hund erlebt einen Vertrauensbruch, und damit verspielen wir einen unserer besten Trümpfe der Erziehung, nämlich eine sichere Bindung. Eine solide Beziehung, die von Respekt für das Tier geprägt ist, ist eine unabdingbare Voraussetzung für eine zuversichtliche Prognose bei der Behandlung von Aggressionen. Einen Raufer beispielsweise mit einem Maulkorb bestückt in eine „Anti-Mobbing-Gruppe" zu schubsen und ihn sich selbst zu überlassen, ist ein zuverlässiges Killerargument für eine tragfähige Beziehung, ohne die eine erfolgreiche Therapie Wunschdenken bleibt. Der Mensch nimmt sich aus der Pflicht, während der Hund zu parieren hat. Die vernichtende Botschaft an das Tier lautet: „Du bist nicht länger Teil des Sozialsystems, du bist nicht länger betreut, du bist auf dich allein gestellt." Der Hund wird in seiner Not resignieren, was der Mensch als Erfolg verbucht … ein brandgefährlicher Irrtum (vgl. Nijboer 2020[9]). Der vertrauensbildende Ansatz einer Therapie – der zweifelsohne Zeit und ein verantwortungsbewusstes Engagement des Hundeführers beansprucht – kann zum Beispiel so aussehen (vgl. HEB 2015[10]):

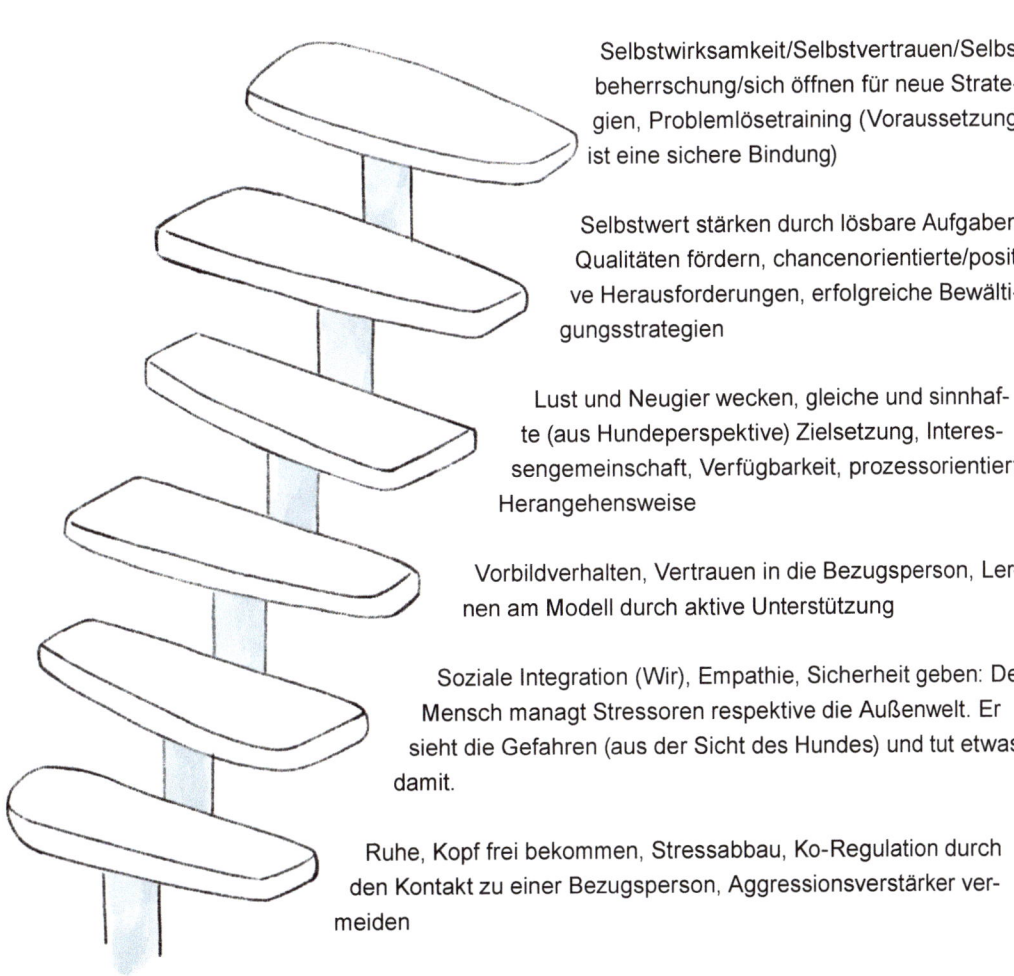

Selbstwirksamkeit/Selbstvertrauen/Selbstbeherrschung/sich öffnen für neue Strategien, Problemlösetraining (Voraussetzung ist eine sichere Bindung)

Selbstwert stärken durch lösbare Aufgaben, Qualitäten fördern, chancenorientierte/positive Herausforderungen, erfolgreiche Bewältigungsstrategien

Lust und Neugier wecken, gleiche und sinnhafte (aus Hundeperspektive) Zielsetzung, Interessengemeinschaft, Verfügbarkeit, prozessorientierte Herangehensweise

Vorbildverhalten, Vertrauen in die Bezugsperson, Lernen am Modell durch aktive Unterstützung

Soziale Integration (Wir), Empathie, Sicherheit geben: Der Mensch managt Stressoren respektive die Außenwelt. Er sieht die Gefahren (aus der Sicht des Hundes) und tut etwas damit.

Ruhe, Kopf frei bekommen, Stressabbau, Ko-Regulation durch den Kontakt zu einer Bezugsperson, Aggressionsverstärker vermeiden

Zeit ist eine wichtige Ressource bei der Arbeit mit Hunden, auch wenn dies ein Dorn im Fleische jedes gestressten, den schnellen Konsum gewohnten Menschen ist. Wenn Sie sich nachhaltige Erfolge wünschen, müssen Sie bereit sein zu investieren. Hunde, die aggressive Techniken gelernt haben, behalten die Möglichkeit, diese zu zeigen, ein Leben lang bei. Mit einem passenden Umweltmanagement können wir lediglich dafür sorgen, dass das Tier nicht in die Situation gerät, das problematische Verhalten reaktivieren zu müssen. Aggression ist kein Bedürfnis, sie ist aus der Not geboren. Bei einer nachhaltigen Behandlung von Aggression ist der primäre Ansatz nicht der, Verhalten zu unterdrücken, sondern der, ein Problem zu lösen, das zu aggressivem Verhalten geführt hat. Der Weg aus der Sackgasse führt über eine sichere Bindung und den Respekt vor der Kreatur. Aggression verlangt außerdem nach der Courage hinzusehen. Ich bin kein Freund der Modeströmung des positiven Denkens, das allem einen rosaroten Anstrich verleiht und die dunkle Seite der Dinge ignorant ausblendet. Es ist nicht zielführend, Wut aufhalten, verleugnen und deckeln zu wollen oder sie gar schönzureden. Sinnvoller ist – wie Eckart Tolle es sagt –, das Licht des Bewusstseins auf sie zu richten.

3.2.1 Tanz der Variablen I

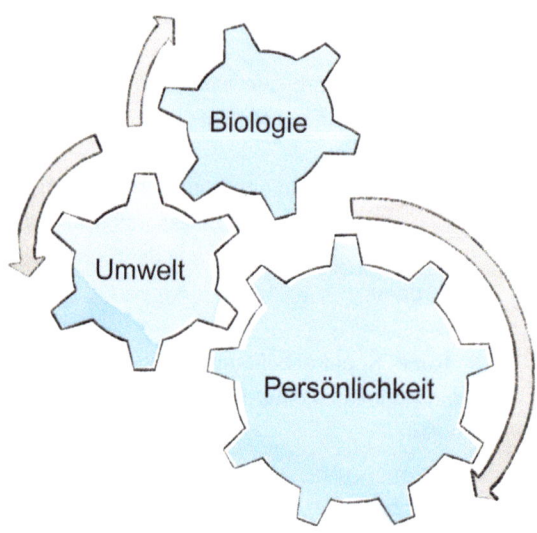

3.2.1.1 Wunderwerk zwischen zwei Ohren

Mögliche Faktoren, die zur Ausprägung aggressiven Verhaltens führen können, schauen wir uns im Folgenden an. Als Erstes befassen wir uns mit den Ursachen der Biologie, die das Verhalten mitbestimmen. Unser Agieren beziehungsweise Reagieren ist das Resultat elektrischer Signale, die aus einem Netzwerk von Gehirnstrukturen zusammengefasst werden. Es ist zum Beispiel nicht unsere rationale Entscheidung, einen Hund haben zu wollen. Wenn ich mir einen Hund wünsche, ist das eben so. Über Gefühl und Antrieb herrscht das limbische System. Das Großhirn hat lediglich die Kompetenz zu wählen, ob ich losziehe und mir einen Hund anschaffe, oder ob ich das in diesem Moment sein lasse und allenfalls auf einen besser passenden Zeitpunkt vertage. Die Ratio ist zweifelsohne ein wichtiger Mosaikstein in der cerebralen Landkarte, aber sie repräsentiert nicht das, was respektive wer wir sind.

Es geht also um elektrische Signale. Wie können wir aber nun Einfluss darauf nehmen? Schauen wir uns den Vorgang ein wenig genauer an:

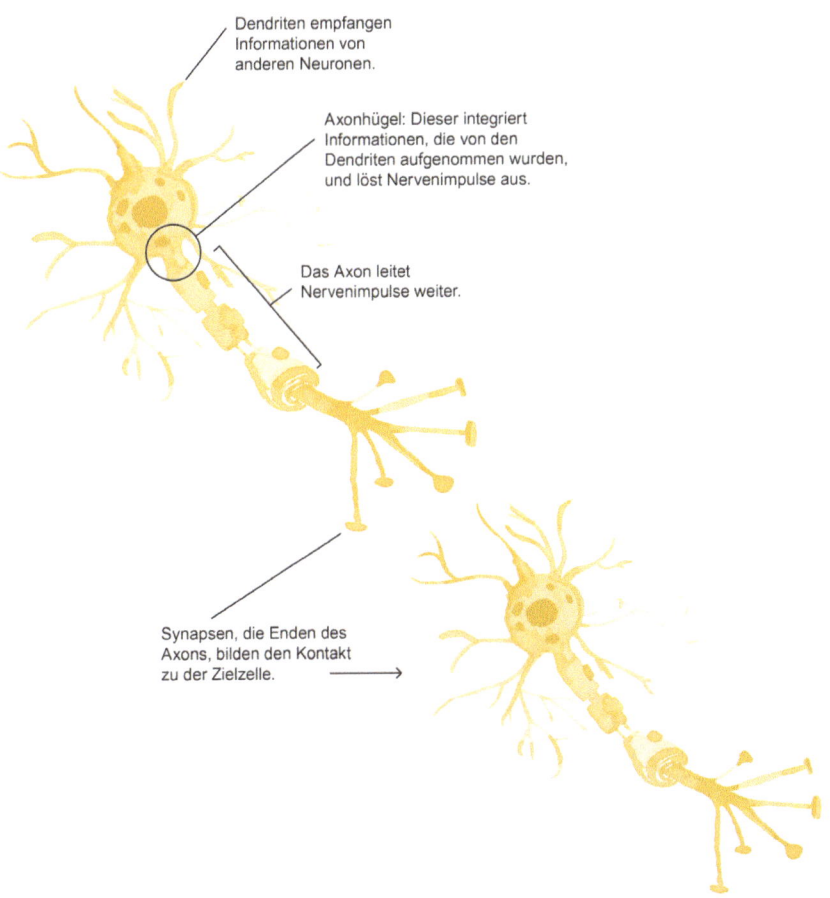

Dendriten empfangen Informationen von anderen Neuronen.

Axonhügel: Dieser integriert Informationen, die von den Dendriten aufgenommen wurden, und löst Nervenimpulse aus.

Das Axon leitet Nervenimpulse weiter.

Synapsen, die Enden des Axons, bilden den Kontakt zu der Zielzelle.

Eine Nervenzelle empfängt von anderen Nervenzellen sowohl Plus- als auch Minussignale. Der Axonhügel löst jedoch nur einen weiteren Impuls aus, wenn ein spezifischer Schwellenwert erreicht wird, der nach dem „Alles-oder-nichts-Prinzip" arbeitet:

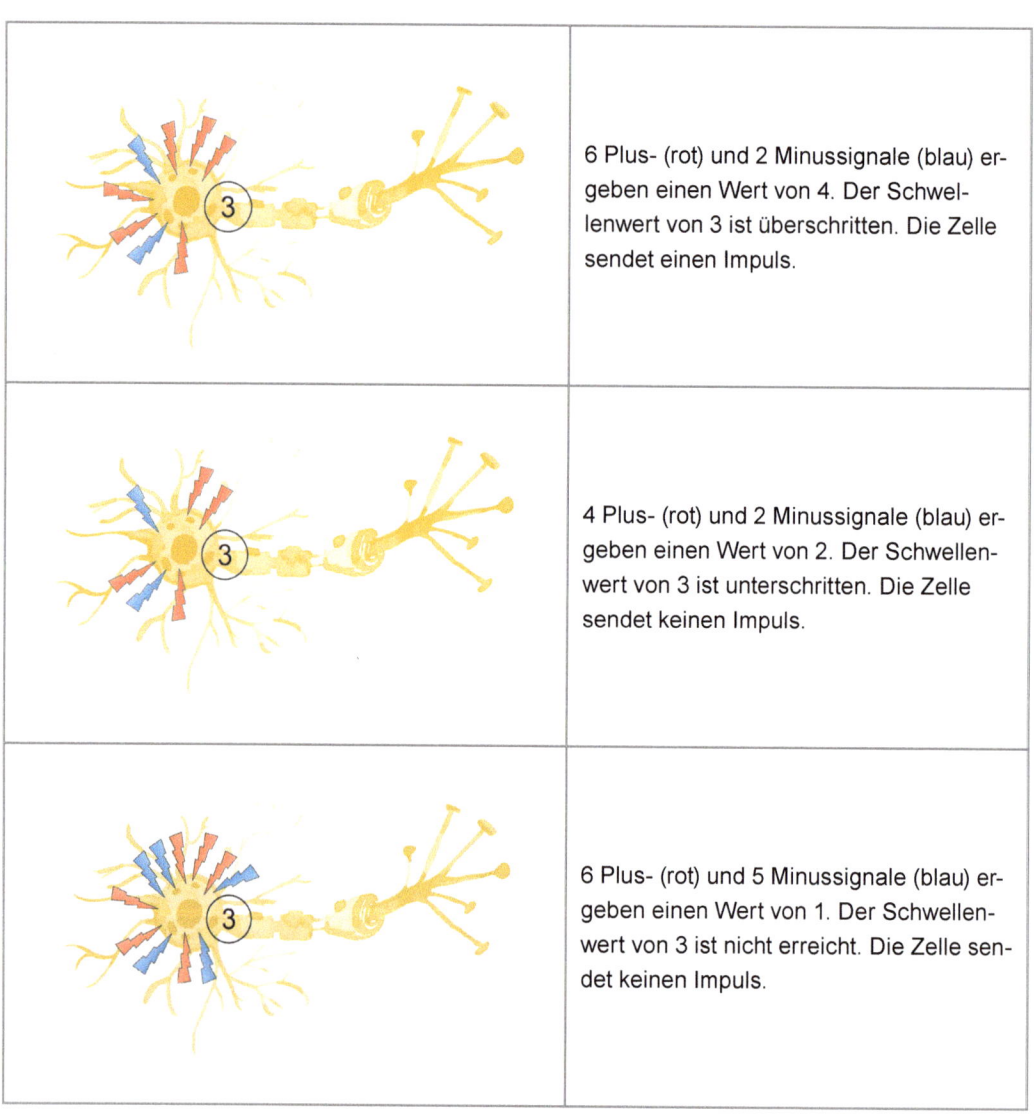

	6 Plus- (rot) und 2 Minussignale (blau) ergeben einen Wert von 4. Der Schwellenwert von 3 ist überschritten. Die Zelle sendet einen Impuls.
	4 Plus- (rot) und 2 Minussignale (blau) ergeben einen Wert von 2. Der Schwellenwert von 3 ist unterschritten. Die Zelle sendet keinen Impuls.
	6 Plus- (rot) und 5 Minussignale (blau) ergeben einen Wert von 1. Der Schwellenwert von 3 ist nicht erreicht. Die Zelle sendet keinen Impuls.

Nun zu einer praktischen Anwendung: Wenn wir in einer angespannten oder turbulenten Situation unseren Hund von dem stressbeladenen Schauplatz wegführen, nehmen wir Einfluss auf sein Verhalten, indem wir die Erregung (Plussignale) verringern. Möglicherweise ist der Hund aber auch in der Lage, die Herausforderung zu meistern, weil er gelernt hat, seine Impulse zu kontrollieren. Dieser Weg führt über eine Erhöhung der Hemmung (Minussignale). Impulskontrolle respektive Selbstbeherrschung sind erschöpfliche Ressourcen, die viel Energie in Form von ATP (Adenosintriphosphat) verbrauchen. Dabei ist die Leistung unseres Großrechners enorm komplex: Mit Hemmung allein ist es nicht getan. Wir benötigen zudem eine Instanz, welche die „Handbremse" nach erfolgreicher Arbeit auch wieder löst: „Eine Bremse, die die Bremse bremst", um es mit den eingängigen Worten von Robert Mehl zu umschreiben. Dieser Prozess verschlingt Unmengen an Energie, weshalb das Gehirn nur dann in die Impulskontrolle investiert, wenn es sich lohnt. Lohnen tut es sich dann, wenn die Hemmung das Individuum vor negativen Konsequenzen bewahrt, mit anderen Worten: Impulskontrolle lernen wir aus negativen Erfahrungen.

Die Energiereserven in Form von ATP erneuert der Organismus beim Schlafen, deshalb sind ausgedehnte Ruhephasen für die Stressverarbeitung, Frusttoleranz und Impulskontrolle ausgesprochen wichtig. Sie kennen das: Am Morgen stecken Sie den Ärger über die verspätete Straßenbahn flott weg, und auch die undiplomatische Bemerkung Ihres Kollegen während Ihrer Präsentation schlucken Sie noch tapfer runter. Die hochgezogene Augenbraue Ihrer Partnerin, mit der sie Ihre Verspätung zum Abendessen wortlos moniert, treibt Ihnen die ersten Schweißperlen auf die Stirn. Die Vorladung der Schulaufsicht, weil Ihr Sohnemann wieder mal ordentlich Mist gebaut hat, lässt Sie Ihre Fäuste in der Hosentasche ballen. Mit Ihrer Selbstbeherrschung harzt es zunehmends. Als dann auch noch der Goldhamster etwas zu gierig nach dem Leckerchen schnappt und dieses zugunsten Ihres Daumens verfehlt, platzt Ihnen der Kragen, und Sie brüllen lauthals durch die Wohnung. Ja, so was passiert, wenn sich das ATP im Laufe eines Tages allmählich erschöpft. Berücksichtigen wir also bei den Lerneinheiten für unsere Hunde deren Leistungskurven. Gehen Sie mit Ihrem Youngster nicht zu hart ins Gericht, wenn er Ihr Signal zwar viermal brav befolgt hat, ihm aber beim fünften Mal die Sicherungen durchbrennen und die Pferde mit ihm durchgehen. Kann es sein, dass Sie seine Anpassungsmöglichkeiten überstrapaziert oder nicht für genügend Ruhephasen gesorgt haben? Natürlich, Sie können Ihrem Wuschel das nicht einfach durchgehen lassen, Sie wollen ja nicht inkonsequent sein, oder? Geben Sie ein klares Statement ab („Hey, das war echt uncool!") und setzen Sie wohlwollend eine Grenze in dem Bewusstsein, dass Ihr Hund gerade einfach nicht parieren kann, und lassen Sie es gut sein.

Damit die Plus- und Minussignale reibungslos von der Präsynapse auf die Postsynapse übertragen werden, braucht es die sogenannten Neurotransmitter. Wir kennen zum Beispiel GABA, Serotonin, Dopamin und Adrenalin. Die Neurotransmitter modulieren die Intensität der Signalweiterleitung.

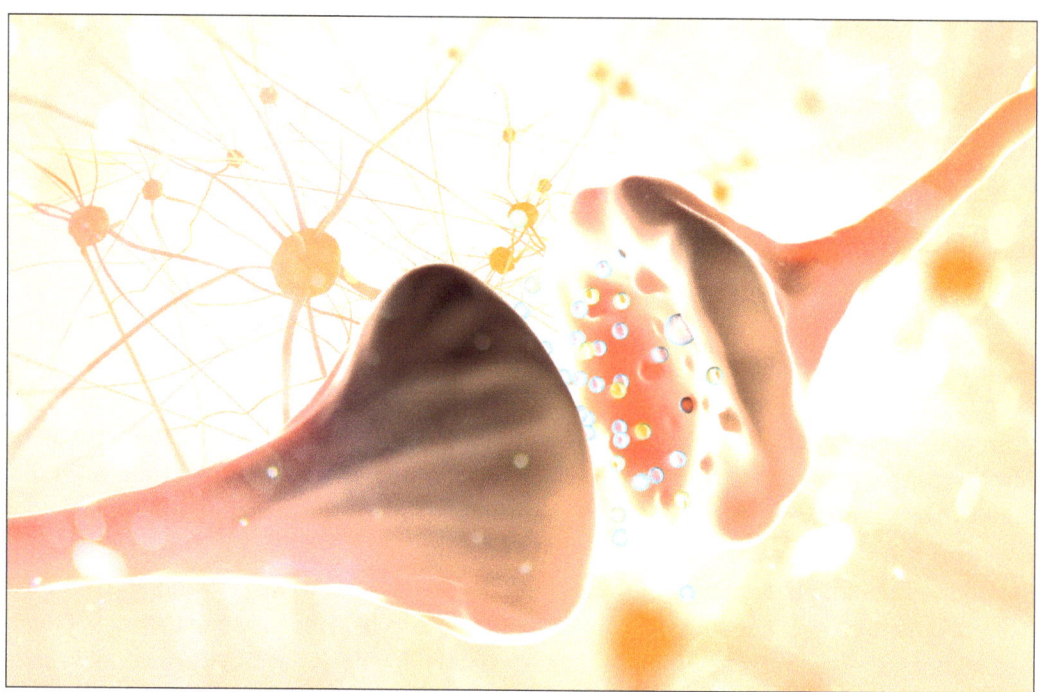

Aggressives Verhalten kann an Veränderungen beziehungsweise Störungen im Bereich dieser Neurotransmitter liegen. Infrage kommen unter anderem ein Neurotransmittermangel, Defekte im Bauplan der Neurotransmitter, fehlbesetzte Neurotransmitterrezeptoren, unpassende Rezeptoren, zu viel oder zu wenig Rezeptoren, zu viel oder zu wenig Enzyme et cetera. Nebst den neurologischen Strukturen und Neurotransmittern gibt es viele weitere biologische Faktoren, die das Verhalten beeinflussen, so zum Beispiel der Hormonstatus, chronische Schmerzen, Krankheiten und Hirnschäden. Wie Sie sehen, präsentiert sich diese Sache ganz schön kompliziert. Eine Behandlung der biologischen Komponente des Verhaltens (beispielsweise mit Psychopharmaka) gehört deshalb in die Hände sorgfältig geschulter Fachpersonen.

An Neurotransmittersystemen sind diverse Gene beteiligt. Die Gene liefern unter anderem die Pläne für den Bau von Proteinen und Synapsenstrukturen. Mit der Zucht greift der Mensch in diese Baupläne ein. Zucht verändert also nicht nur das Aussehen eines Hundetyps: „Was die Schönheitszucht von der Leistungszucht unterscheidet, ist, dass sie Porsche-Motoren mit Trabant-Bremsen züchtet." (Zitat Mehl). Sollbruchstellen in der Genetik nimmt die Hybris des Zuchtwesens zugunsten der Optik in Kauf. Unter Sollbruchstellen versteht man Veränderungen, die eine erhöhte Wahrscheinlichkeit für eine Störung des Verhaltens oder der Gesundheit zulassen.

Die Veränderung von Gehirnstrukturen führt beim Border zu einer Hypertrophie, die sich beim Fixieren und Anpirschen zeigt. Die motorische Bremse (Minussignale) dieser Rasse ist bei einigen Individuen so stark, dass diese nicht mehr selbst aus ihrer Hemmung herausfinden. Terrier hingegen verfügen über einen deutlich geringeren Fundus an Bremsbelag.

Veränderungen im Bereich des Orbitofrontalcortex führen dazu, dass Vertreter dieser Rassen schlecht aus Bestrafung lernen, was den Jäger natürlich freut: Wenn klein Idefix nach seinem Ausflug in den Fuchsbau mit effilierten Ohren, einer zerstückelten Nase und einem chirurgisch in die länge gezogenen Mundwinkel zurückkehrt, und er daraus lernen würde, müsste der Weidmann beim nächsten Jagdausflug wohl selber in den Bau von Meister Reineke robben. Interessant wäre das Studium der Amygdala des Golden Retrievers, der wenig Angst und Aggression zeigt, die Welt durch eine rosa Brille betrachtet und dazu neigt, die Drohgebärden seiner Artgenossen mit unbedeutenden Grimassen zu verwechseln.

Es gibt Rasseclubs, die sich dem Wohl und der Gesunderhaltung ihrer Rasse verschrieben haben. Bedauerlicherweise werden diese Bemühungen seitens eines Dachverbandes sabotiert, dem das Tierwohl weniger am Herzen zu liegen scheint, wie der Auszug aus einem Generalversammlungsprotokoll zeigt:

„Das Zuchtreglement wurde bereits an der GV 2017 von den Mitgliedern einstimmig angenommen. Leider hat die SKG das ZR des ... in der 2017 vorgelegten Form nicht genehmigt.

Unter anderem wollten der ... und seine Mitglieder, dass nur Hunde, die erblich von Ataxie frei (NCL-A clear) sind, zur Zucht zugelassen werden. Die SKG hat dies mit der Begründung zurückgewiesen, dass dies zu stark „zuchteinschränkend" sei und der Club gemäß ZR auch Trägerhunde zur Zucht zulassen müsse.

Es wird im Protokoll der GV 2018 ausdrücklich festgehalten, dass die Mitglieder des ... kein Verständnis für die Entscheidung der SKG haben und nach wie vor der Meinung sind, dass Hunde, die Träger von Ataxie (NCL-A Carrier) sind, nicht zur Zucht zugelassen werden sollten."[11]

Die SKG – ein Irrweg und ein moralisches Feigenblatt, welches versucht, fragwürdigen Zuchtzielen ein sauberes Image zu verpassen? Ist der Verein weniger ein Organ im Interesse des Hundes als vielmehr Lakai eines elitären Zirkels der Hundewelt? Anstatt die Hundewelt zu einen, glänzte der Verein meines Erachtens auch in der traurigen Debatte um die Listenhunde viel zu lange mit einem perfekten Manöver der Vogel-Strauß-Politik und hüllte sich in einen Mantel aus ignorantem Schweigen.

„Opfere eine Ziege und alles wird gut."
[Quelle nicht bekannt]

3.2.1.2 Home, sweet home

Die Umwelt und die Sippe, in die wir hineingeboren werden, und die Lebewesen, die unseren Weg begleiten, formen uns ebenso nachhaltig wie unsere Gene. Damit sind wir bei den Einflüssen aus der Umwelt angelangt. Der Ernährungszustand, das Familiensystem und die Erziehung sind einige der Umweltfaktoren, die ein Individuum respektive sein Verhalten beeinflussen. Natürlich gibt es noch viele weitere Größen wie zum Beispiel das Lernen, dessen Auswirkung uns hier besonders interessiert.

Es gibt verschiedene Möglichkeiten, auf ein Ereignis zu reagieren. Stellen wir uns diese Möglichkeiten als Straßennetz vor, erkennen wir Autobahnen, Hauptstraßen, Nebenstraßen, Feldwege und Trampelpfade. Je öfter eine Möglichkeit genutzt respektive ein Verhalten gezeigt wird, desto breiter ist logischerweise die Straße, die sich dabei ins Gehirn einfurcht. Die breiten Gehirnstraßen wiederum werden intensiver als Verhaltensmöglichkeit genutzt als schmale Wege. Das bedeutet: Was wir unseren Hunden beibringen und ihnen vorleben, vor allem aber, was wir tolerieren und was nicht, ist geradezu Hirnchirurgie. Wenn eine Straße zur Autobahn wird, bilden sich neue Synapsen. Verkümmert eine Straße zum Trampelpfad, sterben Synapsen. Synapsen sind die Verbindungen zwischen den Nervenzellen. Nicht alles kann durch Lernen beeinflusst werden, dennoch korreliert das, was unser Hund lernt, mit seinem Verhalten.

Interessant ist, dass einfache Formen des Lernens wie zum Beispiel Habituierung und klassische Konditionierung auch bei wirbellosen Tieren wie der Meeresschnecke Aplysia beobachtet werden, das heißt, sie erfordern kein Gehirn. Die verschiedenen Möglichkeiten komplexeren Lernens, seien es operante Konditionierung, Beobachtungslernen, Lernen aus Erfahrung (heiße Herdplatte) oder Lernen am Erfolg (Aggression bringt mich weiter) setzen nicht nur ein Gehirn voraus, nein, sie formen sogar unser Gehirn – und dieses wiederum formt unser Verhalten.

Traumata haben einen nachhaltigen Einfluss auf das Lernvermögen. Auch in Bezug auf Aggression und Angst verdient dieses Thema eine eingehendere Betrachtung (vgl. Mehl 2019[2]): Das Gehirn speichert eine Erfahrung zusammen mit den damit verbundenen Emotionen und dem Bezugsrahmen des Ereignisses als Gesamtpaket ab: Bevor ein Täter übergriffig wird, sendet er minimale Signale wie zum Beispiel eine typische Körperhaltung oder das Zucken der Nasenflügel. Registriert ein Traumaopfer solche Zeichen – selbst in einer vom Peiniger gänzlich losgelösten Situation – reicht das möglicherweise aus, um einen Wutausbruch zu triggern. Das Opfer durchlebt in diesem Moment dieselbe Qual wie während des realen Traumas, wobei sich all sein Schmerz und seine ganze Wut gegen die (neutrale) Quelle richten kann. Das nennt sich eine klassisch konditionierte emotionale Reaktion. Dies kann unter Umständen eine Ursache dafür sein, dass sich ein Hund plötzlich völlig grundlos wie ein Vollidiot benimmt. Der Blackbox-Charakter von Hunden aus dem Tierschutz ist in dieser Hinsicht nicht zu unterschätzen. Es gibt verschiedene Formen von Traumen, denen vielfältige Ursachen zugrunde liegen, so zum Beispiel das Beobachten oder Erleben von Gewalt und Tod, ein Unfall, Vernachlässigung, emotionale und soziale Deprivation, Ohnmacht, Kontrollverlust, Angst et cetera. Ob ein Ereignis traumatisierend ist oder eben nicht, entscheidet allein die persönliche Wahrnehmung und die subjektive Bewertung. Die Folgen eines Traumas haben zahllose Gesichter. Eventuell zeigen sie sich durch erhöhte Schreckhaftigkeit, Reizbarkeit, Wutausbrüche, Konzentrationsschwäche, Rhythmusstörungen (Wach-Schlaf-Rhythmus), Meideverhalten, Depression, Panik, Phobien, generalisierte Angststörung, Stereotypien und Zwangsstörungen, Aggressionen, Autoimmunerkrankungen, metabolische Imbalancen oder die Beeinträchtigung sozialer und emotionaler Interaktionen. Bei traumatisch bedingtem Verhalten reißt die Amygdala (Überlebensprogramm) das Ruder an sich, während die Leistungen des präfrontalen Cortex und somit der rationalen Kontrolle in die Bredouille geraten.

Ein Traumaopfer verlangt nach einer stabilen sozialen Bezugsperson und einem sicheren Zuhause. Die Bewältigung eines Traumas erfordert individuelle Unterstützung und kann beispielsweise einen Rückzugsort, die Verfügbarkeit von Ressourcen, Beziehungsarbeit, den Aufbau von Impulskontrolle und Frusttoleranz, fokussierte Aufgaben, Erlernen von Alternativverhalten, Entspannung – physisch und mental (zum Beispiel durch das Tragen eines Gegenstandes) – sowie Körpertherapie umfassen.

Eine Therapie ist meist ein langer Weg, der sowohl für das Tier als auch für seinen Halter belastend sein kann. Eine professionelle Begleitung ist geradezu zwingend, da eine fehlerhafte Behandlung das Trauma verschlimmern kann.

3.2.1.3 Zeig mir deine Welt

Ob, wie und in welcher Situation aggressives Verhalten gezeigt wird, steht in engem Zusammenhang mit der Persönlichkeitsstruktur. Ein empathischer Hundehalter kennt und versteht die Beweggründe seines Tieres und managt stressbeladene Situationen vorausschauend. Die Fähigkeit zu erkennen, wo, wie und wann sich ein Individuum auf das Angebot einer alternativen Strategie einlassen kann, und es genau an diesem Punkt abzuholen, macht eine gute Führungsperson aus. Es ist entscheidend, die Einzigartigkeit seines Hundes sehen zu können, deshalb befassen wir uns in diesem Kapitel mit dem Thema Persönlichkeit.

Lernen ist ein sehr individueller Vorgang. Ja, *Lernerfahrungen aktivieren sogar unsere Gene.* Bei der Gestaltung der Erziehung ist es von Vorteil, auf die Persönlichkeit unseres Hundes einzugehen. Im folgenden stelle ich Ihnen zwei Systeme vor, das BAS und das BIS.

Bereits der Arzt Galenos von Pergamon (ca. 130–200) suchte nach einem System, welches persönliche Eigenschaften im Bereich des Temperaments ordnen sollte. Er bemühte die Lehre Hippokrates (460–377 v. Chr.), wonach die Gesundheit auf der Balance der vier Körpersäfte beruht:

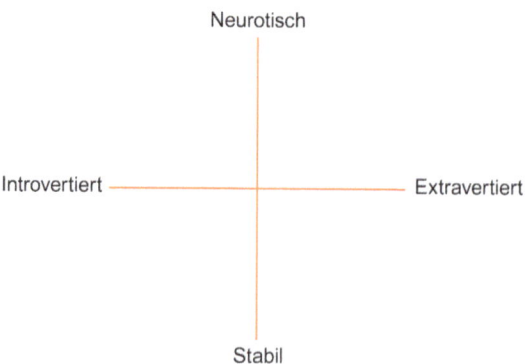

Melancholisch · Cholerisch
Phlegmatisch · Sanguinisch

Hans Eysenck (1916–1997) erarbeitete das zweidimensionale Modell mit den beiden Polen Extraversion und Neurotizismus. Dieses basiert auf der Vermutung unterschiedlicher Aktivierungsschwellen des ARAS (aufsteigendes retikuläres Aktivierungssystem) bei Introvertierten und Extravertierten (vgl. Asendorpf 2018[12], S. 34 ff.):

Neurotisch

Introvertiert ——————— Extravertiert

Stabil

Für uns interessant ist das psychobiologische Modell von Jeffrey Alan Gray (1982), das von zwei Emotionssystemen ausgeht, dem Behavioral Inhibition System und dem Behavioral Approach System. In der Landschaft der verschiedenen Modelle befindet sich das Emotionssystem grafisch gesehen hier (45° Achsenabweichung zum Modell von Eysenck):

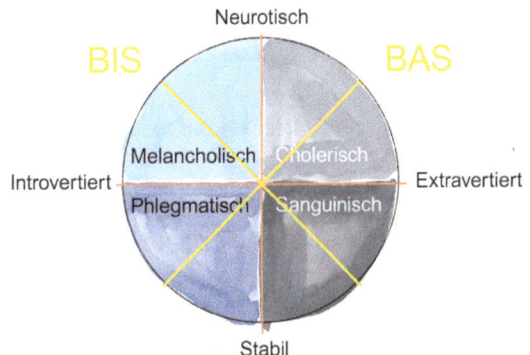

1999 beschrieben Depue und Collins die Temperamentsprofile mittels unterschiedlicher neurochemischer Systeme, welche durch die Neurotransmitter Dopamin (Extraversion), Noradrenalin (Neurotizismus) und Serotonin (Kontrolliertheit) charakterisiert werden. An dieser Stelle beschäftigen wir uns aber lediglich mit dem **B**ehavioral **I**nhibition **S**ystem und dem **B**ehavioral **A**pproach **S**ystem.

3.2.1.3.1 Das Emotionssystem BAS (Behavioral Approach System)

Das **B**ehavioral **I**nhibition **S**ystem und das **B**ehavioral **A**pproach **S**ystem wollen bezüglich des Lernens unterschiedlich bedient werden. Die Systeme BAS und BIS beleuchten die Sensitivität eines Individuums gegenüber Belohnung respektive Bestrafung. Das **B**ehavioral **A**pproach **S**ystem korreliert mit positivem Affekt, Freude, Genuss und Zufriedenheit. Es reagiert auf Hinweise, die Belohnung und Straffreiheit ankündigen (vgl. Hartig 2003[13]):

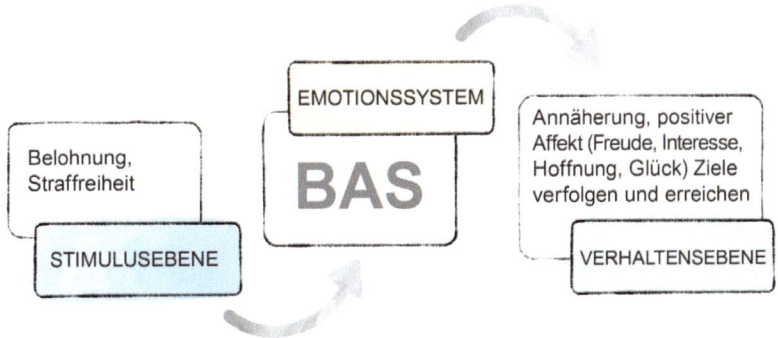

Das heißt, dass das **B**ehavioral **A**pproach **S**ystem

- gut auf positive Verstärker (zum Beispiel soziale Anerkennung und soziale Interaktionen) anspricht
- und weniger zielführend auf Bestrafung reagiert

Hunde, die tendenziell dem **B**ehavioral **A**pproach **S**ystem zuzuordnen sind, finden wir unter den Terriern und manchen Listenhunden. Traurigerweise postuliert die Mehrheit der Hundetrainer ausgerechnet bei diesen Rassen die harte Tour und setzt auf eine Politik des Strafens. Da gerade diese Hunde nun mal ungenügend aus Bestrafung lernen, müssten Erfolg versprechende Interventionen dermaßen stark sein, dass sie sich traumatisierend auswirken können.

Behavioral **A**pproach **S**ystem Typen brauchen Menschen mit viel Empathie und sozialer Kompetenz. Gefragt sind die Fähigkeit der emotionalen Abgrenzung, Geduld, das Generieren von Lösungen (Win-win), Verlässlichkeit, Berechenbarkeit, Struktur und Sicherheit. Der Hundehalter reguliert das Verhalten über soziale Einflussnahme. Er weiß sich wohlwollend durchzusetzen und verfügt über Integrität und Stehvermögen, denn der **BAS**-Hund wird testen, wie wankelmütig ein Nein der Bezugsperson daherkommt. Er wird nicht aufhören zu fragen, wer Sie sind. Beziehungsgestaltung, soziale Verstärker wie Nähe und Geborgenheit und soziopositives Verhalten nach Konflikten bilden eine vielversprechende Basis für die Arbeit mit **BAS**-Typen (vgl. Mehl 2018[1]).

3.2.1.3.2 Das Emotionssystem BIS (Behavioral Inhibition System)

Während das **B**ehavioral **A**pproach **S**ystem eine höhere Sensitivität gegenüber Belohnungen zeigt, reagiert das **B**ehavioral **I**nhibition **S**ystem mit einer höheren Sensitivität gegenüber Strafreizen. Das **BIS** wird assoziiert mit Angst, Nervosität, Traurigkeit und Frustration, der Hemmung von Verhalten, einer erhöhten physiologischen Aktivierung und einer gesteigerten Aufmerksamkeit gegenüber der Umwelt (vgl. Hartig 2003[13]).

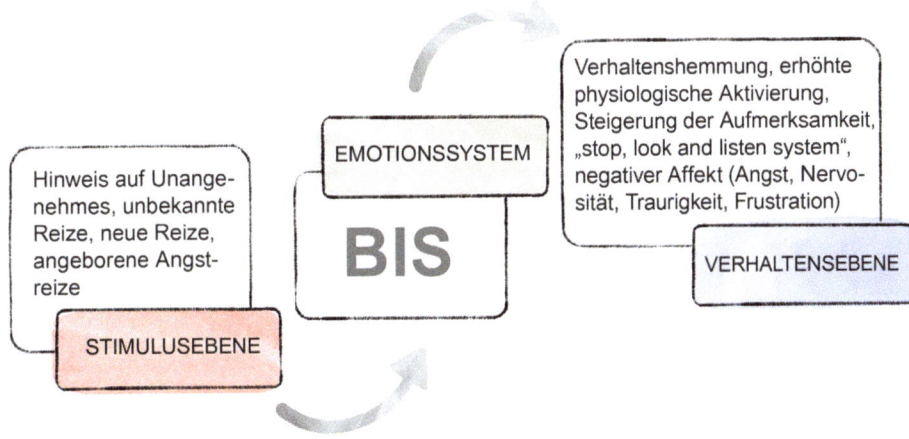

Das heißt, dass das **B**ehavioral **I**nhibition **S**ystem

- verstärkt auf unangenehme oder unbekannte Reize reagiert
- weniger sensitiv auf positive Belohnung anspricht

Unschwer erkennen wir den Border als einer der Vertreter des **BIS**. Nun, gerade der Border wird mit Vorliebe über den Clicker erzogen: Click – Belohnung. Schade, denn das Belohnungssystem korrespondiert wenig mit dem Persönlichkeitstyp des Borders. Das **BIS** findet sich in klaren Strukturen und Rückmeldungen besser zurecht als im haltlosen Sumpf einseitiger und ausschließlicher Belohnung positiven Verhaltens. Nichts für ungut, aber es scheint einiges schiefzulaufen in der Welt der Hunde.

Es kann von Vorteil sein, einen Hundeerziehungsberater zu wählen, der mit Ihrer Rasse vertraut ist. Je mehr die Persönlichkeit unserer Schützlinge berücksichtigt wird, umso erfolgreicher ist die Arbeit. Erziehung sollte individualisiert durchgeführt werden (vgl. Asendorpf 2018[12], S. 11 ff.).

3.2.1.3.3 Wer bist du?

> Persönlichkeit ist die nicht pathologische Individualität
> in körperlicher Erscheinung, Verhalten und Erleben im Vergleich
> zu einer Referenzpopulation gleichen Alters und gleicher Kultur (ebd., S. 10).

Aggression und Angst haben eine starke Persönlichkeitskomponente. Um eine Persönlichkeit zu erfassen, arbeitet die Humanpsychologie im germanischen Sprachraum unter anderem mit dem Modell „Big Five", bei dem eine Vielzahl von Persönlichkeitsmerkmalen in fünf Hauptaspekten zusammengefasst wurde. Für das Tier wird an einem ähnlichen Modell geforscht, allerdings basiert dieses auf nur vier übergeordneten Merkmalen (Dog Personality Questionaire, A.C. Jones).

Neurotizismus

| selbstsicher, ruhig | emotional, schwingungsfähig |

Extraversion

| zurückhaltend, reserviert | gesellig |

Offenheit für Erfahrungen

| konservativ, vorsichtig | neugierig, kreativ |

Gewissenhaftigkeit

| unbekümmert, rebellisch | organisiert, angepasst |

Verträglichkeit

| wettbewerbsorientiert, misstrauisch | kooperativ, freundlich, mitfühlend |

Mögliches Persönlichkeitsprofil der Humanpsychologie basierend auf den „Big Five"

Ein Persönlichkeitsmodell dient der Anwendung *außerhalb* von problematischem Verhalten. Insofern stelle ich infrage, wie weit Wesenstests unter Stress und unnatürlichen Bedingungen einem Hund bei der Beurteilung von dessen Persönlichkeit gerecht werden. Zudem gibt es Kriterien, denen ein seriöses psychologisches Persönlichkeitskonzept standhalten muss:

- Es soll explizit sein, das heißt, die Maßstäbe sind eindeutig und klar definiert und werden identisch verwendet. Konkret bedeutet das, dass verschiedene Richter unabhängig voneinander dasselbe Testergebnis erlangen sollten.
- Das Exposé ist widerspruchsfrei, vollständig und anwendbar.
- Der Test ist validiert (der Test misst, was er vorgibt zu messen).
- Das Ergebnis ist empirisch verankert und messbar.
- Das Programm misst *zeitlich stabile* Eigenschaften (diese Voraussetzung verlangt repetitive Überprüfungen). Identische Messwerte bei einer Wiederholung schließen Messfehler aus.
- Die Daten werden in Bezug auf eine Referenzpopulation erschlossen (Referenzgruppe gleichen Alters und gleicher Kultur beziehungsweise Rasse, Gleiches ist mit Gleichem zu vergleichen. Das gestaltet sich beim Genpool unserer Haushunde mitunter problematisch.).
- Pathologische Merkmale sind auszuschließen.
- Sowohl die Durchführung als auch die Auswertung sowie die Interpretation müssen Objektivität gewährleisten.

Wesenstests erfüllen diese wissenschaftlichen Paradigmen nicht. Die Gefahr von Fehlschlüssen macht die Alltagspsychologie in solchen Begutachtungssituationen unbrauchbar. Unpräzise Anforderungen an die Beobachtungsbedingungen und die Tendenz, von einem einmaligen Verhalten auf eine Persönlichkeitseigenschaft zu schließen (Zirkelschluss), sind nur gerade mal zwei mögliche Stolpersteine in einem Test, der meist gravierende Folgen nach sich zieht.

„Die mangelnde Explizitheit und die unzureichende empirische Verankerung des alltagspsychologischen Eigenschaftsbegriffs erschweren einen Test, weil jede beliebige Aussage durch passende Modifikation der Erklärung gegen eine Widerlegung immunisiert werden kann."

(ebd., S. 8)

Die gottgleiche Arroganz pseudopsychologischer Tests kann für einen Hund tödlich und für den Halter traumatisierend enden. Ein vom Halter unabhängiger Test ergibt wenig Sinn und widerspricht außerdem sowohl der Tierschutzverordnung als auch kantonalen Hundegesetzen. Gemäß Abs. 2 § 5b HuG/AG sind Hundehaltende verpflichtet, ihren Hund jederzeit unter ihrer Aufsicht und Kontrolle zu halten. Den Interpretationsspielraum von Gesetzestexten klammern wir an dieser Stelle aus. Dass das Verhalten eines Tieres eingehend mit seiner Bezugsperson gekoppelt ist, ist ein offenes Geheimnis. Als Dilemma erweist sich allerdings die Tatsache, dass ein Ergebnis, welches ein Hundebesitzer abliefert, der unter Todesangst um seinen Gefährten agiert und dessen Nerven schief wie ein abgetakeltes Schiff im Wind hängen, wenig repräsentativ ausfallen kann. Wesenstests bewegen sich zweifelsohne auf schwierigem Terrain.

Dass auch gegenüber Hunden, die – aus welchen Gründen auch immer – abgeklärt werden müssen, eine empathische, respektvolle und tierschutzkonforme Grundhaltung und Behandlung geboten ist, erscheint selbstverständlich. Was als tierschutzkonform gilt, legt das Gesetz unter anderem wie folgt fest:

- Es ist verboten, Hunde absichtlich zu reizen (Abs. 2 § 10b HuV/AG).
- Es ist verboten, aggressives Verhalten beim Hund zu provozieren (Art. 36 Abs. 1 HHG/FR).
- [...] mit ihnen so umzugehen, dass ihre Anpassungsfähigkeit nicht überfordert wird (Kapitel 2 Abs. 1 Art. 3 TSchV).
- Das [...] unnötige Überanstrengen von Tieren ist verboten (Kapitel 2 Abs. 3 Art. 16 TSchV).
- et cetera

Dem entgegen stellte eine Berufskollegin wiederholt fest, dass Hunde traumatisiert aus den Tests entlassen wurden. Die Tiere verweigerten mehrere Tage das Fressen und verhielten sich apathisch. Einer der Hunde ließ nach dem amtlichen Test zwei Tage lang niemanden mehr – auch nicht seine Bezugsperson – an sich heran. Interessant ist, dass es bei diesen Tests Usus war, Begleitpersonen für die Dauer der Prüfungen des Platzes zu verweisen. In mindestens einem Fall befand sich eine nicht neutrale Person unter den Examinatoren. Bei einer Abklärung, die mir persönlich äußerst fragwürdig erscheint, wurden Zusatztests angeordnet, da die reguläre Überprüfung des Hundes keine Auffälligkeiten ergab. Sogar die Verfügung, die nach dem ordnungsgemäßen Test erlassen wurde, attestierte dem Team eine gute Bindung und hielt fest, dass der Hund in vielen Situationen gut geführt wurde. Diese Beurteilung impliziert einen erfolgreichen Verlauf der Prüfung. Um einem Begriffswirrwarr vorzubeugen, sei an dieser Stelle dem nächsten Kapitel vorgegriffen: Eine „gute Bindung" an sich gibt es nicht (eine Bindung ist sicher, unsicher/vermeidend, unsicher/ambivalent oder desorganisiert). Das wirft nicht unbedingt ein vorteilhaftes Licht auf die Fachperson, die diesen Wortlaut verfasst hat. Widmen wir uns wieder dem Wesenstest: Mit der Begründung: „Das ist nicht das, was wir sehen wollten.", wurde dem Hund eine weitere Bewährungsprobe auferlegt. Die Examinatoren wiesen den Hundehalter an, sich außer Sicht- und Reichweite seines Tieres zu begeben. Durch diese Aktion war der Rüde sichtlich verunsichert und winselte. Nach der Durchführung der erweiterten Abklärung nahm der Besitzer einen speichelnden, überforderten und zitternden Hund in Empfang. Das Fazit der Experten lautete: „Jetzt haben wir gesehen, was wir sehen wollten." Der Test, welcher das Tier in einen desolaten Zustand versetzte, wurde von der prüfenden Instanz weder mit Ton- noch mit Bildaufnahmen dokumentiert.

Den desaströsen Ablauf dieser Wesenstests unterbreitete meine Bekannte einem Rechtsdienst. Der Einblick in einen Auszug aus dessen Antwortschreiben untermalt die Zweifelhaftigkeit solcher Überprüfungen:

„Ganz allgemein möchte ich zunächst betonen, dass uns bewusst ist, dass die Wesenstests kantonal sehr unterschiedlich gehandhabt werden und in ihrer Durchführung teilweise fraglich sind.

Ob dabei allgemeine öffentlich-rechtliche Grundsätze, insbesondere jene der Verhältnismäßigkeit, der Verfahrensfairness und der Parteirechte der verfahrensbeteiligten Personen, tatsächlich gewahrt werden, erscheint auch uns mitunter fraglich.

Zumindest ist die Tatsache, dass die Tests nicht sauber dokumentiert werden (Bild- und Tonaufnahmen, leserliche Protokolle), aus unserer Sicht bedenklich.

[…] Wir können daher den betreffenden Personen nur empfehlen, den allgemeinen rechtlichen Verfahrensweg im Einzelfall zu beschreiten und entsprechende Verfügungen […] anzufechten.“

Dass eine Abklärung mit solch weitreichenden Konsequenzen wie die eines Wesenstests von der Qualität der Person abhängt, welche die Überprüfung durchführt, ist unbefriedigend bis bedenklich. „Natürlich hat jeder von uns Vorurteile, wir sind Menschen. Aber wir sollten nicht nach unseren Vorurteilen handeln." (Zitat Mehl) Wer sich für die Aufgabe als Experte berufen fühlt, verfügt idealerweise über ein überdurchschnittliches Wissen, Empathie, Weisheit und Sozialkompetenz und ist fit, hohen Anforderungen standzuhalten. Profilierungssucht und Machtgelüste hat eine solche Person hinter sich gelassen. Andere zu richten, bringt die Last und Bürde großer Verantwortung mit sich.

Das Protokoll eines Wesenstests darf sich neuen Erkenntnissen der Forschung nicht verschließen. Eine gesunde, wachsame Skepsis gegenüber nicht validierten Methoden ist angebracht: Ergebnisse sind von dem Instrument abhängig, mit dem sie ermittelt wurden. Dass veraltete Tests falsche Daten liefern, machte beispielsweise der Flynn-Effekt sichtbar: Aufgrund nicht zeitgemäßer Parameter wurden immer mehr Legastheniker entdeckt, an denen Psychologen und Logopäden gutes Geld verdienten. Mit dem Hamburg-Wechsler-Test (1983) wurde diese Problematik korrigiert (vgl. Asendorpf 2018[14], S. 173). Eine Hundeszene, die ihr Augenmerk auf das Wohl von Mensch und Tier richtet, zeigt sich Verbesserungen gegenüber aufgeschlossen.

Ein Muss für Wesensrichter und all jene, die mit auffälligen Hunden arbeiten, ist die Selbstreflexion in Bezug auf folgende Fragen: Habe ich ein Problem mit Aggression? Kann ich Aggression ertragen? Kann ich Aggression aushalten? Bleibe ich gelassen? Kann ich Ruhe bewahren? Wie steht es in meiner Biografie mit dem Thema Aggression? Kann ich mit Aggression umgehen? Nehme ich Aggression persönlich? Was macht Aggression mit mir? Es darf nicht sein, dass Hunde als Projektionsflächen für unverarbeitete persönliche Baustellen herhalten müssen und zu Unrecht stigmatisiert werden.

Ebenso zweifelhaft wie der Wesenstest ist die Rasseliste. „GENETIK IST KEINE VERLÄSSLICHE DISPOSITION FÜR DAS ZU ERWARTENDE VERHALTEN [zum Beispiel Aggressivität]" (Zitat Mehl).

> *„Verhalten als solches wird zweifellos nicht vererbt – was vererbt wird, ist die DNA. Verhaltensäußerungen basieren aber letztlich auf neuronalen Verschaltungen, und diese sind hinsichtlich ihrer Entwicklung, Aufrechterhaltung und Regulation von Proteinen abhängig. Die Struktur der Proteine ist in der DNA-Sequenz, in den Genen, verschlüsselt. Verhalten entsteht schrittweise als Ergebnis des profunden Einflusses externer Faktoren auf die sich entwickelnden neuronalen Schaltkreise. Diese prägende Beeinflussung beginnt bereits in utero, und nach der Geburt gewinnen äußere Einflüsse immer mehr an Gewicht."*
> (Kandel/Schwartz/Jessell 1996[15], S. 565)

Wie Zwillingsstudien zeigen, lässt sich Persönlichkeit nicht allein anhand von Genen erklären. 1977 konnte Robert R. Plomin die wechselseitige Abhängigkeit beziehungsweise die dynamische Interaktion zwischen genetischen Faktoren und Umwelteinflüssen aufzeigen. „Persönlichkeit gibt es nicht außerhalb von Beziehungen und Umweltreizen." (Zitat Mehl) Die Umwelt eines Individuums dirigiert, in welcher Variation (Allel) ein Gen ausgelesen wird. Das Fachgebiet, welches sich mit dieser Thematik befasst, nennt sich Epigenetik. Beispielsweise übt der prä- und perinatale Stress eines Muttertieres nachhaltigen Einfluss auf die HPA-Achse (Hypothalamus-Hypophysen-Nebennierenrinden-Achse, englisch: hypothalamus-pituitary-adrenocortical, siehe Abschnitt 3.1) der Nachkommen aus. Ein Experiment an Ratten machte die Auswirkungen von mütterlichem Fürsorgeverhalten auf mehr als 300 Gene im Gehirn der Nagerbabys deutlich. Unter anderem aktiviert die Zuwendung der Mutter das Gen für den Glucocorticoid-Rezeptor, welcher beim Thema Stressbewältigung eine wichtige Rolle spielt [Aktivierung eines Gens: Das bei der Geburt methylierte Gen wird demethyliert, ausgelöst durch die Fürsorge der Mutter] (vgl. Mehl 2020[16]). Selbstverständlich leidet die Qualität des Fürsorgeverhaltens bei einer Mutter, die unter Stress steht.

> *„Von diesem Zeitpunkt an verläuft die Hirnentwicklung nicht mehr autonom gegenüber sensorischen Inputs, sondern sie wird durch die sensorischen Eingänge aus der Außenwelt bestimmt und bleibt von ihnen abhängig."*
> [Hüther 2018[17]]

> *„Adäquat ist der Vergleich des Genoms mit einem Text, aus dem im Verlauf des Lebens immer wieder kleine Teile abgelesen werden. Der Text begrenzt das, was abgelesen werden kann, er legt aber keineswegs fest, was überhaupt oder zu einem bestimmten Zeitpunkt abgelesen wird. Die Persönlichkeit ist nicht im Genom vorprogrammiert, sondern Resultat einer kontinuierlichen Wechselwirkung zwischen der Genaktivität und anderen Prozessebenen."*
> [Asendorpf 2018[12], S. 187]

Konkret heißt das: Die Erziehung und unser Umgang mit den Hunden gestalten deren Persönlichkeit entscheidend mit und tragen einen Teil der Verantwortung dafür, wie sich unsere Tiere entfalten. Umweltbedingungen können genetische Einflüsse verändern, zum Beispiel durch einen bestimmten Lebensstil (ebd., S. 32). Natürlich verwandeln Sie einen stirnrunzelnden Ridgeback nicht in einen Hippie-Beagle, und ein humorloser Herdenschutzhund mutiert nicht zum weltverliebten Goldie. Dennoch haben Sie es mit Ihrem Vorbild- und Führungsverhalten in der Hand, welche Ecken und Kanten im Verhalten Ihres Hundes Sie abfedern und welche Vorzüge seines Charakters Sie fördern wollen. Überlegen Sie sich gut, welcher Hundetyp zu Ihnen passt. Wo liegen Ihre persönlichen Stärken respektive Schwächen? Welches Energieniveau ist mit Ihrem kompatibel? Was sind Ihre Werte?

Anstatt Hunde zu verteufeln und ausmerzen zu wollen, wäre es angezeigt, dass der Homo sapiens sich die Mühe macht, sein eigenes Verhalten zu überdenken. Sich zeitgemäßes Wissen über seinen Gefährten anzueignen und Respekt für artspezifische Besonderheiten aufzubringen, würde uns besser stehen, als die unschuldigen Kreaturen zu konsumieren, anthropozentrisch zu verbiegen oder zu „entsorgen", wenn sie nicht so funktionieren, wie wir das gerne hätten.

Ein „Kampfhund" in einer Hundegruppe (kein Familienrudel) – eine genetische Unmöglichkeit, sollte man meinen. Lebenserfahrungen, Erziehung und Haltungsbedingungen spielen bei der Ausprägung einer Persönlichkeit eine wichtige Rolle. Zudem weiß auch das Zuchtwesen, dass sich Wesenseigenschaften nur mit geringer Heritabilität vererben.

Punkto Genetik bleibt noch Folgendes anzumerken: Die beunruhigenden Zustände hinsichtlich Gesundheit und Lebensqualität einiger missgebildeter Tiere (darunter fallen auch Farbmutanten), die Opfer perverser züchterischer Präferenzen wurden, ließen sich durch sinnvolle Retrozuchten korrigieren und könnten den Hunden viel Leid ersparen. Das Wohlbefinden eines Individuums ist eines der Puzzleteile im komplexen System von Verhalten und Persönlichkeit.

Sowohl beim Wesenstest als auch bei Rasselisten geht es um Lebewesen, eine Hobbyveranstaltung ist indiskutabel. Aber genau als solche entpuppt sich die Hundewelt, die zur Spielwiese ehrgeiziger Politiker und Journalisten, religiöser Eiferer und anderer kynologischer Analphabeten verkommen ist.

3.2.2 Tanz der Variablen II

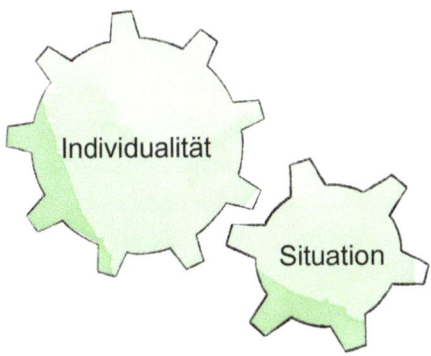

3.2.2.1 Wofür kämpfst du?

Ein weiteres Zahnrad, das Einfluss auf das Verhalten nimmt, ist die Individualität. Sie wird unter anderem durch das Geschlecht, Einstellungen, Werte, Ziele und Skripte festgelegt. Genau, auch Hunde haben Werte – Werte, für die sie kämpfen! Ein Wert ist ein möglicher Grund für Aggressionen, beispielsweise kann ein Hund aus Verbundenheit zu seinen Menschen sozial motivierte Aggression zeigen (Wert: Familie). Ein anderer Wert ist der Rang: Wenn Sie Ihrer statusbewussten Hündin Maharani und dem weltverliebten Piccolo einen Kauknochen gönnen, darf Piccolos Stück ruhig größer und fleischiger sein, aber wenn Sie Zank unter den Fellnasen vermeiden wollen, bedienen Sie Maharani als Erste (in diesem Beispiel fungiert der Knochen als Statussymbol). Andersherum beleidigen Sie die Werte Ihrer Hündin, was Unfrieden schüren kann (vgl. Mehl 2019[2]). Damit sind wir einmal mehr bei der Hierarchie angelangt. Hunde leben in Rangordnungsstrukturen. Sie tun niemandem einen Gefallen, wenn Sie diese negieren.

Werte, Fairness, Gerechtigkeit, Altruismus, Mitgefühl und Kultur sind keine explizit menschlichen Eigenschaften. Die neurobiologischen Strukturen, die Bewusstsein hervorbringen, sind bei allen Säugetieren gleich. Der Mensch mag in seiner Überheblichkeit die kognitiven Fähigkeiten des sozialen Canis lupus familiaris leugnen, nichtsdestotrotz beeindrucken Ergebnisse der Forschung immer wieder aufs Neue. An bewegenden Einblicken in soziale und mentale Leistungen des Tierreichs lässt uns Karsten Brensing in seinem Buch „Das Mysterium der Tiere" teilhaben: Bei einer Delfinpopulation in der Shark Bay beobachteten Forscher eine Allianz dritter Ordnung. Ein Sozialleben dieser Komplexität wurde bisher nur dem Menschen zugestanden [vergleichbar in etwa mit der Bildung einer Koalition]. Brensing spricht von der „beeindruckendsten kognitiven Leistung überhaupt, denn eine solche Beobachtung lässt sich nur erklären, wenn man ein lebenslanges Gedächtnis, ein Selbstbewusstsein und eine Vorstellung von anderen voraussetzt" (Zitat Brensing 2018[18], S. 174). Kapuzineräffchen missbilligen Ungerechtigkeit und bestrafen asoziales und unkooperatives Verhalten mit aggressiven Reaktionen. Disziplinierung ist ein Punkt mit weitreichenden Konsequenzen, denn die Hoffnung auf besseres Sozialverhalten ergibt nur Sinn, wenn Tiere eine Vorstellung davon haben, was in der Zukunft liegt. Auch Hunde, Ratten und Krähen wurden erfolgreich auf „Inequity Aversion" getestet. Elefanten pflegen einen Totenkult. Sie bedecken ihre Verstorbenen mit Ästen und Zweigen und verweilen bei alten Skeletten ihrer Gefährten. „Demnach müssen sie verstehen, dass es sich bei dem Berg Knochen um einen toten Elefanten handelt, und wenn man ihre übrigen kognitiven Fähigkeiten mit ins Kalkül zieht, dann darf man wohl davon ausgehen, dass die Tiere eine Vorstellung vom Tod haben und genau wissen, vor wessen Überresten sie stehen. [...] Vermutlich sollte auch erwähnt werden, dass Elefanten in solchen Momenten weinen." (ebd., Zitat S. 190/191) Bei einer Schimpansen Population in Guinea beobachteten Forscher das Mumifizieren von Jungtieren. „Einige Mütter trugen ihre toten und mumifizierten Babys teilweise über Wochen und Monate mit sich herum und nahmen allein durch das Tragen einen widersinnig hohen Aufwand auf sich. In einem solchen Fall gibt es keinen Zweifel daran, dass die Tiere tatsächlich trauern." (ebd., Zitat S. 193) Versuche mit Vögeln belegten kausales und ursächliches Denken bei Krähen sowie abstraktes Denkvermögen bei Enten. Eine Maus, die ihrem Artgenossen aus einer Falle half, zeigte ebenso Mitgefühl wie ein Schimpanse, der die ihm gereichten Weintrauben ablehnte, als er sah, dass sein Kumpel keine solchen angeboten bekam. Tiere haben eine Vorstellung von fairem und unfairem Verhalten. Schweine waschen ihre Nahrung, wenn sie die Möglichkeit dazu haben, und kaum ein veritabler Forscher dementiert heute noch das Schmerzempfinden von Fischen. Das Gesetz gibt zwar vor, dass Wirbeltiere schmerzlos zu töten seien, Fische jedoch sind aus diesem Erlass ausgeklammert. „Diese Regelung zieht täglich millionenfachen mörderischen Schmerz und infolge der neurologischen Verarbeitung und der daraus resultierenden Ausschüttung von Hormonen Leid nach sich." (ebd., Zitat S. 331) Zum Thema Schmerzen bei Fischen findet sich übrigens auch ein interessanter Artikel von Günther Stockinger bei Spiegel Wissenschaft[19]. Der Philosoph und Publizist Richard David Precht sieht in der Gesetzgebung ein korrumpiertes Barbarenreich und blutiges Brachland der Humanität: „Auch in seiner neuesten Fassung ist das Tierschutzgesetz kein Mantel der Menschlichkeit; allenfalls das Feigenblatt einer uneingestandenen Scham darüber, dass das Wort vom Mitgeschöpf im Tierschutzgesetz eine Mücke bleibt – erstickt im Bernstein ökonomischer Interessen." (Zitat Precht 1997[20], S. 370/371)

Karsten Brensing ist überzeugt, dass es Tierarten gibt „mit Selbstbewusstsein und Mitgefühl, einem lebenslangen Gedächtnis, oder besser einer Biografie und einem Verständnis für Raum und Zeit, der Fähigkeit zu strategischem, planvollem und logischem Denken, einer einfachen Sprache mit grammatikalischen Regeln, einer Kultur und einem Verständnis für Fairness und einem Gerechtigkeitssinn. Ein großes Thema mit weitreichenden ethischen, aber auch juristischen Konsequenzen (Zitat Brensing 2018[18], S. 240). Doch was machen wir jetzt mit diesem Wissen? Natürlich nichts! Dafür gibt es sogar einen wissenschaftlichen Namen: kognitive Dissonanz." (ebd., Zitat S. 349)

Brensings Ausführungen sind beeindruckend. Umso mehr stellt sich die berechtigte Frage, inwieweit das Ziel und die Beweiskraft einer Versuchsanordnung, die an einem Tier getestet werden soll, einer ethischen Reflexion standhalten. Wie zuverlässig sind die Ergebnisse? Was, wenn wir nicht die richtigen Fragen gestellt haben? Vielleicht haben wir uns nicht das passende Experiment ausgedacht? Sind wir nicht Gefangene unserer Sinne? Den Spiegeltest mit einem Individuum durchzuführen, das olfaktorisch (geruchlich) und nicht optisch orientiert ist, ist ein wissenschaftlicher Lapsus, dessen Charakter sich in Hans Traxlers berühmter Karikatur „Chancengleichheit" widerspiegelt.

Damit es gerecht zugeht, bekommen alle die gleiche Aufgabe: Schwimmt zum Ziel

Chancengleichheit, interpretiert von Jannis Pätzold: *„Damit es gerecht zugeht, bekommen alle die gleiche Aufgabe: Schwimmt zum Ziel!"*

Darf ich Sie auf eine philosophische Exkursion mit Richard David Precht entführen? Sein Werk „Noahs Erbe – Vom Recht der Tiere und den Grenzen des Menschen" ist eines der besten Bücher, das ich in meiner kleinen Bibliothek stehen habe – und das, obwohl es bereits ziemlich in die Jahre gekommen ist.

Precht appelliert, uns nicht dazu verführen zu lassen, über Dinge zu urteilen, von denen wir nichts verstehen. „Was auch immer man mit den Tieren anstellt, und wie auch immer man die Daten interpretiert, die Ergebnisse bleiben auf eine eigentümliche Weise unbefriedigend.

Die Krux all dieser Versuche ist der Umstand, dass Homo sapiens weder bei der Auswahl der Kriterien noch bei der Auswertung der Beobachtungen aus dem engen Kasten seines eigenen Wahrnehmungs- und Erkenntnisapparates herauskommt. Unsere Erkenntnisse über das Bewusstsein von Tieren sind notwendig eine „Vermenschlichung", allerdings von unterschiedlicher erkenntnistheoretischer Kurz- oder Weitsicht. [...] sie [die Fakten] könnten uns immerhin weiterbringen auf dem Weg zu einem Verständnis der Tiere; einem Verständnis nicht aufgrund, sondern *in Ermangelung unseres Wissens*. [...] Spätestens seit den Erkenntnissen der Kognitionswissenschaft wissen wir, dass wir vieles auch prinzipiell nicht wissen können, sondern ausschließlich das, was unser Sinnes- und Sinnapparat an Wissen zulässt."
(Zitat Precht 1997[20], S. 127/129/208)

„Ich weiß, dass ich nichts weiß."
(Sokrates)

Paradoxe Rechthaberei, lebensfeindliche Dogmatik und absurder Erkenntnisanspruch gehören in die sonntägliche Nische ausrangierter Religionen, nicht aber in das Portfolio ethisch reflektierender Wissenschaft. Die Ästhetik des Nichtwissens verdient eine Renaissance.

Tiere aus ihren natürlichen Verbänden zu reißen und der Forschung zu opfern, ist eine Sache. Eine andere Sache ist die, was der Mensch bereit ist, mit seinen Erkenntnissen anzufangen. Precht stellt diese Motivation infrage: „Dass es ein komplexes Laut- und Kommunikationssystem unter Affen gibt, wird von niemandem ernsthaft bestritten. Auch Affen verfügen über das Wernickesche Areal für Wortverständnis im Schläfenlappen und das Brocasche Areal für Wortartikulation und Grammatik im Stirnhirn. Aber warum vermögen sie dann nicht nach Menschenart lautsprachlich differenziert zu kommunizieren? [...] Differenzierte Sprachleistungen waren seit ihren mutmaßlichen Anfängen vor vielleicht 50'000 Jahren eine Frage der anatomischen Voraussetzung eines umgestalteten und in seiner Lage verrückten Kehlkopfes. Erst mit Abschluss dieser Entwicklung lässt sich frühen Menschen die Fähigkeit zu einer nach unserem Maßstab differenzierten lautsprachlichen Kommunikation unterstellen, die schließlich vor nicht einmal 5'000 Jahren durch die Erfindung der Schrift geradezu explodierte. [...] Doch was wissen wir eigentlich, indem wir das wissen? Wir isolieren Menschenaffen von ihrem sozialen Verband, in den sie nicht mehr zurückkönnen, verfrachten sie aus ihrer natürlichen Umwelt und malträtieren sie mit einem ihnen völlig fremden Zeichensystem. Und was können wir damit bestenfalls beweisen? Dass sie, auf Kosten ihrer angestammten arteigenen Verhaltens- und Kommunikationsformen, des Menschen Sprache in einigen Grundzügen zu handhaben lernen? Es ist ein hanebüchener Irrsinn, dass es in unseren Augen Menschenaffen in ihrer Personalität zu diskreditieren scheint, dass sie in ihrer Evolution die menschliche Sprache nicht gebraucht haben. [...] Zugleich aber erzeugt die Sprache eine fundamentale Barriere nicht nur zwischen Menschen und anderen Spezies, sondern schon allein zwischen verschiedenen menschlichen Kulturen. Wie fremd ist einem Westeuropäer die Vorstellungswelt beispielsweise eines Pygmäen im Ituri-Urwald. Die Grenzen der Sprachen sind die Grenzen von Welten, nicht nur für den Einzelnen, sondern ebenso von Kulturen. Doch wenn wir schon nicht die Welt eines Pygmäen verstehen, obgleich dessen Erkenntnisvoraussetzungen mit unseren identisch sind, wie wollen wir da die Welt der Affen oder gar anderer Tiere verstehen?" (ebd., Zitat S. 132/135/138)

Nicht nur die Forschung, sondern auch Tierexperimente und der Umgang mit unserem Nutzvieh beleuchtet Precht in seinem Buch: „Tierliebe ist ein begrenztes Gefühl, abgestimmt auf einen erlesenen Zirkel von Arten." (ebd., Zitat S. 29) Während wir bereit sind, tausende Franken für unsere Streichelobjekte auszugeben, darf das Steak im Supermarkt nichts mehr kosten. Persönlich vertrete ich die unpopuläre Meinung, dass es an der Zeit ist, unsere Kids weniger zu betrügen und sie stattdessen fair und realistisch auf das Leben vorzubereiten. Es bietet sich an, anstelle des Religionsunterrichts einmal mit ihnen einen Schlachthof zu besuchen. Willkommen im richtigen Leben! Eltern bliebe es erspart, mitten im Supermarkt die Tränen ihres plärrenden Nachwuchses trocknen zu müssen, nachdem das unerbittliche Quengeln der Kleinen die Mama genötigt hat zu erklären, dass Wiener Würstchen nicht auf Bäumen wachsen und die sauber abgepackten Fleischmocken Reste gelebten Lebens von „Blümchen" sind, die seit einigen Tagen nicht mehr auf Bauer Meyers Wiese grast. Precht bringt es auf den Punkt: „Ein einfacher Blick in den Betrieb eines Schlachthofs reicht völlig aus, ein Gespür für das zu bekommen, was Mensch und Tier vereint: das Lebensinteresse, die Angst und das Leiden." (ebd., Zitat S. 239)

> *„Die Frage ist nicht: Können sie denken? Können sie sprechen? Sondern: Können sie leiden?"*
> (Jeremy Bentham, 1789[21])

Der Mensch ist von erstaunlicher Zerrissenheit. Er lehnt Aggression vehement ab, obwohl sie ein Teil seiner eigenen Natur ausmacht. Menschliche Aggression entfesselt sich unter anderem hinter verschlossenen Türen und äugt unter den sauberen Kitteln der Tierexperimentatoren hervor. Die unvorstellbare Brutalität in manchen Schlachthöfen versagt dem Menschen jedes Recht auf eine Krone. Die makabere Doppelmoral des Homo sapiens, die uns in Gestalt einer Futtermarke angrinst, deren Hersteller fröhlich Tierkämpfe (Hunde gegen Bären) sponsert, ist nicht weniger beschämend. Ebenso peinlich sind die Hundehalter und Dienstleister, die diesen hochglanzverpackten Fraß kaufen respektive verkaufen.

Beenden wir diesen philosophischen Ausflug mit einem nachdenklich stimmenden Zitat Richard David Prechts: „Es ist dabei durchaus nicht wichtig, dass Tiere genau gleich empfinden wie wir. Es reicht, dass sie überhaupt empfinden. Warum sollten sich andere Gefühle nicht genauso anerkennen lassen wie gleiche? Tiere deshalb zu achten, weil sie anders sind, ist die Herausforderung der Zukunft. Nicht unsere Liebe, wohl aber unser Verstand wird sich daran messen lassen, ob es ihm gelingt, über die engen Grenzen der menschlichen Art hinaus zu denken. Und vielleicht nötigt uns die Erkenntnis, wie begrenzt unser eigenes Wirbeltiergehirn arbeitet, jenen Respekt vor dem keineswegs objektiv durchschauten und durchdachten Leben ab, den wir schon um unser eigener Zukunft willen im Umgang mit dem Tier so nötig brauchen." (Zitat Precht 1997[20], S. 257/258) Selbst, wenn die wissenschaftlichen Erkenntnisse seit Prechts Darstellungen vorangeschritten sind, so sind die Kernanliegen in seinem Buch bis heute aktuell geblieben.

Bevor wir diesen Abschnitt abschließen, kehren wir noch einmal zurück zum Hund: Der Hund entwickelt seine Persönlichkeit – nicht anders als der Mensch – anhand seiner Beziehungen im sozialen Netz. Im Gehirn sind Strukturen, die das Erleben eines Ich und Du möglich machen, im unteren Teil des präfrontalen Cortex zu finden (vgl. Mehl 2018[1]). Wer einen Platz in einem sozialen System einnimmt beziehungsweise in einer sozialen Gruppe lebt, interagiert und kooperiert, betrachtet sich selbst in Relation zu seinem Umfeld. Daraus resultiert ein Verständnis für ein Ich.

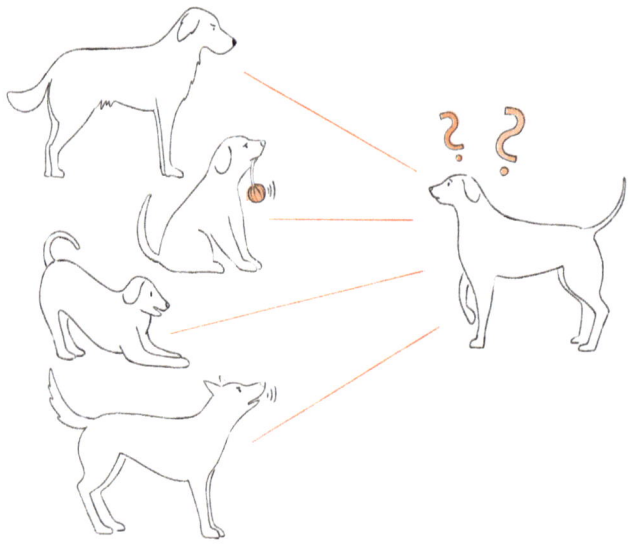

Wer ist er? Wer bin ich? Was kann ich mir bei diesem Gegenüber leisten? Wie soll ich auftreten? Der Hund variiert sein Verhalten, je nachdem, auf was für ein Individuum er trifft.

Regeln sozialen Verhaltens, die wir bei Bedarf automatisch abrufen (sogenannte Skripte), gehören ebenfalls zur Individualität. Skripte sind mit dem Imitationslernen gekoppelt, also mit dem Verhalten, welches eine Bezugsperson vorlebt. Es ist zum Beispiel unpassend, auf dem Friedhof während einer Beerdigungszeremonie in schrilles Gelächter auszubrechen. Auch der Hund lernt von seinen Vorbildern, welches Benehmen in einer Situation angebracht ist, und wie sich Konflikte vermeiden lassen. Beim Passieren eines fremden Hundes einen Bogen in der Laufrichtung anzudeuten, ist ein souveränes Vorbildverhalten.

3.2.2.2 Der Bezugsrahmen

Das letzte Zahnrad, das wir in diesem Abschnitt noch kurz beleuchten, ist die Situation. Hier geht es um Fragen wie: „Wer führt den Hund in und durch die Situation?" Trotz gleicher Rahmenbedingungen kann ein Hund sehr unterschiedlich reagieren, je nachdem, wer ihm gerade als Bezugsperson zur Seite steht. Der Bedeutsamkeit einer sicheren Bindung ist ein gesondertes Kapitel geschuldet. Allmählich verstehen wir, wie unzählig viele Faktoren am Verhalten eines Hundes beteiligt sind, denn auch Provokationen, aggressive Hinweisreize, Schmerzen, Durst, Minustemperaturen, Überforderung, die Stimmung des Halters und die Umgebung sind Situationsvariablen, die auf unseren Hund Einfluss nehmen. Und es geht noch weiter ...

3.2.3 Tanz der Variablen III

Ein weiterer Stellwert in der Maschinerie, die Verhalten formt, ist der innere Zustand. Am inneren Zustand sind Größen wie Wahrnehmung und Erregung beteiligt. Die Wahrnehmung hängt mit Werten zusammen – und Werte sind nicht verhandelbar. Nehmen wir an, Zuverlässigkeit sei ein Wert, der erfüllt sein muss, damit ich mich bei einer Person oder in einer Gruppe wohlfühle. Sie können noch so sehr dagegen argumentieren, es ändert nichts daran, dass Zuverlässigkeit für meine Befindlichkeit eine essenzielle Rolle spielt. Meine Wahrnehmung beziehungsweise meine Werte entziehen sich Ihrem Einfluss.

Bei der Erregung geht es, etwas vereinfacht erklärt, um Folgendes: Meine innere Stimmung lässt sich mit einer leichten Unruhe beschreiben. In Fall A entscheide ich mich, nach draußen zu gehen und meinen Basketball ein Dutzend Mal gegen die Hauswand zu schleudern. In Fall B ziehe ich es vor, auf dem Sofa herumzulümmeln und mich mit den Klängen aus einem Album von Il Divo zu verwöhnen. Nun kommt mein Partner auf mich zu und bemängelt, dass ich seine dunkle Jeans noch nicht gewaschen habe. Mein Verhalten auf diese Bemerkung wird in Situation A um einiges explosiver ausfallen als in der Situation B. Der Grund dafür ist, dass das Ballspiel meine Erregung weiter aufgeputscht, die zauberhafte Musik von Il Divo hingegen meinen Gemütszustand entspannt hat. Auf den Hund bezogen lässt sich diese Erkenntnis wie folgt anwenden: Es ist ziemlich suboptimal, mit einem Hund, der innerartliche Themen hat, nach einem ausgelassenen (und pädagogisch wenig sinnvollen) Zerrspiel eine Hundebegegnung üben zu wollen. Eine hohe innere Erregung setzt das Frontalhirn außer Betrieb. Wenn ich meinen Hund adäquat fördern will, weiß ich, was und/oder wer ihn beruhigt, beziehungsweise wie ich seine Gefühlslage konstruktiv beeinflussen kann (vgl. Mehl 2019[2]).

Wir haben nun einige Elemente kennengelernt, die das Verhalten unserer Hunde modellieren. Langsam nähern wir uns dem Output, also der aus dem Komplex verschiedener Faktoren resultierenden Handlung.

3.2.4 Tanz der Variablen IV

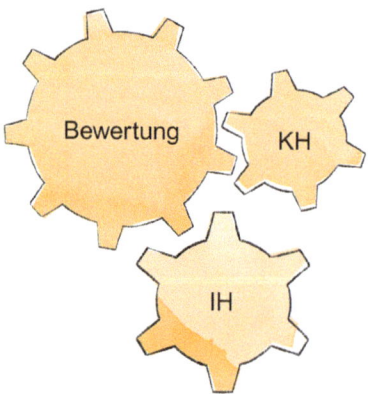

Bleiben wir noch einen Moment beim Thema Aggression. Das Zusammenspiel der Variablen, die wir in diesem Kapitel kennengelernt haben, kann zum Beispiel mit einer defensiven, offensiven, reaktiven oder proaktiven Aggression antworten. Auf diesen Entscheidungsprozess haben Sie als Hundehalter wenig Einfluss. Allerdings stellt sich ein verantwortungsbewusster Sozialpartner die Fragen, welche Begegnungen und Interaktionen der Persönlichkeit des Hundes angemessen sind, wie sich eine Lernsituation konstruktiv gestalten lässt, und was einem Hund überhaupt zugemutet werden soll. Letzteres kann bedeuten, dass ich als empathischer Leader im Interesse meines Hundes auf gewisse Umfelder und Situationen ein Leben lang verzichte.

Aggression ist nicht immer laut. Die kalte oder kontrollierte, proaktive Aggression dient als Mittel zum Zweck, um ein Ziel (beispielsweise eine Ressource) zu erreichen. Sie ist strategisch überlegt und geplant. Demnach sind präfrontale Bereiche des Großhirns in dieses Geschehen involviert. Bei der kalten Aggression, einer kontrolliert-instrumentellen Handlung (KH), stellt sich dem Erzieher die Frage: „Was will der Hund erreichen?" Im Gegensatz zur impulsiven Handlung kann bei der kontrollierten Aggression das Aufzeigen von Konsequenzen zielführend sein, ebenso sind Win-win-Strategien mögliche Deeskalationsansätze. Ein kontrolliert aggressiver Hund braucht eine respektvolle und klare Führungsperson, die ihn lehrt, dass sich seine Bedürfnisse auch ohne aggressives Verhalten erfüllen lassen. Die Bezugsperson führt nach dem Credo: „Ich zeige dir Verhaltensweisen, die uns dahin führen, wo es uns allen besser geht." (Zitat Mehl) Ein kontrolliert-instrumenteller Aggressor stellt eine inkompetente Führung, die ihren Status zur eigenen Befriedigung missbraucht, sofort infrage.

Bei der heißen oder impulsiven, affektgesteuerten und reaktiven Aggression, die unter anderem vom limbischen System gesteuert wird, bricht eine Anspannung durch. Gründe für reaktiv-impulsive Handlungen (IH) sind oft im Bereich missachteter sozialer Bedürfnisse und mangelnder Verlässlichkeit in Bezug auf die Zugehörigkeit zu finden. Ebenso sind diese Individuen meist wenig selbstwirksam und haben kaum Einfluss auf ihre soziale Umwelt. Gründe für impulsive Entladungen gehen oft auf eine mangelnde Sozialisierung oder ungünstige Bindungserfahrungen in jungen Jahren zurück. Die Aggression hat den Charakter der Verzweiflung, Verzweiflung über das Fehlen von Strategien zur Befriedigung von Bedürfnissen. Die Deeskalation einer impulsiven Aggression verlangt Beruhigung, Beenden des Konflikts und Management der Situation. Bedürfnisse sollen – soweit möglich – erfüllt werden, und es gilt, weiteren Zündstoff zu vermeiden. Das Ankündigen von Konsequenzen ist kontraproduktiv. Ein Wutausbruch ist definitiv der falsche Kontext und ein denkbar schlechter Zeitpunkt für Erziehungsmaßnahmen. Beim Typ des reaktiv-impulsiven Hundes ist die Anerkennung als sozialer Verstärker eine vernünftige Trainingsbasis – selbstverständlich außerhalb einer eskalierenden Situation (ebd.).

Aggressionen können auch umgelenkt und gegen Unbeteiligte oder Objekte gerichtet werden, zum Beispiel bei nicht erreichbaren Ursachen (Schmerzen) oder wenn eine Bestrafung befürchtet wird. Die Problematik traumatisch bedingter, klassisch konditionierter emotionaler Reaktionen haben wir bereits besprochen. Außerdem ist es möglich, dass Hunde, die über einen längeren Zeitraum nicht gesehen werden beziehungsweise deren Bedürfnisse anhaltend unerfüllt bleiben, ihre Frustration und ihre Defizite im Leben durch Mobbing und das Verkloppen anderer (zum Beispiel submissiver Artgenossen) kompensieren. Diese Form der Aggression verschafft ihnen einen flüchtigen, „billigen" Adrenalin-Kick.

3.2.5 Das Räderwerk – Neubewertung und Entwicklungschancen

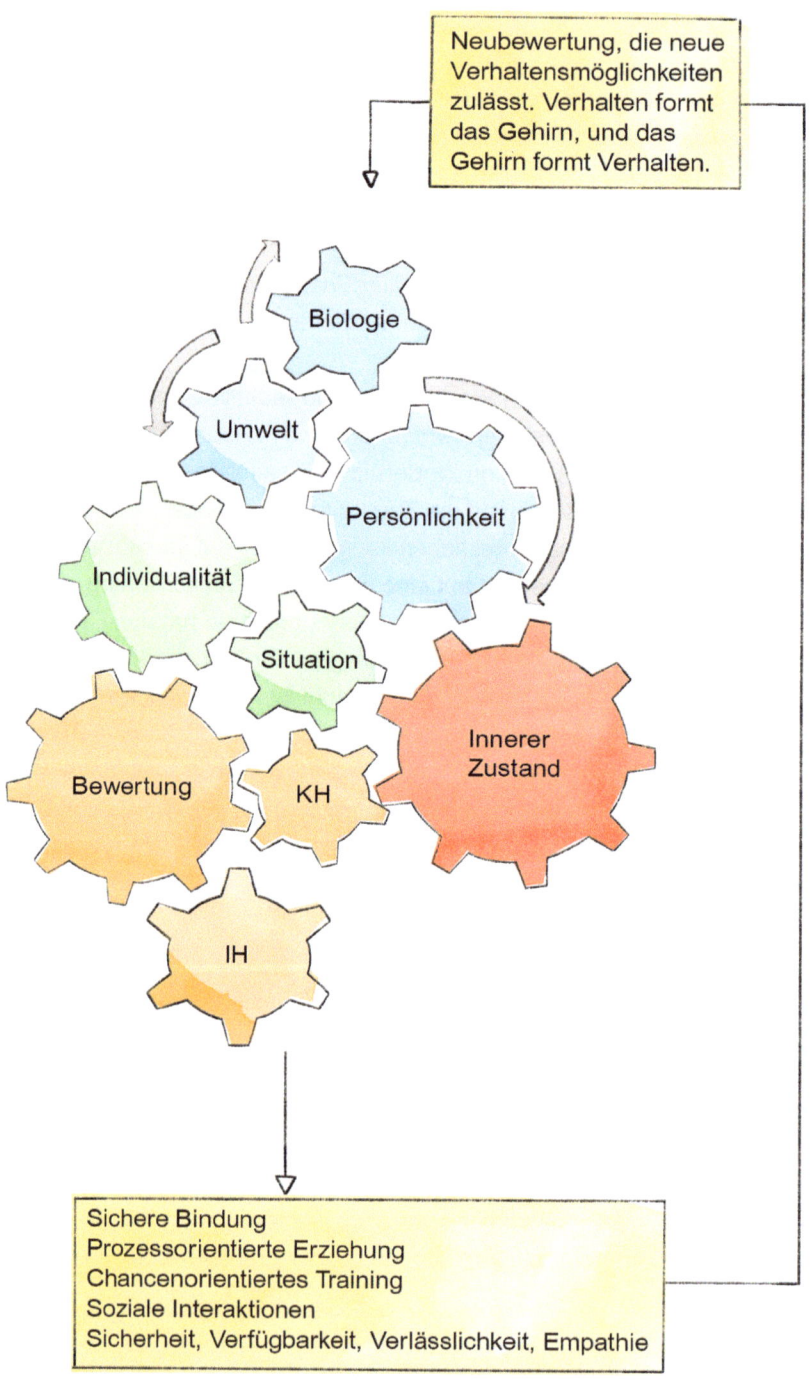

Neubewertung, die neue Verhaltensmöglichkeiten zulässt. Verhalten formt das Gehirn, und das Gehirn formt Verhalten.

Biologie

Umwelt

Persönlichkeit

Individualität

Situation

Bewertung

KH

Innerer Zustand

IH

Sichere Bindung
Prozessorientierte Erziehung
Chancenorientiertes Training
Soziale Interaktionen
Sicherheit, Verfügbarkeit, Verlässlichkeit, Empathie

vgl. DeWall, Anderson & Bushman, 2011, zitiert nach Mehl 2019[2]

Die Komplexität dieser Zahnradmaschinerie macht klar, dass Aggression nicht nur mit einer einzigen Methode und/oder mit Zwangsmaßnahmen beantwortet werden kann. Eine sichere Bindung, eine artgerechte Erziehung und eine individuelle Therapie räumen dem Hund die Chance ein, sich offen für eine Neubewertung von Situationen zu zeigen. Das Erlernen alternativer Verhaltensstrategien bildet das Fundament, das durchdachtes Handeln möglich macht. Ein selbstsicherer Hund ist eher bereit, über alternatives Verhalten nachzudenken. Daher ist ein chancenorientiertes Training, welches Selbstwirksamkeit zulässt und Kreativität fördert, ein guter Ansatz. Denken Sie daran: Das Gehirn formt Verhalten, und das Verhalten wiederum formt das Gehirn. Positive Lernerfahrungen und konstruktive soziale Interaktionen sind also Katalysatoren, die durch eine Neubewertung im Gehirn ein neues Verhalten möglich machen.

Die Werte eines Individuums liegen nicht in Ihrem Einflussbereich, aber Sie haben sehr wohl Einfluss auf die Wahl der Strategie, die zur Befriedigung dieses Wertes (Bedürfnisses) führen soll. Ressourcen, die Ihnen auf diesem Weg in die Hand spielen, sind die Bindungsqualität, Zeit, Empathie, Sinnhaftigkeit, Vorbildverhalten und Führungskompetenzen. In Bezug auf die Werte eines Hundes möchte ich Ihnen nochmals ans Herz legen, sich reiflich zu überlegen, welche Rasse besonders gut zu Ihnen und Ihrem Lebensstil passt.

Ich wünsche Ihnen und Ihrem Hund, dass Sie hinsichtlich prozessorientierten Lernangeboten in der von Ihnen gewählten Hundeschule gut aufgehoben sind.

„Tierschutz ist die Erziehung zur Menschlichkeit."
(Albert Schweitzer)

3.3 Die Wahrheit schmerzt nur einmal

Aggressionen und ihre Beweggründe bleiben viel zu oft unverstanden. Das drohend fixierende Anpirschen von Hexchen bewertet Frauchen als Spielaufforderung, und Herrchen redet die subtilen Signale von Cäsar mit „Der tut nix." schön. Ja, es gibt bemerkenswert viele „Tutnixe". Damit will ich nicht sagen, dass es viele „böse" Hunde gibt, aber mit Sicherheit gibt es viele unverstandene Hunde. Diese Form der Sorglosigkeit lässt nicht nur den Hund im Stich, sie kann auch für Dritte schlimm enden.

Mein Blick gleitet gedankenverloren über die kalkweißen Wände. Die von Äther geschwängerte Luft erfüllt den abgedunkelten Raum mit einer beängstigenden Sterilität. Alles, was die bleischwere Stille kontinuierlich durchbricht, ist das müde Piepen irgendwelcher Überwachungsgeräte. Meine Hände sind ans Bett gefesselt, und überall kleben rote Warnschilder, auf denen in fetten Lettern „NICHT MOBILISIEREN" steht. Ich fühle nichts – nichts, bis auf die Tränen, die kitzeln, wenn sie über meine Wangen rollen. Mein Körper gehorcht mir nicht mehr … Quälende Angst schnürt meine Kehle zu, ich fühle mich elend und lebendig begraben.

Krampfhaft versuche ich, die Bilder in meinem Kopf zu sortieren und mich zu erinnern, was geschehen war. Es war ein ruhiger Tag in der Praxis, also trug mir meine Chefin auf, noch eines der Pferde zu bewegen. Der junge Braune schwebte zufrieden schnaubend in raumgreifendem Trab über die Diagonale des Sandvierecks, als ich im Augenwinkel plötzlich eine kleine, dunkle Kugel ausmachte, die durch die Obstbäume schoss. Dieses Etwas attackierte unvermittelt die Hinterhand meines Wallachs – wieder und wieder und wieder! Schließlich spurtete der Kelpie eine finale Runde durch den staubigen Sand, spannte sich wie eine Feder zum entscheidenden Angriff und warf sich laut kläffend gegen die Vorhand des verängstigten Pferdes. Dann ging alles sehr schnell: Ein schrilles Wiehern meines Buben, ein Aufbäumen und verzweifeltes Schlagen seiner Vorderhufe, ein befreiender Sprung ins Leere … Ich fühlte, wie eine Schnalle des Sattels eine brennende Wunde in das Fleisch meines Armes schlitzte, während ich betete, dass die Steigbügel meine Füße freigeben mögen. Mit der Kraft panischer Verzweiflung versuchte ich, mich vom mächtigen Körper meines Reittieres wegzustoßen. Ein harter Aufprall und ein unbeschreiblicher Schmerz setzten dem Drama ein Ende. Vergebliches Japsen nach Luft erstickte meinen Schrei, nach und nach umgab mich dunkle Nacht.

Dieser 19. September setzte meiner seit Kindesbeinen gefrönten Leidenschaft ein jähes Ende. Schmerzen, die mich seit dem vierfachen Bruch meiner Brustwirbelsäule täglich begleiten, lassen mich diesen Albtraum nie vergessen. Trotzdem bin ich aus tiefem Herzen dankbar, dass ich genesen bin, in die Arme meiner Familie zurückkehren konnte und meine über alles geliebte Hündin wiedersehen durfte. Ich bin sehr glücklich, dass ich mein Leben weiterhin selbstständig führen kann.

Zum Briefkasten an unserer alten Adresse gab es schon seit Jahren keinen Schlüssel mehr, also nestelte ich die Post wie jeden Morgen durch den Schlitz des Postbehälters. Damit war der unsichere Border meiner Nachbarin offensichtlich nicht einverstanden. Er löste sich vom Fahrrad seiner Besitzerin, grub seine vier Canini in meine rechte Wade und sorgte dafür, dass mir sein Unmut unvergessen bleibt. Die Nachbarin entschuldigte sich später an meiner Haustür mit einem Körbchen Himbeeren und der Bemerkung, dass ihr Hund halt noch ein bisschen jung und ungestüm sei. Ebenfalls ein Andenken für die Ewigkeit verpasste mir ein Groenendaeler, der mir seine Visitenkarte durch meine Handfläche bohrte, als ich das Trainingsgelände betrat. Allem Anschein nach war er der Auffassung, dass es sich bei dem öffentlichen Platz um sein Territorium handelte. Der Schwarze sei bisweilen etwas eigensinnig, flötete sein Halter, der mir als Wiedergutmachung für das Stigma – die Narbe hat Potenzial, jedem Geistlichen den Neid durch die Adern zu treiben – eine Einladung in den Biergarten offerierte. Etwas weniger freundlich meinte es die Besitzerin zweier Treibhunde, die mir in unserer Quartierstraße das Auto zerkratzten. Ich sei ganz selber schuld, keifte sie, wäre ich etwas zügiger gefahren, hätten sich ihre Hunde nicht provoziert gefühlt.

Aggressionen werden zu oft auf die leichte Schulter genommen, und „Er tut nichts." ist de facto ein Synonym undercover für „Er hat noch nicht gebissen.". Auch sind weder Himbeeren noch eine Stange Bier oder gar ein freches Mundwerk adäquate Reaktionen auf aggressives Verhalten. Ja, es erfordert Mut und kann schmerzhaft sein, ein Problem durch und durch zu beleuchten und dabei auch noch Selbstreflexion zu üben. Aber es ist der einzige Weg, sich und seinen Hund in eine bessere Zukunft zu führen. Den Kopf in den Sand zu stecken, die Augen vor der Realität zu verschließen, die Verantwortung von sich zu weisen oder Gefahren zu ignorieren sind weitaus beliebtere Strategien. Das ist schwer zu verstehen, denn: „Die Wahrheit tut nur einmal weh, aber eine Lüge schmerzt für immer." (Urheber unbekannt).

Gerade unterbeschäftigte und/oder suboptimal geführte Vertreter der Hüte- und Treibhunderassen halte ich für Tiere mit ernst zu nehmendem Gefährdungspotenzial. Das hören Sie nicht gerne, ich weiß. Nein, ich befürworte keine Erweiterung der Rasseliste. Ich befürworte überhaupt keine Rasseliste. Es mag aggressive Hunde geben, nicht aber aggressive Rassen. Das Verhalten eines Hundes hat wesentlich mit seinem Umfeld, sozialen Interaktionen, Vorbildern und Lebenserfahrungen zu tun und kann nicht allein aufgrund seiner Rassezugehörigkeit erklärt werden. Was das andere Ende der Leine betrifft, registriere ich jedoch nahezu flächendeckend einen streitlustigen Tenor und ein ausgeprägtes Maß an Respektlosigkeit. Ich erlebe Hundehalter insbesondere unter ihresgleichen als ausgesprochen aggressiv … ein schwieriges Lernumfeld für unsere Vierbeiner.

Ich wiederhole mich: Rasselisten sind Unsinn, aber die Dummheit der Menschen ist hungrig und braucht Nahrung. Gäbe es in der Hundewelt Werte wie Loyalität und Solidarität, wäre es nicht so weit gekommen. „Jeder ist sich selbst der Nächste", scheint das Mantra der Hündeler zu sein. Solange sich die Welt auf *einen* Sündenbock fokussiert, bleibt man mit seinen eigenen Baustellen unentdeckt. Ja, sogar weit über den Tellerrand der Szene hinaus bedient man sich des Pitbulls, um sich ein moralisches Ganzkörperkondom überzustreifen, welches die eigenen Schweinereien verdecken soll. So erklären unsere moralgepanzerte Gewissens-elite und pseudoreligiöse Eiferer das unschuldige Tier zum modernen Antichristen und reihen es ins Portfolio einer doppelzüngigen Institution ein. Auch unqualifizierte Politiker und beiß-freudige Journalisten sind jetzt also Hundeexperten, die mit flammender Empörung in einen Kreuzzug ziehen für eine Sache, von der sie keine Ahnung haben. Doch selbst ein Pitbull hat nicht so viel Macht, dass er alles Böse dieser Welt auf sich vereinen könnte. Wer sich bezah-len lässt, um im Leben anderer herumzuwühlen, zu verurteilen, anzuklagen, zu diffamieren und bloßzustellen, ist dem Teufel weit näher, als es ein Tier je sein wird.

„Der Mensch ist das religiöse Tier. Er ist das einzige Tier, das seinen Nächsten wie sich selber liebt und, wenn dessen Theologie nicht stimmt, ihm die Kehle abschneidet."
[Mark Twain]

Wird das kynologische Süppchen von Küchenhilfen gebraut, wird daraus wohl nie ein Gour-met-Menü. Selbst ermächtigte Gurus behaupten, Pitbull und Co. würden keinen Schmerz füh-len und stilisieren sie zu Wesen mit einer „Kiefersperre" – eine selten einfältige Behauptung. Als Nächstes wird den armen Sündenböcken womöglich die publikumswirksame, doppelte Zahnreihe eines Hais angedichtet. Mutter Natur bringt ihre Kinder nicht um, indem sie sie mit der Beute im Fang verhungern lässt, weil die Viecher ihr Maul nicht mehr aufkriegen. Glau-ben Sie mir, in mehr als 20 Jahren an der Seite von Pitbull und American Staffordshire ist mir so etwas noch nicht untergekommen. Von meiner Pitbull-Hündin, einem Monument irischer Schönheit, weiß ich nur zu gut, dass diese Rassen sehr wohl sensibel sind und Schmerzen leiden. Schmerz fühlen zu können, ist überlebensnotwendig. Wer selbst das Kitzeln einer Stubenfliege auf seinem Fell wahrnimmt, ist mit Sicherheit in der Lage, Schmerz zu spüren. Allerdings zählt theatralisches Geschrei nicht zu den Charaktereigenschaften dieses Hun-detyps. Es sind eben nicht immer diejenigen, welche am lautesten plärren, die, die wirklich leiden. Aber die weit gestreuten Fachkollegen wissen es natürlich besser, vornehmlich jene, die noch nie ein Exemplar dieser Rasse durchs Leben begleitet haben. Vor meiner Zeit als Instruktorin besuchte ich hie und da eine Hundeschule, doch das Vergnügen war meist von kurzer Dauer. Der einstimmige Tenor, der mir bei jedem neuen Trainer entgegenschlug, noch bevor dieser meinen Hund überhaupt zu Gesicht bekommen hatte, lautete: „Da musst du hart ran, Mädchen, du weißt ja, was du an der Leine hast." Bedauerlicherweise können vie-le Kursleiter den Pitbull weder lesen noch bringen sie die erforderliche Empathie für dieses Tier auf. Diese Dilettanten reden sich ein, überlegen zu sein, wenn sie den Hund unabläs-sig gängeln und ihm bei jeder Gelegenheit zu verstehen geben, dass sein Status der eines Fußabtreters ist. Lässt man sich mit einem Pitbull auf einen [unnötigen] Kampf ein, verlie-ren beide. Schade, dass so viele Opinion Leaders die Sache mit dem Behavioral Approach System und dem Behavioral Inhibition System nicht mitbekommen haben. Da sind Sie jetzt im Vorteil, und ich hoffe, Sie machen es besser.

„Nicht der Mensch ist vor dem Hund zu schützen,
sondern der Mensch vor Menschen, die den Hund als Waffe benutzen."
(Christiane Rohn)

Sehen wir von der pathologischen Aggression ab, geben Impulse einem Hund insofern recht, als dass sie sein Überleben sichern. Aggression dient der Kommunikation, der eigenen Unversehrtheit und dem Ziel, Bedürfnisse zu befriedigen. Sie ist eine normale biologische Verhaltensmöglichkeit, um verlorene Ressourcen, wie beispielsweise Sicherheit, wiederherzustellen. Alles, was der Hund tut, ist in diesem Moment sein bestmöglicher Versuch, eine Disharmonie auszugleichen. Verantwortungsbewusste Hundehalter bringen ihren Hunden gesellschaftskompatible Lösungsstrategien bei, sorgen für Sicherheit und beantworten offene Bedürfnislagen, damit sich der Hund nicht in der Not wiederfindet, durch aggressives Verhalten auffallen zu müssen. Nicht alles liegt in den Händen des Hundehalters, aber hie und da eine Portion Selbstreflexion ist nicht von Übel.

Starten Sie doch einmal einen Versuch mit der selbstkritischen Betrachtung, fragen Sie sich: „Was habe ich getan, dass mein Hund sich danebenbenehmen muss?" Dem Hund schlechte Manieren vorzuhalten, bringt Sie beide nicht weiter: „Aber Pauli, ich habe dir schon 1000 Mal gesagt, du sollst nicht rumzappeln, wenn ich am Einkaufen bin. Siehst du, jetzt ist die Flasche mit dem Lachs-Öl heruntergefallen, und das Fräulein muss deinetwegen alles aufputzen!" Es führt zu nichts, wenn Sie bloß warme Luft ausstoßen und Ihren Hund zulabern. Sie müssen handeln: Sie stehen in der Aufsichtspflicht und Verantwortung, Pauli liebevoll zu erziehen, ihm die Welt zu erklären und ihm beizubringen, welche Regeln er im Zusammenleben mit Ihnen zu befolgen hat. Es ist an Ihnen, diese Regeln konsequent, ruhig und wohlwollend einzufordern, damit Sie als verlässlicher Sozialpartner akzeptiert werden. Verantwortung an den Hund zu delegieren, bringt gar nichts, und ist zudem in hohem Maße unfair. Wenn Sie das stresst, dann sollten Sie besser alleine einkaufen gehen. Tiere mit der Haltung eines abgehobenen Selbstverständnisses zu messen, beleidigt die von Kant so viel gepriesene menschliche Vernunft. Diese allerdings scheint mir schon längst ein rares Gut geworden zu sein.

Nach diesem Komplexitäts-Flash wenden wir uns dem vermutlich ungeduldig erwarteten Thema „Bindung und Beziehung" zu, das bestimmt etwas leichter runterrutscht. Denen, die sich eingehender mit dem Thema Aggression befassen möchten, seien nochmals die Seminare von Robert Mehl (http://www.seminare-robertmehl.de) ans Herz gelegt.

IV BINDUNG UND BEZIEHUNG

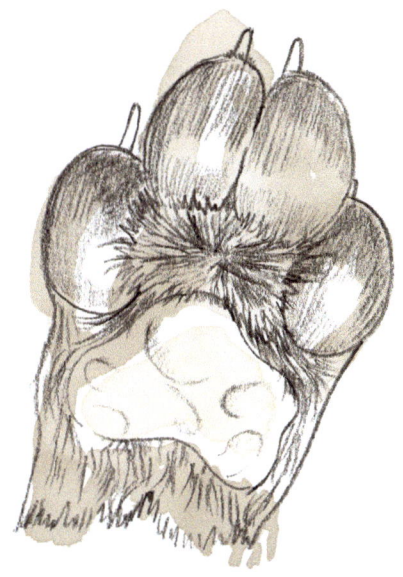

„Es ist schwer, einen so treuen Gefährten wie einen Hund zu finden;
hat ein Armer ihn aufgezogen, so wird er keinem Reichen je folgen."

(Mongolisches Sprichwort)

4.1 Begründer der Bindungstheorie

Harry Frederick Harlow (1905–1981) war ein amerikanischer Psychologe und Verhaltensforscher. Seine Experimente zum Sozialverhalten junger Rhesusaffen machten ihn zu einem der bedeutendsten Primatenforscher der Wissenschaftsgeschichte; indirekt provozierten seine selbst unter Fachkollegen extrem umstrittenen Studien auch eine Verbesserung der ethischen Richtlinien für Tierversuche.

Quelle: Wikipedia[1]

Die martialischen Experimente Harlows an Säuglingen von Rhesusaffen galten dem Ziel, die Grundlagen der Bindung zwischen Mutter und Kind zu erforschen. Zu diesem Zweck trennte Harlow die Babys der Macaca mulatta von ihren Müttern und steckte sie in einen Käfig mit zwei Attrappen: Diese aus Draht nachgebildeten Ersatzmütter unterschieden sich lediglich darin, dass die eine mit Stoff eingekleidet, während der anderen ein Milchfläschchen aufgesetzt war. Die Äffchen hielten sich jeweils nur kurz zur Nahrungsaufnahme bei der Milchspenderin auf, ansonsten kuschelten sie sich an die stoffbespannte Attrappe.

Videos zu „Harlow Wire Cloth Monkey Experiment" finden sich auf Youtube. Dünnhäutige Leser und Leserinnen unter uns bewaffnen sich vorsorglich mit einem komfortablen Vorrat an Taschentüchern, bevor sie sich den Kurzfilm antun.

Harlow selbst widerlegte (unbeabsichtigt) die behavioristische Denk- und Vorgehensweise, die sämtliche Emotionen als irrelevant ausblendet. Ebenso klassifizierte er durch seine Arbeit die nach Maslow benannte Pyramide als wissenschaftlich unhaltbar, da diese Liebe, Zugehörigkeit und Geborgenheit – anders als Nahrung – nicht als Basisbedürfnisse anerkennt. Auch der Psychoanalytiker John Bowlby zweifelte: Er ließ sich bei seinen Studien zur Bindungstheorie von Konrad Lorenz's Feststellung inspirieren, „welch starke Bindung Gänse- und Entenküken an eine Mutterfigur entwickeln, obwohl sie von ihr kein Futter erhalten, sondern sich ihre Nahrung selbst suchen müssen." (Zitat Bowlby 2014[2], S. 20) Zu Zeiten Bowlbys wurde Bindung vor allem dem Futter zugeordnet, was dieser dementierte: „Dies widerspricht freilich allen Beobachtungen, denn dann müssten ein- und zweijährige Kinder im Grunde jedem nachlaufen, von dem sie etwas zu essen bekommen, was nachweislich nicht zutrifft." (ebd., Zitat S. 19)

Die Rhesusäffchen in Harlows Versuchen entwickelten erhebliche Verhaltensstörungen, sodass sie zur Aufzucht eigener Jungen nicht mehr fähig waren. Manche Tiere verendeten an den Folgen des Experiments.

Harry Harlow entdeckte durch seine Tierversuche, dass soziale Bindungen für die [emotionale] Entwicklung extrem wichtig sind. John Bowlby hielt Harlow dieses Verdienst zugute.

Edward John Mostyn Bowlby (1907–1990) war ein britischer Kinderarzt, Kinderpsychiater, Psychoanalytiker und zusammen mit James Robertson und Mary Ainsworth Pionier der Bindungsforschung. „The nature of the child's tie to his mother" legt seine Gedanken dazu dar, dass es ein biologisch angelegtes System der Bindung gibt, das für die Entwicklung der emotionalen Beziehung zwischen Mutter und Kind verantwortlich ist.

Quelle: Wikipedia[3]

4.2 Bindung und Beziehung

Die bindungsrelevanten Nerven- und Hirnstrukturen sind bei Mensch und Hund vergleichbar. Beziehungsprobleme greifen oft auf eine Bindungsthematik zurück; was aber ist der Unterschied zwischen Bindung und Beziehung?

Von Bindungsverhalten spricht man bei sehr jungen Wesen, beim Menschen zum Beispiel bis circa zum 18. Lebensmonat. Das Bindungsverhalten ist genetisch verankert und zeigt sich in Situationen, in denen ein Stressor auftaucht. Salopp gesagt sprechen wir von einem Überlebensmuster, dessen Qualität (Bindungsqualität) in einer Problemsituation deutlich wird. Das Bindungsverhalten ist bei objektiv oder subjektiv erlebter Gefahr sowie bei Müdigkeit oder einer Erkrankung aktiviert, aber auch dann, wenn die Bezugsperson nicht in der Nähe ist. Bindungspersonen sind Individuen, mit denen der intensivste Kontakt in den ersten Lebensmonaten beziehungsweise Lebenswochen stattgefunden hat. Ein idealer Bindungspartner vermittelt Ruhe, Sicherheit (sine cura bedeutet „ohne Sorge"), soziale Ausgeglichenheit, Verfügbarkeit, Feinfühligkeit und emotionale Verbundenheit.

Ein angeborenes Bild eines Bindungspartners existiert nicht. Dass ein Sozialpartner durch Prägung festgelegt wird, ist uns spätestens seit dem prominenten Beispiel von Konrad Lorenz und seinen Enten bekannt. Genießt ein Welpe vom ersten Tag an menschliche Zuwendung und Fürsorge, vermag der Mensch als Sozialpartner des Hundes zu bestehen. Das kann ein Grund sein, weshalb ein Hund, dessen Bindungs- und Sozialpartner ein Mensch ist, sich nicht unbedingt überschlagen muss vor Begeisterung für andere Hunde ... also nochmals:

171

Nicht jeder Hund will mit anderen spielen! Die Sache kann aber für den Menschen auch weniger optimal laufen: Wenn der Hund Artgenossen in seinem Umfeld hat, die ihm mehr zu bieten haben als sein Besitzer, orientiert sich der Hund vorrangig an seiner Hundefamilie. Bei einer Mehrhundehaltung ist deshalb darauf zu achten, dass der Mensch den Welpen erzieht und nicht die anderen Hunde des Rudels. Eine ganz andere Liga sind Straßenhunde, die nicht auf Menschen geprägt sind: Solche Tiere als Einzelhunde unter Menschen zu halten, ist Tierquälerei (vgl. Roos 2015[4]).

Unsere eigene Bindungsqualität beeinflusst das Bindungsverhalten nachfolgender Generationen (vgl. Mehl 2019[5]). Ebenso prägt unser aktuelles Bindungsmodell die Erwartungen an künftige Beziehungen. Emotional bedeutsame Erfahrungen können dieses Modell allerdings verändern, und die Bindungsqualität eines Individuums gestaltet sich je nach Bezugsperson (Eltern, Partner, Freunde et cetera) variabel (vgl. Asendorpf 2018[6], S. 29). Deshalb ist es in Bezug auf das Verhalten eines Hundes nicht unbedeutend, wer den Hund führt.

In einer Beziehung ist das Bindungsverhalten generalisiert. Angeborenes Bindungsverhalten, wie zum Beispiel das Schreien von Kleinkindern, wird modifiziert. Es ist aber je nach Situation – wie etwa beim Brüllen im Partnerstreit (Schrei nach Liebe) – als Rudiment noch zu beobachten. Je nach Kontext und Gegenüber werden individuell berechenbare, soziale Interaktionsmuster aus einem erlernten Strategiepool abgerufen. Strategien und Antworten auf soziale Ursachen (zum Beispiel Abgrenzung oder Durchsetzung) müssen – im Gegensatz zum Bindungsverhalten – erlernt werden (vgl. Mehl 2019[5]). Die damit verbundenen Lernerfahrungen sowie die Bindungsmuster der involvierten Parteien und weitere Faktoren wie Ontogenese, Erziehungsstil, Kommunikation und Rollen beeinflussen das Verhalten in einer Beziehung. Wir erfahren in einem späteren Abschnitt mehr darüber.

4.3 Neurobiologische Faktoren von Bindung und Beziehung

Die neurobiologischen Fakten in diesem Kapitel gründen auf dem Seminar „Bindung und Beziehungsentwicklung zwischen Mensch und Hund" von Robert Mehl, Diplom-Psychologe und Kriminologe:

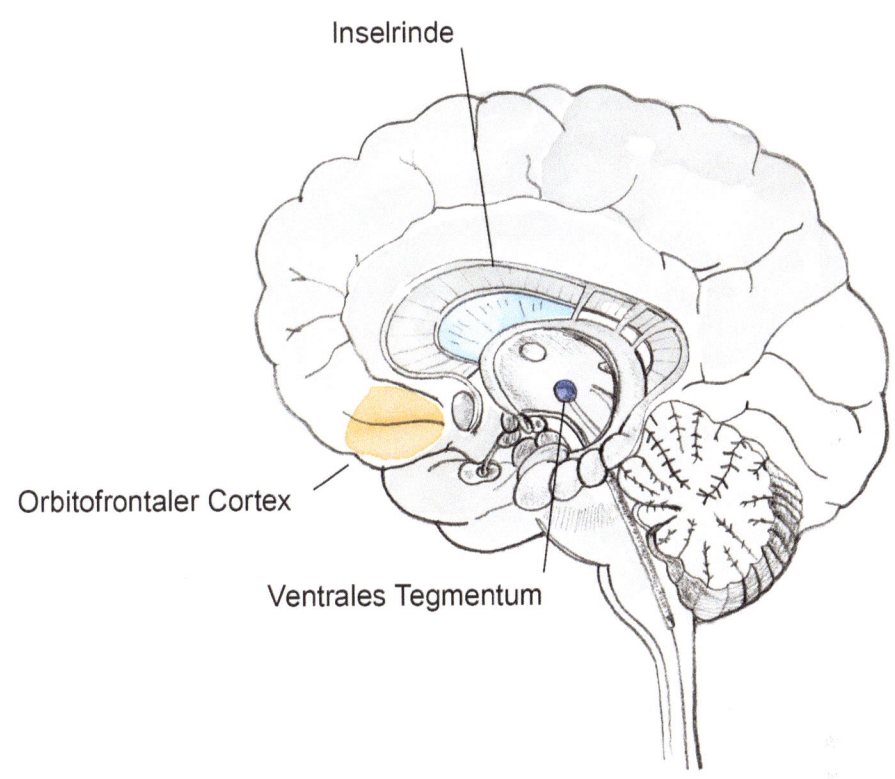

Inselrinde

Orbitofrontaler Cortex

Ventrales Tegmentum

Die Inselrinde hat einen Bezug zur Liebe, Empathie, Lust und sexuellen Anziehung. Liebe ist *der* soziale Verstärker für Hunde. Sie hat Einfluss auf das Einhalten sozialer Regeln und Skripte (wie benimmt man sich), die Hemmung, die Erregung sowie auf die emotionale Kontrolle. Liebe ist selbstbelohnend. Typen, die gut auf soziale Verstärker ansprechen, haben wir bereits beim **B**ehavioral **A**pproach **S**ystem (BAS) kennengelernt. Ohne Liebe wird eine Verhaltensänderung nur schwer möglich sein. Die Inselrinde ist verbunden mit dem ventralen Tegmentum, welches in Motivations- und Belohnungsprozesse eingebunden ist, sowie mit Teilen des Gehirns, die beim motorischen und sensorischen Erleben mitwirken.

Der orbitofrontale Cortex hat zu tun mit der Steuerung von Affekten, dem nonverbalen Austausch zwischen Mutter und Kind, mit Empathie, Fairness, Kooperation, sozialen Interaktionen und moralischem Urteilen. Moral ist keine Entscheidung, sondern der Spielball von orbitofrontalem Cortex und Sozialisierung. Moral lässt uns Regeln befolgen, und sie stellt uns die Frage: „Was ist fair?" Moral zwingt uns, zwischen unseren Bedürfnissen und den Bedürfnissen der Gruppe abzuwägen. Natürlich teilen wir das Essen mit unseren Kindern, aber teilen wir es auch mit einem Fremden? Hunde sind sehr wohl in der Lage, zu kooperieren und zu vergleichen.

Empathie ist eine Form von verbunden sein in Liebe, die über bloßes Verstehen hinausgeht. Auch Stimmungsübertragung erfordert Empathie. Empathie bedeutet: Ich fühle, was du fühlst – eine Prämisse, um Bedürfnisse korrekt zu beantworten. Interessante Ergebnisse in Bezug auf die Fähigkeit, sich in jemand anderen hineinzuversetzen, liefert die „Theory of Mind". Bei diesem Experiment mit Kindern im Alter von zwei bis drei Jahren geht es grob skizziert um Folgendes:

Heidi und Peter beobachten, wie Süßigkeiten in einer Kommode verstaut werden. Während Heidi aus dem Raum geführt wird, sieht Peter zu, wie das Gebäck von der Kommode in einen Wandschrank umplatziert wird.

Peter wird nun gefragt, wo Heidi die Naschereien vermutet. Der kleine Peter antwortet, dass Heidi die Süßigkeiten im Wandschrank suchen wird. Peterle kann sich noch nicht in Heidi hineinversetzen und versteht nicht, weshalb das Mädchen den Konfekt in der Kommode erwartet.

Ab circa dem 4./5. Lebensjahr sind Kinder in der Lage, sich in andere hineinzuversetzen.

Hunde sind in der Lage, sich in uns Menschen einzufühlen. Diese Fähigkeit bildet – nebst dem Beherrschen der Impulskontrolle – die Grundlage für die kooperative Zusammenarbeit und für das gemeinsame Lösen von Aufgaben, wie es beim Jagen der Fall ist.

Natürlich sind auch Hormone an Bindungen und Beziehungen beteiligt. Die prominentesten sind Oxytocin und Vasopressin. Das Kuschelhormon Oxytocin ist uns schon mehrmals begegnet, es ist *das* Bindungshormon schlechthin. Wichtige Eigenschaften sind unter anderem seine Funktion als Gegenspieler von Cortisol sowie seine blutdrucksenkende und beruhigende Wirkung. Oxytocin erhöht die Treue, aber auch die Bereitschaft zu defensiven Angriffen gegenüber Fremden (Xenophobie). Es ist also eine mögliche treibende Kraft hinter sozial motivierter Aggression. Dieses Hormon korrespondiert mit Liebe und Vertrauen. Jemanden anzuschauen, von dem man sich geliebt fühlt, stimuliert die Produktion von Oxytocin.

Ein Kissen oder eine Decke, die nach dem künftigen Daheim eines Welpen riecht, erleichtern dem kleinen Wesen die Umsiedelung in sein neues Zuhause. Überlassen Sie den kuscheligen Gegenstand Ihrem kleinen Freund schon eine Weile, bevor die Zeit des Aufbruchs gekommen ist, damit das flauschige Objekt auch noch ein paar Duftmoleküle der vertrauten

Wurfstätte ins neue Leben mitbringen kann. Gerüche unterliegen nicht der Zensur des Thalamus, dem Tor zum Bewusstsein. Ein Geruch vermag unmittelbar im limbischen System Gefühle zu wecken. Nach der Trennung von Mutter und Geschwistern hilft ein vertrauter Geruch dem Hundebaby, sich in seiner neuen Welt wohlig zu fühlen.

Unter das Regime von Vasopressin fallen Eifersucht sowie das Erkennen und Verteidigen des Bindungspartners. Vasopressin ist eine chemische Vorstufe von Oxytocin, das heißt: keine Liebe ohne Eifersucht (vgl. Strodtbeck/Gansloßer 2016[7], S. 66).

4.4 Die Bindungstypen

John Bowlby und Mary Ainsworth führten Testreihen an Kindern im Alter von 11 bis 18 Monaten durch, die sie „fremde Situation" nannten. Gegenstand der Tests war die Beobachtung des Verhaltens der Kinder bei An- beziehungsweise Abwesenheit der Mutter sowie bei deren Rückkehr. Die folgenden vier Bindungstypen fassen sowohl das gezeigte Bindungsverhalten als auch das explorative Verhalten zusammen:

- sichere Bindung (Ainsworth et al., 1978)
- unsicher-vermeidende Bindung (Ainsworth et al., 1978)
- unsicher-ambivalente Bindung (Ainsworth et al., 1978)
- desorganisiert-desorientierte Bindung (Main und Solomon, 1986, vgl. Asendorpf 2018[6], S. 162)

4.4.1 Die sichere Bindung

Im Test „fremde Situation" zeigen sich sicher gebundene Kinder ausgeglichen in Bezug auf Nähe und Distanz zur Bezugsperson. Verlässt diese den Raum, sind die Kinder für einen Moment irritiert, weinen gegebenenfalls ein wenig, lassen sich aber von der Testperson trösten und beruhigen sich rasch wieder. Sie spielen weiter bis zur Rückkehr der Bezugsperson, worauf sie dieser freudig entgegenlaufen und sie begrüßen. Im Allgemeinen lassen sich sicher gebundene Kinder als kooperativ, anpassungsfähig, positiv, ungezwungen, spontan, beliebt und kreativ beschreiben. Nicht selten zeigen sie eine erstaunliche Sensitivität (vgl. Bowlby 2014[2]).

Eine sichere Bindung bietet dem Kind eine stabile, ermutigende Basis für eigene Erkundungen sowie einen verlässlichen Hafen, der Schutz, Beruhigung und Unterstützung gewährleistet. Eltern stehen ihrem Nachwuchs in Angst- und/oder Stresssituationen als verlässlicher Rückhalt zur Seite.

Sichere Basis

Sicherer Hafen

Die charakteristische Bindungsperson in einer sicheren Bindung zeigt tendenziell *eine autonome Bindungseinstellung* (vgl. Mehl 2019[5]):

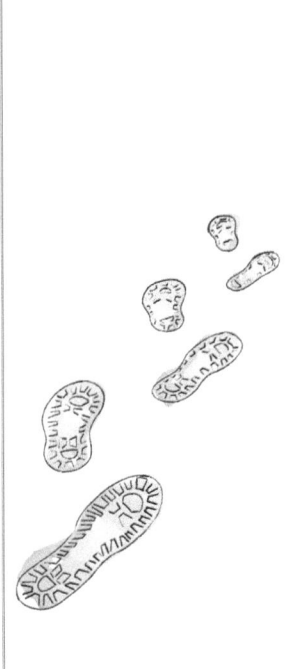

✓ Die Bindungsperson respektiert eigene und fremde Grenzen.
✓ Die Bindungsperson ist in Kontakt mit ihren eigenen Bedürfnissen und kennt viele Strategien im Umgang mit diesen.
✓ Der Bindungspartner zeigt Selbstvertrauen, Frustrationstoleranz, Respekt und Empathie.
✓ Die Bezugsperson sieht in der Erziehung eine Dienstleistung.
✓ Der Bindungspartner steht in jeder Situation voll und ganz zu seinem Hund.
✓ Aus einem echten Nein kommt ein echtes Ja. Der Hund weiß, dass unsere Antwort ehrlich gemeint ist. „Ja" sagen, wenn man „Nein" meint, unterhöhlt die Beziehung.
✓ Der Bindungspartner ist vorhersehbar und authentisch.
✓ Die Bindungsperson verfügt über eine gesunde Eigenregulation.
✓ Die Bindungsperson ist feinfühlig, das heißt: Sie nimmt die Signale des Hundes wahr, interpretiert diese korrekt, reagiert prompt und mit einer angemessenen Antwort.
✓ Die Bindungsperson gewährleistet Sicherheit.
✓ Der Bindungspartner bringt seinem Hund sinnvolle, lebenspraktische Fertigkeiten bei.
✓ Die Bindungsperson ist klar und konsequent. Sie setzt Grenzen und Regeln fest.
✓ Der Bindungspartner fördert die Talente und Qualitäten seines Hundes.
✓ Die Bezugsperson wird ernst genommen und hat Einfluss auf den Hund.
✓ Die Bindungsperson ist eine Bereicherung für ihren Hund.

Der sicher gebundene Hund zeigt sich tendenziell wie folgt (vgl. HEB 2015[8]):

✓ Der Hund ist in der Lage, zeitweise allein zu bleiben.
✓ Die Hunde verhalten sich in Kontakten zu Artgenossen ausgeglichen und souverän.
✓ Die Hunde sind kreativ beziehungsweise selbstwirksam.
✓ Die Hunde sind offen und lassen sich auch auf Aktivitäten mit Drittpersonen ein.
✓ Die Hunde reagieren angemessen auf Situationen und verfügen über einen Pool an verschiedenen Verhaltensstrategien.
✓ Die Hunde sind ausgeglichen und selbstsicher.

Die Antwort auf einen Stressor gibt Auskunft über die Bindungsqualität. Dass ein Knall ein Tier veranlasst zu flüchten, ist nicht das entscheidende Kriterium für die Qualität einer Bindung. Interessant ist, wie der Hund nach Überwindung der Panik reagiert. Bei einem sicher gebundenen Whippet erwarten wir, dass er umdreht und so rasch als möglich den Weg zu seiner Bezugsperson unter die Pfötchen nimmt. Ein Beagle hingegen schüttelt sich den Schreck erst einmal ordentlich von der Pelle und inhaliert dann genüsslich eine warme Brise Frühlingsluft, bevor er sich, berauscht von den 1000 Möglichkeiten, die sich vor seinen Stampferchen auftun, in ein unbestimmtes Abenteuer tragen lässt. Trudelt dieser Beagle drei Tage später in seinem Zuhause ein, kann das durchaus für eine sichere Bindung sprechen. Na ja, es ist eben ein Beagle (vgl. Mehl 2019[5]).

In der Verhaltenstherapie ist eine sichere Bindung eine Grundvoraussetzung. Sie spielen mit dem Gedanken, einen Hund aus dem Tierschutz oder schlechten Haltungsbedingungen zu sich zu nehmen? Diese Absicht ehrt Sie, aber Sie müssen sich der Aufgabe, auf die Sie sich einlassen, vollumfänglich bewusst sein. Genießen Sie die Versprechen mancher Tierheime und Rettungsorganisationen (die teils eher die Bezeichnung Animal Hoarding verdienen) mit Vorsicht: Sie neigen dazu, ihre Schützlinge hemmungslos blauäugig anzupreisen, was ich für sehr gefährlich halte. Ein Hund in einem maßlos überfüllten Shelter kann es sich nicht leisten, gegen eine ganze Meute aufzubegehren, es sei denn, er ist von Todessehnsucht getrieben. Solche Hunde werden fälschlicherweise als sozial verträglich beschrieben. Als Einzelhund im neuen Zuhause kann sich das Blatt wenden, und auf einmal verteidigt der Hund sein Territorium mit allem, was er hat (sprich: mit seiner Wut, seiner Verzweiflung, seinem Überlebenswillen und seinen Zähnen). Vielleicht erklärt er einige Mitglieder Ihrer Gruppe zu Feindbildern. Sind Sie auch dann noch bereit, zu Ihrem Adoptivkind zu stehen? Und wenn nicht, wer tut es dann? Fehlgeschlagene Adoptionen sind besonders grausam und treiben die Angst und Verstörtheit tiefer und tiefer in die verwundeten Seelen. Ein warmes Plätzchen und ein voller Napf reichen nicht, um einen Straßenhund glücklich zu machen – und nein, auch Liebe reicht nicht. Diese Hunde brauchen eine sinnstiftende Bezugsperson mit Führungsqualitäten, zu der sie eine sichere Bindung aufbauen können. Sie brauchen jemanden, der emotionale Ausbrüche nicht bewertet, sondern aushält. Sie brauchen Verlässlichkeit – eine Verlässlichkeit, die das Tier nicht zurückweist, wenn es sich tagelang zitternd hinter dem Ofen versteckt oder mit ablehnender Aggression auf den neuen, fremden Menschen in seinem Leben reagiert. Sie nehmen all das nicht persönlich, denn Sie wissen, dass generalisierte, weitgehend unbewusste Interaktionsmuster ablaufen, und das Tier nie eine Chance hatte, andere Strategien kennenzulernen. Alles, womit es vertraut ist, sind die aus ihm herausbrechenden, ungünstigen Bewältigungsversuche. Der Schlüssel, negative Erlebnisse zu überwinden und Verhaltensänderungen einzuleiten, liegt in einer intakten Beziehung. Wenn nicht Sie an das Schöne in Ihrem Hund glauben, wer dann? Jeder missglückte Vermittlungsversuch deformiert das verzerrte Selbstbild weiter. Bowlby merkt an, dass sich Selbstbilder zu dominanten kognitiven Strukturen vernetzen. Diese verbeulten Ansichten zu rehabilitieren, ist eine Ihrer verantwortungsvollen Aufgaben. Werden Sie und Ihr Umfeld (Familiensituation) diesen Ansprüchen gerecht? Sind Sie bereit, Sicherheit und Verfügbarkeit zu garantieren?

Haben Sie die Ruhe und Präsenz, sich auf eine lange, unbestimmte Reise mit einem Hund einzulassen, der Sie zweifelsohne fordern und vielleicht sogar an Ihre Grenzen bringen wird? Sind Sie willens, sich auf einen Prozess einzulassen und das verlorene Geschöpf auch bei Gegenwind nicht im Stich zu lassen? Sie sind sich bewusst, dass Ihr neuer Begleiter mehr als zwei Wochen Zeit braucht, um sich bei Ihnen einzugewöhnen, nicht wahr? Bis Sie Ihren Gefährten das erste Mal entspannt alleine lassen können, dauert es vielleicht Monate, also haben Sie entsprechende Vorkehrungen getroffen und sich beruflich organisiert. Sie wissen, dass Mitleid ein schlechter Ratgeber ist: Was Ihr Hund braucht, ist eine Bezugsperson, die eine *verlässliche Basis* darstellt, die dem Tier erlaubt, das Leben neu zu erkunden und neu zu bewerten. Bowlby sieht in einer verlässlichen Basis *die* Voraussetzung dafür, das Leben optimal bewältigen und psychisch stabil bleiben zu können. Um dieses Abenteuer eines Neuanfangs zu wagen, braucht es Sicherheit – ja, Leistung setzt Sicherheit voraus. Das ist es, was viele Erziehungskonzepte nicht verstehen.

Der Hundehalter ist gut beraten, sich seiner eigenen verlässlichen Basis in Form von Familienmitgliedern und/oder Freunden zu versichern. Teilen Sie Ihre Sorgen, Nöte, Ziele, Fehler und Erfolge mit empathischen Zuhörern, ohne dabei Ihre Verantwortung an Dritte zu delegieren. In Attributen wie Zuwendung und Beistand respektive in der Bindungsfähigkeit sieht Bowlby das Merkmal einer psychisch stabilen Persönlichkeit. Wie ist es um Ihre eigenen Bindungsmuster bestellt? Missbrauchen Sie vielleicht das Leid eines Tierschutzfalles, um von Ihren eigenen Verletzungen abzulenken? Diese Fragen sind berechtigt, spiegelt sich doch unsere eigene Bindungsgeschichte in unserem Erziehungsverhalten. Es kann nicht sein, dass wir dem leidgeprüften Straßenhund auch noch unsere persönlichen Pflastersteine aufbürden und damit leidvolle Bindungserfahrungen weitergeben. Wenn Sie einer armen Socke wirklich etwas Gutes tun wollen, dann prüfen Sie Ihre Motivation hinter der Absicht einer Adoption sorgsam. Nein, Sie brauchen kein Übermensch zu sein, um ein Tier adoptieren zu dürfen. Es ist in Ordnung, sich gemeinsam mit einem Hund weiterzuentwickeln. Es geht vielmehr darum, dass Sie bereit sind zu reflektieren, welche Beweggründe Sie bei Ihrem Tun leiten. Und ja, es gibt sie auch, die problemlosen Felle, nur sollten Sie nicht per se davon ausgehen, dass Sie sich ausgerechnet in ein solches verlieben werden. Das Beste zu hoffen und auf das Schlimmste vorbereitet zu sein, scheint mir eine vernünftige Devise.

„Wer die eigene Vergangenheit nicht zu erinnern vermag, der wird ihr auch nie entrinnen."
[Santayana 1905, The Life of Reason, Vol. 1 Scribner, New York]

4.4.2 Die unsicher-vermeidende Bindung

Suboptimale Bindungsmuster entstehen, wenn die Bindungsperson wenig in Kontakt mit den eigenen Bedürfnissen steht und kaum Strategien kennt, diese zu erfüllen. Unter solchen Voraussetzungen leidet die Fähigkeit zur Empathie. Andere voll und ganz lieben zu können bedingt, dass ich mich selbst liebe.

Frühe Muster und Glaubenssätze legen unserem Einfühlungsvermögen Steine in den Weg: Uns wurde beigebracht, dass es sich für eine Frau nicht schickt, wütend zu sein, und dass ein richtiger Junge nicht weint. Damit unterdrücken wir aggressives oder ängstliches Verhalten und lassen es als Ausdrucksform unserer Persönlichkeit nicht mehr gelten. Werde ich nun mit Gefühlen der Angst oder Wut konfrontiert, bin ich nicht in der Lage, vorbehaltlos mitzufühlen. Schnell sind Vorwürfe ausgesprochen wie „Stell dich nicht so an!", „Benimm dich!" oder „So was macht man nicht!", und mein Gegenüber lernt, dass es Bedürfnisse gibt, die kein Gehör finden (vgl. Mehl 2019[5]). Das wiederum erzeugt Frust, und aufgrund dieser Erfahrung von Ablehnung vermeiden es die betroffenen Individuen, Zuneigung, Trost oder fremde Hilfe anzunehmen und streben nach psychischer Autarkie.

Bei unsicher-vermeidend gebundenen Kindern legt der Test „fremde Situation" primär ihr Kontakt vermeidendes Verhalten offen. Sie spielen für sich allein, wobei das Beschäftigen mit den Spielsachen als Stresskompensation zu werten ist. Bei der Trennung von der Bindungsperson zeigen sich diese Kinder unbeeindruckt. Das Zurückkommen der Bezugsperson bleibt scheinbar unbemerkt oder wird ablehnend ignoriert. Unsicher-vermeidend gebundene Kinder fallen als emotional isoliert, feindselig, unsozial und zugleich geltungsbedürftig auf. Sie bleiben am liebsten für sich und verhalten sich distanziert bis ignorant (vgl. Bowlby 2014[2]).

Die unsicher-vermeidende Bindung unterhält zwar eine intakte Basis, allerdings stellt sie dem Kind keinen verlässlichen Hafen als schützenden Rückzugsort.

Sichere Basis

Die charakteristische Bindungsperson in einer unsicher-vermeidenden Bindung zeigt tendenziell *eine distanziert beziehungsabweisende Bindungseinstellung* (vgl. Mehl 2019[5]):

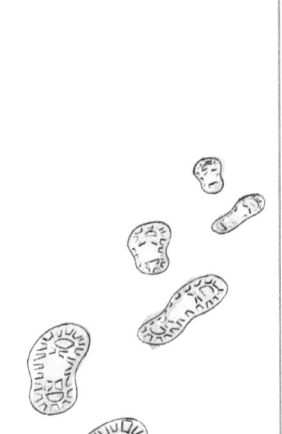

	✗ Die Bindungsperson tritt nicht wirklich in Kontakt mit ihrem Hund; sie bestraft nicht, sie ignoriert. Anmerkung: Ignoranz ist der schlimmste Strafreiz für einen Hund. Er kommt einem Ausschlussverfahren (Mobbing) und somit dem emotionalen Verlassen gleich. ✗ Die Bezugsperson unterhält eine Angst-vor-Fehlern-Kultur, indem der Hund nur Zuwendung bekommt, wenn er alles richtig macht (Clicker). ✗ Der Bindungspartner belohnt nur erwünschtes Verhalten (Zerstörung von Autonomie). ✗ Die Bindungsperson misst den Hund an seiner Leistung, ohne Leistung gibt es keine Liebe. ✗ Der Bindungspartner ignoriert den Hund, wenn er Beruhigung und Unterstützung braucht. Die Befindlichkeit des Hundes wird allenfalls sporadisch zur Kenntnis genommen, und die Bezugsperson reagiert verspätet und/oder unangemessen auf seine Signale. ✗ Der Bindungspartner hat Gefallen daran, wenn der Hund sich anhänglich gibt und genießt es, gebraucht zu werden. Die selbst entbehrte Zuwendung wird vom Hund eingefordert. ✗ Die Bindungsperson kann schlecht „Nein" sagen und ebenso schlecht Grenzen setzen. Sie ist für den Hund oft unklar. ✗ Die Bezugsperson unterbindet Autonomiebestrebungen, zu viel Selbstwirksamkeit des Hundes lässt sie nicht zu. Unter diesem Verhalten liegt zum einen die (unbewusste) Angst, nicht geliebt beziehungsweise gebraucht zu werden, zum anderen besteht die Annahme, dass der Hund allein wegen der Person als solcher nicht bleiben würde, da diese nicht liebenswert ist ... es sei denn, sie wird gebraucht. Informationen zu unserer Liebenswürdigkeit haben wir in der Regel bei unserem ersten Wutausbruch erhalten: Waren wir für unser Umfeld auch dann noch liebenswert, als wir wütend waren ...? ✗ Der Bindungspartner bringt dem Hund mehr Tricks als lebenspraktische Fertigkeiten bei. Er wird vom Hund nur bedingt ernst genommen. ✗ Der Bindungspartner zeigt sich beschränkt einsichtig in die Bedürfnisse des Hundes und betreibt kein vernünftiges Gefahrenmanagement (aus Sicht des Hundes). ✓ Die Bezugsperson selbst ist keine Gefahr für den Hund.

Der unsicher-vermeidend gebundene Hund zeigt sich tendenziell wie folgt (vgl. HEB 2015[8]):

× Der Hund zeigt sich unabhängig, ist es aber nicht, daher sprechen wir von Pseudounabhängigkeit: Er drückt seinen Stress nicht mehr aus, kann ihn aber nicht regulieren.

× Lässt man einen unsicher-vermeidend gebundenen Hund allein, verhält er sich unauffällig und ruhig. Das Bild ist identisch mit dem des sicher gebundenen Hundes. Allerdings weist der unsicher-vermeidend gebundene Hund im Gegensatz zum sicher gebundenen Hund erhöhte Cortisolwerte auf.

× Der Hund meidet den Kontakt, damit er sich dem Verarbeiten einer (weiteren) Trennung entziehen kann. Oft passiert das bei Welpen, die im neuen Zuhause über Nacht zum Beispiel im Flur oder in der Küche allein gelassen werden (es ist eine menschliche Unart, seinen Nachwuchs nachts im Dunkeln allein zu lassen).

× Der Hund bietet sich zum Arbeiten an, allerdings steckt dahinter weniger die pure Freude oder der „Will to Please", als vielmehr die Frage: „Was kann ich machen, damit du mich anerkennst?"

× Der Hund steht innerlich unter Stress auf der Suche (Sucht) nach dem nächsten Click.

× Der Hund fühlt sich oft ganz allein, besonders dann, wenn es aus seiner Perspektive ernst wird (Tendenz zu Phobien und Ängsten).

× Der Hund TRAUT seinem Bindungspartner NICHT zu, dass dieser voll und ganz im Leben steht, weil seine Bezugsperson wenig Einsicht für Gefahren und ebenso wenig Verständnis für sinnvolle Beschäftigungen an den Tag legt.

× Border Collie & Co.: Der genetisch verankerte rigide Perfektionismus und hohe Leistungsanspruch bedeuten eine durch züchterische Selektion hervorgebrachte Sollbruchstelle, welche die Wahrscheinlichkeit für zwanghafte Verhaltensstörungen begünstigt. Die Bezugsperson kann die Anlage des Borders, keine Fehler machen zu wollen, ausnutzen oder beruhigen. Unsicher-vermeidend gebundene Hunde haben tendenziell ein höheres Risiko für zwanghaftes Verhalten.

4.4.3 Die unsicher-ambivalente Bindung

Bei der unsicher-ambivalenten Bindung macht der Test „fremde Situation" das widersprüch-
liche Verhalten des Kindes gegenüber der Bezugsperson deutlich. Beim Weggehen des
Bindungspartners reagieren die Kinder verunsichert und weinen, sie schlagen gegen die
verschlossene Tür und lassen sich durch die Testperson kaum beruhigen. Kehrt ihre Bezugsperson zurück, pendeln sie zwischen anklammerndem und aggressivem Verhalten, und sie
schwanken zwischen Intimität und Feindseligkeit. Sie lassen sich auch jetzt nur schwer beruhigen. Unsicher-ambivalent gebundene Kinder zeigen sich angespannt, unsicher, impulsiv und leicht frustrierbar oder aber passiv, traurig, ängstlich und hilflos. Buhlen sie um die
Gunst der Eltern, präsentieren sie sich betont niedlich.

Die Basis einer unsicher-ambivalenten Bindung ist instabil. Beistand wird nur vereinzelt gewährt, und die Ungewissheit, wann und ob auf die Eltern zu zählen ist, generiert Trennungs-
ängste. Die Nachkommen klammern und zeigen nur selten Explorationsdrang. Das Neugier-
und Erkundungsverhalten ist eingeschränkt, wobei der Hafen als schützender Rückzugsort
bestehen bleibt (vgl. Bowlby 2014[2]).

Sicherer Hafen

Die charakteristische Bindungsperson in einer unsicher-ambivalenten Bindung zeigt tendenziell *eine verstrickte Bindungseinstellung* (vgl. Mehl 2019[5]):

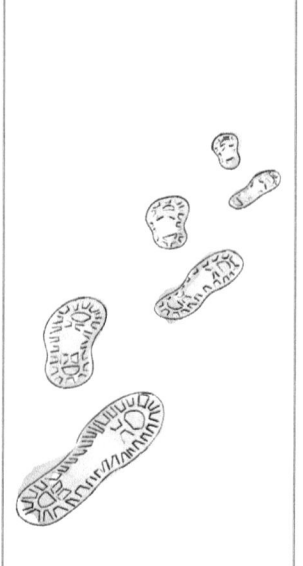

	✗ Die Bindungsperson reagiert unzuverlässig, für den Hund nicht nachvollziehbar und unvorhersehbar.
	✗ Die Bezugsperson hat ein flatterndes Kümmerbedürfnis, ist aber nicht auf den Hund eingestellt.
	✗ Die Bindungsperson hat oft wenig elterliche Unterstützung im Umgang mit den eigenen Bedürfnissen erfahren, und es fehlt ihr an echten Vorbildern.
	✗ Die Bindungsperson ist oft das Kind traumatisierter Eltern (Kriegsgenerationen), die es vermeiden, Gefühle zu fühlen (Kriegstraumata), bis ein Trigger (Kind) den Kragen zum Platzen bringt. Eltern schlagen aus Verzweiflung und das Kind (heutige Bindungsperson) fühlt sich schuldig, für die seelische Not seiner Eltern verantwortlich zu sein, es kann aber nichts dagegen tun. Das Kind ist hilflos, das schlimmste aller Gefühle. Dem Kind ist die Familie heilig, es kann nicht weggehen und zieht – wenn überhaupt – erst spät aus der elterlichen Wohnung aus (Muttersöhnchen: sie sind in Wirklichkeit Mutterväter).
	✗ Die Bezugsperson verwöhnt und/oder ist unberechenbar und unverhältnismäßig strafend, um Autonomie, Exploration, aber auch Wut und Opposition zu verhindern.
	✗ Der Bindungspartner benimmt sich dem Kontext unangemessen.
	✗ Die Bezugsperson zeigt wenig Verständnis für sinnvolle Beschäftigungen.
	✗ Die Bindungsperson ist konsequent inkonsequent und damit unberechenbar und unglaubwürdig.
	✗ Die Bindungsperson unterhält ein Binärsystem von schwarz-weiß beziehungsweise Zuckerbrot und Peitsche.
	✗ Die Bezugsperson kann eine Gefahr darstellen.

Der unsicher-ambivalent gebundene Hund zeigt sich tendenziell wie folgt (vgl. HEB 2015[8]):

* Der Hund ist pausenlos gefordert, die Stimmungslage der Bezugsperson einzuschätzen, um sein Verhalten den Erfordernissen anpassen zu können. Dem Hund bleibt kein Spielraum für Erkundungsverhalten.
* Der permanente Wechsel zwischen einfühlendem und abweisendem Verhalten der Bezugsperson führt dazu, dass das Bindungssystem des Hundes ständig aktiviert ist: „Siehst du mich?"

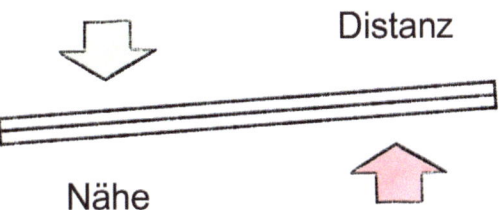

Appetenz-Aversions-Konflikt:
Konflikt zwischen Annäherung (Bindungssystem) und Distanz (Stresssystem)

* Vom Hund wird maximale Anpassung und Stabilität gefordert. Missstimmung, Traurigkeit oder Wutausbrüche werden nicht toleriert, weil sie beim Halter traumatisierende Kindheitserlebnisse erinnern.
* Der Hund findet keine Ruhe.
* Der Hund zeigt Übersprungshandlungen.
* Der Hund hat Trennungsangst, kann keine fünf Minuten warten, klammert und löst sich nur schwer von seiner Bindungsperson.
* Parentifizierung – Umkehr der Rollen: Der Hund sorgt für den Bindungspartner (diese Hunde neigen typischerweise dazu, nach vorne zu gehen).
* Wenn es der Bindungsperson gut geht, hat der Hund eine kleine Chance auf Liebe.
* Der Hund muss etwas leisten, bevor er geliebt wird.
* Will der Hund, dass es ihm gut geht, muss er sich zuerst um seine Bezugsperson beziehungsweise um sein Umfeld kümmern.

4.4.4 Die desorganisierte Bindung

Im Test „fremde Situation" zeigt das desorganisiert gebundene Kind desorientiertes, nicht auf eine Bezugsperson bezogenes Verhalten. Stereotypien wie schaukeln und sich im Kreis drehen sowie erstarren, weisen auf einen massiven inneren Appetenz-Aversions-Konflikt hin. Zum Teil lässt sich intensives Suchen nach Nähe bei gleichzeitiger Ablehnung beobachten. Diese verstörten Kinder reagieren typischerweise mit Kontrollzwang und/oder Dominanzstreben. Die Eltern werden entweder herabgesetzt oder aber im Sinne einer Rollenumkehr bemuttert (vgl. Bowlby 2014[2]).

Eine desorganisierte Bindung bietet dem Kind weder eine tragfähige Basis für eigene Erkundungen noch einen verlässlichen Hafen als schützenden Rückzugsort.

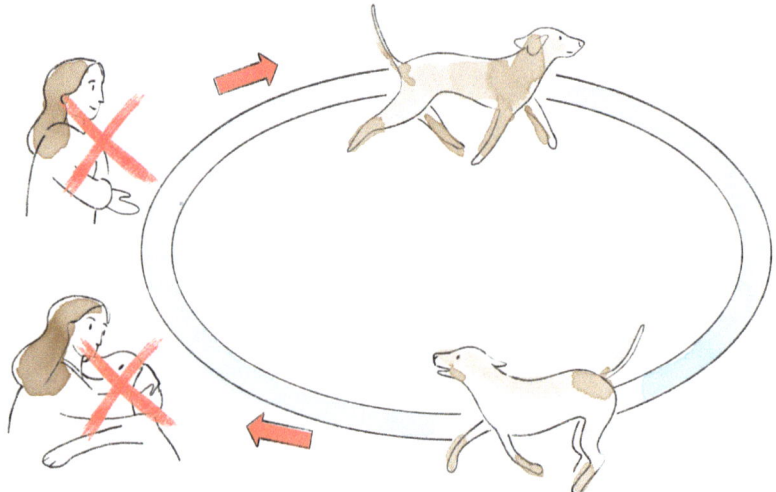

Die charakteristische Bindungsperson in einer desorganisierten Bindung zeigt tendenziell *unverarbeitete Traumata* (vgl. Mehl 2019[5]):

<table>
<tr>
<td>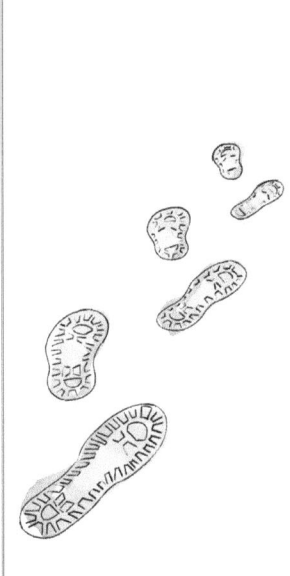</td>
<td>

× Die Bezugsperson leidet an unverarbeiteten Traumen (Misshandlung, Missbrauch, unverarbeitete Trauer et cetera).
× Die Bezugsperson verübt ihrerseits Misshandlungen am Hund.
× Die Bindungsperson ist die Stressquelle selbst (aktiviert das Stresssystem des Hundes).
× Die Bindungsperson hat viele Gesichter.
× Dem Bindungspartner mangelt es an Erregungsregulation.
× Die Bindungsperson kennt keine Bewältigungsstrategien.
× Der Bindungspartner zeigt eine Tendenz zu Erschöpfung, Burnout und Depressionen.
× Die Bindungsperson zeigt sich häufig ängstlich und aktiviert damit das Bindungssystem beim Hund.
× Die Bezugsperson kennt keine Objektpermanenz: Was aus dem Sichtfeld verschwindet, existiert nicht mehr. Eine mögliche Folge kann Vernachlässigung des Hundes sein.
× Die Bezugsperson bietet keinen Schutz.
× Die Bindungsperson ist eine ernsthafte Gefahr: Besitzerwechsel anstreben!

</td>
</tr>
</table>

Der desorganisiert gebundene Hund zeigt sich tendenziell wie folgt (vgl. HEB 2015[8]):

<table>
<tr>
<td></td>
<td>

× Der Hund neigt zu Stereotypien.
× Der Hund zeigt Übersprungshandlungen.
× Der Hund hat kein (Ur)Vertrauen: Wenn ein Baby schreit, erscheint die Mutter, um seine Bedürfnisse zu erfüllen. Wenn das Baby schreit, aber niemand kommt, erschüttert das das Urvertrauen. Urvertrauen ist das Vertrauen, dass mir geholfen wird, wenn ich meine Bedürfnisse ausdrücke. Das heißt, ich kann andere dazu bringen, mir zu helfen [soziale Wirksamkeit]. Dieses Vertrauen fehlt bei dem desorganisiert gebundenen Hund gänzlich.
× Der Hund sucht Orientierung.
× Der Hund fühlt sich allein.
× Der Hund steht unter anhaltender Angst und Spannung.
× Der Hund ist durch das unberechenbare soziale Umfeld oft selbst unberechenbar.
× Parentifizierung – Umkehr der Rollen: Der Hund sorgt für den Bindungspartner.
× Unter Shelter-Hunden sowie bei Vermehrer-Hündinnen ist das desorganisierte Bindungsmuster stark vertreten.

</td>
</tr>
</table>

Selbstverständlich sind die dargestellten Zusammenhänge zwischen der Bindungseinstellung der Bezugsperson und dem Bindungstyp des Hundes lediglich Tendenzen. Nicht zu jeder Bezugsperson mit einer autonomen Bindungseinstellung zeigt der Hund eine sichere Bindung, nicht jeder unsicher-vermeidend gebundene Hund ist der Begleiter einer Bezugsperson mit einer distanziert beziehungsabweisenden Bindungseinstellung, unsicher-ambivalent gebundene Hunde haben nicht per se Bindungspartner mit einer verstrickten Bindungseinstellung, und desorganisiert gebundene Hunde sind nicht zwingend das Resultat von Bezugspersonen mit unverarbeiteten Traumata. Das Bindungsangebot der Bezugsperson ist nicht allein verantwortlich für die Qualität einer Bindung, auch andere Einflüsse spielen eine Rolle. Selbst ein Welpe kommt nicht als unbeschriebenes Blatt zu uns. Bindungstypen sind komplexe Gebilde, und wir verstehen nun, dass es nicht einfach „gute" und „schlechte" Bindungen gibt.

4.5 Die Beziehung

Das Verhalten in einer Beziehung ist nebst der Bindungsqualität von weiteren Faktoren abhängig. Beispielsweise treten zwischen Hund und Halter Fürsorgemuster mit Bindungsmustern in Interaktion. Je nach Lebens- und Lernerfahrungen stehen einem Individuum mehr oder weniger Strategien für soziales Verhalten zur Verfügung. Wie bereits angesprochen, wird eine Beziehung durch mehrere Parameter beeinflusst, wie:

*   Ontogenese
*   Bindung
*   Erziehungsstil
*   Lernformen
*   Kommunikation
*   Rollen

Bindung, Erziehungsstil und Lernformen haben wir bereits diskutiert. Der Kommunikation ist ein eigenes Kapitel gewidmet. Unter Ontogenese versteht man den individuellen Lebenslauf von der Konzeption bis zum Tod. Die Rollen, die der Hund als emotionale Projektionsfläche in der Gesellschaft einnimmt, sind erschlagend viele.

Frei lebende Hunde verbringen ihr Leben naturgemäß mit Jagen und mit dem Abstecken ihres Reviers. Sie faulenzen, braten wie von Sangria berauschte Touristen in der Sonne und pflanzen sich einmal im Jahr fort.

Territorialverhalten

Jagdverhalten

Sozialverhalten

Sexualverhalten

Zur Zeit der Jäger und Sammler koexistierten Mensch und Hund in einer symbiotischen Gemeinschaft. Auf der Jagd punkteten die Caniden beim Aufspüren der Beute, während der Mensch den gefährlichen Part des Tötens übernahm. Diese Arbeitsteilung schonte die Energiereserven beider Parteien und verbesserte deren Überlebenschancen. Auch der Territorialinstinkt der Hunde war dem Homo sapiens willkommen, bewachten die Tiere doch zuverlässig sein Lager.

Mit aufkommender Landwirtschaft missfiel das jagdliche Talent des Hundes dem Menschen mehr und mehr. Besonders ambitionierte Jäger landeten anstelle des Rehrückens im Kochtopf. Eine erste Selektion hatte begonnen. Zwar zielte die Domestikation weiterhin auf die Effektivität des Überlebens ab, allerdings veränderten sich die Aufgaben, die von unseren Hunden gefordert wurden. Obwohl es noch einen Bezug zur Beute gab, zeigen Herdenschutz-, Hüte- und Treibhunde nur noch einzelne Sequenzen des Jagdverhaltens (vgl. HEB 2015[8]).

Territorialverhalten

~~Jagdverhalten~~

Sozialverhalten

Sexualverhalten

Im Mittelalter war die Jagd nur mehr ein Exklusivrecht des Adels. Der Hund verkümmerte zum Statussymbol von Aristokratie und Großbauern, während die Schönheitszucht und der Handel ein neues Kapitel in der Geschichte von Mensch und Hund aufschlugen. Die Liebhaberei der Oberklasse – es ging dabei wohl mehr um das Haben als um Liebe – trieb einen Keil zwischen Wesen und Funktion des Hundes. Dass frustrierte Adelsfrauen, deren Nachwuchs von Ammen großgezogen wurde, den Hund als Kindersatz missbrauchten, ist nur ein Beispiel. Fortan führten nicht mehr die natürliche Auslese und das Verhalten eines Tieres Regie bei der Verpaarung, sondern das, was der kreative Wahn der Sammler als verrückt, exotisch und abgehoben genug erachtete (ebd.). Die Pfuscherei mit den Genen macht selbst vor Qualzuchten nicht Halt. Wie bereits im Kapitel Aggression notiert, scheint auch heute noch die züchterische Freiheit über dem Wohlergehen unserer Hunde zu stehen.

Territorialverhalten

~~Jagdverhalten~~

Sozialverhalten

~~Sexualverhalten~~

Mit der Industrialisierung begann die Trennung in Arbeitszeit und Freizeit. Dieses Modell stülpen wir auch unseren Hunden über, obwohl das für die Vierbeiner keinen Sinn ergibt. „Jetzt bist du frei!", tönt es nach der Trainingsstunde, und das erlösende Klack befreit das Halsband von der Leine. Auf dem Hundeplatz spurt Bobby größtenteils noch, im Alltag klappt es schon eher weniger. Erziehung und Beziehung kennen weder Freizeit noch Feiertage noch Ferien: Sie finden 24 Stunden am Tag, 7 Tage die Woche und 365 Tage im Jahr statt.

Der Geist des bedingungslosen Gehorsams ohne Widerwort, wie ihn der Krieg unseren Großvätern abverlangte, lebt im Umgangston einiger Sparten der Hundeausbildung weiter. Allein schon die Lautstärke, in der kommuniziert wird, erinnert an eine Militärübung. Die Hunde lernen nicht besser oder schneller, wenn man sie anschreit, und die meisten von ihnen sind auch nicht schwerhörig. Diesem Drill bietet eine Gegenströmung der Wattebausch-Methoden siegreich Paroli. Der moderne Hundehalter setzt auf laissez faire – eine Reinkultur der Veruntreuung – und auf ausschließlich positive Bestärkung. Für den kritischen Betrachter werfen beide Ansätze Fragezeichen auf.

In weiten Teilen Europas gehen die Menschen in der Freizeit zu ihrer Erquickung, zur Senkung des Blutdrucks und als Kampfansage gegen den Sofa- beziehungsweise Büroschwabbel mit Hunden spazieren – eine Beschäftigung, der Caniden von sich aus nicht nachgehen würden. Das Leben hat uns Fähigkeiten und Talente geschenkt, damit wir sie ausprobieren und erfahren. Der Hund will sich seiner Natur gemäß erleben. Für den, der mit offenem Herzen und wachen Sinnen unterwegs ist, gibt es da draußen viel zu bestaunen: Vielleicht entdecken Sie eine Maus, die aufgeregt durchs Laub raschelt, oder eine Blindschleiche, die lautlos über den Weg schlängelt. Quirlige Iltisse verraten ihr Spiel mit lautem Piepsen, kleine Fröschchen hüpfen tollpatschig durchs Gras, und zwei Eichhörnchen zanken sich um eine begehrte Nuss. Wenn Sie achtsam sind, sehen Sie ein Reh scheu durch die Bäume äugen und den Habicht majestätisch durch die Baumkronen gleiten. Joggen Sie ein Stück, klettern Sie auf die mächtige Wurzel eines umgestürzten Baumes, oder setzen Sie sich still beobachtend an ein gurgelndes Bächlein. Wenn der Brunnen Ihrer Fantasie nicht gänzlich vertrocknet ist, entdecken Sie inmitten dieses Lebensraumes, in einer Sandsteinhöhle oder im Umkreis einer Burgruine zahlreiche Möglichkeiten, für Ihren Hund eine sinnstiftende Herausforderung zu kreieren. An manchen Tagen mögen Sie es vielleicht etwas ruhiger angehen und klären Ihren Geist beim zentrierten Abschalttraining, während sich Ihr Gefährte entspannen und Steadiness üben darf. „Unterwegs sein" ist eine andere Liga als abwesend und/ oder auf das Handy glotzend durch die Gegend zu „spazieren". Sie sind alles, was Ihr Hund hat. Treten Sie „in Beziehung" zu ihm, und entdecken Sie gemeinsam die Fülle des Lebens.

Der einst frei durch Wälder streifende, erfolgreich jagende und territorial motivierte Hund verfolgt heute im Agility Parcours nur mehr den Schatten einer Illusion. Wie schnell er auch durch den Dschungel aus Stangen, Brettern und Wippen prescht, nie lacht ihm der Triumph einer Beute: An den erkämpften Lorbeeren in Form von Punkten und Wettkampferfolgen erfreut sich allein der Mensch. Hohes, lautes, sich überschlagendes Bellen, ein angedeutetes Schnappen nach dem Besitzer und wiederholtes Anspringen der Führungsperson nach dem Absolvieren des Parcours sind Bilder, die solche Wettbewerbe immer mal wieder begleiten. Die einen denken, der Hund freut sich … oder ist es vielleicht Frust? Einem gewissen Typ Hund mag – bei entsprechender Führung – das Abspulen des Geräteparks zusagen, für andere bedeutet es Stress und Leistungsdruck. Faire, sportliche Unterfangen sind okay, solange das gemeinsame Tun im Vordergrund steht, die Aufgabe für den Hund sinnvoll bleibt und das Tier nicht zum Sportgerät degradiert und lediglich an seiner Leistung gemessen wird. Ein empathischer Hundehalter wählt seine Disziplin aufgrund der Talente seines Hundes.

Weniger zur Befriedigung wettkämpferischen Ehrgeizes taugende Exemplare fungieren als Therapeut beziehungsweise Problemsubstitut bröselnder Ehen oder dienen als Spielkameraden für die Sprösslinge des Hausherrn. Dabei soll Hund stets freundlich und duldsam bleiben, selbst wenn die Rotzlöffel Seilziehen mit der Rute üben, in ihrer unerschöpflichen Fantasie beim Titanic-Spielen Bleistifte in den Hundeohren versenken und den Arthrose geplagten Senior als Pony missbrauchen. Bei Maßregelung des menschlichen Nachwuchses droht dem Lakaien eine Reise über die Regenbogenbrücke oder ein Aufenthalt unbestimmter Dauer im

Tierheim. Etwas mehr Glück hat der zum Partner erklärte Hund, missbraucht wird er aber trotzdem. Er darf auf den Spaziergängen vor Frauchens Füßen herumwuseln, um sie zu beschützen. Er ist also der **Vor**läufer. Zu melden hat er allerdings nichts, denn beim pflichtgetreuen Verbellen eines Joggers gibt's eins auf die Schnauze. Pinkeln darf Pascha überall und ad libidum, er soll es aber gefälligst lassen, Nachbars Zottel zu verkloppen, wenn er diesen beim Überfluten seiner Reviermarkierungen erwischt. Das Haus bewachen steht ganz oben im Pflichtenheft des pelzigen Bodyguards, aber vielleicht geht das auch ohne Gebell, das verärgert nämlich die Anwohner. Gewiss schmeichelt es Frauchen, wenn der Auftritt ihres Großen den Besuchern ein leises Schauern über den Rücken jagt (ein bisschen wenigstens ...), nur bitte nicht dem Postboten, dieser bringt schließlich jeden Monat den Gehaltscheck. Unfreundliches Benehmen gegen den Briefträger wird mit einem Tag Liebesentzug geahndet, das Anknurren der Ex-Schwiegermutter hingegen bringt Hund ein heimliches Leckerchen ein. Logisch, dass Caniden das eine vom anderen unterscheiden können ... (ironisch!) Bei der Erbtante wird es besonders prickelnd: Jeglicher Verstoß gegen den Knigge bedeutet ein sicheres „One-Way-Ticket" in den Himmel. Auch die flott wechselnden Freunde der Kinder gilt es auf Anhieb als erweitertes Rudel zu erkennen, und sie sind stets mit vorbildlicher Sanftmut zu behandeln. Alles andere endet ebenfalls mit der Todesspritze. Also, bloß keine Territorialität, bitte!!!

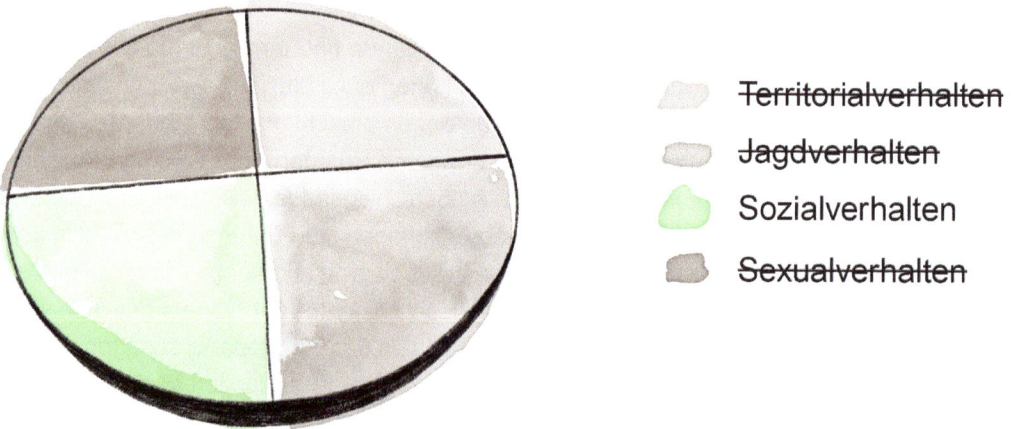

Was wir dem Hund gelassen haben, ist sein Sozialverhalten. Für einen Platz im Rudel – eine Investition in die eigene Sicherheit und die höheren Überlebenschancen in einer Gruppe – bezahlt unser tierischer Freund einen hohen Preis. Sein soziales Verhalten bleibt vom Menschen unbeantwortet. Wachstum, Expansion, Talente und Qualitäten des Canis lupus familiaris hat der Homo sapiens kupiert, weil sie ihm keinen Vorteil mehr verschaffen und/oder lästig wurden. Hunde sind zurechtgestutzte Arbeitslose, die ab und zu einen Brocken zugeworfen bekommen. Der Hund stopft wohl das eine oder andere Defizit seines Menschen (geliebt werden, Anerkennung et cetera), wie aber sieht es mit den Bedürfnissen des Hundes aus? Statt die Nacht im Schutz des Rudels und mit einem Gefühl der Zugehörigkeit zu verbringen, kringelt sich der Welpe im kalten Flur allein gelassen in sein Körbchen. Den sozialen Regeln und Skripten der Caniden begegnet der Mensch mit Unverständnis. Kopflos ermuntert er die betagte Hündin, mit einem pubertierenden Rüden zu „spielen", wahrlich ein Affront gegen jede Etikette. Mit der Haltung: „Die regeln das schon.", kündigt der Mensch seine Verantwortung für die Gewährleistung von Sicherheit und Unversehrtheit, disqualifiziert sich als Leitfigur und verspielt jede Hoffnung auf Glaubwürdigkeit, während er im selben Atemzug den Lead sowie Gehorsam fordert. Nicht genug, dass wir unseren Hunden schon alles genommen haben: Mit unserem uneinsichtigen Verhalten stoßen wir die Tiere auch noch in die soziale Leere.

Auch wenn sich Hunde anpassungsfähiger zeigen als andere Tiere, heißt das noch lange nicht, dass ihnen dieser Anpassungsmarathon guttut. In der Proklamation des Anthropo-Gens, welches bis heute nicht nachgewiesen ist, sehe ich das Täuschungsmanöver einer verlogenen Pseudorechtfertigung, um den Hund mit gutem Gewissen missbrauchen, ausbeuten und verraten zu dürfen. Die Studie „Structural variants in genes associated with human Williams-Beuren syndrome underlie stereotypical hypersociability in domestic dogs"[9] dokumentiert zwar Genveränderungen bei domestizierten Hunden, allerdings ist damit kein Sozialgen gefunden, betont die Forscherin von Holdt. Die durch die Zuchtauswahl begünstigte Mutation weist eine Ähnlichkeit mit dem William-Beuren-Syndrom beim Menschen auf. Diese Erbkrankheit zeigt sich nebst organisch-anatomischen Veränderungen an akustischer Überempfindlichkeit, Konzentrationsproblemen, kognitiver Behinderung und geistiger Retardierung bei gleichzeitiger Inselbegabung (Idiot savant), Lernschwierigkeiten, Labilität, Einfühlsamkeit und emotionaler Sensibilität, Schlafstörungen, hypersozialem Verhalten, Vertrauensseligkeit, an wenig Hemmungen und Distanz und daran, dass diese Patienten gerne sprechen. Aufgrund ihrer äußeren Erscheinung werden die Betroffenen als elfenartig beschrieben.

Menschen fühlen sich zu Hunden hingezogen, weil deren Einfachheit (gemeint ist das Gegenteil von Kompliziertheit), Authentizität und Präsenz den abgehobenen und gestressten Homo sapiens erden. Hunde erinnern uns an unsere Wurzeln und an das Gefühl zuhause zu sein. Sie lassen uns die Geborgenheit wiederfinden, die in der Verbundenheit mit der Natur schlummert – einer Wiege, die wir zerstört und ein Band, das wir zerrissen haben. Und dennoch versuchen wir den Hund anthropozentrisch zu verbiegen. Was für ein Irrsinn!

„Deshalb ist es so schön, einen Hund zu streicheln oder anzusehen,
weil man erkennt, dass der Hund tiefer mit dem Sein verbunden ist
als der Mensch selbst, und man fühlt sich fast befreit von sich selbst für einen Moment in der Natur."
[Eckhart Tolle]

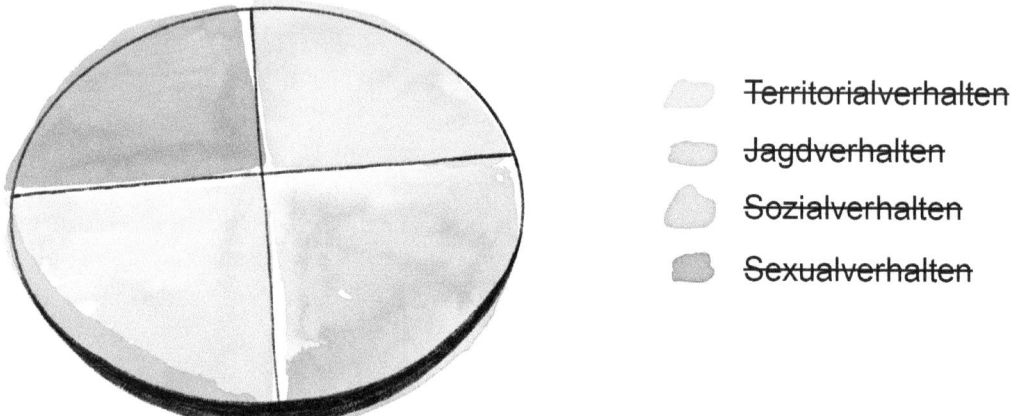

Territorialverhalten

Jagdverhalten

Sozialverhalten

Sexualverhalten

Die Rollen, die der Hund in unserer Gesellschaft aufgebuckelt bekommt, verlangen Großes. Eigentlich wollen wir gar keine Hunde, wir wollen Heilige. Wir missbrauchen den Hund, um unsere aus mangelnder Selbstverantwortung entstandenen, unbefriedigten Bedürfnisse aufzufangen und beuten seine soziale Veranlagung aus, um uns geliebt, gebraucht und besser zu fühlen. Wir lassen den Hund unsere Sprache erlernen, weil unsere Empathie, unser ehrliches Interesse und unsere Feinfühligkeit nicht ausreichen, in *seine* Natur und in *sein* Wesen einzutauchen. Wir auferlegen ihm Aufgaben, die auf dem Mist unserer Bequemlichkeit und Unwissenheit gewachsen sind, deren Konsequenzen wie soziale und/oder territoriale Aggression jedoch vom Menschen nicht akzeptiert werden. Wir benehmen uns irrational, widersprüchlich und inkonsequent. Das veranlasst uns aber keinesfalls, Selbstreflexion zu üben, stattdessen urteilen wir den Hund gnadenlos und unfair ab.

„Der Größenwahn des Menschen, alles manipulieren, kontrollieren und besitzen zu müssen, wird spätestens dann offenbar, wenn er Bestehendes und von ihm Geschaffenes wieder vernichten will."
(Christiane Rohn)

Der Eifer, mit dem Hundehaltende an der Verunglimpfung ihres besten Freundes arbeiten, lässt Zweifel aufkommen, ob ein wahrhaftes Interesse am Wohlergehen sowie der gesellschaftlichen Akzeptanz des Hundes besteht, oder ob nicht vielmehr egoistische Ziele im Vordergrund stehen. Einfache Regeln des Anstands und Respekts – sowohl gegenüber der Gesellschaft als auch unter Hundehaltenden – tritt jeder mit Füßen, der mit „Der tut nix." und „Er will nur spielen." argumentiert, wenn er darum gebeten wird, seinen Hund anzuleinen. Also, noch einmal: Für einen Hund macht es einen Unterschied, ob ein Artgenosse angeleint unterwegs ist oder eben nicht (selbst dann, wenn dieser andere ein „Tutnix" ist), und das hat Konsequenzen für sein Verhalten. Sowohl das Vertrauen als auch die Tragfähigkeit einer Beziehung werden jedes Mal auf die Probe gestellt, wenn ein Halter mit seinem an der Leine geführten Vierbeiner auf frei laufende Hunde trifft. Ein derartiges Benehmen uneinsichtiger Zeitgenossen ist ziemlich unfair, meinen Sie nicht auch? Zu Ihrer Verteidigung führen Sie vielleicht ins Feld, dass Sie das nicht gewusst haben. Nun ja, man kann nicht alles wissen, allerdings ist Wissen keine Voraussetzung dafür, sich freundlich, respektvoll und anständig zu benehmen. Nebst Unwissenden und jenen, die ihren Hund aufgrund einer vernachlässigten Erziehung nicht anleinen respektive abrufen [können], gibt es noch eine dritte, spezielle Kaste von Hündelern: Dieser Mensch – meist mit einem typischen vierbeinigen Vertreter unterwegs – weiß sehr wohl, dass sein Hund gut erzogen ist und auch ohne Leine im Gehorsam steht. Er demonstriert seine Lorbeeren gerne und nachhaltig seinem Umfeld und reagiert entsprechend angesäuert, wenn er gebeten wird, seinen Hund (meistens hat er mehr als einen) anzuleinen. Ein guter Hundeführer ist aber nicht der, der seinen Hund ohne Leine führen kann, sondern der, der erkennt, wo und wann es angebracht ist, seinen Hund an der Leine zu führen.

Hunde während der Setz- und Brutzeit im Wald frei laufen zu lassen oder sich über die gebotene Leinenpflicht als Einschränkung zu beklagen, gibt eine herzlose und egozentrische Einstellung preis. Es ist beschämend, dass Lokalzeitungen immer wieder mit Aufrufen dazu ermahnen müssen, die saisonale Leinenpflicht zum Schutz des Wildes einzuhalten. Das spiegelt eine innere Haltung wider. Wer sich im Wald bewegt, ist ein Gast, doch auch da weiß der Homo sapiens sich nicht zu benehmen. Wie kann jemand für einen Hund empathisch sorgen und gleichzeitig so blind sein für das Wohl von Wildtieren? Ist jemand, dessen soziale und altruistische Kompetenzen an der Rutenspitze seines Hundes enden, tatsächlich in der Lage, einen Hund umsichtig zu führen?

Ein Zeugnis der inneren Haltung offenbart auch die Konsequenz, mit der man sich zu einem Thema stellt, nehmen wir als Beispiel das Pelztragen: Wer Kunstpelz trägt, darf nicht auf Absolution hoffen. Echter Pelz wird mittlerweile so günstig hergestellt, dass dieser weder optisch noch preislich mit restloser Sicherheit vom Kunstprodukt unterschieden werden kann. Das einzig klare Statement ist der gänzliche Verzicht auf Pelz. „Nur ein bisschen, aber nicht so richtig" ist die falsche Einstellung. Die innere Haltung hat viel mit unseren Führungsqualitäten zu tun, denen wir uns noch gesondert widmen werden.

Weiter stimmt mich der Trend hin zu kleinen Hunden nachdenklich, der in Auswüchsen wie „Hundeschule für kleine Hunde" gipfelt. Wie es scheint, sind diese Anbieter der Meinung, dass sich die Erziehung eines Hundes nach dessen Größe richtet. Dieses Phänomen findet sich auch in diversen Hundehorten, die für kleine Hunde günstigere Preise verlangen als für große. Warum? Würden Zwerge genauso ernst genommen wie deren größere Kollegen, verursachten sie vergleichbar viel Aufwand, und es gäbe keine Rechtfertigung für einen Preisnachlass. Diskutieren wir über unterschiedliche Entschädigungen, kann ich allenfalls nachvollziehen, dass langhaarige Hunde mehr Reinigungsaufwand verursachen als kurzhaarige, das ist aber schon alles – und das gilt auch für Miniaturhaarwunder. Es ist mir durchaus bewusst, dass die Tierschutzverordnung Mindestmaße für die Unterkunft (Boxe, Raum, Hütte) vorschreibt, die sich am Gewicht eines Hundes orientieren. Daraus errechnen die Pensionen unterschiedliche Preise, je nach Anzahl der geforderten Quadratmeter. Bei der heutigen Rassevielfalt steht diese Argumentation allerdings auf wackeligen Beinen: Eva-Maria Krämer ordnet in ihrem Buch der Hunderassen einer Französischen Bulldogge, dem Swedish Vallhund oder einigen Terriern die gleiche Gewichtsklasse zu wie einem Silken Windsprite, wobei die Frenchies, die Terrier und der Vallhund gerade mal eine halbe Portion des Silken Windsprite ausmachen. Es steht jeder Pension frei, dieses bunte Allerlei zumindest preislich zu egalisieren.

Nein, ich denke, es geht hier eher um Verantwortung. Bei kleinen Hunden können sich Trainer, Nanny und Halter Nachlässigkeiten leisten, denn: Was kann ein Winzling schon anrichten? Benimmt er sich quer, stopfen wir ihn in eine Tasche und zeigen uns amüsiert über das Dummerchen. Nur weil sie nicht die physischen Voraussetzungen haben, uns in Verlegenheit zu bringen, fristen diese armen Kreaturen ein Dasein als Spielzeug – belächelt, verhöhnt, missbraucht. Der Mensch will in der Tat keinen Hund, denn dieser stellt Ansprüche wie das Recht auf die Dienstleistung Erziehung, Führungsqualitäten, Sozialkompetenz, Zuverlässigkeit, Berechenbarkeit, Empathie, Konsequenz, Rückgrat, Standhaftigkeit, Loyalität, Fairness, Qualitätszeit, Authentizität, Selbstbeherrschung, Respekt und Struktur. Augenscheinlich will der Mensch aber eine Kreatur, in deren Gegenwart er sich ungehemmt mies benehmen kann und dabei nicht fürchten muss, nicht mehr gebraucht oder geliebt zu werden.

Sie protestieren? Na, dann lassen Sie uns mal sehen:

- ✓ Sie respektieren die physischen und psychischen Grenzen Ihres Hundes.
- ✓ Bei sportlichen Aktivitäten geht es um das gemeinsame Erleben. Platzierungen und Trophäen sind Nebensache.
- ✓ Sie fördern die Talente Ihres Hundes und bringen ihm sinnerfüllte Aufgaben bei.
- ✓ Ihr Hund ist Teil Ihres Rudels und in den Alltag integriert, wobei er einen Beitrag zum sozialen Miteinander leisten darf. Das heißt, dem Hund ist eine angemessene, sinnvolle Aufgabe zugeteilt.
- ✓ Sie stehen in jeder Situation zu Ihrem Hund, sowohl in guten als auch in schlechten Zeiten.
- ✓ Sie sind bereit, sich für Ihren Hund zu exponieren und ertragen es mit Würde und Gelassenheit, hin und wieder der „Anpiss-Pfosten" mancher Zeitgenossen zu sein.
- ✓ Sie passen Ihr Umfeld den Möglichkeiten Ihres Hundes an.
- ✓ Sie sorgen für Sicherheit und Unversehrtheit aller Rudelmitglieder, auch wenn das unpopuläre Entscheidungen verlangt.

- ✓ Sie setzen Grenzen und Tabus – auch gegenüber den Kindern, Besuchern et cetera.

- ✓ Sie verfügen über genug Selbstbeherrschung, um Ihre Befindlichkeit auch unter Stress nicht an Ihrem Hund auszuagieren.

- ✓ Sie sind berechenbar, konsequent und zuverlässig und enttäuschen unter keinen Umständen das Vertrauen, das Ihr Rudel in Sie setzt.

- ✓ Sie erkennen die Bedürfnisse Ihrer Schützlinge.

- ✓ Als Rudelführer verfügen Sie über Lösungen und Strategien, den Bedürfnissen aller Rudelmitglieder so weit als möglich gerecht zu werden, selbst wenn bei Ihrer Wanderung über die Alpen von Söhnchen eine Pause gewünscht wird, Töchterchen 1 aber weitergehen möchte, Bobby Durst hat, Töchterchen 2 an der Seite von Papa gehen will, Papa jedoch am liebsten alleine als Schlusslicht wandern möchte, Barry viel schneller zu marschieren im Sinn hat, Sie selber aber Blasen an den Füßen haben.

- ✓ Sie tragen Ver*antwort*ung, das heißt, Sie *antworten* mit Lösungen auf die Fragen, Zweifel, Ängste et cetera Ihres Rudels.

- ✓ Sie lassen sich nicht provozieren, weder intern noch extern.

- ✓ Sie leben ein friedliches Konfliktmanagement vor.

- ✓ Sie beziehen Position, Ihrem Hund und Ihrer Umwelt gegenüber.

- ✓ Sie bilden sich weiter und zeigen Interesse für das Wissen rund um den Hund. Sie streben ununterbrochen danach, Ihren Hund noch besser zu verstehen. Sie hinterfragen Ihr Handeln immer wieder aufs Neue und scheuen sich nicht vor Selbstreflexion.

- ✓ Sie delegieren die Verantwortung für Ihren Hund nicht an Dritte, auch nicht an den Tierarzt, den Tierheilpraktiker, den Ernährungsberater, den Hundetrainer oder an den Tierkommunikator.

- ✓ Sie handeln vorausschauend und vermeiden Gefahren.

- ✓ Sie sind der Entscheidungsträger und damit bereit, die Konsequenzen Ihrer Handlungen und derer Ihres Rudels zu tragen.

- ✓ Sie verstehen, dass es Unterschiede zwischen Primaten und Caniden gibt. Sie gewährleisten Ihrem Hund eine so artgerechte Haltung wie möglich. Sie respektieren sein Bedürfnis nach Sicherheit und Struktur und tun seine Veranlagung nicht als „hierarchischen Scheiß" ab.

- ✓ Sie wissen, dass Hierarchie und Dominanz der Vermeidung von Konflikten dienen und nichts, gar nichts mit Machtausübung zu tun haben.

- ✓ Ihnen ist klar, dass Erziehung eine Dienstleistung ist.

✓ Sie sind bereit, für Ihren Hund ein Vorbild zu sein, 24 Stunden am Tag inklusive Sonn- und Feiertage sowie während der Ferien.

✓ Sie respektieren den Hund als sozialen Beutegreifer und arbeiten mit, anstatt gegen seine Natur. Antijagdtraining ist Antihundtraining, trotzdem soll ihr Hund nicht jagen, das ist tierschutzwidrig.

✓ Bei allem, was Sie tun, sind Sie sich der Worte Gandhis bewusst: „Was man mit Gewalt gewinnt, kann man nur mit Gewalt behalten."

✓ Et cetera

Sie meinen, das ist anstrengend? Nun ja, *Sie* haben nach Bindung und Beziehung gefragt. Okay, sind Sie noch dabei? Prima, damit erfüllen Sie die besten Voraussetzungen für eine primär soziale Beziehung zu Ihrem Hund, der wir uns nach einem weiteren Erfahrungsbericht widmen.

Im spärlichen Licht der Straßenlampe befreite ich die Windschutzscheibe meines alten Mitsubishis von einer unnachgiebigen Decke aus Eis und Schnee – na ja, zumindest von einem Teil derselben: Der stechende Schmerz, den die bitterkalte Luft auf meiner bläulich verfärbten Haut hinterließ, gebot mir, es mit der Verkehrssicherheit nicht zu übertreiben und mich mit einem Guckloch in der Größe eines Fußballes zufriedenzugeben. Mit meinen von den garstigen Temperaturen tauben Fingern bettete ich gegen 05.00 Uhr in der Früh meine Hündin ins Auto, um sie von meinem Wohnort im Mitteland ins innerschweizerische Hinterland zu chauffieren, wo sie den Tag bei ihrer Nanny verbringen sollte. Veränderungen in meiner persönlichen Situation zwangen mich, meine Perle hin und wieder fremdbetreuen zu lassen. Natürlich kam nur das Beste vom Besten infrage: Familienanschluss ohne Zwingerhaltung. Ich glaubte daran, eine optimale Lösung gefunden zu haben und war bereit, den Weg von mehr als 1¼ Stunden Fahrt zur favorisierten Tagesstätte zurückzulegen, und danach nochmals eine vergleichbar lange Strecke unter die Räder zu nehmen, um ins Büro zu gelangen. Nichtsdestotrotz missfiel es mir jedes Mal aufs Neue, das Wohl meiner Hündin in fremde Hände zu legen. An diesem trüben, frostigen Morgen war es besonders schlimm. Meine G.G. war gar nicht im Strumpf. Ihr ungewöhnlicher Appetit, ihre Gewichtszunahme und die zeitweilige Apathie bereiteten mir Kopfzerbrechen. Ungeduldig erwartete ich den bevorstehenden Besuch beim Tierarzt.

Das gleichmäßige Schnurren des Motors und die monotone Fahrt auf dunklen, leeren Straßen boten eine Atmosphäre, die mein Kopfkino geradezu beflügelte: *„Das ist nicht gut, was du da machst, gar nicht gut. Du hättest blaumachen sollen."* – „Ah ja? Und was ist mit deinem Job? Was glaubst du, wer das alles hier bezahlt?" – *„Jobs gibt es andere. G.G. gibt's nur einmal."* – „So einfach stellst du dir das also vor, ja? Sag mal, spinnst du jetzt total oder was?" – *„G.G. ist krank. Sie braucht mich jetzt."* – „Du bist so eine Glucke, echt! Und was ist mit dem Meeting?" – *„Aber G.G. verlässt sich auf mich."* – „Und dein Team? Verlässt sich dein Team etwa nicht auch auf dich?" – *„Das ist nicht gut … gar nicht gut …"* – „Jetzt hör auf zu flennen!"

Der Tag schien endlos. Als der Feierabend mich endlich zu meiner Hündin entließ, verlangte ich meiner rostigen Karre Unmenschliches ab, um so rasch als möglich zum Hundehort zu gelangen. Dort angekommen, lief ich überglücklich zu G.G., wobei mir der leere Blick der Hündin nicht entgangen war. Als mir die Nanny den prall gefüllten Futterbeutel entgegenstreckte, befürchtete ich Schlimmes. „Nein, nein", beschwichtigte sie. „G.G. geht's gut. Ich habe ihr das Futter erst gar nicht angeboten, sie ist eh zu dick." Ich schnappte nach Luft, unfähig, meiner Entrüstung Ausdruck zu verleihen. Was bildete sich diese Person überhaupt ein?! Sie ist weder eine medizinische Fachperson noch hat sie die Kompetenz, sich über meine Anweisungen hinwegzusetzen! Was erlaubt sich dieses unprofessionelle, empathielose Frauenzimmer ... wie kann sie es wagen ... was glaubt die eigentlich, wer sie ist?

Auf der Heimreise nährte ein brisanter Cocktail aus Wut, Verzweiflung, Schuldgefühlen, Enttäuschung und Übermüdung einen unaufhörlichen Wildbach an Tränen. Wem habe ich G.G. da bloß anvertraut? Ich fühlte mich wie ein Verräter, ich habe meine Hündin im Stich gelassen. Noch während der Fahrt nach Hause brach G.G. auf der Rückbank des Wagens zusammen.

Die Diagnose lautete Diabetes, ein damals nicht alltäglicher Befund. G.G. starb nach kurzer Krankheit an Nierenversagen. Sie hat mir eine unbeschreibliche Leere und die Bürde von Schuld und Vertrauensbruch zurückgelassen.

Ein paar Monate später wurde die Firma, in der ich zum damaligen Zeitpunkt arbeitete, von einem ausländischen Investor geschluckt. Knapp die Hälfte der Belegschaft – ich inklusive – erhielt die Kündigung. Da stand ich nun, ohne Hund und ohne Job.

Wir sind für alles verantwortlich: für das, was wir tun, und für das, was wir nicht tun. Irgendwann muss ein Mensch sich entscheiden, was ihm wichtig ist und welchen Weg er gehen will. Ich suche die Schuld nicht mehr bei G.G.'s Nanny, sie liegt allein bei mir. Ich hatte die Wahl, mich für meinen Hund zu entscheiden oder mich den Erwartungen zu beugen, die die Gesellschaft in einen braven Arbeitnehmer setzt. Und eben diese Gesellschaft lässt die Befindlichkeit eines Hundes nicht als Grund für das Fernbleiben von der Arbeit gelten. Heute weiß ich: Alles ist austauschbar, nur eben nicht das Leben eines treuen und teuren Freundes. Von Tag zu Tag gehe ich mutiger den Weg meines Herzens, wenn auch etwas spät. Das ist mein Vermächtnis an G.G.

4.5.1 Die primär soziale Beziehung

Eine primär soziale Beziehung zeichnet sich aus durch physische Nähe, eine möglichst lückenlose Betreuung und eine kleine Rudelgröße. Als Mitglied der Familie ist der Hund im Alltag integriert und erfüllt regelmäßig Aufgaben, die ihm angemessen sind. Eine Kundin stellte mir neulich ihren Setter aufgrund diverser gesundheitlicher Probleme vor. Die Befindlichkeit des aus einer Reproduktionswerkstatt mit Parallelwürfen stammenden Junghundes war unter anderem gezeichnet von Hautirritationen, Giardienbefall, Nervosität und Unruhe. Die Hundehalterin betonte: „Er darf täglich seine Runden rennen, dann geht es ihm besser. Sonst spinnt er. Er stammt nämlich aus einer Leistungszucht." Unter einer angemessenen Aufgabe verstehe ich etwas anderes, als den Hund auf sich gestellt und ohne Zielvorgabe herumsau[s]en zu lassen. Die tollsten Momente im Leben eines Hundes sollten nicht unbedingt jene sein, in denen er losgelöst von seinem Menschen agiert.

Aufgaben im Haushalt können zum Beispiel sein, den Hund einen Teil der Einkäufe in einem Karren nach Hause ziehen oder die Besorgungen vom Auto ins Haus tragen zu lassen (dafür finden sich spezielle Hundetragkörbe sowie Dummys in Übergrößen auf dem Markt). Immerhin geht es dabei um Ressourcen und ist für den Hund [bio]logischer, als Männchen machen und sinnentleerte Pirouetten drehen zu müssen. Beim Auffüllen des Vorrates an Cheminéeholz kann sich ein Hund ebenfalls nützlich machen, vor allem, wenn auch er selbst es gerne warm und gemütlich hat. Auf den gemeinsamen Ausflügen bieten wir unserem Gefährten eine seinem Temperament und Charakter entsprechende, sinnvolle Aufgabe an. Nun ja, und was machen Sie jetzt mit einem Jagdhund – aus einer Leistungszucht …?! Vielleicht fassen Sie den Erwerb eines Jagdscheines ins Auge (ironisch). Nein, ernsthaft: Als Alternativprogramm eignen sich Fährten, Reviere und Trails. Zu aufwendig? Nun, das kommt Ihnen reichlich spät in den Sinn. Seien Sie ehrlich: Ihr Hund braucht es nicht, stupide Runden zu drehen – er braucht Sie!

In einer primär sozialen Beziehung verfolgen Hund und Mensch das gleiche Ziel, unterwegs sind sie *synchron* mit denselben Interessen beschäftigt und die Beziehung lebt von einer intrinsischen Bewertung. Intrinsisch heißt, dass der Prozess des *gemeinsamen* Tuns im Vordergrund steht, nicht die Leistung. Sie wissen, dass Sie mit Ihrem Hund das sich Hinsetzen nicht exerzieren müssen, weil er das bereits seit seiner dritten Lebenswoche beherrscht. Verlangen Sie von Ihrem Hund, dass er sich setzen soll, ist das zum Beispiel der Auftakt zu einem spannenden gemeinsamen Anpirschen: Das heißt, wir „leben" anstatt zu „üben". Der Hund hat erfahren, dass Sie mit dem, was Sie von ihm erwarten, einen Plan verfolgen, der Sinn und Spaß macht. Ihre Beziehung ist ein aktiver Prozess, in den beide investieren. Externe Motivierung ist unnötig, denn die Beziehung selbst ist die Motivation. Kommunikation und Kooperation nehmen einen wichtigen Platz ein. Sie anerkennen die Persönlichkeit Ihres Hundes und fördern die ihm eigenen Talente.

Abwarten ist für diese Hündin noch schwierig, aber sie investiert gerne in die Beziehung. Sie weiß, dass ihre Bezugsperson einen tollen Plan hat. Dieser Hundeführer ist sehr vorbildlich mit der Außenwelt beschäftigt und sorgt damit für Sicherheit. Im Gegensatz dazu sind viele Hundehalter geneigt, pausenlos auf den Hund zu starren und ihn womöglich auch noch zuzutexten. Das vermittelt dem Hund, dass von ihm etwas erwartet wird, selten ist ihm aber klar, was der Mensch denn nun eigentlich von ihm will.

4.5.2 Die sekundär soziale Beziehung

In einer sekundär sozialen Beziehung ist die räumliche Nähe limitiert, sei es durch den Ausschluss in einen Zwinger oder häufige Fremdbetreuung. Der Rudelverband zählt eine große Anzahl Individuen. Das Denken ist weniger familiär bestimmt, sondern ist vielmehr auf die Zugehörigkeit zu einer Gruppierung wie zum Beispiel einem Rasseclub oder einer Sportgruppe gerichtet. Die Kenntnisse über den Hund sind oft sehr spezieller, jedoch beschränkter Natur. Mensch und Hund verfolgen unterschiedliche Ziele: Während dem Hund der Sinn nach jagen steht, wünscht sich der Mensch einen entspannten Feierabendspaziergang. Das gemeinsame Unterwegssein liefert somit weniger das Bild einer synchronen Zusammenarbeit als vielmehr den Eindruck einer „Parallelveranstaltung" (Zitat Nijboer). Die Beziehung wird extrinsisch bewertet, das heißt, nicht dem gemeinsamen Prozess gilt die Aufmerksamkeit, sondern dem Produkt beziehungsweise der Leistung des Hundes. Der Hund muss Resultate liefern, wofür er mit Goodies motiviert respektive bezahlt wird. Das Kommando „Sitz!" ist im richtigen Winkel zum Hundeführer, rasch und präzise auszuführen. Der Mensch übt Macht aus, indem er entscheidet, wann die Leistung genügt. Statt als Auftakt zu einer sinnvollen Beschäftigung, dienen Befehle der Unterordnung: Sitz! – Platz! – Sitz! –Platz! – Sitz! – Platz! Bei einer sekundär sozialen Beziehung dreht sich der Fokus um mein Ich: *Ich* will, dass der Hund dies und das macht et cetera. Doch: „Das Geschenk der Gemeinsamkeit kann niemals erzwungen werden." (Zitat französischer Schafhirte) Der Hund ist lediglich futterzahm, er investiert aber nicht effektiv in diese „Futterbindung". In einem schwierigen Kontext beziehungsweise in Notsituationen ist eine solche Beziehung nicht tragend und versagt.

Besteht eine Diskrepanz zwischen der Position des Hundes im Rudel und dem, was der Mensch in den Hund projiziert, sind Probleme dahingehend programmiert, dass der Mensch seine Zielsetzungen nicht erreicht. Enttäuschung, Frustration und Wut sind die Folgen (vgl. HEB 2015[8]):

Diskrepanz zwischen Projektion und Position in der Sozialstruktur:
Der Mensch hat ein Problem.
(Jan Nijboer)

 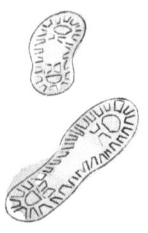

Mein Mensch ist ein bisschen behindert, aber ich mag ihn. Er ist nicht in der Lage, Entscheidungen zu treffen und für uns zu sorgen, deshalb mache ich das. Hält sich mein Mensch in der sicheren Wurfhöhle auf, patrouilliere ich im Garten und wache über ihn. Selbstredend verwalte ich die Ressourcen, auch alle Spielzeuge gehören mir. Manchmal will mein Mensch mit einem davon rumalbern, dann muss ich ihn maßregeln und ihm klarmachen, wo sein Platz im Rudel ist. Er hört aber brav auf mein Knurren und lässt seine Dummheiten auch gleich wieder bleiben. Sogar Leckerlis gibt er bereitwillig aus der Hand, meine Güte, so etwas würde nicht einmal ein rangniederes Tier tun! Ach, diese Menschen ... Keine Frage, dass ICH draußen den Lead habe, alles checke und jeden verscheuche, der zu forsch auf mein Riesenbaby zugeht. Besonders mit anderen Hunden rede ich da unmissverständlich Tacheles. Mit erhobener Rute und geschwellter Brust versperre ich ihnen den Weg und kommuniziere ganz klar, dass ich sie zerlege, sollten sie sich erdreisten, frech zu werden. Manchmal, wenn ich eine heiße Spur gefunden habe und mich anschicke, dieser nachzustellen, fängt mein Mensch wie wild an zu fuchteln und zu schreien, anstatt dass er sich mir anschließt, um die Fährte zu verfolgen. Echt, er ist wirklich sehr unvernünftig, mein Großer. Aber es ist ja herzig, dass er sich so überschwänglich freut. Ein Glück, dass ich alles fest in den Pfoten habe!

Mein Hund muss eigentlich gar nichts, er darf einfach nur Hund sein. Ich tue alles für ihn, er darf auf das Sofa, kann so lange im Garten herumtollen, wie er mag, und er bekommt immer das neuste Spielzeug. Ich stecke ihm viele Leckerlis zu, und auf dem Spaziergang genießt er alle Freiheiten. Ich verstehe gar nicht, wieso er manchmal so unfreundlich ist zu mir. Ja, hin und wieder knurrt er mich sogar an. Spazieren gehen mit ihm macht immer weniger Spaß, er verbellt alles und jeden: Jogger, Fahrradfahrer ... Mit anderen Hunden geht es hingegen meistens gut. Er will immer mit allen spielen, rennt freudig auf sie zu und stupst sie begeistert an. Nur leider sind die heutigen Hundehalter richtig schräg drauf. Die wollen dauernd, dass ich meinen Hund anleine und schreien herum, dabei sind es immer deren Hunde, die sich aggressiv benehmen und in die Leine springen. Wenn ich den Leuten sage, dass sie ihren Hund freilassen sollen, damit die Tierchen das untereinander regeln und sich kennenlernen können, tun die ja so was von blöd. Echt. Es ist ja nicht mein Problem, dass die alle so verzogene und rauflustige Tölen haben. Mein Brutus ist nämlich ein ganz Lieber, eigentlich ... Nur der Abruf macht noch etwas Mühe, und dabei verstehe ich gar nicht, dass mein kleiner Prinz nicht zu mir zurückkommen will, wenn ich ihn rufe: Er hat doch genug Auslauf, und ich bin immer nett zu ihm! Eigentlich sind wir so ziemlich beste Freunde.

Hat der Mensch nur seine eigene Zielsetzung im Auge, agiert er egoistisch. Der Hund hat ein Problem, weil seine Bedürfnisse nicht befriedigt werden. Von einer Symbiose kann nicht mehr die Rede sein (ebd.):

> Diskrepanz zwischen Betrachtungsweise und den Bedürfnissen des Hundes:
> Der Hund hat ein Problem.
> (Jan Nijboer)

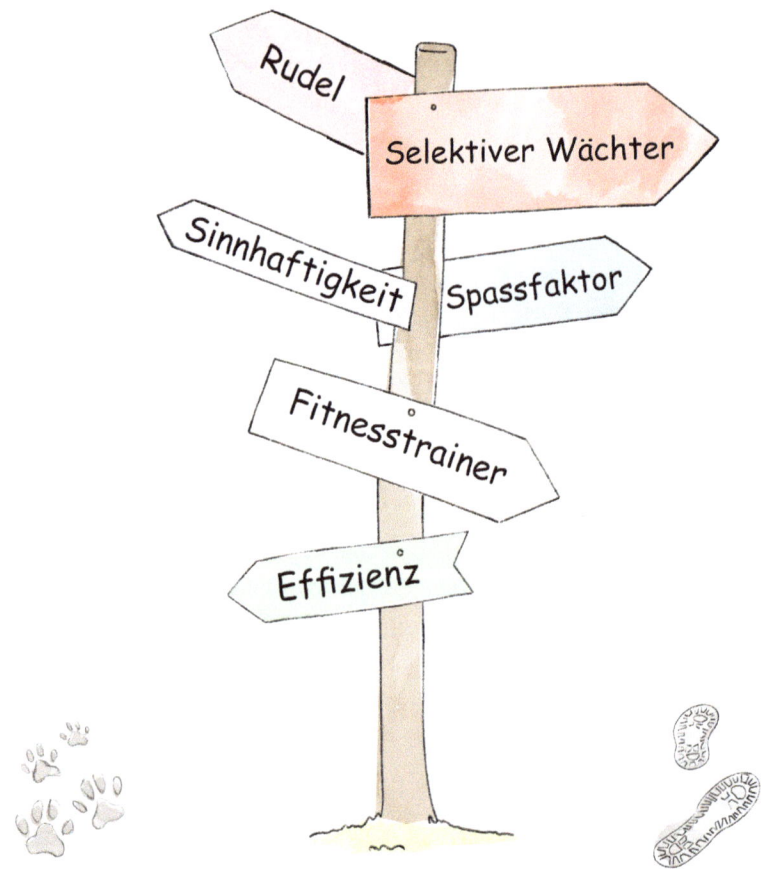

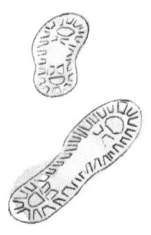

Meine Menschen erwarten, dass ich auf sie aufpasse, aber wenn ich belle, sind sie böse. Es kommt immer öfter vor, dass ich mich benage: Die Ungewissheit, ob ich Meldung machen soll oder nicht, lässt mich verzweifeln. Manchmal loben sie mich, wenn ich Fremde anzeige, berichte ich aber, dass eine Katze ums Haus schleicht, schimpfen sie mich aus. Ich verstehe sie nicht, ich handle in jedem Moment aus tiefster Überzeugung und meine, das Richtige zu tun. Aber irgendwie gehöre ich nicht ganz zur Familie. Ich schlafe in der Diele, während mein Rudel in einem anderen Teil des Hauses ruht. Und dabei sehne ich mich so sehr nach Zugehörigkeit und Geborgenheit. Wenn wir draussen unterwegs sind, laufen wir ziel- und planlos umher. Ich mache mir Sorgen, denn kein Hund geht einfach nur so spazieren, also ganz ohne Beweggrund wie zum Beispiel jagen. In regelmässigen Abständen treffen wir auf einem Platz andere Menschen mit ihren Hunden. Ich soll da alles Mögliche einsammeln sowie Frisbees hinterherflitzen und fangen. Dann werde ich ins Auto verladen und mein Mensch macht Picknick mit den fremden Zweibeinern. Irgendwie glaube ich, dass Frauchen Spass hat, verstehe aber nicht, warum sie mich dann jedes Mal wegsperrt. Wenn ich den Beschäftigungen, die wir auf dem Platz geübt haben, auf unseren Spaziergängen nachgehe (allerdings mit etwas mehr Sinngebung …), kriege ich fetten Ärger: Rollern hinterherzurennen und Jogger zu fangen ist nämlich verboten. Ich habe zu gehorchen, auch wenn ich nicht verstehe, was Frauchen denn nun eigentlich von mir will. Rechte habe ich keine.

Ein Hund ist praktisch, es macht Eindruck, einen guten Wächter am Haus zu haben. Devil ist ein besonders triebiges Modell. Am Anfang hat er ringsum alles verbellt, aber wir haben ihn schon zurechtgestutzt. Unser Hund lebt draussen im Zwinger, so wie es sich für einen rechten Kerl gehört: An der frischen Luft zu sein, ist immer noch das Natürlichste für einen Hund, alles andere ist Verweichlichung. So ein grosser Hund würde im Haus auch nur Dreck machen. Nun, ich bin ja kein Unmensch, in strengen Wintern darf er schon mal in die Kellerdiele. Auch nachts nehme ich ihn rein, aber eigentlich nur wegen der Nachbarn … Devil hat es gut, die ganze Familie beschäftigt sich mit ihm. Seit mein Mann einen Infarkt hatte, geht er täglich mindestens zwei Stunden mit ihm walken. Ich selber nehme mit dem Hund am wöchentlichen Training des Rasseclubs teil. Da die Hundeschule jeweils am Donnerstagnachmittag stattfindet, setzt sich unsere Gruppe ausschliesslich aus Frauen zusammen. Ich mag den Treff mit Gleichgesinnten und vor allem das anschliessende gesellige Beisammensein. So habe ich eine legitime Familienpause und komme etwas unter die Leute, das ist eine gute Sache. Es ist wichtig, dass wir Devil mit dieser sportlichen Arbeit im Club auslasten. Eine Zeit lang hatte der Hund nichts als Flausen im Kopf: Er war nur damit beschäftigt, alles Mögliche zu jagen, zum Beispiel Jogger, Roller, Autos et cetera. Mein Trainer hat ihm das aber subito ausgetrieben, heute brauchen wir das Teletac so gut wie nicht mehr.

Ein Hund ist nicht dazu da, uns glücklich zu machen. Ein Hund ist dazu bestimmt, ein Leben zu leben, das Mutter Natur für ihn vorgesehen hat. Das beinhaltet, dass er seine Talente und Fähigkeiten perfektioniert und einsetzt. Ein Hund möchte in einem strukturierten, verlässlichen Rudel, welches ihm Sicherheit und Geborgenheit gewährleistet, eine sinnhafte und ihm angemessene Aufgabe erfüllen sowie Zugehörigkeit und Anerkennung erfahren. Als gute Ersatzeltern sind Sie Ihrem Hund das schuldig. Wenn Sie glücklich(er) werden wollen, müssen Sie sich selbst darum kümmern, das ist nicht der Job Ihres Hundes. Ihr Hund kann Ihnen aber eine Hilfe sein, bewusster, achtsamer und einfühlsamer zu leben, wenn Sie denn offen dafür sind.

V FÜHRUNG

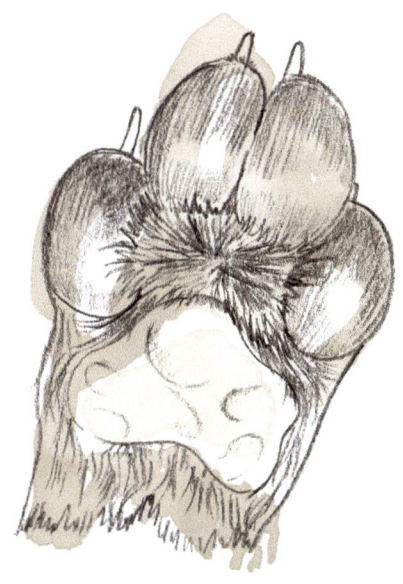

„Wenn deine Taten andere dazu anregen, mehr zu lernen,
mehr zu träumen und mehr aus sich zu machen, dann weißt du, was Führung bedeutet."
(Robert Zollhöfer)

5.1 Was ist Führung?

Das Thema Führung löst kontroverse Gefühle aus, da gelegentlich Unterdrückung, Zwang und die selbstgefällige Darstellung von Überlegenheit und Besserwisserei damit assoziiert werden. Das ist verständlich, herrscht doch gerade auf dem Arbeitsmarkt noch vornehmlich eine Kultur der Ressourcenausnutzung. Gerald Hüther beschreibt die Situation wie folgt: „Bedürftige Führungspersonen quetschen ihre Arbeitnehmer aus wie Zitronen, um sich deren Energie (Lebenskraft, Lebensenergie) zufließen zu lassen." Dieses am Mangel orientierte Genre hat nichts zu verschenken (vgl. Hüther 2011[1]). Problematisch ist, dass Anreizsysteme wie Belohnung und/oder Bestrafung echte Führung mehr und mehr ablösen: Führen wird zum Verführen. Die vermeintliche Führungsperson degradiert zum Statisten und Vorsetzer kleiner Appetithäppchen, während die eigentliche Verantwortung an das Spiel aus Belohnung und Bestrafung abgetreten wird (vgl. Sprenger 2014[2]).

Gerald Hüther nennt die Führungspersonen der Zukunft „Supportive Leaders". Diese ermutigen und inspirieren ihre Mitarbeiter, Potenziale zu entfalten, und laden sie ein, in ihre eigene Kraft zu kommen.

„Motivation ist Sache des Einzelnen. Ihr Freiraum zu geben, ist Sache der Führung."
[Reinhard K. Sprenger]

Wenn Ihr Führungsstatus allein darin besteht, dass Sie eine gewisse Position auskleiden, sind Sie nichts weiter als ein Platzhalter. Führung setzt eine Beziehung voraus, die auf Glaubwürdigkeit, Hingabe und Respekt basiert (vgl. Sprenger 2015[3]). Jemandem zu folgen ist eine Entscheidung, die der Follower trifft. Er vertraut darauf, dass sein Vorbild in der Lage ist, für einen Kontext zu sorgen, der es erlaubt, offene Bedürfnisse zu erfüllen. Führen heißt also nicht, ich setze meinen Willen durch, sondern ich erfülle Bedürfnisse – sowohl meine als auch die meiner Gefährten. Eine gelungene Beziehung wird den Ansprüchen beider Parteien gerecht. Das ist nicht immer möglich, wichtig ist aber, dass Anliegen gesehen und ernst genommen werden. Führen ist – genauso wie Erziehen – eine Dienstleistung.

Die Großen unter den Häuptlingen sind in der Lage, das Potenzial eines jeden einzelnen Kriegers zum Leuchten zu bringen. Sie sind fü[h]rsorglich, empathisch, zuverlässig und bereit, die Verantwortung für das Gemeinwohl zu tragen, auch wenn das manchmal unpopuläre Entscheidungen verlangt. Führungspersönlichkeiten sind sich bewusst, dass das Leben und Überleben Handlungen erfordert, die den Leader nicht immer als Liebkind dastehen lassen. Authentische, natürliche Autoritäten stellen ihre eigene Befindlichkeit hinter dem Wohl des Rudels an, schultern Herausforderungen, denken lösungsorientiert und kennen Strategien. Sie treffen weise und hie und da auch schwere Entscheidungen und tragen deren

Konsequenzen. Sorgen und Nöte, die sie umtreiben, behalten sie für sich und lösen sie im Stillen. An der Spitze einer Hierarchie ist es oft sehr einsam. Wer führt, ist wie ein Leuchtturm, der sicheres Geleit verspricht.

Während eine bedürftige, schwächliche Führung ihren Anvertrauten misstraut, sie in ängstlicher Unsicherheit kleinhält und kritisiert, unterstützt ein souveräner Leader sein Team und gewährleistet einen *sicheren Rahmen* für Kreativität, Wachstum und Potenzialentfaltung.

5.2 Die Säulen der Führung

Führen verlangt nach vielen Qualitäten. Vier wichtige Säulen sind

- Verantwortung
- Fachwissen
- emotionale und soziale Kompetenz und
- die innere Haltung

5.2.1 Verantwortung

Verantwortung ist ein Wert, der sich in unserer Gesellschaft in Agonie windet. Niemand will mehr Verantwortung übernehmen. Diese Tendenz zeigt sich im Umgang mit Fehlern besonders deutlich: Schnell sind lauwarme und weichgespühlte Ausreden zur Hand. Auch einen Kollegen zu verdächtigen ist sehr beliebt, wenn man damit die eigene Weste sauber halten kann. Fehler, Scham und Schuld – Visitenkarten unserer Kultur und Lebensführung – torpedieren die Verantwortung und rauben Energie. Schade, denn es ist die Verantwortung, die den Weg findet, der durch eine Problemsituation hindurchführt. Schuldzuweisungen hingegen verschwenden Zeit, drücken uns nieder und sorgen dafür, dass wir Herausforderungen hilflos gegenüberstehen. Schuld ist man für das, was man mit Absicht tut, alles andere ist Leben. Und Fehler sind Aufforderungen des Lebens, zu lernen und/oder eine Chance zu ergreifen.

> *„In Neuseeland werden in der ersten Klasse die Radierer aus den Federtaschen verbannt,*
> *weil Fehler nichts sind, was man beschämt entfernen muss.*
> *‚Und wieder wächst dein Gehirn ein bisschen‘, sagen die Lehrer, wenn ein Kind einen Fehler macht."*
> [Hasel in Zeit Online 2019[4]]

Wer die Größe hat, Verantwortung zu übernehmen, kennt seinen Wert unabhängig vom Urteil anderer und weiß, dass das Eingestehen eines Fehlers seiner Persönlichkeit keinen Abbruch tut. Definieren wir unseren Selbstwert im Außen, zum Beispiel dadurch, einen Job zu haben, gebraucht zu werden oder erfolgreich zu sein, sind wir von fremden Werten bestimmt (fremdbestimmt). Wir sind davon abhängig, was andere von uns denken, und ob sie uns anerkennen. Damit sind wir nicht in der Lage, Verantwortung zu tragen. Ja, das ist brutal, wenn uns die Abhängigkeit wie eine Marionette tanzen lässt. Der Glaube, geliebt und zugehörig zu sein, wenn wir erst einmal perfekt sind, ist zerstörerisch. Er schnürt unseren Lebensraum eng und enger. Laufen Sie nicht dem Irrtum hinterher, gefallen oder etwas Bestimmtes leisten zu müssen, um „jemand" zu sein. Allein, weil wir da sind, sind wir wertvoll. Gereon Jörn, Coach, Redner und Autor, bringt es bildhaft auf den Punkt: „Wenn ich einen 50-Euro-Schein zusammenfalte, wie viel ist er dann wert? Wenn ich auf ihm herumtrample, wie viel ist er dann wert? Wenn ich ihn in ein Louis-Vuitton-Portemonnaie stecke, wie viel ist er dann wert? Wenn ich daraus ein Papierflugzeug bastle und es durch den Raum werfe, wie viel ist er dann wert? Bei einem Geldschein ist es uns klar: Egal, wie wir mit ihm umgehen, er behält seinen Wert. Ob ich ihn zusammenknülle, ob ich ihn wie Dreck behandle, er behält seinen Wert. Wenn andere Menschen auf uns herumtrampeln, uns wie Dreck behandeln, dann denken wir, wir seien weniger wert. […] Wir denken: ‚Wenn ich bestimmte Anzüge/bestimmte Marken trage, dann bin ich mehr wert.‘ Was für ein Bullshit! […] Leute, ihr seid immer wertvoll. Sag es dir so oft wie möglich, denn es ist dein Leben." (vgl. Jörn 2018[5])

Verantwortung basiert auf Vertrauen, Stärke und den *eigenen* Werten. Verantwortlich sein bedeutet nicht, dass wir keine Fehler machen dürfen. Verantwortung schultern heißt, dass ich im Einklang mit *meinen* Werten handle und darauf vertraue, das Bestmögliche für mein Rudel zu tun. Es bedeutet, dass ich die Stärke besitze, Krisen zu managen und Hindernisse zu bewältigen. Ich beziehe Stellung und zeige Rückgrat, auch – oder vielmehr gerade dann – wenn es mal nicht so fluppt. Für seine Werte einzustehen und sich dem Leben zu stellen, erfordert Mut, weil gelegentlich Gegenwind aufkommt. Unsichere Zeitgenossen erklären andere gerne zur Zielscheibe ihres Hohns und ihrer Verachtung, um von ihren eigenen Schlachten, die sie schlagen, abzulenken. Dem müssen Sie standhalten können. Mit einem guten Selbstwertgefühl muss man niemanden angreifen, um sich okay zu fühlen. Aus einem Seminar zum Thema „Gewaltfreie Kommunikation" habe ich einen Leitspruch mitgenommen, der mich schon viele Jahre begleitet, und den ich mit Ihnen teilen beziehungsweise Ihnen ans Herz legen möchte:

> *„Wir müssen uns nicht vor der Reaktion unseres Gegenübers fürchten; wenn ich meine, dass die Reaktion meines Gegenübers das Problem ist, dann lege ich meine Sicherheit in die Hände meines Gegenübers. Es spielt keine Rolle, wie die andere Person reagieren könnte. Es ist unsere Reaktion auf die Reaktion des Gegenübers, die wir beachten sollten."*
> (Marshall Rosenberg, zitiert nach tcco.ch 2008[6])

Gerade unter den Hundehaltern erlebe ich viele bedürftige und emotional verwundete Menschen, die sich an der vorurteilsfreien Zuwendung ihres Hundes trösten. Es ist in Ordnung, an der Gesellschaft eines Tieres zu heilen, jedoch ist der Grat zu aushungerndem Vampirismus ein schmaler. Wachsamkeit und der Wille, an sich selber *eigenverantwortlich* zu arbeiten, sind gefordert (Nein, weder der Lehrer, die Mutter, der Vater noch die Stiefschwester sind schuld an Ihrem Unglück; übernehmen Sie Selbstverantwortung!). Unsere Befindlichkeit erteilt uns keine Absolution für nachlässige Führung. Wenige sind zum Führer geboren, aber man kann es lernen, und das sind wir unseren Hunden schuldig. Nur, wer sich selbst aufrichtet und den Stürmen des Lebens tapfer die Stirn bietet, vermag seinem Hund ein konstruktives Vorbild und ein verlässlicher Rudelführer zu sein. Mich um meine eigenen Bedürfnisse zu kümmern, signalisiert, dass ich in der Lage bin, für mich einzustehen und aufzutreten. Das ist eine Voraussetzung für Führungskompetenz. Gut für sich und andere zu sorgen und einen Plan, eine Strategie und etwas Erfahrung zu haben, zeugt von mehr Kompetenz als Kontrolle, Unterordnung und Kleinhalten (vgl. Mehl 2019[7]).

> *„Sei du selbst die Veränderung, die du dir wünschst."*
> (Mahatma Gandhi)

5.2.2 Fachwissen

Wer eine Führungsposition beansprucht, stellt sich in die Pflicht, eine Dienstleistung abzu-
liefern. Um einen guten Job zu machen, braucht es einen tragfähigen Fundus an Fachwissen. Die Durchschnittskenntnisse über unsere Haushunde sind allerdings erschreckend
blass. Die zahlreichen Verhaltensprobleme unseres Canis lupus familiaris weisen auf bestehende Missstände hin. Wer seinem Hund gerecht werden will, macht sich unter anderem mit Lebensphasen, Kommunikation, artspezifischem Verhalten, Pädagogik, Anatomie
und Gesundheit, Ernährung und mit den Grundkenntnissen der Neurobiologie vertraut. Das
passt natürlich wenig in unsere Coffee-to-go-Gesellschaft, die vom schnellen Konsum re-
giert wird. Ja, gewiss, es gibt für alles Spezialisten, die Sie gerne beraten und Ihnen ihr ver-
tieftes Wissen zur Verfügung stellen respektive verkaufen. Aber die Verantwortung für Ihren
Hund liegt letztendlich allein bei Ihnen – nicht beim Tierarzt, beim energetischen Therapeu-
ten, beim Tierkommunikator oder beim Hundetrainer. Um im besten Sinne für Ihren Gefährten zu entscheiden, sollten Sie fähig sein, mindestens Basiswissen über den Canis lupus familiaris abrufen zu können. On top wäre dann noch das Wissen, das über die Nasenspitze
Ihres Lieblings hinausreicht. Konkret spreche ich damit rechtliche Bestimmungen an, die bei
Nichtbeachtung böse Konsequenzen für Sie und Ihren Hund haben können. Im besten Fall
lassen sie lediglich Ihr Portemonnaie bluten. Dies veranschaulicht ein interessantes Urteil
des Oberlandesgerichtes Koblenz. Das Legal Tribune Online schreibt in seinem Artikel Folgendes (vgl. LTO 2018[8]):

> *„Und wenn es der liebste Hund der Welt ist: Wenn er ohne Leine und unkontrolliert auf
> Spaziergänger zuläuft, dürfen diese ihn effektiv abwehren. Kommt jemand dabei zu
> Schaden, haftet der Hundehalter uneingeschränkt", so das OLG Koblenz.*
>
> *„Wenn beim Waldspaziergang ein nicht angeleinter Hund heraneilt, den der Hunde-
> halter nicht mehr unter Kontrolle hat, dürfen effektive Abwehrmaßnahmen dagegen
> getroffen werden. Ob der Hund wirklich aggressiv ist oder nicht, spielt dabei keine
> Rolle. Denn zuvor analysieren muss man das Verhalten nicht, wie das Oberlandesge-
> richt (OLG) Koblenz am Mittwoch bekannt gab (Beschl. v. 19.10.2018, Az. 1 U 599/18).
> Der Fall, der dem Urteil zugrunde lag, dürfte vielen Spaziergängern bekannt vorkom-
> men. Der Kläger war mit seinem Hund – der angeleint war – im Wald joggen, als plötz-
> lich ein anderer Hund angelaufen kam. Halter des Tieres war ein Ehepaar, das eben-
> falls im Wald spazieren ging, aber den Hund nicht mehr in Sichtweite hatte.
> Nach der örtlichen Gefahrenabwehrverordnung hätte der Hund eigentlich angeleint
> werden müssen, sobald sich andere Personen nähern oder sichtbar werden. Der Jog-
> ger rief das Ehepaar, das immer noch nicht in Sichtweite war, dazu auf, ihren Hund zu-
> rückzurufen. Entsprechende Rufe wurden vom Hund des Paares aber überhört. Beim*

> *Versuch, den Hund mit einem Ast von sich fernzuhalten, rutschte der Jogger aus und zog sich einen Muskelriss zu, der operativ versorgt werden musste.*
>
> *Tierisches Verhalten muss nicht auf Gefährlichkeit analysiert werden: Wie schon die Vorinstanz entschied nun auch der Koblenzer OLG-Senat, dass der beklagte Ehemann uneingeschränkt für alle aus dem Hundeangriff entstandenen und noch entstehenden Schäden haftet. Der beklagte Hundehalter hatte sich noch mit der Argumentation gewehrt, dass sein Hund die Hündin des Joggers lediglich umtänzelt habe und erkennbar nicht aggressiv gewesen sei. Da die Abwehrhandlung des Joggers nicht erforderlich gewesen sei, habe er sich zumindest ein Mitverschulden anrechnen zu lassen.*
>
> *Von der Argumentation hielten die Koblenzer allerdings nicht besonders viel. Der beklagte Hundehalter habe gegen die örtliche Gefahrenabwehrverordnung verstoßen, ob sein Hund nur spielen wollte oder nicht, sei ohne Bedeutung. Spaziergängern mit oder ohne eigenen Hund sei es wegen der Unberechenbarkeit tierischen Verhaltens nicht zuzumuten, erstmal das Verhalten des Hundes auf seine Gefährlichkeit zu analysieren und zu bewerten. Zudem könne Verhalten auch falsch interpretiert werden, gab das Gericht zu bedenken.*
>
> *Den Jogger treffe somit kein Mitverschulden an dem Vorfall, entschied der Senat. Gegen fremde Hunde, die unangeleint und unkontrolliert in die Nähe eines Spaziergängers gelangen, dürfe man effektive Abwehrmaßnahmen ergreifen."*

Bleiben Sie hungrig, lernen Sie die Welt Ihres Gefährten kennen – immer wieder aufs Neue. Selbst wenn Sie glauben, den heiligen Gral gefunden zu haben, verschließen Sie sich Ihrem Hund zuliebe nicht vor neuen Entdeckungen der Wissenschaft und/oder vor der Optimierung bestehender Philosophien.

> *„Wissen ist nutzlos, wenn daraus keine Taten folgen."*
> („Still" von Susan Cain)

Gerald Hüther erörtert in seinem Buch „Biologie der Angst" ein interessantes Experiment. Dieses zeigt auf, was es bedeutet, offen und neugierig zu bleiben: Flüchtig betrachtet lassen viele Verhaltensweisen Neugeborener auf angeborene und genetische Programme schließen. Eine Untersuchung an Ratten deckte auf, dass die Zielstrebigkeit, mit der die neugeborenen Nager in Richtung der mütterlichen Milchleiste krabbeln, olfaktorisch erklärt werden kann. Die Brustwarzen der Mutter sondern einen identischen Duftstoff ab, wie er auch in der Amnionflüssigkeit (Fruchtwasser) zu finden ist. Die Jungen erkennen also den Geruch wieder. Wird der Duftstoff von der maternalen Brust abgewaschen, finden die Rattenbabys die Milchleiste nicht mehr. Das bislang dem Instinktverhalten zugeordnete Suchen der jungen

Ratten beruht darauf, dass eine Verbindung zwischen einem Gefühl und einem Signal angelegt wurde. Lassen Sie mich das kurz vereinfacht erklären: Die in der Gebärmutter empfundene Geborgenheit (Gefühl) wurde mit dem Geruch der Amnionflüssigkeit (Signal) assoziativ verschaltet. Worauf will ich hinaus? Nur wer Fragen stellt, erhält Antworten, und in diesem Fall ist das die Enthüllung vorgeburtlichen Lernens: Das von Hüther beschriebene Experiment löst den nebulösen Begriff „Instinkt" durch eine Erklärung ab. Das Suchen der Milchleiste lässt sich zurückführen auf die Bahnung und Entwicklung von Strukturen im Gehirn während des intrauterinen und perinatalen Zeitfensters. Die umfassende Darstellung des Versuchs findet sich in oben genannter, sehr empfehlenswerter Literatur (vgl. Hüther 2018[9], S. 89).

Hüther hat viele interessante Publikationen zu den Vorgängen in unseren Gehirnen veröffentlicht. Der Hirnforscher legt beispielsweise eindrücklich dar, dass der ewige Stachel in unserem Fleisch die Angst ist. Sie beeinflusst unser Denken, Fühlen und Handeln mit dem Ziel, ein Gefühl der Beklemmung zu überwinden und das Grundbedürfnis von Sicherheit wiederzuerlangen. Damit landen wir erneut an dem Punkt, an dem wir uns eingestehen müssen, dass unser freier Wille nicht die erste Geige im Konzert unseres Lebens spielt. Die Entwicklung unseres Gehirns, das sich zeitlebens plastisch formt, verläuft nicht autonom, sondern wird weitgehend von Inputs aus der Außenwelt bestimmt und ist von diesen abhängig. Ich bin mir sicher, dass Sie die Erfahrung kennen, dass ein guter Vorsatz nicht ausreicht, um ein ausgelutschtes Verhaltensmuster loszuwerden. Unsere Entscheidung allein transformiert unsere Absicht nicht einfach mühelos und unmittelbar in die gewünschte Veränderung. Stressreaktionen und der Umstand, ob diese kontrollierbar oder unkontrollierbar verlaufen, stehen uns bei der Umsetzung im Weg (ebd.). Diese Steuergrößen haben das Ruder des Lebens fester im Griff, als uns lieb ist.

„Naturae enim non imperatur, nisi parendo."
„Denn der Natur wird nicht befohlen, außer indem man ihr gehorcht."
(Bacon, Novum Organum)

Ich realisiere immer klarer, dass dieses Buch beziehungsweise der darin abgebildete Wissensstand mit an Sicherheit grenzender Wahrscheinlichkeit bereits überholt sein wird, wenn es nach jahrelanger Schwangerschaft endlich zu dessen Entbindung kommen wird. Ich darf jeden Tag dazulernen, und das ist gut so. Solange auch im 21. Jahrhundert noch Literatur verfasst wird, in deren Botschaft die Neugier verkümmert und der Wissensdurst vertrocknet ist, und die sich unkritisch auf das behavioristische Gedankengut stützt, mache ich mich mit meiner Arbeit wohl nicht restlos lächerlich.

Führungskräfte wollen etwas bewegen. Gehen Sie nach vorne (damit es Ihr Hund nicht tun muss) und erkunden Sie, was möglich ist. Es so zu machen wie immer, deutet auf ein Hängenbleiben in der Komfortzone hin. Unsere Hunde aber brauchen Führungsstärke – „Führungsstärke anstatt Folgeschwäche", ein schönes Wortspiel von Suzanne Grieger-Langer, einer deutschen Pädagogin, Dozentin und Sachbuchautorin.

Seitdem ich mir bewusst bin, dass es einen freien Willen, wie ich ihn mir lange Zeit zurechtgelegt habe, nicht gibt, fällt es mir leichter, mit manchen Zeitgenossen empathischer zu sein. Denn auch sie sind in ihrem Denken, Fühlen und Handeln im Grunde nur auf der Suche nach Sicherheit, Zugehörigkeit und Anerkennung.

Hunde brauchen weder ein glitzerndes Halsband noch ein neues Spielzeug oder all den Kram, der größtenteils in Tierbedarfsshops feilgeboten wird. Speisen Sie Ihren Liebling nicht mit dem zweitbesten ab. Was er wirklich braucht, sind Sie! Hunde brauchen Führung und Liebe; das gibt ihnen die Sicherheit, dieses Leben „unverzehrt" ... pardon: „unversehrt" zu meistern (Wortakrobatik von Jan Nijboer). Lediglich das Eingehen tiefer Beziehungen bringt Ruhe in unser Gehirn, wenn dort das große Durcheinander ausgebrochen ist (vgl. Hüther 2018[9]). Und damit kommen wir zum Thema Sozialkompetenz.

5.2.3 Sozialkompetenz

Den anderen zu sehen, ist eine Bedingung dafür, sozial kompetent und respektvoll zu handeln. Das Gegenüber zu sehen, fällt freilich schwer, wenn wir immer auf das Smartphone glotzen. Gewiss, es ist deutlich leichter, eigene Interessen auf Kosten anderer durchzuboxen, wenn ich mir die Befindlichkeit meiner Mitgeschöpfe nicht bewusst machen muss. Insofern ist Empathie wenig attraktiv. Andere für meine Ziele und Absichten zu missbrauchen, ist in der Anonymität von „plüschnase92" wesentlich einfacher, als wenn ich Farbe bekennen muss (vgl. Barbonus 2013[10]). Sich zu zeigen ist aber eines der Attribute einer Führungsperson.

Ein wichtiges Attribut der Sozialkompetenz ist Empathie. Um das Gefühl für Empathie ein bisschen zu schulen, lasse ich besonders lernresistente Kundschaft gerne für mich zeichnen[11]. Zugegeben: Zeichnen ist für viele nicht unbedingt der erste Schritt zu bedingungsloser Selbstachtung, aber in besagten Fällen passt das schon, glauben Sie mir. Ich halte also ein Foto verdeckt in meinen Händen und beschreibe, was ich sehe. Dann bitte ich die Kursteilnehmer zu zeichnen, was ich geschildert habe:

REFERENZBILD

KUNDENZEICHNUNG	GENÜGT ES DEN ANFORDERUNGEN?
	Wie jetzt? Wieso zeichnest du eine Kirsche? Ich sagte, du sollst einen Apfel zeichnen! Das ist nicht dein Ernst, oder? Drücke ich mich etwa so missverständlich aus? Du hörst mir ja überhaupt nicht zu! Und der Stiel guckt auch auf die falsche Seite. Nein, ehrlich, das enttäuscht mich jetzt. Mach das noch mal, das kann ich echt gar nicht gebrauchen. Und diesmal konzentrier' dich!
	Kannst du mir das bitte mal erklären? Ich sagte: „roti Bäggli" (rote Wangen). Von Pigmentflecken war nie die Rede. Und was ist mit dem Grünzeug an dieser Fahnenstange? Kannst du nicht einfach machen, was ich dir sage? Bin ich dir zu wenig kreativ, ist es das? Hör mal, so geht das nicht. Das hier ist kein Wunschkonzert. Ich will mit dir arbeiten, und du führst dich auf, als wären wir auf einem Ponyhof. Also echt jetzt!
	Aha, ein Schmalspurapfel … Nun ja, das sagt ja auch schon etwas über deine Person aus … Ich schildere ein Bild in den schönsten Farben, und du machst dir noch nicht einmal die Mühe, dein Teil auszumalen. Ich habe dir einen roten Apfel beschrieben. Und wenn ich dir sage, der Stiel zeigt nach links, dann meine ich das auch so. Nun gut, wenn du nicht kooperieren willst … Ich habe auch noch anderes zu tun!

Ihre Gefühle beim Zeichnen haben die Kunden mit Unsicherheit, Ratlosigkeit, „Bahnhof" (im Sinne von: „Ich weiß nicht, was du von mir willst."), Überforderung und Resignation beschrieben. Das ist der Alltag vieler Hunde! Unsere Fähigkeit, sich einem anderen verständlich zu machen, ist für die kooperative Zusammenarbeit entscheidend. Ein Hund kann nur befolgen, was er versteht. Oder anders gesagt: Mein Hund kann sich nur in dem Maß entfalten, wie ich über Ressourcen und Möglichkeiten verfüge, ihn unmissverständlich anzuleiten. Das bedingt, dass ich mich in das Tier hineinversetze und durch seine Augen sehen lerne. In diesem Sinne gibt es weder ein richtig noch ein falsch gemaltes Bild. Es ist lediglich eine Frage asymmetrischer Interpretationen: Weil die Welt eines Caniden mit Pinselstrichen aus einer anderen Farbpalette gemalt ist, deutet der Hund unsere Signale nicht immer so, wie wir uns das vorgestellt haben. Der Hund transformiert unseren Ausdruck in den Resonanzrahmen seiner eigenen Welt. Bevor wir ihn rügen oder gar bestrafen, sollten wir darüber nachdenken, wie sich unsere Kompetenzen als Lehrer optimieren lassen, und wie unser Angebot an Farben aussehen müsste, damit ein Bild entstehen kann, das eine Brücke zwischen der Welt des Hundes und unserer eigenen schlagen kann.

Seien Sie nicht zu streng mit Urteilen, Verurteilen und Beurteilen, wenn etwas nicht nach Plan läuft. Malaysische Ureinwohner leben uns diesbezüglich eine wunderschöne Philosophie vor:

„Als Marshall Rosenberg beim Volksstamm Orang Asli in Malaysia eingeladen war, teilte ihm sein Übersetzer mit, dass seine Sprache das Verb ‚sein‘ nicht enthalte; darum gebe es keine Formulierungen wie: Du bist gut, schlecht, richtig, falsch. Rosenberg fragte den Übersetzer: ‚Wie übersetzt du dann „Du bist egoistisch?"‘ ‚Das ist schwer. Ich würde es in meiner Sprache übersetzen mit „Marshall sagt, dass du für deine Bedürfnisse sorgst, aber nicht für die Bedürfnisse anderer". In meiner Sprache sagt man Leuten, was sie tun und was man möchte, dass sie anders tun sollen, aber es würde uns nicht möglich sein, Menschen zu sagen, was oder wie sie sind'."

(Fritsch 2008[12], S. 16, zitiert nach Rosenberg)

Altruistisch Führen wollen nur wenige, es erfordert Hingabe. Um Führungspositionen attraktiver zu gestalten, erlaubt unsere Gesellschaft ihren Leitfiguren, dass sie ungehindert lügen und betrügen dürfen, was unter anderem einige Politiker nachhaltig demonstrieren. Der Mensch ist die einzige Spezies, die sich auch einem instabilen Anführer ergibt. Mag sein, dass wir deshalb als Hüter dieses Planeten versagt haben. Und so jemandem soll der Hund folgen? Unseren Nächsten mögen wir blenden, aber ein Hund erkennt, ob die Emotionen, das Denken und das Handeln eines Menschen im Einklang sind (vgl. Millan 2008[13]).

„Tatsache ist, dass jedem Gedanken eine Wahrnehmung vorausgeht, dass jedem Impuls ein Gedanke vorausgeht, dass jeder Tat ein Impuls vorausgeht und dass der Mensch nicht so ein privates Wesen ist, dass sein Verhalten nicht bemerkt würde, sein Verhaltensmuster undeutbar wäre."

(Gavin de Becker)

Vielleicht kennen Sie das: Ihr Vierbeiner verändert in der Gegenwart mancher Individuen scheinbar spontan seine Stimmung. Der ansonsten recht tolerante Bobby zeigt sich unsicheren, aber auch alkoholisierten Menschen sowie ängstlichen und/oder aggressiven Hunden gegenüber unfreundlich. In einem Hunderudel ist Instabilität nicht erlaubt. Instabilität in einer Gruppe provoziert Unruhe, Raufereien und Übergriffe (ebd.).

Einem Tier ist es egal, ob sein Häuptling einen Titel oder ein pralles Bankkonto hat, aber es macht einen Unterschied zwischen einem gefestigten und einem labilen Charakter. Individuen einer sozialen Gruppe gleichen ihre biologischen Rhythmen aneinander an, das nennt sich Synchronisation. Zudem beeinflussen Soziallebewesen gegenseitig ihr inneres Gleichgewicht, und das tangiert natürlich auch die Gesundheit. Das heißt: Wenn Sie es schaffen, Ihre innere Balance zu halten, Ihr Gedankenkarussell zu beherrschen und aufrecht im Leben zu stehen, leisten Sie einen erheblichen Beitrag an das Wohlergehen Ihres Hundes.

Eine gute Führungsperson bringt soziales Bewusstsein, soziale Intelligenz, Empathie, Integrität sowie die Fähigkeit zur Selbstwahrnehmung und zum Selbstmanagement mit. Das setzt voraus, dass Sie dafür sorgen, Ihre eigenen Gefühle in den Griff zu bekommen, bevor Sie handeln. Wenn Sie auch noch das Beziehungsmanagement beherrschen, verfügen Sie über valable Grundlagen, eine sozial kompetente Führungspersönlichkeit abzugeben. Das Beziehungsmanagement sorgt für Struktur und das Aufrechterhalten einer Hierarchie im Rudel, welche die soziale Harmonie und die Überlebenschancen sichert. Dreht sich in einem Rudelverband ein submissiver Hund vor einem dominanteren Artgenossen auf den Rücken, ist das Beziehungsmanagement. Der Mensch kommt bisweilen auf die Idee, seine Macht gegenüber einem unterwürfigen Familienmitglied zu missbrauchen. Vielleicht distanzieren wir uns deshalb so vehement von Dominanz und Hierarchie, weil wir diese Termini durch unseren menschlichen Charakter verdorben und mit negativen Assoziationen belegt haben (ebd.).

Nicht viele sind zum Rudelführer geboren, doch wenn Sie sich entscheiden, Schritt für Schritt daran zu arbeiten, möchte ich Ihnen noch eine Inspiration des Biologen Farley Mowat mit auf den Weg geben:

„George war ein schweres, prächtiges Tier mit silberweißem Fell. Er war ungefähr ein Drittel größer als seine Gefährtin, hätte aber dieser körperlichen Überlegenheit gar nicht bedurft, um seine Stellung als Familienoberhaupt zu unterstreichen. Georges Würde war unantastbar, doch er wirkte durchaus nicht hochmütig. Mit seinem Verständnis für Fehler, seiner Rücksicht auf andere und seiner sich in vernünftigen Grenzen haltenden Zärtlichkeit war er genau der Vater, dessen idealisiertes Bild immer wieder in Familiengeschichten auftaucht, der aber in Wirklichkeit nur selten auf zwei Beinen über die Erde geschritten kommt. Kurz: George war genau der Vater, den jeder Sohn sich wünscht."

(Mowat 2004[14])

5.2.4 Innere Haltung

„Die Lebensaufgabe besteht nicht darin, auf der Seite der Mehrzahl zu stehen,
sondern dem inneren Gesetz gemäß zu leben."

[Mark Aurel]

Unsere innere Haltung ist das Produkt unserer Werte. Gibt es eigentlich eine Neurobiologie der Werte?

Nun, wir wissen, dass Kinder grausam und egoistisch sein können. Das kommt daher, dass die Fasern im orbitofrontalen Cortex erst spät, das heißt nach der Pubertät, myelinisieren. Somit reifen sie als Letzte im gesamten Cortex. Wie wir bereits erfahren haben, spielen der orbitofrontale Cortex und das mediale Frontalhirn in Bezug auf sozial kompetentes, moralisches und ethisches Handeln eine wichtige Rolle (vgl. Mehl 2018[15]). Da die Begriffe Moral und Ethik behaftet sind, wollen wir die Leistungen des orbitofrontalen Cortex mit „Handlungskompetenzen" umschreiben. Der dramatische Unfall des Phineas Gage demonstriert eindrücklich die Aufgaben dieses Gehirnareals:

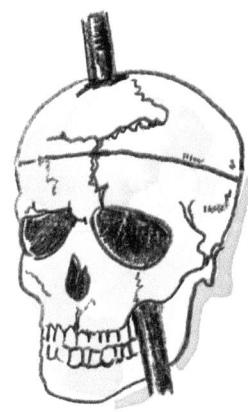

Phineas Gage verlor am 13. September 1848 durch eine vorzeitige Detonation bei Sprengarbeiten einen Teil seines Frontalhirns. Dabei schlug eine Eisenstange von unten durch die linke Wange, zerstörte den forderen Teil der linken Gehirnhälfte und brach im Bereich des Haaransatzes ein Loch durch die Schädeldecke. Cage überlebte.

Die linke Gesichtshälfte blieb partiell gelähmt, und das linke Auge erblindete. Interessant sind die Aufzeichnungen seines Arztes Harlow hinsichtlich der Wesensveränderung, die sich bei Gage nach dessen Unfall vollzog. Der einst liebenswürdige, pflichtbewusste und aufrichtige Mann wurde zunehmends reizbar, unzuverlässig und instabil. Er bekam sein Leben buchstäblich nicht mehr geREGELt (vgl. Spitzer 2006[16], S. 342 ff.)

Regeln formen Werte. Der orbitofrontale Cortex bewertet viele einzelne Erfahrungen, um dann Regeln und damit seine persönlichen Werte daraus abzuleiten. Lernfelder für dieses Gehirnareal können zum Beispiel Impulskontrolle, Selbstdisziplin und Belohnungsaufschub sein (vielleicht ist Ihnen der Marshmallow-Test mit vierjährigen Kindern ein Begriff). Der Orbitofrontalcortex generiert seine Welt aufgrund dessen, was er angeboten bekommt. Das heißt, der Input von Sozialpartnern ist entscheidend. Der orbitofrontale Cortex reift anhand sozialer Interaktionen und dem Verhalten eines Vorbildes, denn Werte wie Achtsamkeit, Wertschätzung, Respekt, Verlässlichkeit und Wohlwollen ergeben außerhalb einer Gemeinschaft wenig Sinn. Das Paket aus orbitofrontalem Cortex, Amygdala und Dopaminsystem hat eine enge Verbindung zum Belohnungszentrum. Vielleicht kennen Sie das gute Gefühl, ein nahestehendes Wesen glücklich zu wissen (vgl. Mehl 2018[15]).

Spuren züchterischen Experimentierens am orbitofrontalen Cortex finden wir vor allem bei Terriern, zu denen auch die eine oder andere Listenhunderasse zählt. Wie bereits bei der Darstellung des BAS (**B**ehavioral **A**pproach **S**ystem) ausgeführt, brauchen diese Hunde in besonderem Maße souveräne soziale Vorbilder, die Möglichkeit, von Sozialpartnern zu lernen, eine Menge positiver sozialer Interaktionen, Zuwendung und soziale Bestätigung. Es erstaunt nicht, dass gerade diese Hunde enorm unter Tierheimbedingungen leiden. Nebst Einzelhaft in Tierheimen setzt die gängige Hundeszene tragischerweise ausgerechnet bei diesen Rassen auf brecherische Erziehungsmethoden und Bestrafung, welche bei diesen Hunden wenig konstruktive Früchte tragen. Meiner Ansicht nach bewegen wir uns hier auf tierschutzrelevantem Terrain.

Die Intoleranz gegenüber Hunden hat sich in den letzten Jahren verschärft. Unsere Vierbeiner zu gern gesehenen Begleitern zu erziehen, scheint einigen Hundehaltern Schwierigkeiten zu bereiten. Tun wir uns mit dem Führen von Hunden im Speziellen, oder aber generell mit Erziehungsfragen schwer? Wie antwortet unsere Gesellschaft ihrer Jugend auf Fragen nach Vorbildern, Handlungs- und Sozialkompetenzen? Sind wir mit unserem eigenen Nachwuchs ebenso überfordert wie mit den Hunden?

Um Handlungskompetenzen zu erlangen, sind Anonymität und Solitärspiele schlechte Berater. TV und Videogames duschen unsere Kinder in Gewalt – ist das wirklich das, was wir wollen? Gewalt als Antwort auf Konflikte, Aggression als Lösungsstrategie? Aggressionspotenzial und Gewaltniveau steigen unter Jugendlichen nachweislich und stetig. Bereits Bandura machte bei seinen Versuchen zum Lernen am Modell auf die Resultate visuellen Lernens aufmerksam. Hinzu kommt, dass Kinder bis zu einem Alter von acht Jahren noch nicht in der Lage sind, Realität und Fantasie eindeutig zu trennen, was dem Ganzen eine weitere tragische Komponente verleiht. Doch gewaltdominierte Medien und Kassenschlager wie das Videospiel „Mortal Kombat" (Töten ist das erklärte Ziel: Dem Gegner wird der Kopf abgeschlagen, das Herz aus der Brust gerissen und die Gliedmaßen abgetrennt) werden weder kritisch hinterfragt noch restriktiv behandelt. Statt auf Prophylaxe setzen wir auf Schadensbegrenzung, die erst greift, wenn das Kind schon in den Brunnen gefallen ist (vgl. Spitzer 2006[16]).

Nur beim Kreieren hanebüchener Hundegesetze und Rasselisten, die am Ziel vorbeischießen, überschlagen wir uns vor falschem Eifer. Wir bewegen uns in einer Ära von schwindendem „human mind". Ja, in der Tat, es ist nicht leicht, in einer Gesellschaft von Bergaufbremsern und bei einem Mangel an authentischen Vorbildern wahre Führungsqualitäten zu entwickeln.

Werte fristen im herrschenden Zeitgeist ein Schattendasein, und mir scheint, als beobachtete ich ein Phänomen des sozialen Zerfalls. Gierig verspeist asoziales Verhalten altbewährte Anstandsregeln, die bis dato einen Teil unserer Kommunikation ausmachten. Es gibt recht amüsante Videoclips, in denen Politiker eine geradezu peinliche Darbietung liefern um die Frage, wer als Erster durch eine Tür schreitet. Ja, das alles ist Kommunikation und legt Informationen über den Rang, den Status und unsere Person offen. Ein schönes Beispiel zum Thema Werte ist mir bis heute in Erinnerung geblieben, obwohl mir dessen Urheber nicht bekannt ist: „Dass ich gerne pünktlich bin, sagt über mich aus, dass ich mir bewusst bin, dass die Ressource Zeit für andere genauso wertvoll ist wie für mich, und dass ich mein Gegenüber wertschätze." Heute belächeln wir Rituale, aber Regeln bestehen nicht um ihrer selbst willen, sondern sie repräsentieren Werte und eine Ordnung, die unser Zusammenleben organisieren. Gewiss, einem Computer, einem Smartphone oder einer Playstation sind derlei zwischenmenschliche Blüten ziemlich egal, aber diese elektronischen Errungenschaften sind weder unsere Familie noch unser Zuhause. Im Gegenteil: Sie tragen dazu bei, dass wir sozial verarmen.

Einem Hund hingegen sind die innere Haltung und die damit verbundenen Werte nicht egal. Überlegen Sie gut, welchen „Spielpartner" Sie Ihrem Hund vorsetzen, beleidigen Sie ihn nicht! Es kann zum Beispiel sehr gefährlich werden, einen Whippet, der sich gerne mit ausladenden Rennspielen vergnügt, mit einem territorialen Hund zusammenzubringen. Das Beanspruchen von Raum und Bewegungsfreiheit ist gerade für ernsthafte Rassen ein Affront, eine Ohrfeige mitten ins Gesicht (es sei denn, es handelt sich um einen ranghöheren Sozialpartner). Auch ein infantiler Golden und ein pflichtbewusster Herdenschutzhund dürften sich mit dem Weltbild des jeweils anderen schwertun. Ohne gemeinsamen Nenner macht gemeinsames Tun keinen Spaß, im Gegenteil: Vom Unmut zur Auseinandersetzung ist es nur ein schmaler Grat.

Achtsamkeit und Respekt im Umgang mit den uns anvertrauten Hunden ist eine Haltung, die uns als Leader gut steht. Die Tiere müssen nicht jeden Blödsinn (mit allen „spielen") mitmachen. Das nimmt uns ab und an in die Pflicht, unsere eigenen Wünsche hintanzustellen. Meine Führungsaufgaben wahrzunehmen, kann beispielsweise auch bedeuten, dass ich eine Schleppleine anstelle einer Flexileine wähle. Letztere kann übrigens erhebliche Verletzungen verursachen. Das Handling einer Schleppleine verlangt uns Präsenz und Aufmerksamkeit ab. Um bei rund zehn Metern Leine ein heilloses Durcheinander zu vermeiden, müssen wir konzentriert sein, uns auf den Hund einlassen, vorausschauend denken und situativ handeln. Die Flexileine – traditionell gepaart mit einer unbeteiligten Einstellung – überlässt die Entscheidung über den beanspruchten Radius weitgehend dem Hund. Frauchen beziehungsweise

Herrchen können sich getrost mit anderen Dingen beschäftigen. Dank des flexiblen Seils geraten sie nicht in die Verlegenheit, führen zu müssen, und der kleine Schwerenöter wird daran gehindert abzuhauen. Die Flexileine gaukelt dem Hund ein Gefühl von Freiheit vor, eine vermeintliche Freiheit, die auch den gedankenverlorenen Hundehalter von seinem subtilen schlechten Gewissen befreit, dessen leise Stimme ihm zuflüstert, dass er dem Hund etwas mehr als nur totgeschlagene Zeit bieten sollte. Respekt kann des Weiteren bedeuten, dass wir uns selber fit halten, es vermeiden, in Gegenwart des Hundes zu rauchen oder unser Smartphone ausschalten, wenn wir in gemeinsamer Mission mit unserem Vierbeiner unterwegs sind. Verstehen Sie mich nicht falsch: Ich benutze auch ein Handy und mein Partner ist ein ambitionierter Raucher. Ich verurteile das nicht. Entscheidend ist nur, wie wir mit unseren Lastern umgehen.

Sozial intelligent handeln meint Folgendes: „Du kannst in einer Sache hart sein, aber verliere niemals den Respekt." (Barbonus 2013[17]) Respekt ist definitiv ein rares Gut geworden. Ein Plakat mit dem Aufruf „Bitte Hunde an der kurzen Leine führen!" klebt an der Eingangstür des Ladenlokals, in dem ich teilzeitbeschäftigt bin. Jeder zweite Kunde missachtet diese Aufforderung in selbstgefälliger Arroganz und initiiert ein regelmäßiges Tohuwabohu unter den Besuchern des Shops. Die Blasiertheit, der Egoismus und die Respektlosigkeit vieler Hundehalter sind beschämend, und ihr Anstand hat eine maximale Halbwertszeit von 30 Sekunden.

> *„Zwei Dinge sind unendlich, das Universum und die menschliche Dummheit,*
> *aber bei dem Universum bin ich mir noch nicht ganz sicher."*
> (Albert Einstein)

Das Unterhaltungsprogramm im TV sowie die rhetorische Gewalt und der manipulative Tunnelblick der Presse liefern ein düsteres Monument der Freude darüber, wie gerne wir andere schlachten. Unsere Gesellschaft versteht es, geradezu fleißig und mit Absicht ein respektloses Klima zu erschaffen. Angestachelt durch die Anonymität unserer Zeit macht uns diese Kultur zu wilden Tieren (ebd.). Es gibt so viele Menschen, doch es mangelt an Menschlichkeit.

Vielleicht ist dieses respektlose Um-sich-Schlagen die pervertierte Version unseres Wunsches nach Freiheit. Wenn wir meinen, es macht uns frei, wenn wir die Ellbogen ausfahren und nach anderen treten, täuschen wir uns: Es macht uns krank und verursacht Leid. Freiheit im eigentlichen Sinne wird es nie geben. Freiheit existiert nur im Kopf als die Möglichkeit zu wählen, wie man auf eine Situation reagieren will. Man kann die Welt nicht verändern, aber man kann sich entscheiden, wie man sich darin bewegt.

Es gibt Dinge, die lassen einem für lange Zeit nicht mehr los. So ergeht es mir mit dem Film „La vita è bella – das Leben ist schön". Das Werk von Roberto Benigni basiert zum Teil auf den Erfahrungen seines Vaters, der zwei Jahre im Konzentrationslager Bergen-Belsen gefangen gehalten wurde. Ein Überlebender von Auschwitz beriet den Regisseur, dessen Film bisher als der weltweit erfolgreichste italienische Streifen gilt. „La vita è bella" schildert die Geschichte von Guido und dessen Sohn Giosuè, die in ein nationalsozialistisches Konzentrationslager deportiert werden. Um dem Jungen die grauenvolle Realität so annehmbar wie möglich zu gestalten, erzählt ihm Guido, die Zeit im Lager sei ein kompliziertes Spiel, dessen Regeln sie genau einhalten müssen, um am Ende als Sieger einen Panzer zu gewinnen. Der Vater versucht alles Mögliche, um die Fassade der Täuschung aufrechtzuerhalten. Der Film endet mit den Worten Giosuès: „Dies ist meine Geschichte. Dies ist das Opfer, welches mein Vater erbracht hat. Dies war sein Geschenk an mich. Wir haben das Spiel gewonnen." (vgl. Wikipedia[18])

„Der als Loblied auf die Kraft der Fantasie und den menschlichen Überlebenswillen angelegte Film beginnt als beschwingte Romanze mit märchenhaften Untertönen und endet in einer bitter absurden Tragödie, in der das Lachen zum schmerzhaften Reflex gefriert. Zwar bleibt der Versuch, mit den Mitteln des Tragisch-Komischen an den Holocaust zu erinnern, eine höchst ambivalente Angelegenheit, dennoch verdient der mit hoher Sensibilität und großer Ernsthaftigkeit inszenierte Film Respekt als ein bewegender Versuch, auf besondere Weise Kinobilder für die unverbrüchliche Würde der Holocaustopfer zu finden. Die von tiefer Menschlichkeit geleitete Rigorosität, mit der hier ein in Tabuzonen und Chiffren verfangenes Thema angegangen wird, wird dabei zu einem ganz und gar singulären Ereignis."
(Lexikon des internationalen Films 2001[19], zitiert nach Wikipedia)

Ich wiederhole mich: Man kann die Welt nicht verändern, aber man kann sich entscheiden, wie man sich darin bewegt. Gewiss, man darf sich fragen, ob es okay ist, jemanden in Bezug auf die Realität zu belügen. Dennoch scheint es mir legitim, jene Version einer persönlichen Wahrheit zu wählen, die uns glücklich macht, besonders dann, wenn sich die Umstände nicht ändern lassen. So wie Guido für den kleinen Giosuè die äußere Realität erträglich gestaltet, nötigen uns auch die meist wenig naturnahen Lebensbedingungen für unsere Hunde etwas Fantasie ab, um den Tieren gerecht zu werden.

Es mag ein Recht auf Leben und körperliche Unversehrtheit geben, aber niemand gibt uns das Recht auf Freiheit im ursprünglichen Sinn des Wortes. Freiheit ist Ausdruck einer inneren Haltung. Anleitung und Führung geben unseren Hunden jene Sicherheit, die es ihnen trotz eines rauen gesellschaftlichen und politischen Klimas und suboptimaler äußerer Gegebenheiten erlaubt, mental frei und unbeschwert zu sein. Das ist das Geschenk eines souveränen Leaders an seinen Hund.

Was Freiheit eben *nicht* ist, bringt Profiler Suzanne Grieger-Langer in ihrer einmaligen und unverwechselbaren Art sowohl zynisch als auch humorvoll in ihrem Programm „Die Pfeifen" zum Ausdruck. Das Video – wie die Auftritte von Profiler Suzanne im Allgemeinen – lohnt sich zu sehen. Hier eine Kostprobe der Profilerin, auch wenn es dem Gesamterlebnis ihrer Performance nicht das Wasser zu reichen vermag (vgl. Grieger-Langer 2018[20]):

Eine Pfeife entsteht, wenn die Eltern ihr Kind nicht auf die Welt, sondern die Welt auf ihr Kind vorbereiten. Das nennen sie Liebe. Soll ich Ihnen sagen, wie ich das nenne? FEIGHEIT! Die haben nämlich nicht den Hintern in der Hose und das Standing, diesem kleinen Wesen die Welt zuzumuten und mit diesem kleinen Wesen zu trainieren, diese Welt zu bewältigen, sondern sie kontrollieren alles im Außen, damit sie den Stress mit den Kids nicht haben. Darf ich Ihnen ein Beispiel nennen? Wir hatten mal Besuch, von Bekannten – das war damals der Status, der sofort wieder zurückgenommen wurde – die haben dann auch ihr kleines Kind mitgebracht, so ein Toddler, zwei, zweieinhalb, und ich hatte schon überlegt: „Wie früh kann ich jemanden rausschmeißen?" Also, die kamen, stellten das Kind ab und kümmerten sich nicht mehr, kennen Sie das? Und ich dachte nur: „Wer passt auf das Kind auf?" Das ist ja kein Hund, wo man sagt „Sitz!" und gut, das bewegt sich ja. Und der Effekt war: In unseren antiken Möbeln pulte das [das Kind] mit seinen Buntstiften. Ich sagte: „Hör mal, da geht was kaputt." „Ja, aber das sind ja eure Möbel." Die haben gemeint – das ist irre – die haben gemeint, das ist unser Haus, da müssen wir jetzt auf ihr Kind aufpassen. Das kann doch nicht sein, DAS KANN DOCH NICHT SEIN, dass ich mich und mein Umfeld beschützen muss, weil andere nicht bereit sind, ihren Job als Erziehungsberechtigte zu machen! Das Problem, was viele Lehrer im Moment haben, ist: Wir bekommen jetzt die siebte Generation unerzogener Kinder in die Schulen, es ist ein riesiger Gap zwischen denen, die erzogen sind und denen, wo man meinte: „Lass sie laufen!" Ja, Liebe bedeutet nicht, einfach nur laufen lassen … ja! So, Liebe drüber gießen und Cola, und dann wird das was. Liebe bedeutet, jemanden zu zwingen, sein Potenzial zu entwickeln. Wenn ich alles abnehme, was schwierig ist, dann wird diese Person sich nicht entwickeln. Und die Argumentation ist immer: „Nicht so autoritär!" Natürlich, Zwang ist auch keine Hilfe. Also, ich will ja keinen Bonsai am Ende haben, sondern einen stark gewachsenen Baum. Und ja, der braucht Luft, und der braucht Liebe, der braucht aber auch einen gewissen Beschnitt – erzieherisch. Denn wir hier … – nicht nur in so einer Großstadt, sondern in dieser globalen Welt – das verlangt immer mehr soziale Kompetenz. Soziale Kompetenz kommt mit Selbstkontrolle. Wenn ich nicht die Liebe aufbringe, jetzt etwas vielleicht nicht so Angenehmes zu tun, damit morgen meine Schutzbefohlenen, ob Kinder oder Mitarbeiter, in der Lage sind, dem [da draußen] zu begegnen, dann kann ich das nicht Liebe nennen. Das ist nicht Liebe! Liebe bereitet vor. Das ist Feigheit, das ist Faulheit, das ist Fixation, das ist Stagnation.

Mit freundlicher Genehmigung der Profilerin Suzanne Grieger-Langer,
https://profilersuzanne.com

Ja, ein Kind im „Laissez faire"-Modus ist für manchen Hundehalter ein Albtraum, denn in der gängigen Praxis hat ein Hund gegenüber einem Kind keinerlei Rechte, egal, wie daneben sich so ein Bengel auch benimmt. Aber auch die Hundehalter untereinander halten nicht damit zurück, sich das Süppchen der Lebensfreude ordentlich zu versalzen:

Wirbelnde Sturmwinde entlockten den Bäumen ein bedrohliches Ächzen und Stöhnen. Selbst von den Giganten des Waldes knickten die Äste nach der Trockenheit des vergangenen Sommers wie Streichhölzer zu Boden. Da diese Wetterlage schon Tage andauerte, hielten wir unsere Hündin bereits zu lange auf Sparflamme. Also beschlossen wir – wenn auch widerwillig –, heute ausnahmsweise in der Ebene eine Runde zu drehen. Widerwillig deshalb, weil sich in der Ebene gerne die „Spielen-Spielen-Fraktion" aufhält, Menschen, die glauben, ihre Hunde wollen mit allem und jedem spielen, weil das artgerecht sei. Ja, das gibt es tatsächlich noch.

Einschub: Wie ist das denn bei Ihnen? Wie oft sprechen Sie beim Einkaufen ohne zwingenden Grund unbekannte Menschen an, einfach nur so, um Hallo zu sagen? Geben Sie es zu, wir sind kein Volk von Partylöwen. Ich denke, die chronisch miesepetrigen Gesichter der Pendler in den öV, die schon beinah zum guten Ton gehören, dienen nicht zuletzt der Wahrung von Distanz und sollen Fremde davon abhalten, einem auf die Pelle zu rücken. Man(n) bleibt halt gerne unter sich – und Hund auch.

Nun, wir wagten uns also in die Höhle der Löwen (oder vielmehr in den Abgrund der Dummheit), packten unsere an Cauda equina erkrankte Hündin in ihren wärmereflektierenden Mantel, banden ihr das gelbe Halstuch um, das signalisierte, dass wir keinen Kontakt zu anderen Zeitgenossen wünschten [*mehr dazu siehe https://www.gulahund.de*], und stapften los. Dem Wind trotzend, lullte ich mich tief in den Kragen meiner Jacke und bemerkte nur zufällig, dass mein Partner steif wie ein Brokkoli stehen geblieben war und in östliche Richtung starrte. Ich blinzelte in das fahle Licht der Sonne und registrierte drei massige Körper, die in holprigem Galopp auf uns zustürmten. Gerade noch rechtzeitig nahm ich meine Maus in meine schützenden Arme. Den erhobenen Zeigefinger dürfen Sie sich verkneifen: Ein Anrempeln, Übertölpeln oder der Hieb einer Pfote von einem dieser im Durchschnitt 40 bis 50 kg wiegenden Kolosse hätte genügt, um unsere Erfolge in der Rückentherapie empfindlich zu torpedieren. Trotz der beherzten Versuche meines Partners, uns gegen die Meute abzuschirmen, drang eines der Tiere zu uns durch. Ein lang gezogenes „Ratsch" machte klar, dass meine Windjacke gerade das Initiationsritual verpasst bekam und mit einem sauberen Schlitz fortan als Hündelerjacke auffiel. Irgendwie erinnerte mich das an die Hunde der südlichen Länder, die mit einem Schnitt in das Ohr als Privatbesitz gekennzeichnet werden …

Nach einigem Mühen verzog sich die Bande. Ich überließ unsere Hündin der Obhut meines Partners und folgte den Raufbolden zu ihren Besitzern. Diese waren gerade weit genug entfernt, um meine unaussprechlich wütenden Gedanken zu beruhigen und mir das letzte Seminar in „Gewaltfreier Kommunikation" zu vergegenwärtigen. Als ich die Gruppe endlich einholte, sprang mich einer der Hunde korrigierend an, wobei ich feststellen konnte, dass er ein Kopfhalfter trug. „Ja", murmelte ich, „wenn die Viecher nicht gelernt haben, ordentlich an der Leine zu gehen, ist es zweifelsohne bequemer, sie laufen zu lassen ..." Noch einmal tief atmen, dann stand ich vor den Zweibeinern des Clans: „Guten Tag. Möchten Sie mich vielleicht kurz aufklären, was das eben für eine Vorstellung war?", fragte ich in ruhigem und beherrschtem Ton. „Was? Wieso?", keifte mich das Paar an: „Gibt es ein Problem? Und was fällt Ihnen eigentlich ein? Sind Sie überhaupt bescheuert, Ihren Hund hochzuheben, so was tut doch keiner! Sie sind ganz selber schuld, wenn meine Hunde da durchdrehen! Sie hätten die Hunde nur machen lassen sollen, die regeln das schon. Ihr Hund hat ja nicht mal geschrien [!!!]. Und unsere Hunde so wegzuscheuchen, das geht ja wohl gar nicht! Das ist ein Fall für den Tierschutz, die wollten nur spielen, das sind noch junge Hunde! Mein Bruder ist Rechtsanwalt, und wenn Ihnen etwas nicht passt ..." Stopp! Das war genug. Geduld und Toleranz sind erschöpfliche Ressourcen, also zückte ich meine Visitenkarte und gab zu bedenken, dass ich – da die Situation offensichtlich nicht mit Anstand zu klären sei –, eine Anzeige erwäge. Immerhin legte meine Jacke ein eindeutiges Zeugnis von den „Nur-spielen-wollen-Absichten" ihrer Hunde ab. Während die Hundehalter ihre Adresse widerwillig auf einen Zettel kritzelten, nahm das immer noch unkontrolliert, außer Rand und Band herumtollende Rudel sein nächstes Ziel ins Visier: Opfer waren diesmal eine junge Frau mit ihren zwei Hunden. Ich hörte es knurren und quietschen, überließ das weitere Debattieren mit den Uneinsichtigen jedoch der Fremden. „Lernresistent ohne Ende!", dachte ich, und kehrte zurück zu meiner kleinen Familie.

Am Abend erhielt ich einen Anruf von den involvierten Hundehaltern. Während eines ausgiebigen Gesprächs ließ sich die Angelegenheit friedlich klären.

Als Verantwortliche für meinen Hund entscheide ich gerne selbst, ob und mit wem mein Hund spielt. Ein bisschen weniger Hybris würde der Welt der Hundehalter gut stehen. Es geht nicht um Missgeschicke, die im Leben nun mal passieren. Wenn uns ein Hund versehentlich ent-schlüpft, und wir uns dafür entschuldigen, ist das eine Sache. Aber sich dilettantisch in ei-nen Mantel aus Ignoranz und Gleichgültigkeit zu hüllen, wenn der Vierbeiner in barer Selbst-überschätzung um sich pöbelt, ist indiskutabel. Nur gelangweilt und schicksalsergeben mit den Schultern zu zucken, wenn Ihr Hund anderen das Leben schwer macht, ist vielmehr das

Benehmen kleiner Kinder, als das Vorbildverhalten eines Rudelführers. Verbündet sich die Plattitüde „Schuld sind immer die anderen." mit dem Leitsatz „Nicht meine Baustelle!", werden uns auch noch so skurrile Gesetze nicht helfen können, die Hundewelt wieder in Ordnung zu bringen.

Es ist eine der Geschichten, die ich definitiv nie verstehen werde: Wieso nur halten alle Hundehalter mit solch entschlossener Verbissenheit daran fest, dass ihr Hund mit jedem dahergelaufenen Köter spielen will (Goldies ausgenommen, diese zeigen diesbezüglich in der Tat ein abnormales Verhalten)? Innerartliche Differenzen führen die Statistiken der Beißunfälle an. Hunde lieben es, im Rudel (mit Ihnen!) zu spielen, Fremde dagegen sind vorerst einmal suspekt. Sie werden, bis das Gegenteil bewiesen ist, als unliebsame Konkurrenten und Uneingeweihte eingestuft, die man checken und im Auge behalten muss. Das ist übrigens die Aufgabe des Rudelführers, also von Ihnen. Im Besonderen solitär veranlagte und ernsthafte Hunde legen Wert auf Skripte und Regeln, ein typisches Beispiel ist der Herdenschutzhund. Schön, wenn Sie immer noch meinen, Ihre Töle müsse mit allem und jedem spielen … bitte. Dann beherzigen Sie aber, dass das nicht für jeden Hund gilt. Wie bei uns Menschen gibt es Introvertierte und Extravertierte. Freilich, unser Zeitgeist gibt nur einem bemerkenswert kleinen Spektrum von Persönlichkeitstypen Raum. Uns wird eingeredet, dass Menschen von Bedeutung eine forsche Art haben, und dass Glück mit Kontaktfreudigkeit einhergeht. Wir leben in einem Wertesystem, das vom Ideal der Extraversion geprägt ist. Der Idealmensch ist gesellig, fühlt sich im Rampenlicht wohl und ist eher risikofreudig als fürsorglich. Er bevorzugt rasche Entscheidungen, selbst auf die Gefahr hin, dass er sich irrt. Der aggressive Tatmensch ist hoch im Kurs. Archetypische Extravertierte handeln lieber, als nachzudenken, preisen sich gerne ungeniert an und messen Erfolg an der Anzahl der Facebook-Freunde, LinkedIn-Kontakte und Twitter-Aufrufe. Sie ertragen Konflikte, aber keine Einsamkeit. Die Introversion dagegen gilt heute als Persönlichkeitsmerkmal zweiter Klasse. Ihre Attribute sind Empfindsamkeit, Ernsthaftigkeit und ein stabiles Wertesystem. Introvertierte widmen ihre sozialen Energien engen Freunden und der Familie, sie verabscheuen Small Talk und lieben tiefe Gespräche, sie hören häufiger zu, als dass sie reden, und sie denken nach, bevor sie sprechen. Sie sind meist hochsensibel sowie vertrauenswürdig und haben eine Vorliebe für Reflexion. Ansprüche, die sie an andere stellen, erfüllen sie auch selbst. Trotz dieser Vorzüge gelten introvertierte Kinder noch immer als Problemfälle. Vergessen wir nicht, dass die Welt ohne Introvertierte um die Errungenschaften von Einstein, Newton, Chopin, Orwell, Spielberg und Gandhi (um nur einige zu nennen) ärmer wäre (vgl. Cain 2013[21]). Wie traurig, dass wir auch unsere Hunde an diesem ungesund einseitigen Idealbild messen und ihre Lebensqualität danach bewerten, wie expansiv sie sich verhalten.

Schon lange treiben mich Gedanken um, wie sich die Welt für *alle* Hunde ein wenig besser gestalten ließe. Schlaflose Nächte eignen sich vorzüglich, um für unsere chronisch gestresste Gesellschaft und den erschöpften Planeten mutige Ideen zu ersinnen. Ich erlaube mir nicht, diese offenzulegen, denn sie sind unpopulär, gewiss, aber ehrlich und nachhaltig. Altruistisch führen scheint nicht in Mode zu sein, und von allem, was Mittelmäßigkeit übersteigt, fühlen wir uns überfordert. Tja, aber leider lässt sich die Welt allein mit den eingesparten Plastik-tütchen im Supermarkt nicht mehr retten.

„So zweifelt, wer das kapitalistisch-liberale System und seine Lizenz zur Ausbeutung der Ressource Tier infrage stellt, notgedrungen am Wertesystem unserer Gesellschaftsordnung."

[Precht 1997[22], S. 53]

In Bezug auf die Hundewelt wäre mein Vorstoß, die Rasselisten zugunsten einer allgemein-gültigen Prüfungspflicht aufzuheben. Bis zum Absolvieren der Prüfung soll Leinenzwang gel-ten: Auch an einer Schleppleine lassen sich durchaus spannende Aktivitäten kreieren, sofern man dafür offen ist, Willen zeigt und Engagement besitzt. Ein besonderes Augenmerk müsste bei der Prüfung auf die Sozialkompetenzen des Hundeführers gerichtet sein. Sie echauffieren sich? Keine Sorge, wer investiert schon gerne in Projekte, die zum Scheitern verurteilt sind? Bleibt nur zu hoffen, dass echte Supportive Leaders ein neues Zeitalter einläuten mögen.

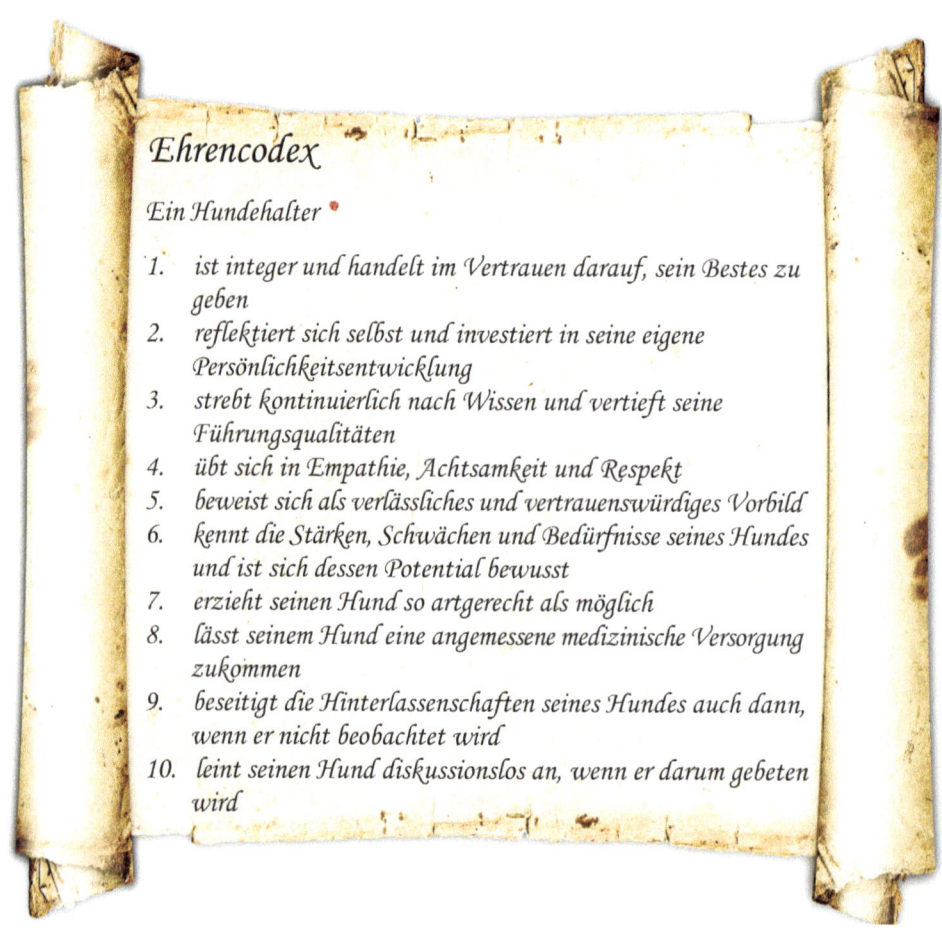

Ehrencodex

Ein Hundehalter •

1. *ist integer und handelt im Vertrauen darauf, sein Bestes zu geben*
2. *reflektiert sich selbst und investiert in seine eigene Persönlichkeitsentwicklung*
3. *strebt kontinuierlich nach Wissen und vertieft seine Führungsqualitäten*
4. *übt sich in Empathie, Achtsamkeit und Respekt*
5. *beweist sich als verlässliches und vertrauenswürdiges Vorbild*
6. *kennt die Stärken, Schwächen und Bedürfnisse seines Hundes und ist sich dessen Potential bewusst*
7. *erzieht seinen Hund so artgerecht als möglich*
8. *lässt seinem Hund eine angemessene medizinische Versorgung zukommen*
9. *beseitigt die Hinterlassenschaften seines Hundes auch dann, wenn er nicht beobachtet wird*
10. *leint seinen Hund diskussionslos an, wenn er darum gebeten wird*

VI KOMMUNIKATION

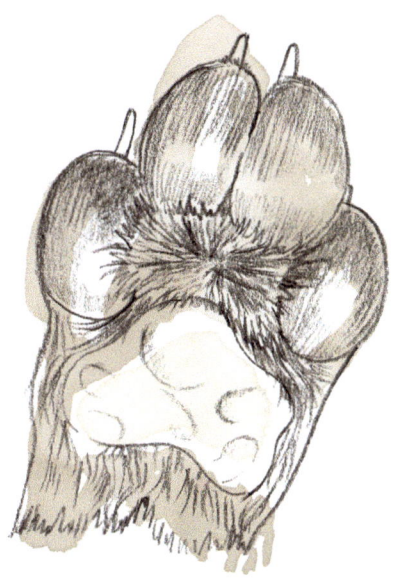

„Der Horizont vieler Menschen ist wie ein Kreis mit Radius Null.
Und das nennen sie dann Standpunkt."

(Albert Einstein)

6.1 Leben in zwei Welten

Nein, keine Sorge, wir beschäftigen uns nicht mit der Bedeutung von nach vorne gerichteten oder nach hinten geklappten Öhrchen. Das lernen Sie eh aus keinem Buch, dazu müssen Sie ins volle Leben eintauchen. Nein, es geht um etwas anderes. Mona Göbel bringt es wie folgt auf den Punkt: „Sie [Hunde] leben allein in einer Welt, die sie nicht verstehen können und in der niemand ihre Sprache spricht. Schon gar nicht die menschlichen Bezugspersonen. Und sie [die Hunde] fangen an, ihre eigenen Entscheidungen zu treffen. Auf hündisch." (vgl. Göbel 2010[1])

In der Kommunikation mit unserem Hund offenbart sich die Beziehung. Kommunikation kennt keine Sendepause. Alles, was wir tun, ist Kommunikation – aber auch alles, was wir nicht tun.

„Wenn einer nicht mehr mit dir redet, dann will er damit etwas sagen."
(Joachim Panten)

Als junges Mädchen freute ich mich immer sehr über die seltenen Familienfeste, da meine älteren Cousins stets für einen Schabernack zu begeistern waren. Ich hing ihnen förmlich am Rockzipfel und verfolgte sie sogar in die Rauchpausen. So war es auch an jenem Sonntagnachmittag: Die Jungmannschaft saß bunt verstreut auf dem Stubenboden und dippte leckere Sachen in die unwiderstehlichen Saucen, die meine Tante für uns zubereitet hatte. Verführerisch waren die appetitlichen Schalen auf dem Salontisch angerichtet. Als sich meine beiden Cousins in Richtung Terrasse verschoben, folgte ihnen die ganze Meute Kinder nach draußen. Niemand achtete auf Charly, der die ganze Zeit ruhig auf seiner Decke hinten im Wohnzimmer döste. Als unsere kleine Schar genug hatte vom Rauchzeichen-Pusten, trödelten wir zurück ins Haus und wurden gerade noch Zeugen, wie Charly die finale Saucenschale mit ekstatischer Inbrunst leer schlabberte. Wütend verscheuchte eine meiner Verwandten den Übeltäter und schimpfte den verdatterten Charly fürchterlich aus. Nie vergesse ich das Bild dieses zusammengekauerten, zitternden Körpers und die mit Angst erfüllten Augen des Tieres. Ich war damals noch zu klein, um zu verstehen, was gerade mit Charly passiert war, aber eines wusste ich mit Gewissheit: Hier lief etwas ganz gewaltig schief!

Charly hat nichts falsch gemacht – zumindest nicht in den Augen eines Hundes. Keiner von uns war sich bewusst, was wir Charly mit unserem Verhalten kommunizierten (siehe nachfolgende Tabelle), und so wurde die arme Socke unschuldig das Opfer eines zornigen Ausbruchs. Wo der Mensch sich nicht die Mühe macht, sich Wissen über seinen Hund anzueignen, sind solche Missverständnisse der traurige Alltag unseres besten Freundes.

Dem Thema Kommunikation auch nur annähernd gerecht zu werden, sprengt den Rahmen dieses Buches bei Weitem. Es soll Sie lediglich für diesen Brennpunkt sensibilisieren. Die tabellarische Auflistung der Top Ten der Stolpersteine – na ja, es sind dann doch elf geworden – offeriere ich Ihnen als „Amuse-Gueule" und hoffe, damit Ihren Appetit für die Problematik der Fehlinterpretationen zu wecken (vgl. HEB 2015[2]). Bevor die Professionals unter Ihnen mich zu Kanonenfutter verarbeiten, sei darauf hingewiesen, dass Kommunikation als komplexes Geschehen verstanden werden muss. Eine Interpretation von Verhalten ohne die Kenntnis und Durchleuchtung des situativen Kontextes ist unmöglich und nicht lege artis. Ein Verständnis für Kommunikation gedeiht in der Praxis, nicht anhand eines Buches. Das nachfolgende kleine Sammelsurium soll in erster Linie Anreiz schaffen, eine neue Sichtweise auf die gängigen Etiketten zu werfen, mit denen wir Ausdruck und Verhalten unserer Hunde oft unkritisch bestücken. Dabei beansprucht es keinesfalls allgemeingültigen Charakter.

Eines sei vorab noch gesagt: Die meisten Baustellen mit unseren Hunden basieren auf Kommunikationsschwierigkeiten im eigenen Zuhause. Das heißt: Es grenzt an Zeitverschwendung, an der Leinenführigkeit zu arbeiten, solange die Sprachbarriere im Daheim nicht bereinigt ist.

„Einer neuen Wahrheit ist nichts schädlicher als ein alter Irrtum."
(Johann Wolfgang von Goethe)

EREIGNIS	ERKLÄRUNG	KOMMENTAR
Anspringen	Anspringen (nicht zu verwechseln mit hochkrabbeln) gilt als Korrektur, auch wenn es „höflich" ausgeführt wird. Es ist eine Begrenzung des Gegenübers. Die Bewegungsfreiheit anderer einzugrenzen, steht dem Ranghöchsten/Ranghöheren zu. Anspringen ist nicht niedlich, auch nicht bei kleinen Hunden.	Ich glaube Ihnen, dass Ihr Hund sich freut, wenn Sie nach Hause kommen, aber Anspringen ist nicht der Weg, Ihnen das mitzuteilen. Anspringen ist genau genommen eine Zurechtweisung. Der Hund korrigiert Sie damit für Ihre Dreistigkeit, sich unerlaubt vom Rudel entfernt zu haben. Er gibt Ihnen so auch gleich zu verstehen, wo sich Ihr Platz im Rudel befindet …
Anstarren – Knutschen – den Kopf tätscheln	Caniden sind keine Primaten. Weder küssen noch umarmen ist Teil ihres Verhaltensrepertoires. Die schier endlose Geduld, die Hunde ihren Bezugspersonen gegenüber an den Tag legen, lässt es zu, dass solches Verhalten im eigenen Rudel vielleicht noch toleriert wird. Von Fremden allerdings ist ein derartiger Übergriff nicht nur ein Affront, sondern eine regelrechte Provokation, die unter Umständen entsprechend quittiert wird. Ebenso versteht der Canis lupus familiaris das frontale Annähern und das Anstarren mit großen [Kinder]Augen als offensive Drohung. Wundern Sie sich also nicht, wenn sich Ihr Hund gegen solches Benehmen zur Wehr setzt, zur Not auch mit seinen Zähnen. Das ist sein gutes Recht, das ihm unsere Gesellschaft aber nicht einräumt – nun, man soll dem Teufel geben, was ihm zusteht. Umso mehr sollten Sie dafür sorgen, dass Ihr Hund gar nicht erst in diese äußerst beklemmende Situation gerät.	Unser Verhalten gegenüber Hunden ist oft wenig einfühlsam und selten von gesundem Menschenverstand geprägt. Für den Hundeknigge ist unser Primatenverhalten geradezu eine Zerreißprobe. Wie würden Sie sich fühlen, wenn fremde Personen in der Straßenbahn plötzlich an Ihnen herumfummeln würden? Ich nehme an, Sie würden die Bahnpolizei rufen oder zur Selbstjustiz greifen, je nach Temperament. Und hier wüten immerhin noch Primaten unter sich. Ihr Hund kann solches Verhalten noch viel weniger verstehen als Sie. Schützen Sie ihn davor! Sie werden sich mit einfältigen Bemerkungen konfrontiert sehen, wie: „Wieso, ist er böse?" Nein, er ist kein Spielzeug und auch kein Lustobjekt, so sieht's aus. Gerade das Streicheln am Kopf und Rücken sollte Vertrauenspersonen vorbehalten sein, da Hunde über diese Zonen Dominanz signalisieren. Besonders bei Kindern ist im Umgang mit Hunden ein Augenmerk darauf zu richten, dass sich die Kleinen entsprechend aufgeklärt und angeleitet einem Hund nähern und respektvoll mit dem Tier umgehen – auch zum Schutz des Kindes!

EREIGNIS	ERKLÄRUNG	KOMMENTAR
Begrenzung	Für jeden ist nachvollziehbar, dass ein Laufgitter für ein Kleinkind etwas sehr Sinnvolles ist. Bei der Begrenzung unserer Hunde hingegen tun wir uns ungemein schwer und gewähren stattdessen lieber Freilauf im ganzen Haus. Sich frei zu bewegen ist das Privileg von ranghohen Tieren, also vermitteln wir dem Vierbeiner einen falschen Eindruck seines Platzes in der Familie. Bei einem Welpen macht uns das noch keine Probleme, aber das Tierchen wird älter. Wenn unsere Kommunikation den Hund glauben lässt, dass er einen hohen Rang und demzufolge besondere Rechte hat, wird er diese früher oder später einfordern – und das nicht nur uns, sondern auch den Kindern, deren Spielkameraden sowie Besuchern gegenüber. Spätestens beim erwachsenen Hund entstehen Probleme, wenn er auf hündisch seiner vermeintlichen Position gemäß handelt. Nimmt sich ein Hund die Rechte heraus, die wir ihm mit unserem irreführenden Verhalten suggeriert haben, bestrafen wir ihn inkonsequenterweise dafür. Das ist nicht nur unfair, es macht uns für den Hund auch unglaubwürdig, unberechenbar und zu einer Stressquelle. Zu Hause werden die Probleme geboren, die wir unterwegs mit unseren Hunden vorgesetzt bekommen. Übrigens: Die wilden, unkoordinierten Bewegungen von Kindern stellen für viele Hunde einen Auslösereiz dar. Bewegungsfreiheit ist ein Privileg ranghoher Individuen. Dieser Status trifft auf Kinder nicht zu. Für den Hund ist dieser Widerspruch ein Grund, quirlige Kinder zu begrenzen/korrigieren.

Es spricht nichts dagegen, einem adulten Hund, der aufgrund einer adäquaten Erziehung seinen Platz im Rudel kennt, seinen Rahmen nach und nach zu erweitern. Aber dafür muss erst eine solide Basis geschaffen werden. | Vorab: Die Begrenzung ist ein Raum oder ein Teil davon, nicht etwa nur eine Box! Die Küche ist ungeeignet (Ressourcen).

Viele assoziieren die räumliche Begrenzung eines Hundes mit einer Strafe. Das ist ein völlig verdrehtes Bild. Begrenzung ist ein Teil der natürlichen Kommunikation unter Hunden und dient zudem als Schutz, was ich Ihnen gleich erläutern werde. Mit Begrenzung ist selbstverständlich nicht das Aussperren in ein anderes Zimmer, in den Flur oder Keller gemeint, natürlich nicht! Die Begrenzung für einen Hund ist so anzuordnen, dass sie räumlich in der sichersten (meist zentralsten) Zone des Hauses liegt. Sie stellt sicher, dass der Hund integriert ist in das Tun und Sein (sprich: Leben) der Bezugsperson. Hunde sind Virtuosen der Beobachtung. Das müssen wir uns bewusst sein, wenn wir irgendetwas Unschönes aus dem Fenster schreien oder uns von der redseligen Nachbarin immer weiter in den eigenen Hausflur zurückdrängen lassen. Wenn sich der Hund an uns orientieren und souverän auf Situationen reagieren soll, ist jetzt der Zeitpunkt, ihm als entsprechendes Vorbild erwünschtes Verhalten vorzuleben.

Der Mensch steht in der Pflicht, dass der Hund in seiner Begrenzung absolut sicher ist. Weder Kinder noch Besucher noch sonst wer darf den Hund in seiner Schutzzone behelligen. Denken Sie daran: Der Hund beobachtet, ob und wie Sie die Kinder und andere Menschen regulieren (begrenzen) und formt sich daraus ein Bild, ob Sie ein ernst zu nehmender Sozialpartner sind, dem er sich anvertrauen kann. Wenn die Begrenzung mit fortschreitender Erziehung gelockert wird, gewinnt diese Regel an Bedeutung. Ihr Hund vertraut Ihnen, dass er sicher ist, wenn Sie ihm einen Platz zuweisen. Sorgen Sie dafür, dass dieses Vertrauen keinen Schaden nimmt und der Rückzugsort ein sicherer Hafen bleibt. |

EREIGNIS	ERKLÄRUNG	KOMMENTAR
Freizeit im Garten	Ein Garten ist eine tolle Sache, wenn Mensch und Hund ihn gemeinsam genießen. Hält sich der Hund jedoch alleine draußen auf, während sich der Mensch in die sichere Höhle beziehungsweise ins Haus zurückzieht, fasst das Tier den Auftrag aufzupassen. Dieser Auftrag delegiert Verantwortung an den Hund und sabotiert eine vernünftige Position des Hundes im Rudel. Nochmals: Ein Hund, der sich allein im Garten aufhält, glaubt sich beauftragt, aufpassen zu müssen. Dass (zumindest ernsthafte) Hunde im Garten nicht einfach Siesta zelebrieren, macht das Beispiel in einem vorangegangenen Kapitel deutlich: Ein Hund, der sich auf sich allein gestellt im Garten aufhielt, verbellte alles, was sich dem Gartenzaun näherte. Der mit einem Teletac ruhiggestellte und fehlkonditionierte Kläffer attackierte daraufhin ohne Vorwarnung eine Person, die den Garten betrat. Und der unverstandene Täter Hund wurde das Opfer von Nichtwissen. Tierheime legen bei der Vermittlung von Hunden großen Wert auf Haus mit Garten. Meines Erachtens ist dies kein vernünftiges Kriterium für ein hundefreundliches Zuhause, da der Garten gerne als Ersatz für eine sinnvolle, soziale und interaktive Beschäftigung mit dem Hund herhalten muss. Dieses Ausweichmanöver geht auf Kosten gemeinsamer Qualitätszeit, der Betreuung und der Erziehung. Je nach Hundepersönlichkeit ist der Garten regelrecht eine Stresszone.	Nein, Hunde lauschen nicht gechillt dem Flöten der Amsel oder ergötzen sich an Ihren Rosen. Sie arbeiten auf Hochtouren – selbst mit halb geschlossenen Augen. Der Durchgangsverkehr wird analysiert und die Feindseligkeit gegen Mieze angeheizt, die die Grenzen der Territorien kontinuierlich zu ihren Gunsten verschiebt. Nachbars Lump, der beim Vorbeigehen mit einem hämischen Blick, der an Ihren Hund adressiert ist, an die letzte Latte Ihres Gartenzauns pieselt, wird auf die mentale Abschussliste Ihres Lieblings gesetzt. Bei der nächsten Begegnung der beiden, zum Beispiel auf einem Spaziergang, fragen Sie sich dann ganz erstaunt, wieso die beiden „auf einmal" so garstig zueinander sind: „Das haben sie ja noch nie gemacht!?!", rufen Sie erstaunt und können gar nicht verstehen, was in Ihr Dummerchen gefahren ist.

EREIGNIS	ERKLÄRUNG	KOMMENTAR
Handfütterung – Futterklau – Futteraggression	Selbst ein im Rang tief stehendes Tier verteidigt seine Beute gegen ein ranghohes Tier. Aus diesem Grund schießt auch die Übung „Er darf nicht knurren, wenn Frauchen/Herrchen ihm den Napf wegnimmt." am Ziel vorbei (siehe Kapitel 2). Das ist lediglich unsinnige Zankerei. Respekt (und das Ausgeben von Futter) erarbeitet man sich auf einem anderen Weg, der auf einer vertrauensvollen Beziehung basiert. Wer seine Ressourcen liegen lässt und davonlatscht, ohne diese vorher mit einem Tabu belegt zu haben (siehe die Sache mit den Saucen auf dem Salontisch), gibt diese frei, das heißt, ab jetzt sind sie Allgemeingut! Sie sabotieren Ihre Glaubwürdigkeit, wenn Sie Ihren Hund dafür ausschimpfen, dass er sich „hinter Ihrem Rücken" bedient hat.	Füttern Sie Ihren Hund aus der Hand, oder schmeißen Sie gar inflationär mit Nahrung um sich, kommunizieren Sie, dass Sie nicht in der Lage sind, für Ihre Ressourcen aufzutreten, und dass Sie die Verwaltung Ihrer Schätze nicht im Griff haben. Wie soll Ihr Hund Ihnen da glauben respektive vertrauen, dass Sie für ihn auftreten können, wenn es noch nicht einmal für ein Leckerli klappt? Handfütterung ist ein Erfolg versprechender Weg, sich zu erniedrigen, in den Augen Ihres Hundes zu versagen und von ihm nicht ernst genommen zu werden. Respektlose Übergriffe sind nicht selten die Folge (siehe Kapitel 2, Video „Apprendimento sociale – Do as I do").
Liegestelle	Die Positionierung der Liegestelle signalisiert Ihrem Hund nicht nur seinen Schlafplatz, sondern weist auch auf seinen Platz im Rudel hin. Die Positionierung sagt aus, ob Ihr Hund für das Rudel Verantwortung tragen muss oder nicht.	Die Liegestelle eines Hundes gehört vorzugsweise an einen ruhigen, sicheren Ort im Zentrum Ihres Daheims. Liegeplätze im Eingangsbereich verpflichten den Hund, die „Höhle" und das Rudel zu beschützen. Ernsthafte Hunde und solche mit einem authentischen Rudelinstinkt werden dieser Pflicht nachkommen – auf hündisch –, und das wird Ihnen nicht gefallen.

EREIGNIS	ERKLÄRUNG	KOMMENTAR
Pipi machen ad libidum	Die Natur hat Hunde nicht per se mit einer schwachen Blase ausgestattet, deshalb gibt es keinen Grund, wieso ein Hund alle paar Meter das Beinchen heben beziehungsweise sich hinsetzen müsste. Was hier passiert, ist Kommunikation – eine Kommunikation, die nicht immer als freundliche E-Mail gemeint ist. Besonders, wenn Hunde regelmäßig auf ein und dieselbe Pipirunde ausgeführt werden, bildet sich eine fruchtbare Plattform für einen explosiven Chat. Das Patrouillieren entlang der immer gleichen Route fördert bei Zottel den Eindruck, dass es sich um sein persönliches Revier handelt, das er fortan auch entsprechend zu verteidigen gedenkt. Die ritualisierte Runde erfüllt den Zweck der Grenzkontrolle. Begegnen sich zwei Kontrahenten des Chats eines Tages in persona, ist Zoff vorprogrammiert. Und einmal mehr beteuert der naive Mensch: „Das hat Cäsar noch nie gemacht! Er ist sonst ein ganz Lieber.", und denkt sich verächtlich: „Daran ist der andere Hund schuld. Mit dem stimmt doch etwas nicht, der ist vermutlich ein ganz Böser!"

Es kann Sinn machen, Orte und Zeitfenster für das Erledigen des Geschäftes zu definieren. Dabei geht es nicht um die Ausübung von Macht. Der Hundehalter ist gefordert, sich in seinen Hund einzufühlen und empathische Entscheidungen zu treffen. | Wenn wir mit Hunden unterwegs sein wollen, müssen lernen, durch deren Augen zu sehen. Manchmal bedingt das, dass wir unsere Sichtweisen überdenken und Knöpfe lösen müssen. Das kann wehtun, aber wenn wir uns einen Hund halten, sind wir ihm das schuldig. Was ich damit meine, erklärt folgendes Beispiel: Da einige Mädchen unserer Klasse ihre Blase ungebührend oft als Entschuldigung für das „sich aus dem Turnunterricht Wegstehlen" bemühten, verhängte der genervte Lehrer kurzerhand ein Verbot, die Turnhalle ohne seine Erlaubnis zu verlassen. Seine überstrapazierte Geduld hatte für mich – ein schüchternes Mädchen mit einer Erziehung, die es verlangte, Autoritäten zu gehorchen – fatale Folgen. Als ich wirklich dringend die Toilette hätte aufsuchen müssen, untersagte mir der gereizte Lehrer das Austreten mit der Begründung, dass der Unterricht zeitnah zu Ende sei. Mit schrecklichen Schmerzen im Unterleib gehorchte ich tapfer. Nur lässt sich Mutter Natur keine Vorschriften machen. Sie setzte sich durch, und ich hatte meine Blase nicht länger im Griff. Das Unglück nahm seinen Lauf. Die Scham war unvorstellbar. Diese Erfahrung machte für mich klar, dass ich meinem Hund niemals vorschreiben wollte, wo und wann er pieseln darf. Da das Schicksal aber eine anspruchsvolle und recht territoriale Hündin für mich vorsah, musste ich mich diesem Stolperstein stellen. Muster zu transformieren ist nie einfach. Indem ich aber lernte, (empathisch!) den Rahmen für Lösungsrituale festzulegen, verhalf ich meiner Hündin zu mehr Entspannung und Gelassenheit. |

EREIGNIS	ERKLÄRUNG	KOMMENTAR
Schnuppern	„Der Hund hat ein Schnupperbedürfnis.", das lesen Sie praktisch in jedem Hundebuch. Falsch. Der Hund hat ein Bedürfnis zu jagen, sein Territorium zu sichern und sich fortzupflanzen. Schnuppern ist ein Teil der Jagd, aber auch ein Tool, sich über die gegenwärtige Situation im Revier schlauzumachen. Es liegt an Ihnen, wie groß Ihre Förderbeiträge an die Jagdambitionen Ihres Hundes sein sollen, und wie nachhaltig Sie die innerartlichen Konflikte, den territorialen Stress und die erotischen Fantasien Ihres Wauwaus anheizen wollen. Das will nicht heißen, dass Ihr Hund überhaupt nicht schnüffeln darf. Es ist toll, den Hund zielgerichtet mit Nasenarbeit zu beschäftigen. Verfolgen Hund und Mensch gemeinsam eine (zu diesem Zweck ausgelegte) Spur, darf der Hund unter Anleitung und in Kooperation mit dem Menschen auf gesellschaftsverträgliche Weise seine Bedürfnisse befriedigen. Es gibt viele Möglichkeiten für gemeinschaftliche Aktivitäten, wie zum Beispiel die Flächensuche (Revieren nach ND®), die dem Hund Gelegenheit verschaffen, sich ausgiebig dem Schnuppern zu widmen. Damit laufen Sie auch nicht Gefahr, als Spaßbremse ersten Grades zu fungieren: Zwar lassen wir unsere Hunde auf dem Spaziergang schnuppern, sprich suchen, nur finden (zum Beispiel einen leckeren, noch körperwarmen Kothaufen) dürfen sie nichts. Ist das nicht frustrierend?	Es ist okay, wenn Sie erlauben, dass Ihr Hund viel Zeit dafür aufwendet, die Sex-Annoncen zu studieren. Und da Sie ja diesem Buch bis hierher gefolgt sind, wissen Sie, dass Sie für die Konsequenzen Ihres Handelns verantwortlich sind. Sie billigen also, dass Gigolo den Verlockungen der Hundezeitung nachgibt, das heißt, Sie nehmen das Risiko in Kauf, dass er womöglich ausbüchst, unterwegs ein paar andere Rüden verkloppt, eine Hündin vergewaltigt und einen Verkehrsunfall provoziert, bevor er selber vom Zug überfahren wird. Aber vielleicht haben Sie Glück, und Gigolo kommt heil zu Ihnen zurück. Dann ist ja alles halb so wild, und Sie können Bubi getrost weiterschnüffeln lassen. Möglicherweise hat Ihr Strolch aber gar nicht den Sex-Anzeiger gelesen, sondern eine Wildspur geortet. Nachdem er Sie mit seitlichen Blicken mehrmals vergeblich aufgefordert hat, mit ihm gemeinsam der sinnerfüllten Beschäftigung des Jagens nachzugehen, spurtet er – enttäuscht von Ihrem Desinteresse und Ihrem asozialen Verhalten – auf eigene Faust los. Allein und auf sich gestellt stemmt er die verantwortungsvolle Aufgabe, Nahrung zu beschaffen. Konsequent wie Sie sind, freuen Sie sich natürlich, wenn Ihr Tausendsassa nach längerem Fernbleiben mit erlegter Beute zurückkommt (vielleicht mit einem abgetrennten Lauf von einem Kitz). Damit signalisiert er Ihnen, dass er Sie – trotz Ihres unkollegialen Verhaltens – gut leiden kann und sozial motiviert ist, seinen Beitrag zum Wohl des Rudels zu leisten. Was? Sie freuen sich nicht? Ja, dann sollten Sie mal Ihre Strategie überdenken, bevor Sie das Verhalten Ihres Hundes infrage stellen oder gar bestrafen.

EREIGNIS	ERKLÄRUNG	KOMMENTAR
Spielsachen	Die Menge an Hundespielzeug, die sich auf dem Markt findet, ist erschlagend. Es gibt ein paar wenige sinnvolle Produkte und sehr viel Müll. Besonders die mit Quietschgeräuschen ausgestattete Ware veranlasst mich zu Kopfschütteln und wohl auch all jene, die der Meinung sind, dass ein Hund nicht darauf konditioniert werden sollte, quietschende Gegenstände als Ressource zu verstehen, in die er sich hemmungslos – und/oder zur Belustigung der Bezugsperson – verbeißen darf. Die Wahl eines Spielzeugs soll gut überlegt sein, und man muss sich im Klaren sein, was man seinem Hund damit vermittelt. Zerrspiele bereiten auf den Kampf und somit auf den Ernst des Lebens vor. Falls Sie also Ihren kleinen [B]Engel zu einem Soldaten in spe ausbilden möchten … nur zu! Solitärspiele wie die Futterbälle, aus denen Leckerlis purzeln, wenn der Hund sie durchs Wohnzimmer jagt, fördern die Unabhängigkeit und untermalen die Message, dass Wölfchen auf sich allein gestellt ist und sich selbst zu versorgen hat. Hundchen lernt, dass der Mensch lediglich die Rolle eines Statisten bekleidet, zu mehr als einem Futterautomaten aber nicht taugt.	Wie Sie es mit Ihren Kindern halten, weiß ich nicht. Räumen Ihre Kleinen nach dem Spielen ihre Sachen weg, oder haben Sie sich daran gewöhnt, Ihr Zuhause mit Bergschuhen zu durchqueren, weil Ihre Miniterroristen allen Raum für sich und ihr Hab und Gut beanspruchen? Bei Hunden empfiehlt es sich, nach dem gemeinsamen Spiel die Utensilien wegzuräumen. Ihr Vierbeiner darf von Anfang an verstehen, dass alles Ihnen gehört, alles: das Spielzeug, der Besuch, die Katze, die Einkäufe, die Socken im Wäschekorb und ebenso sämtliche Hausschlappen – die benutzten und die unbenutzten. Ich bin mir schon im Klaren, dass das nicht der gängigen Praxis entspricht und der Durchschnittshund mehr Spielzeug zur freien Verfügung sein Eigen nennt, als ich Unterwäsche im Schrank habe. Sicherlich bedarf es von Hund zu Hund einer individuellen Einschätzung, aber verallgemeinernd lässt sich festhalten, dass Ressourcen – hier konkret Spielsachen im persönlichen Besitz des Hundes – den Status von Räuberle erhöhen. Wer nicht allzu naiv unterwegs ist, braucht nicht erklärt zu bekommen, dass Hundchen seinen Besitz verteidigen wird, und zwar mit dem, was er hat, nämlich mit seinen Zähnen – auch gegenüber Ihren Kindern und ganz bestimmt gegenüber Fremden. Wichtig zu verstehen ist, dass das Statussymbol Spielzeug auch als Platzhalter für andere Ressourcen wie zum Beispiel Bezugspersonen fungiert. Seinem vermeintlichen Rang entsprechend wird Brutus Sie auf Ihrem nächsten Spaziergang als seinen Besitz/seine Ressource verteidigen, und schon ist ein weiterer Leinenpöbler geboren.

EREIGNIS	ERKLÄRUNG	KOMMENTAR
Vorne gehen	Jedem ist klar, dass er ein Kind altersgemäß an die Hand nimmt und in gefährlichen Situationen, wie zum Beispiel beim Überqueren einer Straße, Kontrolle ausübt und durch VORausschauendes Handeln die Unversehrtheit seiner Familie gewährleistet. Der VORläufer der Gruppe ist der erfahrenste und führt diejenigen, die ihm [NACH]folgen, VORsichtig und damit sicher durchs Terrain. Der Kopf der Gruppe ist es auch, der als Erster einer potenziellen Gefahr gegenübersteht und die Aufgabe hat, diese zu managen und die ihm AnVERTRAUtEN zu beschützen. (Anmerkung: Ranghohe Weibchen schicken gelegentlich Männchen als Kanonenfutter vor, um sich und ihre Jungen zu schützen.) Weil ICH die Verantwortung für meinen Hund trage, will auch ICH es sein, der/die entscheidet, wo und mit wem wir den Kontakt suchen und mit wem mein Hund allenfalls spielen darf. Ein schwieriges Los, da das Gros der Hundehalter diese Entscheidungen gerne ihren Hunden delegiert. Damit nötigen sie oft genug anderen die Launen ihrer Tölen auf. Konsequenterweise sollten solche Statisten wenigstens ihre Geisteshaltung durchziehen und sich nicht einmischen, wenn sich ihr Rambo mal eben übernommen hat und vermöbelt wird – dumm gelaufen, wenn Westi auf Ridgeback trifft und diesen anpöbelt. Dann auch noch den drohenden Zeigefinger zu erheben ist schwach, farblos, schräg und reichlich spät, sich als Verantwortlichen oder als jemanden, der etwas zu sagen hat, aufzuspielen. Da ich Ihre Kritik und vielleicht sogar Ihre empörte Stimme bereits hören kann, drängt es mich auch hier zu einer an sich logischen Präzisierung: Ein Hund darf durchaus einmal vorauslaufen, wenn der situative Kontext (übersichtliches, sicheres Gelände etc.) dies zulässt. Bei Freilauf werden Rücksichtnahme und ein zuverlässiger Abruf vorausgesetzt.	Als Welpen lassen wir unsere Hunde ohne Leitplanken und soziale Einflussnahme herumhoppeln, weil sie so süß sind und nix tun. So lernt das kleine Wesen schon früh, dass es auf sich allein gestellt ist und den Menschen als Sozialpartner nicht ernst nehmen kann. Dieser ist nicht daran interessiert, Hundchen zu beTREUen. Statt Support zu leisten, amüsieren wir uns über die drollige Unbeholfenheit und die Nöte des Tierchens. Erziehung ist etwas für später, wenn aus dem kleinen „Tutnix" ein (vermeintlicher) Täter geworden ist. Spätestens, wenn der Homo sapiens in seiner Blindheit für die Sorgen und Nöte eines Hundekindes von seinem Welpen verlangt, dass er (zum Beispiel auf einem städtischen Hundeklo) auf genau die Stelle pinkeln soll, die bereits der Lokalmatador markiert hat, zerbröselt das Vertrauen des Novizen gänzlich. Das umso mehr, wenn die kleine Maus auch noch Schelte dafür kriegt, dass sie sich erst zu Hause in der sicheren Zone (Wohnung) getraut, ihr Pipi laufen zu lassen. Eine Spirale an Missverständnissen nimmt Fahrt auf. In einer Welt, in der niemand einen versteht, sorgt man am besten für sich selbst. Also übernimmt der (meist überforderte) Hund selbst die Führung, geht vorne und beschützt gerade den Menschen, der ihn im Stich gelassen hat. Er verteidigt ihn gegen Jogger, andere Hunde und gegen den Rest der Welt. Und er tut dies auf hündisch – mit seinen Zähnen. Unser Dank sind Prügel, das Abschieben ins Tierheim oder Schlimmeres. So viele sozial hoch motivierte Hunde, die aus ihrer Sicht alles für uns gegeben haben, ernten als Dank dafür Strafen. Die Achillesferse unserer Hunde ist ihre Abhängigkeit von sozialer Integration und Zugehörigkeit, die der kopflose Mensch unbeantwortet lässt oder gar missbraucht.

EREIGNIS	ERKLÄRUNG	KOMMENTAR
Vorsitzen	Ein ranghohes Tier goutiert es gar nicht, wenn ihm seine Gefolgschaft vor den Füßen herumwuselt. Entsprechend deutlich fallen die Korrekturen aus. Bewegungsfreiheit ist das Privileg eines Leaders. Der Versuch, diese zu begrenzen, ist ziemlich dreist und setzt in der Regel etwas ab. In manchen Hundesportarten wird die Okkupation dieses „Hoheitsgebietes" geradezu gefordert. Das zeitgleiche Abverlangen von Gehorsam und Unterordnung ist ein Widerspruch in sich.

Besonders diffus wird es, wenn der Hund mit einem Apportierholz im Fang vorsitzen und dabei die „Beute" absolut stillhalten soll. Ein Canide, der seine Eroberung an einen sicheren Ort verbringt (und das sollte der Mensch sein: ein sicherer Ort), zermalmt seine Beute während des Tragens. Dabei brechen die Knochen des erlegten Tieres, und am Zielort ist es zum Verzehr bereit. Sie meinen, ein Apportierholz ist aber keine Beute? Für den Hund steht das Holz stellvertretend für eine Beute, was würde es sonst für einen Sinn machen, [jagdliche] Energie aufzuwenden? Der Hund hat längst akzeptiert, dass sein Mensch etwas seltsame Jagdambitionen hegt.

Meinen Sie nicht, dass Sie etwas viel verlangen? Ihr Hund soll parieren, aber gleichzeitig die Rechte seines Alphatieres beschneiden. Und er soll Beute machen, dabei aber seine arteigene Veranlagung am Tor zum Hundeplatz an die Garderobe hängen und sich benehmen wie ein Antiquitätenhändler, der ein edles Stück in Händen – respektive im Fang – hält. Was genau wollen Sie eigentlich? | Stellen Sie sich vor, Sie seien ein Buchhalter mit einem beeindruckenden Talent. Beim Einstellungsgespräch verlangt Ihr angehender Chef, der Ihnen eine begehrenswerte Entlöhnung, eine sichere Altersvorsorge und verlockende Extras in Aussicht gestellt hat, dass Sie zwecks Integration in den Betrieb die ersten drei Monate Ihrer Anstellung in der Versandabteilung mithelfen sollen. Nach Ablauf dieser Frist gibt Ihnen Ihr Boss zu verstehen, dass ihm die aktuelle Besetzung ausgesprochen zusagt, und er lässt Sie bis auf Weiteres Pakete schnüren. Entgegen seiner angeblichen Zufriedenheit ernten Sie jedoch regelmäßig Tadel, dass das Versandgut nicht ordentlich gepolstert und der Verschleiß an Klebebändern zu groß sei. Sie sind echt irritiert, und trotz Ihrer Anstrengungen schaffen Sie es nicht, dem CEO zu genügen. Anfangs träumen Sie noch von Ihren Tabellen und Kalkulationen, aber mit der Zeit resignieren Sie und geben die Hoffnung auf, jemals den Job machen zu können, für den Sie geboren sind und für den Sie brennen. Nicht einmal die Pausen in der wunderschönen, einer Oase gleichenden Cafeteria erhellen Ihren tristen Alltag. Obwohl die Theke übervoll ist mit leckeren Sandwiches vom Brezelkönig und verführerischen Süßigkeiten aus der örtlichen Bäckerei, verstößt es gegen die Regeln, in der Imbissoase zu essen. Sie dürfen sich zwar einen Starbucks-Kaffee bestellen, aber diesen zu trinken ist Ihnen untersagt. Sie dürfen lediglich den Duft der exotisch verwöhnenden Kaffeewelt inhalieren und vom Genuss träumen. Sie spielen bestimmt mit dem Gedanken zu kündigen? Das ist leider nicht drin, Sie haben einen Vertrag auf unbestimmte Zeit unterschrieben. Kein gutes Gefühl, nicht wahr? |

Caniden sind keine Primaten. Gedankenlos über eine andere Spezies herzufallen, sie zu konsumieren und sie zum Lustobjekt zu degradieren (aufdringliches Streicheln, knutschen, drücken, umarmen, küssen, anstarren et cetera), ist eine Form von Gewalt. Erfüllen Sie sich Ihre Bedürfnisse, wo auch immer sie auf fruchtbaren Boden fallen, aber nicht auf dem Buckel Ihres Hundes. Wahre Liebe respektiert die Einzig- und Andersartigkeit eines Individuums. Wahre Liebe missbraucht den anderen nicht für eigene Zwecke und/oder um sich besser zu fühlen. Reflektieren Sie Ihr Tun, bleiben Sie fair, und schützen Sie Ihren Hund vor typischem Primatenverhalten, das ihm fremd ist. Ihr Hund muss sich nicht von jedem streicheln lassen. Stehen Sie für ihn ein, er verlässt sich auf Sie.

Obwohl zahlreiche Ratgeber zur Hundesprache die Regale füllen, bleiben Hunde mehrheitlich unverstanden. Die Bereitschaft, dem Hund empathisch zu begegnen und ihn verstehen zu wollen, endet dort, wo die persönlichen Interessen und Bedürfnisse des Homo sapiens nicht mehr mit denen des Hundes konform sind. Bilder von abgeknutschten Tieren, als Pony missbrauchte Hunde und in menschliche Kleider gezwängte Kreaturen erzielen in den sozialen Medien maximale Likes und sich vor Entzücken überschlagende Kommentare. Ich finde das furchtbar. Tiere sollten das Recht haben, sich gegen Übergriffe wehren und ihre körperliche Unversehrtheit verteidigen zu dürfen, wenn der Mensch in seiner Pflicht versagt. Aber davon will der Homo sapiens nichts wissen: Es ist leichter, ein Tier zu verurteilen und gegebenenfalls zu ersetzen, als sich den Schatten der eigenen Fehlbarkeit einzugestehen. Das würde uns abverlangen, unser bedürftiges und egoistisches Handeln zu zügeln und den Täter in uns zu reflektieren. Wo es an Werten, einer entsprechenden inneren Haltung, an Selbstbeherrschung und an altruistischem Gedankengut mangelt, fehlt es an Rückgrat, um sich für „fremde" Interessen stark zu machen. Das ist schade um jeden einzelnen Hund.

Das Halten eines Haustieres kann einen wertvollen pädagogischen Nutzen erfüllen. Allerdings setzt das voraus, dass Erwachsene vorleben, was es bedeutet, für jemanden Sorge zu tragen, empathisch zu sein, achtsam mit den uns anvertrauten Geschöpfen umzugehen, seine eigenen Impulse zu kontrollieren und respektvoll zu handeln.

6.2 Spielen, spielen!

Hundehaltende diskutieren das Spiel unter Hunden kontrovers, was für reichlich Ärger und Zündstoff sorgt. Die weitläufige Meinung, dass Hunde unbedingt mit jedem Artgenossen spielen wollen, hält sich hartnäckig. Wer als Hundehalter/in zu verstehen gibt, dass sein/ihr Hund eben dies gerade nicht möchte, muss nicht selten Schimpf und Schande über sich ergehen lassen. Laien, die nur eine eingebildete Ahnung von Hunden haben, erdreisten sich, andersdenkende Hundebesitzer als Tierquäler zu denunzieren. Was für eine Arroganz und Selbstverliebtheit! Ja, Hunde wollen spielen … mit Sozialpartnern!

Ich war an jenem strahlend schönen Samstag mit der Beagledame eines Kunden unterwegs, als uns ein freilaufender Dalmatiner und sein Meister entgegenspazierten. Da die mir anvertraute Hündin aufgrund schlechter Erfahrungen eine Heidenangst vor fremden Hunden hatte, signalisierte ich dem Hundehalter, er möge seinen Vierbeiner bitte anleinen. Das war keine leichte Aufgabe, denn der Fremde versteckte sich so geschickt hinter seinem Handy, dass es ihm mühelos gelang, mich zu ignorieren. Währenddessen stellte der Dalmatiner seine Nacken- und Rückenhaare, legte sich tiefer wie ein getunter Manta und schlich mit unheilvoller Langsamkeit auf uns zu. Mein kleines Mädchen wimmerte leise, und ich parkierte sie vorsichtshalber hinter meinen breit ausgelatschten Wanderschuhen. Wie vorherzusehen war, zielte der Dalmatiner mit einem entschlossenen Sprung zwischen meine Füße beziehungsweise in Richtung der Hündin … eine klare Ansage an das Beaglemädchen. Mit meinem Unterarm stieß ich den Angreifer zurück, wobei dieser nach mir schnappte. Auf einmal war das Handy uninteressant geworden. Der unbekannte Hundehalter schoss wie eine Furie auf mich los und ließ böses Gezeter auf mich niederregnen, das ich aus Gründen der Zensur nicht wiedergeben kann. Nun, es ging darum, dass ich ein Tierschänder sei, weil ich seinen Hund geschubst und die Tiere nicht habe spielen lassen, und dass ich mich wie ein vollkommen verblödeter Trottel aufführte, der von Hunden keinen Schimmer hat. Ich müsse wohl echt behindert sein, wenn ich mir einbildete, ihm in Sachen Anleinen Vorschriften machen zu können. Es sei sein Recht [!!!], seinen Hund frei laufen zu lassen. So. Nachdem ich dem Don als pflichtbewusste Nanny gekontert und ihm etwas Nachhilfe in Rechtskunde erteilt habe, zog er murrend von dannen. Begegneten wir uns immer wieder samstags aufs Neue, schnappte sich der bärtige Mann seinen Dalmatiner und floh in die Gegenrichtung, sobald er mich und den kleinen Beagle am Horizont auftauchen sah. So was muss nicht sein. Das ist schade.

Gemäß Bierbaumer & Kratzer[3] wird das Bellen als häufigstes Problem mit Hunden benannt, auf dem zweiten Rang folgt unmittelbar die Aggression zwischen Artgenossen! Und Sie glauben immer noch, dass Ihr Hund mit jedem spielen will? Diese Datenanalyse stimmt enorm nachdenklich, vor allem auch in Bezug auf den Tabellensieger: Ein Hund, der bellt, versucht uns etwas mitzuteilen – und seine Kommunikation ist für uns das Problem Nr. 1! Ich bin überzeugt, dass nur in wenigen Fällen das *Problem des Hundes* analysiert wird, aber umgehend daran gearbeitet wird, das *Problem des Menschen* mit irgendwelchen mehr oder vermutlich eher weniger koscheren Mitteln zu beseitigen. Traurig.

Sie weigern sich noch immer, mir zu glauben, dass nicht alle Hunde mit ihresgleichen spielen wollen? Dann sollten Sie zwingend meine Rennsemmel kennenlernen, sie vernichtet diesbezüglich jede auch noch so tief verwurzelte Illusion mit der Präzision eines Schweizer Uhrwerks. „Aber in einem Wolfsrudel …" höre ich Sie argumentieren. Ja, genau! In einem Rudel, sprich in einem Familienverband, spielen Hunde gerne miteinander. Das Spiel in einer solchen Gemeinschaft ist eine wahre Bereicherung. *Sie* sind die Familie Ihres Hundes (siehe Kapitel Bindung und Beziehung: Das Bild eines Sozialpartners ist nicht angeboren), aber ein Haufen zusammengewürfelter, fremder Individuen macht noch lange kein Rudel. Also weg mit dem bescheuerten Handy, verbringen Sie Qualitätszeit mit Ihrem Hund!

So eben nicht … Kein Wunder, dass wir davon überzeugt sind, dass unser
Hund lieber mit seinesgleichen als mit uns spielt.

Begegnungen unter rudelfremden Hunden dienen in aller Regel nicht dem Spiel (Ausnahme: Es treffen sich zwei Goldies), sondern dem gegenseitigen Abchecken und der Klärung, welche Partei die Hegemonie innehat. Zudem haben sie das Potenzial, sozial motivierte Besorgnis um die Sicherheit von Frauchen respektive Herrchen zu erregen. Sowohl die Sicherheit als auch die Verwaltung von Territorium und Ressourcen sind jedoch Aufgaben, die auf den Schultern eines Rudelführers lasten sollten, also auf denen des Menschen. Nein, es geht nicht um Rangordnung: Eine Rangordnung ergibt zwar in einem Familiensystem Sinn, nicht aber unter Fremden (es sei denn, die Hunde planen, ihren Menschen die Kündigung auszusprechen und zusammenzuziehen). Das provokante, übermütige, naive und manchmal aufdringliche „Fiddle about", das gerade pubertierende Hunde in aufregenden und/oder überfordernden Situationen gerne zeigen, ist außerhalb des Rudels ziemlich riskant bis gefährlich. Verletzungspotenzial birgt auch das unüberlegte Entblößen des Bauches, wenn das Gegenüber gerade klargemacht hat: „Verpiss dich aus meinem Territorium!" Dreht sich ein Hund in einer stabilen Gruppe vor einem Artgenossen auf den Rücken, erfüllt diese Handlung kommunikative Zwecke in Form von Beziehungsmanagement. Müllers Hasso will mit Meiers Krümelchen aber keine Beziehung pflegen, er will es vom Acker haben. Das ist legitim und macht Hasso nicht zum sozial gestörten Verbrecher. Das Enfant terrible ist vielmehr der Mensch, der dabei zuschaut und verzückt denkt: „Wie schön die Kleinen spielen!" Nun, eines der beiden Tiere geht als Unterlegener – oder schlimmer: als geschlagener Hund – aus der Situation. Bei diesem „Spiel" können nicht beide gewinnen. Kein gutes Gefühl. Seelische Wunden bluten zwar nicht, aber sie schmerzen umso mehr.

In Sachen Fremdenfeindlichkeit sind sich Mensch und Hund gar nicht so unähnlich. Wer nicht zur Familie eines Caniden gehört, gilt in der Regel erst mal als suspekt. Das trifft im Besonderen auf ernsthafte Hunde und Tiere mit einem authentischen Rudelinstinkt zu. Auch wir begegnen dem transpirierenden öV-Passagier, der mit seiner ausgebeulten Cordhose und seiner etwas zu fröhlich bunten Strickjacke wohl eher nicht zu den Stammlesern einer Modezeitschrift zählt, mit einem anfänglichen Zögern, mit Distanziertheit oder gar Ablehnung. Vielleicht verbirgt sich hinter der unvorteilhaften Erscheinung ein liebenswürdiger Mensch, aber solange diese Annahme nicht bewiesen ist, mögen wir ihn einfach nicht. Hunde sind territorial – genau wie wir: In erster Instanz setzen sie Urinmarken, wir montieren Gartenzäune. In weiterer Instanz haben Caniden einen Fang voller kleiner Dolche, die selbstredend überzeugen. Wir haben unausstehliche, redegewandte und amoralische Rechtsverdreher.

Dies ist die Geschichte eines Hundejungen, der mit anderen seiner Art spielen musste. Das Originalvideo kann in der Filmreihe von Sue Sternberg bei GreatDogProductions.com[4] nachverfolgt werden:

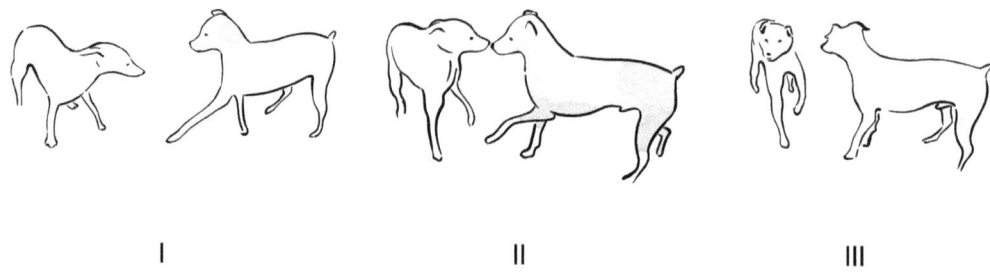

I   II   III

Während sich Frauchen gemütlich auf einer Parkbank einrichtet, gerät der rothaarige Terrier (links im Bild) unter Beschuss eines „Spielgefährten". Mit *angelegten Ohren* (I), *eingeknickten Hinterläufen* (II), *angezogener Vorderpfote* (III) und *abgewandtem Blick* (III) signalisiert er sein Unbehagen – für Frauchen kein Grund, dem im Stich gelassenen Hund aus der Patsche zu helfen. Er wird als Mobbingkandidat auserkoren, und der Schlamassel nimmt seinen Lauf:

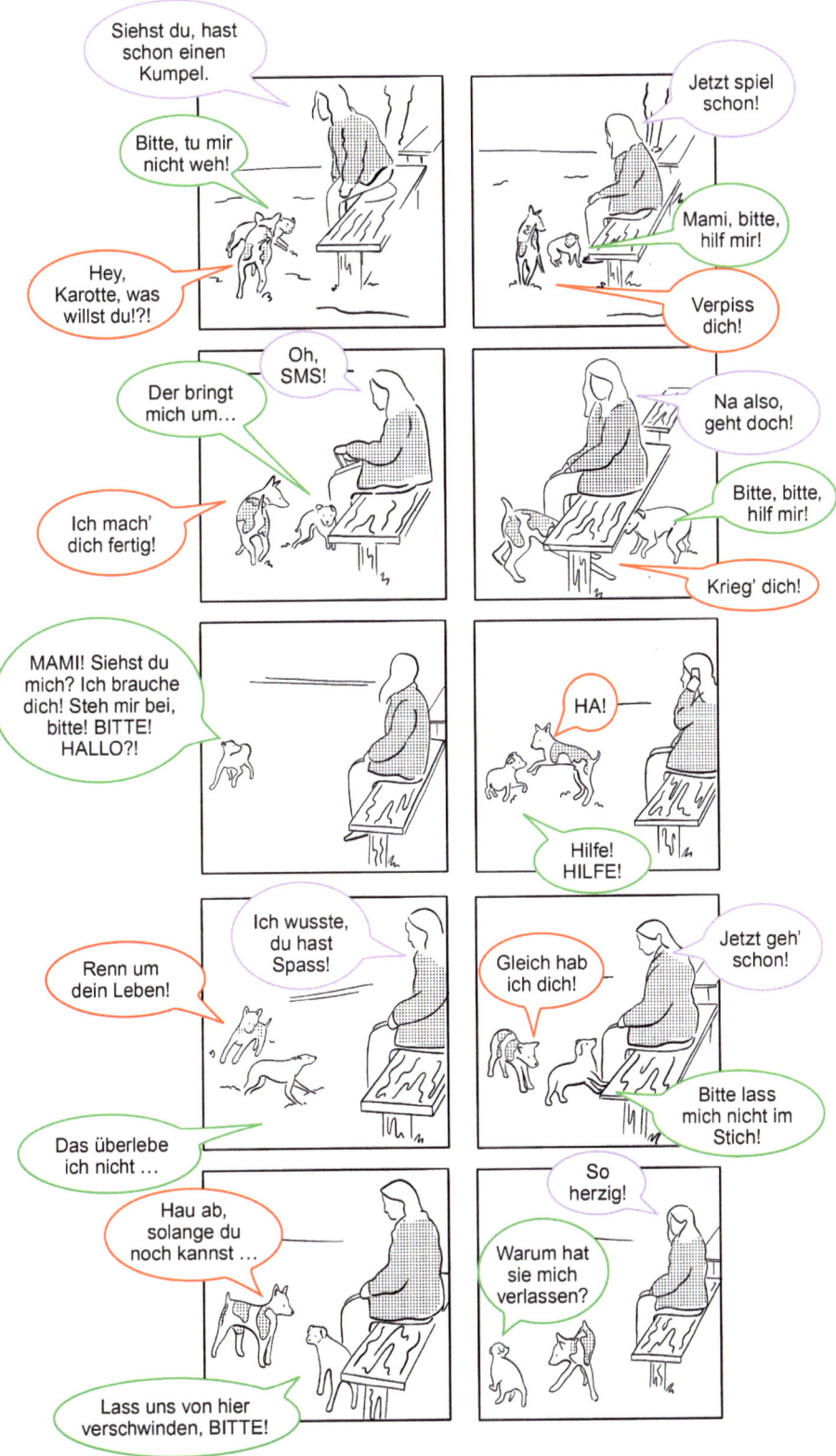

Ein weiterer Hund kommt hinzu, und das „Spiel" wird erst richtig „lustig":

Ein Husky entdeckt auf seiner „Grenzpatrouille" (Abchecken des Zauns) den Terrier (im Bild gepunktet), welcher die Gefahr erkannt hat und versucht, sich submissiv davonzustehlen. Der Husky nutzt die Gunst der Stunde, um ein Exempel zu statuieren, welches seinen territorialen Anspruch demonstrieren soll.

Der Husky macht unmissverständlich klar: „Hier kommst du nicht vorbei!" Mit steif durchgestreckten Beinen und offensiv gespitzten Ohren macht er dem Terrier klar, dass hier sein Weg endet. Dieser ist in seiner Bewegung erstarrt und macht sich klein, indem er die Hinterbeine einknickt und die Ohren flach an den Kopf presst.

Pech gehabt! Auch unter der Sitzbank führt kein Ausweg hindurch. Der Husky schenkt dem Terrier keine Bewegungsfreiheit und gefriert ihn mit seinem Blick, der von oben herab auf den Gegner gerichtet ist, buchstäblich ein.

Der Husky baut sich gegenüber dem Terrier überlegen auf. Dieser macht sich weiterhin klein, um den Husky zu beschwichtigen (angewinkelte Vorderpfote, angelegte Ohren, eingeknickte Hinterläufe und seitlich abgewandter Kopf).

Der Husky zwingt seinen Kontrahenten mit seiner drohenden Haltung wortwörtlich in die Knie. Die Lefzen des Terriers sind weit nach hinten gezogen; die Situation sieht nicht gut aus für ihn. Die Halter der beiden Hunde machen keinerlei Anstalten, das Fiasko zu beenden.

Der Körper des Huskys ist gespannt wie eine Feder und seine Rute ist hoch erhoben (im Bild nicht sichtbar). Er mustert den Terrier von oben herab, während dieser versucht, sich rückwärts aus der Affäre zu ziehen. Jegliche Unterstützung seiner Besitzerin bleibt aus.

Der Husky treibt den Terrier immer weiter in die Enge. Für den Terrier geht es hier ums Überleben. Völlig allein und auf sich gestellt – die regeln das ja schon! – hat diese Episode mit Sicherheit Auswirkungen auf die Beziehung zu seiner Bezugsperson, die sich nicht ansatzweise als Sozialpartner erweist.

Glück gehabt. Ein Neugieriger (ganz links im Bild) zieht die Aufmerksamkeit des Huskys auf sich, das gibt dem Terrier ein minimales Zeitfenster, um aus der Situation zu flüchten. Diese Szene hätte schlimm enden können.

Die Körperhaltung des Huskys macht alles klar: Die Rute ragt steil nach oben, das Gewicht ist für einen möglichen Angriff nach vorne verlagert, die Nackenhaare sind gestellt, die Vorderbeine durchgedrückt und sein leicht geöffnetes Maul stößt gegen die Halspartie des Eindringlings.

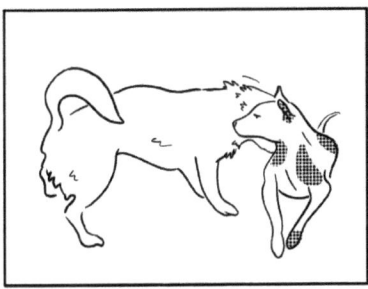

Die Absichten des Huskys sind alles andere als freundlich. Er zielt auf die Geschlechtsorgane des gegnerischen Rüden mit der Ansage, diesen „entmannen" zu wollen. Der Schwarz-weiße rennt los, und eine wilde Verfolgungsjagd beginnt. Tempo kann in einer solchen Situation tödlich sein. Dieser Vierbeiner hat großes Glück gehabt.

Vielleicht denken Sie: „Ja, man sieht schon, dass das nicht so gut läuft. Ich hätte da bestimmt eingegriffen." Im richtigen Leben gibt es keine stehenden Bilder, alles geht unheimlich schnell. Viel zu oft taxiert der Mensch als Spaß, was der Canis lupus todernst meint. Wer diese ungleichen Duelle in bewegten Bildern und mit Ton studieren möchte, sei nochmals auf die Filmreihe von Sue Sternberg bei GreatDogProductions.com[4] hingewiesen.

Beim Anblick so vieler unverstandener Hunde blutet mir das Herz. Vielleicht können Sie ansatzweise verstehen, dass ich vor Zuversicht nicht gerade durch die Decke gehe, wenn es um die Zukunft unserer Hunde geht.

Es war einer dieser kühlen Herbsttage, die ich so sehr liebe. Von der Quartierstraße bog ich Richtung Wald ab und grub meine Gummistiefel in das üppig auf dem Feldweg liegende Laub. Ich inhalierte den Duft feuchter Waldluft, der eine Jahreszeit der Dunkelheit und Stille ankündigte. Mystisch schwebte der Dunst über dem taunassen Gras, während G.G. in das fahle Licht der kraftlosen Sonne blinzelte. Ich freute mich auf die Zweisamkeit mit meiner Hündin in dieser zauberhaften Natur inmitten des Tierreichs des Waldes – ein Ort, den ich die wahre Kathedrale Gottes nenne. Doch diese Idylle war von kurzer Dauer: Um die Kurve radelte meine Nachbarin mit ihrem haarigen Etwas, das mich immer wieder vor die Herausforderung stellte herauszufinden, wo das Gesicht und wo der Popo des Tieres stationiert waren. G.G. und ich warfen uns einen vielsagenden Blick zu, worauf sich meine Perle wortlos hinter mir einreihte. Als die attraktive Frau Mitte 50 mich erreicht hatte, tauschten wir die üblichen unnötigen Höflichkeitsfloskeln unter Bekannten aus und ... Da war es! Dieses „Lass doch deinen Hund mal spielen!" sorgte seit geraumer Zeit für Diskussionsstoff zwischen uns. Und wie immer erklärte ich gelangweilt und mit stoischer Ruhe, dass wir das nicht möchten. Mit derselben unumstößlichen Beharrlichkeit quengelte mein Vis-à-vis, die Hunde endlich einmal Spaß haben zu lassen. Während unserer Debatte jonglierte die Junghündin meiner Nachbarin vergnügt einen vertrockneten Ast in ihrem Fang hin und her, wobei sie provokante Blicke in Richtung meiner Alten versprühte: „Hast du's mitgekriegt? Alles MEINS hier, siehst du?"

Es gibt diese sinnentleerten Dialoge, bei denen gute Argumente immer wieder im Räderwerk vorgefasster Meinungen versanden, also akzeptierte ich die Unfruchtbarkeit weiterer Gespräche. In solchen Fällen hilft nur noch Anschauungsunterricht. Da ich wusste, dass ich mich auf G.G. verlassen konnte, war ich bereit, diesem leidigen Thema ein für alle Mal ein Ende zu setzen. „Also gut, dann lassen wir die Weiber mal machen", lenkte ich ein, was der entzückten Blondine ein freudiges Händeklatschen entlockte. Mit einem verstohlenen Lächeln gab ich meine Hündin frei. Den Körper aufgerichtet und die Vorderbeine staksig steif durchgedrückt umkreiste sie im Zeitlupentempo die Junghündin. Beide wedelten mit der Rute. „Sieh nur, wie sie sich freuen!", flötete die unbedarfte Hundehalterin. Blitzschnell schnappte das Haarwunder den Stecken und rannte wie von der Tarantel gestochen weite Runden quer über die Lichtung. G.G. verstand die Message, verhielt sich aber gelassen und wartete auf den geeigneten Moment, um ihrer Kontrahentin mit einem kurzen Sprint den Weg abzuschneiden. Sie stoppte die Novizin in ihrem Lauf und fixierte ihre Gegnerin mit der unmissverständlichen Botschaft, dass diese sich nicht weiter zu rühren habe. „Schau nur, sie spielen: ‚Wer ist das Häschen?'!", kommentierte die freudig strahlende Frau neben mir, während ich wortlos der Dinge harrte, die da unweigerlich folgen mussten. Als der Bearded sich schickte, eine weitere Runde „Rennspiel" zu lancieren, warf sich G.G. entschlossen nach vorne und rempelte den Frechdachs um. Der Silbergrauen war klar, dass G.G. sich nicht gängeln ließ, also rollte sie sich auf den Rücken, allerdings nicht ohne hysterisches und theatralisches Geschrei. Die freudige Röte auf den Wangen meiner Nachbarin wich ihr aus dem Gesicht, und von einem Moment auf den anderen wirkte sie seltsam blass. „Oh mein Gott, lass uns was tun!", wimmerte sie. „Neeein! Lass nur, die regeln das schon. Die beiden spielen ja nur, das sind Freudenschreie!", erwiderte ich mit einem zynischen Unterton und – beschämenderweise – nicht ganz ohne Genugtuung. G.G. entriss der quietschenden Hündin den Ast, zerlegte diesen vor ihrer Nase in 100'000 Späne und gab ihr damit zu verstehen: „Jetzt pass mal auf: Wenn du mich nochmal blöd anmachst oder ich dich erneut in MEINEM Wald auf MEINEM Weg mit MEINEM Ast antreffe, dann mach ich genau *das* mit dir, genau *das*!" G.G. zermalmte ein letztes Stückchen Holz krachend in ihrem Fang direkt über dem Kopf der Langhaarigen, wobei sie diese durchdringend fixierte. Dann löste sie sich in nervenzerreißend langsamem Tempo von dem Hütehund, umkreiste diesen noch zwei-, dreimal, setzte mit einem an die Junge adressierten Blick eine Urinmarke und kam dann ohne weitere Umschweife zu mir zurück, wo sie sich neben mich setzte.

Mit schreckensstarren Augen nuschelte die blonde Schönheit etwas von „eilig haben", „Kuchen backen" und „Besuch erwarten", während sie ihr Fahrrad sortierte und so schnell es ihr leuchtend rotes Gefährt zuließ, in Richtung Siedlung davon radelte. Das war das letzte Streitgespräch zum Thema Spielen, in das meine Nachbarin mich verwickelt hatte.

6.3 Missverständnisse

Wir können dem Hund nur gerecht werden, wenn wir ihn weder über- noch unterschätzen.

„Umgekehrt ist es auch heute noch allgemein verbreitet, Tiere nicht nur nach menschlichen Kriterien zu messen, sondern sie ihnen zugleich als Handlungsmotivation zu unterstellen. Vermeintliche Tierpsychologen wie Tiervater Alfred Edmund Brehm schmückten ihre Beobachtungen mit Urteilen aus, die schlichtweg abenteuerlich waren. Wer Tieren auf diese Weise menschliche Handlungsmuster unterstellt, ist geneigt, sie intellektuell zu überfordern und moralisch zu diskreditieren."

[Precht 1997[5], S. 38]

Eine Handvoll Wissenschaftler beschäftigt sich damit, mehr über die kognitiven Fähigkeiten des Haushundes zu erfahren. Die Zukunft wird weisen, was wir mit diesem Wissen anfangen werden. Allein schon die Fähigkeit zur Empathie – also dem Verstehen und Teilen der Gefühle und Emotionen anderer – gibt Anlass zu tierschutzrelevanten Fragen, wie zum Beispiel: Welchem Stressterrain überlassen wir unsere Assistenzhunde in tiergestützten Therapien, wenn diese mit den Patienten mitfühlen (vgl. Kaminski 2019[6])? Wir stehen vor der Herausforderung, neu erworbene Einsichten zum Wohl des Tieres, nicht aber für unsere eigenen Interessen zu verwerten. Daher scheint es angebracht zu überdenken, ob der Hund in anthropozentrisch ausgerichteten Therapien nicht etwa für menschliche Zwecke missbraucht wird. Ein möglicher Weg, Tiere nicht länger instrumentalisieren zu müssen, beschreitet der Roboter Paro: Er hat die Gestalt einer Sattelrobbe, ist mit einer taktilen Sensorik ausgestattet und kann über diese wahrnehmen, wenn ein Mensch ihn berührt. Paro antwortet mit Geräuschen und Bewegungen der Flosse, des Kopfes und der Augen. Die Aufzeichnungen der physiologischen Effekte, die der Assistenzroboter Paro bei seinen Patienten stimuliert, dokumentieren vergleichbare Messwerte wie jene, die in der Therapie mit realen Assistenzhunden ermittelt wurden.

Das anthropomorphe Überrollen der Tierwelt führt nicht nur zu Missverständnissen, sondern auch zu Leid:

Ein lachender Schimpanse, lustig, nicht wahr?

Falsch. Was der Affe auf diesem Bild zeigt, ist ein Angstgesicht. Um das zu erreichen, pflegt die Filmbranche die Tiere mit einem Gegenstand zu verkloppen. Anschließend wird den Schimpansen dieses „Werkzeug" hinter der Kamera vorgehalten, damit die Primaten für den amüsierten Zuschauer vor dem TV ihr Angstgesicht beziehungsweise ihr „Lächeln" zeigen (ebd.).

Die Bedeutung unserer Mimik dem Rest der Schöpfung überzustülpen, ist schlichtweg nicht möglich. Beim Menschen gibt es gerade mal sechs (!) interkulturelle Gesichtsausdrücke (ebd.). Auch bei Hunden gibt es verschiedene „Dialekte", wie wir bereits gesehen haben. Rassespezifische Unterschiede können zu unliebsamen bis schmerzhaften Missverständnissen führen, wenn die Tiere nicht gelernt haben, Artgenossen eines anderen Schlages zu lesen. Deshalb sollten wir die Kontakte unserer Hunde zu fremden Artgenossen überlegt wählen.

Neue Wege, um Gesichtsausdrücke nicht ausschließlich subjektiv analysieren zu müssen, beschreitet das Facial Action Coding System FACS (Gesichts-Action-Codierungssystem). Ein solches Codierungssystem gibt es bislang für Schimpansen, Gibbons, Orang-Utans, Makaken, Hunde, Pferde und Katzen. Minimale Gesichtsbewegungen werden anhand von Gesichtsmuskelkontraktionen (AU: Action Unit) sowie Kopf- und Augenbewegungen (AD: Action Descriptor) beschrieben. Die mit dem AU101 assoziierten Muskelbewegungen sehen zum Beispiel so aus (Bild B):

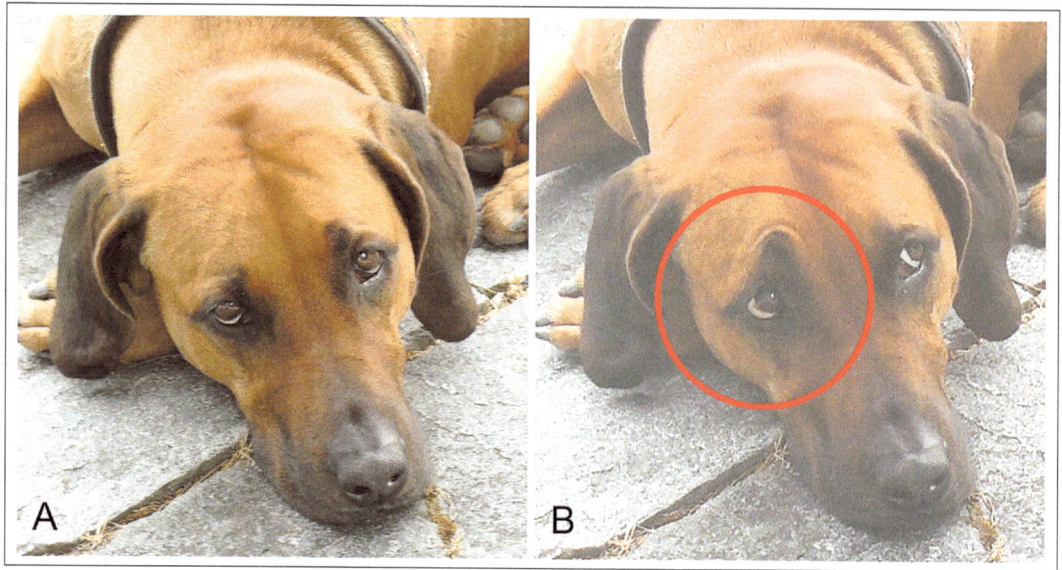

Interessanterweise haben Tiere in Tierheimen bessere Chancen adoptiert zu werden, wenn sie den Gesichtsausdruck, der in Bild B festgehalten ist, zeigen (ebd.).

Das Dog Facial Action Coding System (DogFACS) ist ein objektives, wissenschaftliches Beobachtungsinstrument, welches die Kommunikation und Emotionen des Hundes untersucht. Mehr dazu erfahren Sie auf dogfacs.com[7]. Gerade weil die Erkenntnisse über unsere tierischen Geschwister noch so sehr in den Kinderschuhen stecken, ist ein behutsamer Umgang mit diesen Geschöpfen gefordert.

6.4 Aktivitäten

Als Abschluss dieses Kapitels habe ich eine Tabelle erstellt, bei der es um tolle Aktivitäten für Mensch und Hund geht. Dabei ist das Augenmerk natürlich prioritär auf die Kommunikation gerichtet. Dieses Supplement ist lediglich als Ideen anregender Input gedacht. Allein über die verschiedenen Möglichkeiten der Beschäftigung mit dem Hund sowie über deren pädagogischen Wert ließe sich ein ganzes Buch schreiben. Ein qualifizierter Hundeerziehungsberater berät Sie gerne und weist Sie in die Durchführung und Sinngebung der einzelnen Disziplinen ein.

	TEAMGEIST	BEZIEHUNG	KOMMUNIKATION	EIGNUNG	KOMMENTAR
Revieren nach ND® (Flächensuche)	✓✓✓	✓✓✓	✓✓✓	✓✓✓	Mensch und Hund suchen gemeinsam eine Fläche ab. Revieren ist eine der natürlichen Veranlagung des Hundes entsprechende Aufgabe. Sie erfordert Abstimmung und das Beobachten gegenseitiger Signale. Das Revieren unterstützt eine sinnvolle Positionierung: Der Hund sucht hinter dem Menschen. Revieren ist für jedes Alter und alle Hunde geeignet.
Mantrailing	✓✓✓	✓✓✓	✓✓✓	✓✓✓	Der Hund erschnüffelt (je nach Aufbau des Trailens) plus/minus selbstständig eine Fährte. Er agiert als Vorläufer, wobei ein Hund in einer gefestigten Beziehung auch mal situativ und zielgerichtet führen darf. Erarbeitet der Hund die Fährte mehrheitlich selbstständig, ist die Aufgabe nur bedingt interaktiv und synchron. Beim Aufbau junger und/oder unsicherer Hunde ist jedoch viel Interaktion und Kommunikation möglich. Fährten/Trailen eignet sich für alle Hunde in einer geklärten Beziehung.
Jagility	✓✓✓	✓✓✓	✓✓✓	✓✓✓	Der Mensch unterstützt den Hund beim Meistern von Hindernissen, welche gemeinsam erarbeitet werden. Das Team findet in kooperativem Miteinander die im Parcours integrierte/versteckte Beute (Preydummy). Ohne Zeitdruck wird Geschicklichkeit gefördert. Jagility braucht Platz, Fantasie und Equipment. Bei älteren und/oder behinderten Hunden sind Anpassungen erforderlich.
Beziehungsorientierte Hetzjagd	✓✓✓	✓✓✓	✓✓✓	✓✓✓	Der Hund fängt unter der Jagdregie seines Menschen die Beute. Die Ansprüche an die Zusammenarbeit sind hoch. Die beziehungsorientierte Arbeit mit der Hetzangel erfordert eine eindeutige Körpersprache. Steadiness, Stoppen, Richtungswechsel, gemeinsames Anpirschen und das Befolgen feinster Signale verlangen volle Konzentration. Diese Auslastung eignet sich für körperlich gesunde Hunde.
Treibball nach ND®	✓✓✓	✓✓✓	✓✓✓	✓✓✓	Der Hund treibt unter Anleitung seines Menschen Bälle (Ersatzschafe) ins Tor. Für einige Rassen ist Treibball eine sinnvolle, für andere eine weniger sinnerfüllte Aufgabe. Feines Dirigieren sowie eine klare Verständigung sind erforderlich. Die Distanzarbeit muss bereits aufgebaut sein (fortgeschrittene Teams). Treibball ist nicht für „jederhund" geeignet und stellt gewisse Ansprüche sowohl an das Equipment als auch an die Platzverhältnisse.

In die Lebensqualität eines Hundes zu investieren, lohnt sich immer. Auch Sie werden von dem Miteinander und der interaktiven Arbeit nicht unberührt bleiben. Der gemeinsame Weg hinterlässt Spuren bei beiden Parteien und ist für Sie genauso ein Prozess wie für Ihren Hund. Wagen Sie den Schritt in Richtung Perspektivenwechsel, Selbstreflexion, Persönlichkeitsarbeit und Wissensvertiefung. Tauchen Sie ein in das Hundeleben. Diese Impressionen einer Erfolgsgeschichte sollen Ihnen zum Abschluss etwas Mut machen:

Als mir der junge Cavalier King Charles zum ersten Mal vorgestellt wurde, konnte man ihn als unsicheren Junghund mit ein paar Maröttchen bezeichnen. Dank liebevoller und konsequenter Führung und einer klaren Kommunikation hat sich der kleine „Prinz Eisenherz" zu einem entspannten und offenen Begleiter entwickelt.

Vertrauensvoll meistert er mit seinen Bezugspersonen Aufgaben, die Mut erfordern und nicht nur für einen jungen Hund eine Herausforderung darstellen. Dank seiner engagierten und interessierten Sozialpartner, die sich in den Prozess mit ihrem Schützling eingelassen haben, ist der Hund sicherer und seine Welt größer und bunter geworden. Bravo!

VII AUSBLICK

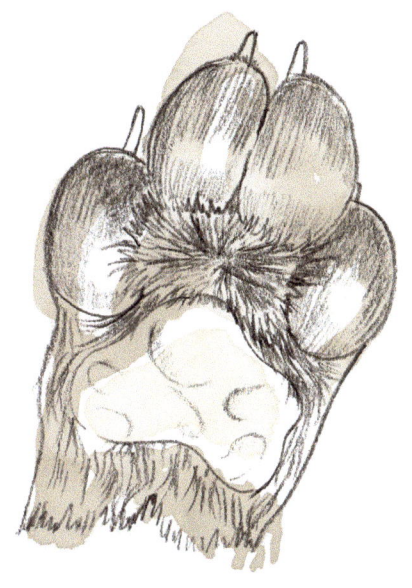

„Jeder wird als Original geboren, doch die meisten sterben als Kopie."
(verschiedene Quellen)

Ich habe mein Versprechen eingelöst, Ihnen keine weitere Gebrauchsanleitung für Hunde unterzujubeln (Sitz! Platz! Bleib!), sondern habe Sie mit der Tiefendimension der Erziehung bekannt gemacht. Das Ziel der Zukunft sollte sein, den Hund aufgrund eines Verständnisses für seine Persönlichkeit zu führen, nicht ihn mittels einer Methode zu beherrschen. In einer gelungenen Beziehung erhalten Sie das Befolgen von Signalen ohnehin beinah umsonst.

Wenn Sie mir bis zu diesem Teil des Buches gefolgt sind, müssen Sie die Zähigkeit, die Ausdauer und den Durchhaltewillen eines Pitbulls besitzen. Ich gebe zu, dass ich mir die eine oder andere Gemeinheit nicht verkneifen konnte und hie und da zu einem Frontalhieb gegen Ihr Schienbein ausholte. Nein, ich entschuldige mich nicht. Wenn es wehgetan hat, war es vielleicht vonnöten. Nur, wer bereit ist, seine Komfortzone zu verlassen, kommt vorwärts im Leben.

Neue Erziehungsansätze allein genügen nicht. Die Hundewelt braucht neue Ziele. Unsere loyalen Gefährten auf ihr Verhalten zu reduzieren, greift auf überholtes, behavioristisches Gedankengut zurück. Es ist Zeit, einen Blick hinter die Fassaden zu werfen. Wieso verhält sich mein Hund, wie er sich verhält? Was sind die Auslöser und Ursachen für sein Benehmen? Der gegenwärtige Blickwinkel bedarf einer Korrektur von „Wie bekomme ich es hin, dass mein Hund spurt?" hin zu „Welche Bedürfnisse hat mein Hund, und wie kann ich diese erfüllen?" (vgl. Kohn 2016[1], S. 139). Sie halten das für lächerlich, weil es nur Hunde sind, um die es hier geht? Nun, diese Haltung stellt keine geeignete Grundlage für Problemlösungen dar, jedenfalls nicht für Hundehalter, die das Bestmögliche geben wollen, das sie geben können (ebd., S. 53).

Es interessiert mich wenig, dass Sie Ihren Hund lieben. Entscheidend ist, *wie* Sie ihn lieben (ebd., S. 18). Den Hund auf das zu reduzieren, was man sehen und messen kann, ist der einem vergangenen Jahrhundert entsprungene Ansatz einer an Bedingungen geknüpften Liebe, die jedes Aufleuchten eines Funken Selbstwertes erstickt. Sich seines Eigenwertes bewusst zu sein, assoziieren manche mit lautem, überheblichem und versnobtem Gebaren. Das ist nicht korrekt: Wahres Selbstbewusstsein bedarf keines aufgeblasenen Klimbims. Individuen mit einer gesunden Selbstsicherheit sind ruhige und ausgeglichene Zeitgenossen. Erfolg veranlasst sie nicht, sich überlegen oder besser als andere zu fühlen. Auch Niederlagen deprimieren sie nicht so sehr, dass sie von einem Gefühl der Minderwertigkeit heimgesucht werden. Ihr eigener Wert schwankt nicht in Abhängigkeit von Leistungen, Situationen oder der Meinung anderer, weil er nicht an Bedingungen gekoppelt ist (Deci/Ryan 1995[2], zit. nach Kohn 2016, S. 55).

Die eigene Schönheit und den eigenen Wert anzunehmen fällt freilich schwer, wenn Liebe an Bedingungen geknüpft ist, wie es bei Methoden des Liebesentzuges und/oder der positiven Verstärkung praktiziert wird, die zum einen ignorieren, zum anderen mit einem herablassenden Tätscheln des Hundeköpfchens erfüllte Erwartungen belohnen. „Von da an geht alles bergab", attestiert Alfie Kohn, Harvard Professor, Autor und Dozent in den Bereichen

Bildung, Erziehung und Verhalten (vgl. Kohn 2016[1], S. 56/182). Liebe ist mehr als ein paar hingeworfene Brotkrümel. Echte Liebe ist das Auge, das über uns wacht, sie ist die Hand, die uns hält, sie ist die Stimme, die sich für uns erhebt, und sie ist das große Herz, das uns so sein lässt, wie wir sind. Liebe hat durchaus etwas Ernstes und Zurückhaltendes. Unabhängig von Situationen und Ereignissen ist Liebe immer präsent, lässt aber eigene Erfahrungen und Entwicklung zu. Hunde lieben uns bedingungslos, deshalb tun sie uns so gut. Sie selbst haben nichts Geringeres verdient; lassen Sie uns dieses Geschenk erwidern.

Ja, es erfordert Mut, neue Wege zu gehen, zumal über vielen von unseren Häuptern das Damoklesschwert der eigenen behavioristischen Erziehung und der Einfluss von religiösem Unterricht schwebt, von Religionen, die das Inbild einer an Bedingungen geknüpften Liebe verkörpern (ebd., S. 122). Noch im 21. Jahrhundert knechtet uns der Zwang, perfekt sein zu müssen, um geliebt und anerkannt zu werden. Ich wohne in einem ländlichen Gebiet, umso mehr war ich von der Unterhaltung schockiert, die ein paar Teenager in der örtlichen Straßenbahn führten. Die Mädchen sprachen gegenseitig Empfehlungen aus, welche Adressen in Sachen Schönheitschirurgie zu favorisieren seien. Die Kids scrollten ihre Agenden und gaben zum Besten, welcher Eingriff als Nächstes anstand. Traurig, wenn Oberflächlichkeit und das Tragen einer Maske alles gewesen ist, was wir unseren Kindern beigebracht haben. Ehrlichkeit und Authentizität fordern, dass wir uns als diejenigen zeigen, die wir sind – und das erfordert Mut.

Mut erfordern auch die bitterbösen Anfeindungen und der Fluch anderer Hundehalter, die uns neue Wege zu vereiteln suchen, weil wir damit ihre eigenen Vorgehensweisen infrage stellen. Lassen Sie nicht zu, dass „das Feuer der Leidenschaft verstaubten Gewohnheiten weicht, gehen Sie weiter, verharren Sie nicht auf den Scherben der Vergangenheit" (vgl. Bourrani 2014[3]). Orientieren Sie sich nicht länger an den Argumenten eines Hündelermobs, der sich trotzig gegen Veränderungen und das Verlassen seiner Komfortzone sträubt. Deren „Arroganz ist das Selbstbewusstsein des Minderwertigkeitskomplexes" (Zitat Edmond Rostand).

> *„Wenn dir jemand vorwirft, dass du dich verändert hast, meint er damit,*
> *dass du aufgehört hast, dein Leben nach seinen Vorstellungen zu leben."*
>
> (Autor unbekannt)

Ja, Sie werden einen einsamen Kampf kämpfen. Aber seien Sie mutig. „Mutig sind die, die eine klare Vorstellung davon haben, was vor ihnen liegt, und die trotzdem losziehen" (Zitat, Autor unbekannt). Suchen Sie nach Gleichgesinnten, irgendwo da draußen gibt es sie.

Neues Denken ist bereit, sich selbst und die gewählte Strategie zu hinterfragen, anstatt Probleme ausschließlich beim Hund zu suchen. Wir stellen uns Fragen wie (vgl. Kohn 2016[1], S. 81/136–175):

- Hat das, was ich mit meinem Hund tue, auch tatsächlich mit seinen Interessen zu tun, oder agiere ich gerade meine eigene Bedürftigkeit, meine Ängste und persönlichen Erfahrungen an ihm aus?
- Liegt das Problem beim Hund, wenn er nicht das tut, was ich will, oder liegt es daran, dass meine Ansprüche nicht mit seinem Erziehungsstand korrelieren? Kann es sein, dass ich missverständlich kommuniziere?
- Habe ich gerade versucht, einen Streit zu vermeiden oder aber diesen zu gewinnen?
- Respektiere ich meinen Hund? Nehme ich seine Sorgen und Ängste wahr, auch wenn es ganz andere sind als unsere menschlichen Stolpersteine?
- Reduziere ich den Hund auf sein Verhalten, oder sehe ich das Wesen, seine Persönlichkeit und seine Motivation hinter den Aktionen? Verhalten allein ist nicht das, was wir sind.

Es geht nicht darum, den Hund auf ein Podest zu heben oder einer Kuschelkultur zu frönen. Es geht darum, sozial intelligent zu handeln und Verantwortung zu übernehmen für das, was wir unbedingt haben wollten. Wir sind gefordert, uns liebevoll um die Geschöpfe zu kümmern, die uns vom Leben anvertraut worden sind. Dies ist nicht ein sentimentaler Anflug menschlicher Gnade: Die Würde des Tieres ist gesetzlich verankert (Art. 1 TSchG und Art. 3 lit. a TSchG, vgl. TIR 2020[4]):

> „Definiert wird die Würde als Eigenwert des Tieres, der im Umgang mit ihm geachtet werden muss. Die Anerkennung ihres Eigenwerts verlangt, dass Tiere nicht im Interesse des Menschen, sondern vielmehr um ihrer selbst willen in ihren artspezifischen Eigenschaften, Bedürfnissen und Verhaltensweisen zu achten und zu respektieren sind."

Mit der Fürsorge, die ich meinen Schützlingen angedeihen lasse, nehme ich es sehr ernst – na ja, vielleicht bis auf ein, zwei vernachlässigte Zimmerpflanzen. Mit Verwöhnen hat das nichts zu tun: Verwöhnte Hunde bekommen zu viel von dem, was für ihre Besitzer mit wenig Aufwand und viel Eigennutzen verbunden ist, aber kaum etwas von dem, was Caniden wirklich brauchen (vgl. Juul 2003[5], zit. nach Kohn 2016, S. 178). Verwöhnte Tiere sind sozial ignorierte und haltlose Kreaturen, die auffallen, weil sie frech und unerzogen sind. Ja, Sie können Ihren Hund regelrecht böse lieben (allerdings lieben Sie dabei nicht aufrichtig, sondern vielmehr egoistisch). Erziehung fragt nicht nur nach Freiraum, sondern ebenso nach sozialer Interaktion, Regeln und Grenzen, Integration, Führung, Sicherheit, Authentizität und Achtsamkeit sowie nach einem Vorbild mit Zeit, Geduld, Wissen und Rückgrat (vgl. Kohn 2016[1], S. 199). Hunde, die Lücken in der Führung ihrer Menschen ausfüllen (müssen), sind *nicht* per se dominant. Sie kompensieren lediglich vernachlässigte Aufgaben und beanspruchen – konsequenterweise – die mit der Erfüllung dieser Pflichten erarbeiteten Privilegien. Von Haus aus dominante Hunde sind selten, die meisten werden in dieses Verhalten gedrängt. Dabei hat natürliche Dominanz mit Machtmissbrauch oder einer Ellbogenmentalität nichts zu schaffen. Natürliche Dominanz sorgt für Ruhe und Ordnung, ohne aggressiv sein zu müssen.

Wir sollten unseren Fokus darauf richten, Führungsqualitäten zu erlangen, anstatt zu bestrafen und zu beschuldigen. Je mehr wir uns der Strafen bedienen, umso geringer ist das Maß an verlässlichem Einfluss auf unsere Hunde. Viel wichtiger, als Leid zuzufügen, ist es, Ursachen zu erkennen und Probleme zu lösen. Ich bediene mich der Worte von Prof. Dr. med. Joachim Bauer, Neurowissenschaftler, Arzt und Psychotherapeut, wenn ich Sie dazu anhalte, sich nicht an der Biologie Ihres Gehirns zu versündigen und „Ihren präfrontalen Cortex in Gebrauch zu nehmen und zu lernen, die Perspektive der jeweils anderen zu sehen und zu berücksichtigen" (vgl. Bauer 2018[6], S. 22).

Wenn Sie sich einen glücklichen Hund und eine gelungene Beziehung zum Ziel gesetzt haben, geht es nicht länger darum, was die Leute über Sie denken. Es geht darum, was Ihr Hund braucht (vgl. Kohn 2016[1], S. 213). Finden Sie es heraus, stellen Sie die richtigen Fragen, denken Sie das Undenkbare und übernehmen Sie Verantwortung. Ich wünsche Ihnen auf Ihrem gemeinsamen Weg alles Gute.

„Freundschaft ist eine lange Reise durch die Hügel und Täler des Lebens."
(Autor unbekannt)

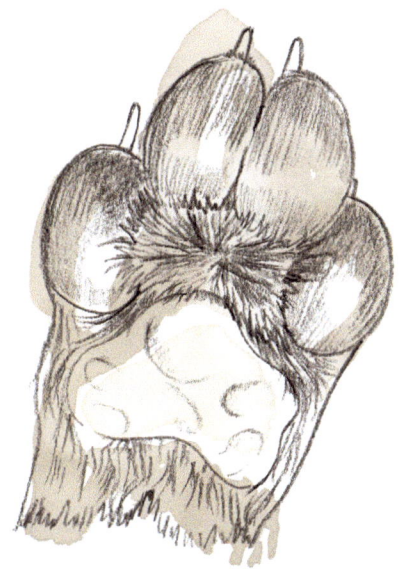

„Kannst du Gott nicht in allem sehen, kannst du ihn gar nicht sehen."

(Yogi)

Ich seh' dich

"Bevor du vermutest,
LERNE DIE FAKTEN.

Bevor du verurteilst,
VERSTEHE WARUM.

Bevor du jemandem weh tust,
FÜHLE DICH EIN.

Bevor du sprichst,
ÜBERLEGE."

(Urheber unbekannt)

Du lebst seit fünf Jahren in einer ruhigen Siedlung, in der die Menschen zwar freundlich sind, aber jeder gerne für sich bleibt. Alles ist gut, bis zu jenem Tag, an dem ein skrupelloser Tierquäler und Hundehalter den Tod eines kleinen Jungen zu verantworten hat. Fortan schleichst du dich aus der Tiefgarage in deine Wohnung, um den feindseligen Blicken und beleidigenden Tiraden der Anwohner zu entkommen. Du gehst früh morgens um 04:00 Uhr und spät abends um 22:00 Uhr mit deiner Hündin nach draußen, da fremde Leute, die du nicht einmal kennst, neuerdings mit Steinen nach euch werfen. Jeden Tag besserst du Spuren von Vandalismus an deinem Zaun, deinen Blumen und deiner Terrasse aus. Die Post hast du in ein Schließfach umleiten lassen, da dein Briefkasten und die Zustellungen des Postboten regelmäßig mit Exkrementen verschmiert waren. Du setzt dich hin, schreibst einen Brief an die Nachbarschaft und lädst sie ein, dich und deinen Hund zu besuchen, um gemeinsam über vorhandene Ängste zu reden. Niemand ergreift deine ausgestreckte Hand. Irgendwie musst du damit klarkommen, mit den Verleumdungen, den Beschimpfungen, den Drohungen und dem Verrat aus den eigenen Reihen. Niemand hat dir den Dolch tiefer in deinen Rücken gerammt als die Hündeler selbst. Solidarität zerbröselt zu einem Fremdwort unter Hundehaltern, und jeder ist froh, dass nicht zufällig seine Rasse betroffen ist. Der neu erkorene, kollektive Schwarze Peter lenkt auf wünschenswerte Weise von den eigenen Problemen ab.

Aber du lebst damit, irgendwie. Nur die Fragezeichen in den Augen deines Hundes schlagen tiefe Wunden in dein Herz, die dich nachts nicht schlafen lassen, und die nie aufhören zu bluten. Irgendwann packst du deine Koffer, ziehst in ein baufälliges, altes Haus ohne Heizung und Komfort, dafür mit umso mehr Schimmel an den Wänden. Immerhin ist es abgelegen genug, damit du und dein Hund sicher seid vor dem Zorn des Mobs. Ja, ich weiß, wie es dir geht. Ich weiß, wie es sich anfühlt, wenn sich vor einem die Pforten der Hölle auftun.

Das, was von meiner Regenjacke bei dem Versuch übrig geblieben ist, meine Seniorin vor dem berüchtigten Raufer des Weilers abzuschirmen, geht gerade noch als leichte Sommerbekleidung durch. Vorfälle dieser Art gab es schon mehrere. Ich verfasse einen Brief an das Veterinäramt und lasse diesen von einer Beratungsstelle für Rechtsfragen prüfen, bevor ich ihn auf die Reise schicke. Die Rückmeldung ist ernüchternd: „Lassen Sie's. Wenn Sie Ihren Hund aufgrund der gegenwärtigen gesellschaftlichen und hundepolitischen Situation nicht unnötig zur Zielscheibe eines Vergeltungsschlages machen wollen, lassen Sie die Anzeige fallen." Eine düstere Zeit für Listenhunde. Weder sie noch ihre Halter haben Rechte. Die Dunkelheit des Mittelalters hält die Welt noch immer fest in ihren Klauen, nur tragen die modernen Inquisitoren gestärkte Hemden, anstatt purpurfarbene Roben. Eine Hexenjagd ist losgetreten, angeführt von Menschen, die weit unter dem Niveau ihrer Sündenböcke navigieren.

Viele Halter von sogenannten Kampfhunden sind an dem emotionalen Massaker zerbrochen, sind in die Knie gegangen, wurden von ihren Hunden getrennt, haben sie aufgegeben oder zurückgelassen. Aber eine Schar hat überlebt, hat sich zusammengerottet, Gruppen und Vereine gegründet und Selbsthilfe geleistet. Ich verneige mich vor euch. Vor einem Paar ziehe ich meinen Hut besonders weit: Ihnen ist es Dank unermüdlichem Engagement gelungen, eine Zertifizierung für ihre Zuchtstätte zu erlangen. Chapeau! Ich kann ein Gefühl des Triumphes nicht leugnen, dass ein Dachverband, der unsere Rasse nicht gerade zu seinen Protegés zählt, diese Anerkennung aussprechen musste.

Ja, noch heute gehe ich fernab der Menge auf einsamen Pfaden. Nichts wird je wieder sein, wie es einmal war. Aber sei gewiss: Wem einmal die Liebe und das Herz eines Pitbulls gehörte, hat viel mehr gewonnen, als er jemals verlieren kann. In diesem Sinne erhebt euch, „wieder und wieder, bis die Lämmer zu Löwen werden" (Zitat aus Robin Hood[1]). Wofür hat man ein Herz, wenn man nicht darauf hört?

Wie schön du bist

Der Applaus ist längst vorbei und dein Herz schwer wie Blei
Jeder redet auf dich ein, trotzdem bist du so allein
Und du siehst so traurig aus, komm in mein' Arm, lass es raus
Glaub mir, ich war wo du bist und weiß, was es mit dir macht
Doch wenn du lachst, kann ich es sehn

Ich seh' dich
Mit all deinen Farben
Und deinen Narben
Hinter den Mauern
Ja ich seh' dich

Lass dir nichts sagen
Nein, lass dir nichts sagen
Weißt du denn gar nicht, wie schön du bist?

Ich seh' dein'n Stolz und deine Wut, dein großes Herz, dein Löwenmut
Ich liebe deine Art zu gehn und deine Art mich anzusehen
Wie du dein' Kopf zur Seite legst, immer seh' ich, wie's mir geht
Du weißt, wo immer wir auch sind, dass ich dein zu Hause bin
Und was das mit mir macht, wenn du jetzt lachst
Seh' ich all deine Farben

Und all deine Farben
Und deine Narben
Hinter den Mauern
Ja ich seh' dich

Lass dir nichts sagen
Nein, lass dir nichts sagen
Weißt du denn gar nicht, wie schön du bist?
Oh, oh oh!

Jeder Punkt in deinem Gesicht ist so perfekt, rein zufällig
Es gibt nichts Schöneres als dich, und ich hab das alles so gewollt
Den ganzen Terror und das Gold, ich habe nie was so gewollt

Wie all deine Farben
Und all deine Narben
Weißt du denn gar nicht, wie schön du bist?

Mit all deinen Farben
Weißt du noch gar nicht, wie schön du bist
Wie schön du bist
Wie schön du bist

(Lied gesungen von Sarah Conner aus der Feder von
Daniel Faust, Peter Plate, Sarah Connor und Ulf Sommer)

„Fällt dir das Leben zu schwer, dann denke an den Clown, der in seinem Herzen weint und dennoch lachend Geige spielt, um so die Menschen von den Tränen ihres Herzens zu heilen. Das Geheimnis des Clowns liegt in einer tiefen, unsagbaren Trauer. Der Clown weiß, was für unermessliches Leid es für viele ist, zu leben."

(Phil Bosmans)

WIDMUNG

Dieses Buch ist all den Tieren gewidmet, die ein Stück ihres Weges mit mir gegangen sind und mich die wirklich wichtigen Lektionen des Lebens gelehrt haben.

Im Besonderen ist es dir gewidmet …

Rex, du, dessen Schicksal bereits in frühen Kinderjahren einen Samen in mir gepflanzt hat, der nie aufgehört hat, nach Vollendung zu streben.

Gold Furino alias Bobby, du, der du meine große Liebe warst und mich gelehrt hast, an Wunder zu glauben.

Ira alias G.G., meine kleine Rose, du, die du mein Seelenhund warst und mich gelehrt hast, an mich zu glauben.

Arwen alias Gurk, du, die du meine persönliche Herausforderung bist und mich jeden Tag mit Nachdruck daran erinnerst, mich zu erheben.

Phönix alias Lotti, du, die du mich gelehrt hast, sein Schicksal mit Würde und Sanftmut zu tragen.

Lenny, du, der du mich gelehrt hast, dass man den Frieden nur in sich selber findet.

Kira, du, die du mit deiner Geduld, Gelassenheit und Souveränität eine Quelle der Kraft für uns alle warst.

„Für die Welt bist du irgendjemand, aber für irgendjemanden bist du die Welt."
(Erich Fried)

DANK

Ich danke meinen Eltern für alles, was sie für mich getan haben. Ich liebe Euch. Und ich bin voller Dankbarkeit für das Leben, das Ihr mir geschenkt habt.

Ich danke meinem Großvater, der mir die Augen geöffnet hat für die wahren Schätze des Lebens. Du hast mich Achtsamkeit und Respekt vor dem Leben und der Natur gelehrt und mir den Wald als eine Quelle der Kraft, des Friedens und der Inspiration aufgetan.

Ich danke Ursula Glatz und Vanessa Fernandez für ihre bedingungslose Freundschaft; eine Freundschaft, die selbst Raum und Zeit überdauert. Ohne dich, Ursula, hätte dieses Buch seinen Weg in die Welt nie gefunden.

Ich danke Conny Fuhrer, die mich immer gehalten hat, wenn ich in meinem Schmerz wie ein rasendes Kind um mich schlug. Du hast nie aufgehört, an mich zu glauben.

Ich danke Petra Ackermann für die vielen Stunden tiefgründiger und nachhaltiger Gespräche, die mir in dunklen Zeiten Mut machten. Im Speziellen bedanke ich mich für die Geburtshilfe bei diesem Buch.

Ich danke meinem Chemielehrer Willy Emch, der mir vorgelebt hat, was es heißt, eine natürliche Autorität zu sein. Menschen seiner Größe hinterlassen Spuren weit über ihre Zeit hinaus.

Ich danke Jan Nijboer für die Philosophie von Natural Dogmanship® und den inspirierenden Lehrgang, der meine [Hunde]Welt in mancherlei Hinsicht bereichert hat.

Ich danke Robert Mehl für die emphatisch geführten Lehrveranstaltungen, die mir einen Einblick in seinen tiefen und reichen Fundus an Wissen gestattet haben. Gerne empfehle ich seine Seminare weiter: http://www.seminare-robertmehl.de.

Ich danke meinem Lebenspartner H.R. für den Raum, den er mir lässt, mich auszuprobieren, mich zu irren und meinen Herzensweg zu gehen. Danke für deine Geduld, und dass du mich so sein lässt, wie ich bin.

Dank zolle ich last but not least dem Novum Verlag, der einem Noname wie mir die Chance gab, sich zu Wort zu melden. Auch unkonventionelle Ansichten zulassen zu können, zeugt von Rückgrat und Offenheit. Ein herzliches Danke gebührt Frau Grandits, die mir auf meinem Weg Support geleistet und mich begleitet hat.

Wohl gebührt auch ein Dank all jenen, die mir Steine in den Weg gelegt haben, die mich gezwungen haben, über mich hinauszuwachsen und mich zu erheben. Vielleicht sind es der Schmerz, die Verletzungen und die Enttäuschungen, die in der Schmiede des Lebens unsere Persönlichkeit formen. Hier bin ich.

Mein besonderer, aus den Tiefen meines Herzens kommender Dank gilt all meinen tierischen Weggefährten. Ihr habt das Licht meiner Seele gehütet und das Beste in mir mit stoischer Beharrlichkeit freigeschaufelt. Ihr habt mir einen Grund gegeben, das Leben mit aller Entschlossenheit und allen Konsequenzen zu lieben und zu wollen. Ihr seid mein Zuhause. Danke.

„Besondere Menschen sehen mehr in dir, als es andere tun. Denn sie erkennen die Trauer in deinem Lächeln, die Liebe hinter deinem Zorn und sie verstehen nicht nur deine Worte, sondern auch dein Schweigen."

(Urheber nicht bekannt)

DIE AUTORIN

Die gelernte Drogistin studierte zwei Semester an der veterinärmedizinischen Fakultät in Zürich, absolvierte Ausbildungen zur Tierheilpraktikerin, zum Coach in der systemischen Einzelarbeit, zur Natural Dogmanship® Instruktorin und Ernährungsberaterin für Hunde nach Dr. med. vet. Ziegler. Die bereits seit jungen Jahren für den Tierschutz engagierte Frau lebt seit 2001 mit American Staffordshires und Pitbulls zusammen.

„Diese Lektüre mag Ihnen unbequem erscheinen. Sie eignet sich nicht für Menschen, die sich vor selbstkritischer Reflexion verschließen. Ich habe dieses Buch nicht geschrieben, um Ihnen das Köpfchen zu streicheln, sondern in der Hoffnung, einen Beitrag daran zu leisten, dass die Welt der Hunde eine bessere Welt werden möge. Ich habe das Rad der Hundeerziehung nicht neu erfunden, und ich behaupte nicht, es besser zu wissen, als die [teils selbst ernannten] Gurus der Hundeszene. Dieses Buch widerspiegelt vielmehr mein Fazit aus nächtelanger Durchforstung von Fachliteratur und aus unzähligen Gesprächen mit inspirierenden Persönlichkeiten und intellektuellen Pionieren, die ihr Schaffen humanistischen Zielen und dem Wohl unserer Mitgeschöpfe gewidmet haben. Diese Perlen haben wesentlich zur Entstehung dieses Werkes beigetragen.

Hundeleben ist als Inspiration für all die Hoffnungsträger unter den Hundehaltern gedacht, die verstanden haben, dass etwas im Leben unserer Hunde erheblich schiefläuft, und die – so wie ich – auf der Suche nach einem Weg sind, der aus dieser Misere herausführt. Und es ist all den Pits, Staffs und anderen Hunden gewidmet, die Opfer menschlicher Einfalt wurden."

„Hunde sind meine Medizin in einer Welt, in der Menschen mich krank machen."
(Inga Wernken)

QUELLEN

Einleitung

1   Twain, Mark (1835–1910), eigentlich Samuel Langhorne Clemens, amerikanischer Erzähler und Satiriker. Auch Paul Watzlawick, österreichischer Kommunikationswissenschaftler, Philosoph und Autor, wird als Urheber genannt.

Der Start ins Leben

1   Brensing Karsten, 2018: *Das Mysterium der Tiere*, 1. Aufl., Berlin, Deutschland: Aufbau Verlag GmbH & Co. KG

2   Roos Dirk: *Modul Domestikation/Hunderassen*, 07.08.2015, Oberbölchen, Schweiz: Ausbildungszentrum Triple-S, Ausbildung zum Hundererziehungsberater

3   Hüther Gerald, 2018: *Biologie der Angst – Wie aus Stress Gefühle werden*, 13. Aufl., Göttingen, Deutschland: Vandenhoeck & Rupprecht GmbH & Co. KG

4   Bauer Joachim, 2013: *Das Gedächtnis des Körpers – Wie Beziehungen und Lebensstile unsere Gene steuern*, Frankfurt am Main, Deutschland: Eichborn AG

5   Strodtbeck/Ganslosser, 2016: *Kastration und Verhalten beim Hund*, 3. Aufl., Stuttgart, Deutschland: Müller Rüschlikon Verlag

6   König Sabine/Umbach Sonja, 2018, S. 156: *Praxisbuch Hundezucht – Wegweiser für Züchter und Deckrüdenbesitzer*, Nerdlen, Deutschland: Kynos Verlag

7   Schluckreflex, https://de.wikipedia.org/wiki/Schluckakt, 21.04.2020

8   Milchtritt, https://de.wikipedia.org/wiki/Milchtritt, 21.04.2020

9   Biotonustest BGSS adaptiert durch Jan Nijboer, Sozialpädagoge und Begründer der Philosophie von Natural Dogmanship®: *Modul Entwicklungsphasen, Wesenstest und Analyse*, 28.04.2015, Oberbölchen, Schweiz: Ausbildungszentrum Triple-S, Ausbildung zum Hundererziehungsberater

10   Leidhold Joachim/Trumler Erika, 1994: *Welpenentwicklung in einem Wildhunderudel*, Freiburg, Deutschland: Pollux Verlag

11   Leidhold Joachim/Trumler Erika, 1994: *Welpenerziehung in einem Wildhunderudel*, Freiburg, Deutschland: Pollux Verlag

12   6 Wochen Welpentest nach Jan Nijboer, Sozialpädagoge und Begründer der Philosophie von Natural Dogmanship®: *Modul Entwicklungsphasen, Wesenstest und Analyse*, 28.04.2015, Oberbölchen, Schweiz: Ausbildungszentrum Triple-S, Ausbildung zum Hundererziehungsberater

13   Kläusler Sibylle, Kyno-Mental, 2013, *Grenzen setzen – Freiheit schaffen*, Kursreihe Lägernhof, Wohlen

14 HEB Ausbildung zum Hundeerziehungsberater 2015/2016, Oberbölchen, Schweiz: Ausbildungszentrum Triple-S

15 Wischmeyer Dietmar, *Wischmeyer und der Wolf*, Auszug aus: https://www.facebook.com/
wdr5/videos/wischmeyer-und-der-wolf/308845429761494/, 26.04.2020

16 Precht Richard David, 1997, S. 266 ff.: *Noahs Erbe – Vom Recht der Tiere und den Grenzen
des Menschen*, 1. Aufl., Hamburg, Deutschland: Europäische Verlagsanstalt/Rotbuch Verlag

17 Mehl Robert, Diplom-Psychologe und Kriminologe, Seminar organisiert von herrchen.ch:
Impulsiv und unberechenbar, 29.06.2018, Reinach, Schweiz

18 Mehl Robert, Diplom-Psychologe und Kriminologe, Seminar organisiert von herrchen.ch:
Angst und Aggression, 01.03.2019, Reinach, Schweiz

19 Curt P. Richter, Ph.D., 1957: *On the Phenomenon of Sudden Death in Animals and Man*,
Psychosomatic Medicine, Vol. XIX, No. 3

20 Ovadia Daniela, Neuroethikerin und Wissenschaftsjournalistin in Pavia (Italien), 2019: *https://
www.spektrum.de/magazin/wie-das-konzept-der-erlernten-hilflosigkeit-wissenschaftlich-kar-
riere-machte/1644864*, Spektrum.de, Ausgabe Gehirn&Geist 7/2019, 26.04.2020

21 Vaupel Meike und Neijboer Jan, 2020: *Rüstig statt rostig*, Webinar aus der Natural Dog-
manship® Zentrale in Niederwambach, Deutschland, 07.06.2020

Lernen, Erziehung und Pädagogik

1 Nijboer Jan, 2012, S. 117: *Hunde erziehen mit Natural Dogmanship®*, Stuttgart, Deutschland:
Franckh-Kosmos Verlags-GmbH & Co. KG

2 HEB Ausbildung zum Hundeerziehungsberater 2015/2016, Oberbölchen, Schweiz: Ausbildungszentrum Triple-S

3 Pawlow Iwan Petrowitsch: https://de.wikipedia.org/wiki/Iwan_Petrowitsch_Pawlow, 26.04.2020

4 Thorndike Edward Lee: https://de.wikipedia.org/wiki/Edward_Lee_Thorndike, 26.04.2020

5 Watson John Broadus: https://de.wikipedia.org/wiki/John_B._Watson, 26.04.2020

6 Skinner Burrhus Frederic: https://de.wikipedia.org/wiki/B._F._Skinner, 26.04.2020

7 Grosser Irrtum, Psychologie – Der Spiegel 43/1981: https://www.spiegel.de/spiegel/print/d-14339943.
html, 19.01.2019

8 Funke Joachim – Psychologisches Institut Heidelberg, 10.03.2016, Philosoph Sloterdijk und
Iwan Pawlow: http://f20.blog.uni-heidelberg.de/2016/03/10/philosoph-sloterdijk-und-iwan-paw-
low, 10.02.2020

9 Duden: das Herkunftswörterbuch: Etymologie der deutschen Sprache, 4. Aufl., 2007, zit. nach
Wikipedia: https://de.wikipedia.org/wiki/Erziehung#cite_note-4, 27.04.2020

10 Nijboer Jan, 2004: *Hunde verstehen mit Jan Nijboer*, Stuttgart, Deutschland: Franckh-Kosmos
Verlags-GmbH & Co. KG

11 Koring Mel, 2014: *Clicker-Training für Hunde/Erfolgreich erziehen mit dem 8-Wochen-Plan*,
Stuttgart, Deutschland: Franckh-Kosmos Verlags-GmbH & Co. KG

12 Powers William T.: *Letter to the editor, Science, 21.09.1973*, zit. nach Krech/Crutchfield/Livson/
Wilson jr./Parducci: Grundlagen der Psychologie, Band 3, S. 48, 1992, Weinheim, Deutschland: Psychologie Verlags Union

13   Mehl Robert, Diplom-Psychologe und Kriminologe, Seminar organisiert von herrchen.ch: *Impulsiv und unberechenbar*, 29.06.2018, Reinach, Schweiz

14   Mehl Robert, Diplom-Psychologe und Kriminologe, Weiterbildung Natural Dogmanship Instruktoren®: *Motivation aus neurobiologischer Sicht*, 04.09.2019, Niederwambach, Deutschland

15   Böhm Imke, 2009, Tierärztliche Hochschule Hannover, Inaugural-Dissertation: https://studylib-de.com/doc/11565730/vergleich-der-stressauswirkungen-anhand-von, 10.02.2020

16   Reid Alliston und Pilley John, Wofford College, Spartanburg, South Carolina, USA zitiert nach Ebenhoch Astrid, Hounds & People, 08.01.2011: https://www.houndsandpeople.com/de/magazin/wissen/auch-hunde-konnen-vokabeln-lernen), 04.02.2020, und der NZZ vom 07.01.2011: www.nzz.ch/hund_kennt_namen_von_mehr_als_1000_gegenstaenden 1.9020541, 04.02.2020

17   Arguelles Alexander, Prof., Sprachwissenschaftler, zitiert nach Roth Christian: https://talkreal.org/blog/wie-viele-woerter-muss-ich-lernen-um-eine-sprache-fliessend-zu-sprechen, 04.02.2020

18   transparent® Language Solutions, 2013, Wie viele Wörter kennt der Mensch?, o.V.: http://www.transparent-ls.com/?get=page&page_id=99, 04.02.2020

19   Precht Richard David, 1997: *Noahs Erbe – Vom Recht der Tiere und den Grenzen des Menschen*, 1. Aufl., Hamburg, Deutschland: Europäische Verlagsanstalt/Rotbuch Verlag

20   anonyme Quellen, 17.03.2017

21   Apprendimento sociale – Do as I do, 2011, Fugazza Claudia: https://www.youtube.com/watch?v=d_ipfb2f8Gc (Sequenzen 0:37, 2:38, 3:04 und 4:13), 29.04.2020

22   Sprenger Reinhard K., 2014: *Mythos Motivation – Wege aus einer Sackgasse*, Frankfurt am Main, Deutschland: Campus Verlag GmbH

23   De Vries Rheta und Zan Betty, 1994, S. 46: *Moral Classrooms – Moral Children*, New York, Teachers College Press, 1994: zitiert nach Kohn Alfie, 2016, S. 51: Liebe und Eigenständigkeit – Die Kunst bedingungsloser Elternschaft jenseits von Belohnung und Bestrafung, 6. Aufl.

24   Strodtbeck/Ganslosser, 2016: *Kastration und Verhalten beim Hund*, 3. Aufl., Stuttgart, Deutschland: Müller Rüschlikon Verlag

25   Ziegler Jutta, 2016, S. 70 f.: *Rohkäppchen und der zahnlose Wolf*, 1. Aufl., Wien, Österreich: Verlag für chronische Gesundheit e.U.

26   Ziegler Jutta, Dr. med. vet., Ausbildungsskript *Ernährungsseminar für zertifizierte Ernährungsberater nach Dr. Ziegler*, S. 8/20ff./32, Regensburg, Deutschland, 2017/2018

27   Brensing Karsten, 2018: *Das Mysterium der Tiere*, 1. Aufl., Berlin, Deutschland: Aufbau Verlag GmbH & Co. KG

28   Michalk Chris, 01.07.2019: https://edubily.de/leptin/leptin-stoffwechsel-hormon, 05.05.2020

29   Lorenz Konrad, 2007: *Das sogenannte Böse*, 25. Aufl., München, Deutschland: Deutscher Taschenbuch Verlag GmbH & Co. KG

30   Wohlfarth Rainer & Mutschler Bettina, Essay: *Thesen zum Lernen bei Hunden aus neurobiologischer und emotionspsychologischer Sicht*, Oberbölchen, Schweiz: Ausbildungszentrum Triple-S

31   Hüther Gerald, 2011: *Belohnung ist genauso falsch wie Bestrafung*, Nicole Bußmann, Chefredakteurin von ManagerSeminare.de, im Interview mit Gerald Hüther, https://www.youtube.com/watch?v=shh31MTUL3M, 06.05.20

32   Hüther Gerald, 2020: *Über Kinder und das Belohnung- und Bestrafungssystem*, Nicole Bußmann, Youtube, https://www.youtube.com/watch?v=bgcXBPOq3bk, 06.05.20

33   Rohn Christiane, 2004: *Man nennt mich Hundeflüsterin*, Weggis, Schweiz: ComArt

34   Lewin Kurt Tsadek: https://de.wikipedia.org/wiki/Kurt_Lewin, 06.05.2020

35   Statens Filmcentral, Experiment von Kurt Lewin: *Forsøg med pædagogiske metoder (Ander-kendende/Autoritær/laissez faire)*, https://www.youtube.com/watch?v=7knYHysbDlo, 06.05.20

36   Nijboer Jan, 2013: *Zeitschrift „Sachkundenachweis"*, Triple-S Ausbildungszentrum GmbH, S. 6/7, Oberbölchen, Schweiz

Aggression

1   Mehl Robert, Diplom-Psychologe und Kriminologe, Seminar organisiert von herrchen.ch: *Impulsiv und unberechenbar*, 29.06.2018, Reinach, Schweiz

2   Mehl Robert, Diplom-Psychologe und Kriminologe, Seminar organisiert von herrchen.ch: *Angst und Aggression*, 01.03.2019, Reinach, Schweiz

3   Strodtbeck/Ganslosser, 2016: *Kastration und Verhalten beim Hund*, 3. Aufl., Stuttgart, Deutschland: Müller Rüschlikon Verlag

4   Brensing Karsten, 2018: *Das Mysterium der Tiere*, 1. Aufl., Berlin, Deutschland: Aufbau Verlag GmbH & Co. KG

5   Vaupel Meike, 2020: *Rüstig statt rostig*, Webinar aus der Natural Dogmanship® Zentrale in Niederwambach, Deutschland, 07.06.2020

6   Bandura Albert: https://de.wikipedia.org/wiki/Albert_Bandura, 10.05.2020

7   Hüther Gerald, 2018: *Besser führen durch Supportive Leadership*, Video-Serie des Arbeit-gebermagazins Faktor A, https://www.youtube.com/watch?v=0sdIYdBEMJs, 12.05.2020

8   Exlibris, Zitat: https://www.exlibris.ch/de/buecher-buch/deutschsprachige-buecher/stanley-milgram/das-milgram-experiment/id/9783499174797, 09.07.2020

9   Nijboer Jan: Weiterbildung HEB «*Aggression*», 24.01.2020, Triple-S Ausbildungszentrum GmbH, Oberbölchen, Schweiz

10   HEB Ausbildung zum Hundeerziehungsberater 2015/2016, Oberbölchen, Schweiz: Ausbil-dungszentrum Triple-S

11   Generalversammlungsprotokoll eines Rasseclubs, 2018

12   Asendorpf Jens B., 2018: *Persönlichkeitspsychologie für Bachelor*, 4. Aufl., Berlin, Deutsch-land: Springer-Verlag GmbH

13   Hartig Johannes, 2003: Dissertationsschrift *Sensitivität für Belohnung und Bestrafung als Basis fundamentaler Persönlichkeitsdimensionen. Ein Beitrag zur Erforschung von Grays Verstärkerempfänglichkeitstheorie*, Frankfurt am Main, Deutschland: Johann Wolfgang Goethe-Universität

14   Asendorpf Jens B., 2018: *Was uns ausmacht und warum*, Berlin, Deutschland: Springer-Verlag GmbH

15   Kandel/Schwartz/Jessell, 1996: *Neurowissenschaften – Eine Einführung*, Spektrum Aka-demischer Verlag GmbH Heidelberg. Berlin. Oxford, Amerikanische Originalausgabe bei Appleton & Lange 1995

16   Mehl Robert, Diplom-Psychologe und Kriminologe, Seminar organisiert von herrchen.ch: *Traumata und ihre psychischen Folgen*, 22.02.2020, Reinach, Schweiz

17   Hüther Gerald, 2018, S. 88: *Biologie der Angst – Wie aus Stress Gefühle werden*, 13. Aufl., Göttingen, Deutschland: Vandenhoeck & Rupprecht GmbH & Co. KG

18   Brensing Karsten, 2018: *Das Mysterium der Tiere*, 1. Aufl., Berlin, Deutschland: Aufbau Verlag GmbH & Co. KG

19   Stockinger Günther, 2011: *Neuronengeflüster im Endhirn*, Artikel im Spiegel Wissenschaft, https://www.spiegel.de/spiegel/a-749108.html, 10.05.2020

20   Precht Richard David, 1997: *Noahs Erbe – Vom Recht der Tiere und den Grenzen des Menschen*, 1. Aufl., Hamburg, Deutschland: Europäische Verlagsanstalt/Rotbuch Verlag

21   Bentham Jeremy, zitiert nach Precht Richard David: Introduction to the Principles of Morals and Legislation, London 1789, Kap. 17

Bindung und Beziehung

1   Harlow Harry Frederick: https://de.wikipedia.org/wiki/Harry_Harlow, 11.05.2020

2   Bowlby John, 2014: *Bindung als sichere Basis – Grundlagen und Anwendung der Bindungstheorie*, 3. Aufl., München, Deutschland: Ernst Reinhardt GmbH & Co KG, Originalausgabe: A Secure Base – Clinical Applications of Attachement Theory, übersetzt aus dem Englischen, publiziert bei Routledge, ein Mitglied der Taylor & Francis Group

3   Bowlby Edward John Mostyn: https://de.wikipedia.org/wiki/John_Bowlby, 11.05.2020

4   Roos Dirk: *Modul Domestikation/Hunderassen*, 07.08.2015, Oberbölchen, Schweiz: Ausbildungszentrum Triple-S, Ausbildung zum Hundererziehungsberater

5   Mehl Robert, Diplom-Psychologe und Kriminologe, Seminar organisiert von herrchen.ch: *Bindung und Beziehungsentwicklung zwischen Mensch und Hund*, 02.03.2019, Reinach, Schweiz

6   Asendorpf Jens B., 2018: *Persönlichkeitspsychologie für Bachelor*, 4. Aufl., Berlin, Deutschland: Springer-Verlag GmbH

7   Strodtbeck/Ganslosser, 2016: *Kastration und Verhalten beim Hund*, 3. Aufl., Stuttgart, Deutschland: Müller Rüschlikon Verlag

8   HEB Ausbildung zum Hundeerziehungsberater 2015/2016, Oberbölchen, Schweiz: Ausbildungszentrum Triple-S

9   Science Advances Research Article, 19.07.2017, Vol. 3, Nr. 7, e1700398
     DOI: 10.1126/sciadv.1700398: *Structural variants in genes associated with human Williams-Beuren syndrome underlie stereotypical hypersociability in domestic* dogs, vonHoldt/Shuldiner/Janowitz Koch/Kartzinel/Hogan/Brubaker/Wanser/Stahler/Wynne/Ostrander/Sinsheimer/Udell, https://advances.sciencemag.org/content/3/7/e1700398/tab-pdf, 28.07.2020

Führung

1   Hüther Gerald, 2011: *Belohnung ist genauso falsch wie Bestrafung*, Nicole Bußmann, Chef-redakteurin von ManagerSeminare.de, im Interview mit Gerald Hüther, https://www.youtube.com/watch?v=shh31MTUL3M, 10.05.2020

2   Sprenger Reinhard K., 2014: *Mythos Motivation – Wege aus einer Sackgasse*, Frankfurt am Main, Deutschland: Campus Verlag GmbH

3   Sprenger Reinhard K., 2015: *Das Prinzip Selbstverantwortung*, Frankfurt am Main, Deutschland: Campus Verlag GmbH

4   Hasel Verena Friederike: *Gebt den Kindern einen Grund zum Lernen*, Artikel in Zeit Online vom 26.12.2019, https://www.zeit.de/gesellschaft/schule/2019-12/bildung-neuseeland-schulen-lehrer-kinder-lernen, 11.05.2020

5   Jörn Gereon, 2018: *Wie du zu deinem natürlichen Selbstwert zurückfindest*, Auftritt bei GE-DANKENtanken: https://www.youtube.com/watch?v=cQTVxg8ybfY, 11.05.2020

6   Rosenberg Marshall Bertram, zitiert von The Coaching Company: *Gewaltfreie Kommunikation und Selbstmanagement*, Workshop im November 2008, Küsnacht, Schweiz

7   Mehl Robert, Diplom-Psychologe und Kriminologe, Seminar organisiert von herrchen.ch: *Bindung und Beziehungsentwicklung zwischen Mensch und Hund*, 02.03.2019, Reinach, Schweiz

8   Legal Tribune Online LTO, 2018: *Auch „nur spielende" Hunde dürfen abgewehrt werden*, Artikel vom 31.10.2018: https://www.lto.de/recht/nachrichten/n/olg-koblenz-1u59918-abwehr-hund-ohne-leine-halter-haftet/, 11.05.2020

9   Hüther Gerald, 2018: *Biologie der Angst – Wie aus Stress Gefühle werden*, 13. Aufl., Göttingen, Deutschland: Vandenhoeck & Rupprecht GmbH & Co. KG

10 Barbonus René, 2013: *Wie lebt und kommuniziert man respektvoll?*, Auftritt bei GEDAN-KENtanken: https://www.youtube.com/watch?v=7UECBidT4ZM, 11.05.2020

11 TES – Training für emotionale Sicherheit der Hundeführerschule Oberthaler, inspiriert durch das Training im Sommer 2011, Unterlunkhofen, Schweiz

12 Fritsch Gerlinde Ruth, 2008, S. 16, zitiert nach M. B. Rosenberg „Anger and domination systems": *Praktische Selbst-Empathie*, Paderborn, Deutschland: Junfermannsche Verlagsbuchhandlung

13 Millan Cesar und Peltier Melissa Jo, 2008: *Du bist der Rudelführer*, 3. Aufl., München, Deutschland: Arkana in der Verlagsgruppe Random House GmbH, Originalausgabe 2007, Cesar Millan und Melissa Jo Peltier: Be the Pack Leader bei Harmony Books, einem Imprint der Crown Publishing Group, einem Unternehmen von Random House, Inc., New York

14 Mowat Farley, Biologe, 2004: *Ein Sommer mit Wölfen*, Hamburg, Deutschland: Rowohlt Verlag, übersetzt von Hand-Georg Noack

15 Mehl Robert, Diplom-Psychologe und Kriminologe, Seminar organisiert von herrchen.ch: *Impulsiv und unberechenbar*, 29.06.2018, Reinach, Schweiz

16 Spitzer Manfred, 2006: *Lernen – Gehirnforschung und die Schule des Lebens*, 1. Aufl., Deutschland, Spektrum Akademischer Verlag Heidelberg

17   Barbonus René, 2013: *Wie Sie Ansehen bei Freund und Feind gewinnen*, Auftritt bei GE-DANKENtanken: https://www.youtube.com/watch?v=9869CcKULwo, 12.05.2020

18   La vita è bella: https://de.wikipedia.org/wiki/Das_Leben_ist_sch%C3%B6n_(1997), 12.05.2020

19   Lexikon des internationalen Films, 2001, zitiert nach Wikipedia: https://de.wikipedia.org/wiki/Das_Leben_ist_sch%C3%B6n_(1997)#cite_note-3, 12.05.2020

20   Grieger-Langer Suzanne, Profiler, 2018: *Die Pfeifen*, https://www.facebook.com/Profiler-Suzanne/videos/242365393108154/UzpfSTEwMDAwOTc0NjQwODU0Njo3NTM0NTI0N-jQ5ODk2Mjc/?lst=100009746408546%3A100009746408546%3A1589214500, 01.04.2019

21   Cain Susan, 2013, S. 14 – 48: *Still – die Kraft der Introvertierten*, 10. Aufl., München, Deutschland: Wilhelm Goldmann Verlag in der Verlagsgruppe Random House GmbH, Originalausgabe 2011, Susan Cain: Quiet. The Power of Introverts in a World that can't stop talking, Originalverlag: The Crown Publishing Group, New York

22   Precht Richard David, 1997: *Noahs Erbe – Vom Recht der Tiere und den Grenzen des Menschen*, 1. Aufl., Hamburg, Deutschland: Europäische Verlagsanstalt/Rotbuch Verlag

Kommunikation

1   Göbel Mona, 2010: *Warum Hunde beißen – Es gibt immer einen Grund*, 1. Aufl., Selbstverlag

2   HEB Ausbildung zum Hundeerziehungsberater 2015/2016, Oberbölchen, Schweiz: Ausbildungszentrum Triple-S

3   Bierbaumer Karin & Kratzer Silvia, zitiert nach Jan Nijboer: *Aggression: Ursachen und Arbeitsweise*, Teil einer Lehrveranstaltung 2017, Oberbölchen, Schweiz

4   Sternberg Sue, 2013, Filmserie von GreatDogProductions.com: *At The Dog Park*, https://www.youtube.com/watch?v=z18_TAYooHo, 13.05.2020

5   Precht Richard David, 1997: *Noahs Erbe – Vom Recht der Tiere und den Grenzen des Menschen*, 1. Aufl., Hamburg, Deutschland: Europäische Verlagsanstalt/Rotbuch Verlag

6   Kaminski Juliane, Senior Lecturer an der University of Portsmouth: *Die kognitiven Fähigkeiten des Haushundes*, Seminar organisiert von herrchen.ch, 17.11.2019, Reinach, Schweiz

7   DogFACS: http://animalfacs.com/dogfacs-1.html, 13.05.2020

Ausblick

1   Kohn Alfie, 2016: *Liebe und Eigenständigkeit – Die Kunst bedingungsloser Elternschaft jenseits von Belohnung und Bestrafung*, 6. Aufl., Freiburg, Deutschland: Arbor Verlag GmbH, Titel der Originalausgabe: Unconditional parenting: moving from revards and punishment to love an reason

2   Deci Edward L. und Ryan Richard M., 1995, S. 33: *Human Autonomie: The Basis for True Self-Esteem*, in Efficacy, Agency and Self-Esteem, edited by Michael H. Kernis, New York, Plenum, 1995: zitiert nach Kohn Alfie, 2016, S. 55: Liebe und Eigenständigkeit – Die Kunst bedingungsloser Elternschaft jenseits von Belohnung und Bestrafung, 6. Aufl.

3   Textpassage aus dem Song „Hey" gesungen von Andreas Bourani, geschrieben von Andreas Bourani, Julius Hartog, Jasmin Shakeri und Philipp Steinke

4   Stiftung für das Tier im Recht TIR
Tierwürde: https://www.tierimrecht.org/de/recht/lexikon-tierschutzrecht/tierwrde, 13.05.2020
Definition: https://www.tierimrecht.org/de/news/newsmeldungen-2020/2020-01-06-tir-kalender-2020-tierschutzrechtliche-frage-im-januar, 13.05.2020

5   Juul Jesper, 2003, S. 70: *Das kompetente Kind. Auf dem Weg zu einer neuen Wertgrundlage für die ganze Familie*, Deutsch von Sigrid Engeler, Reinbek bei Hamburg, Rowohlt Taschenbuch Verlag, 2003: zitiert nach Kohn Alfie, 2016, S. 178: *Liebe und Eigenständigkeit – Die Kunst bedingungsloser Elternschaft jenseits von Belohnung und Bestrafung*, 6. Aufl.

6   Bauer Joachim, 2018: *Selbststeuerung – die Wiederentdeckung des freien Willens*, München, Deutschland: Karl Blessing Verlag in der Verlagsgruppe von Random House GmbH

Special für Pits und Staffs

1   Robin Hood, Abenteuerfilm des Regisseurs Ridley Scott aus dem Jahr 2010

LITERATURLISTE

- Asendorpf Jens B., 2018: *Persönlichkeit: Was uns ausmacht und warum*, Berlin, Deutschland: Springer-Verlag GmbH, ISBN 9783662561058
- Asendorpf Jens B., 2018: *Persönlichkeitspsychologie für Bachelor*, 4. Aufl., Berlin, Deutschland: Springer-Verlag GmbH, ISBN 9783662576120
- Bauer Joachim, 2013: *Das Gedächtnis des Körpers. Wie Beziehungen und Lebensstile unsere Gene steuern*, Frankfurt am Main, Deutschland: Eichborn AG, ISBN 9783492301855
- Bauer Joachim, 2018: *Selbststeuerung. Die Wiederentdeckung des freien Willens*, München, Deutschland: Karl Blessing Verlag in der Verlagsgruppe von Random House GmbH, ISBN 9783453604681
- Bowlby John, 2014: *Bindung als sichere Basis. Grundlagen und Anwendung der Bindungstheorie*, München, Deutschland: Ernst Reinhardt GmbH & Co KG Verlag, ISBN 9783497024544
- Brensing Karsten, 2018: *Das Mysterium der Tiere. Was sie denken, was sie fühlen*, 1. Aufl., Berlin, Deutschland: Aufbau Verlag GmbH & Co. KG, ISBN 9783746635002
- Cain Susan, 2013: *Still. Die Kraft der Introvertierten*, 10. Aufl., München, Deutschland: Wilhelm Goldmann Verlag in der Verlagsgruppe Random House GmbH, ISBN 9783442157648
- Ellis Shaun, 2010: *Der mit den Wölfen lebt*, München, Deutschland: Arkana in der Verlagsgruppe Random House GmbH, ISBN 9783868004854
- Göbel Mona, 2010: *Warum Hunde beißen. Es gibt immer einen Grund*, Selbstverlag, ISBN 9783000313707
- Grimm Hans-Ulrich, 2016: *Katzen würden Mäuse kaufen. Wie die Futterindustrie unsere Tiere krank macht*, München, Deutschland: Knaur Taschenbuch Verlag – ein Imprint der Verlagsgruppe Droemer Knaur GmbH & Co. KG, ISBN 9783426787687
- Gutmann Monika, 2010: *Clickertraining. Andere Wege in der Kommunikation mit dem Hund*, 3. Aufl., München, Deutschland: Cadmos Verlag GmbH, ISBN 9783861278764
- Hüther Gerald, 2018: *Biologie der Angst. Wie aus Stress Gefühle werden*, 13. Aufl., Göttingen, Deutschland: Vandenhoeck & Rupprecht GmbH & Co. KG, ISBN 9783525014394
- Kammerer Klaus Dieter, 2002: *Der Jahrtausendirrtum der Veterinärmedizin*, 2. Aufl., Karlsruhe, Deutschland: Transanimal Verlag, ISBN 3-9807236-0-7
- Kandel Eric R./Schwartz James H./Jessell Thomas M., 1996: *Neurowissenschaften – Eine Einführung*, Spektrum Akademischer Verlag GmbH Heidelberg. Berlin. Oxford, ISBN 3860253913

- Kohn Alfie, 2016: *Liebe und Eigenständigkeit. Die Kunst bedingungsloser Elternschaft, jenseits von Belohnung und Bestrafung*, 6. Aufl., Freiburg, Deutschland: Arbor Verlag GmbH, ISBN 9783867810159
- Koring Mel, 2014: *Clicker-Training für Hunde*, Stuttgart, Deutschland: Franckh-Kosmos Verlags-GmbH & Co. KG, ISBN 9783440139356
- Krämer Eva-Maria, 2009: *Der große Kosmos Hundeführer*, Stuttgart, Deutschland: Franckh-Kosmos Verlags-GmbH & Co. KG, ISBN 9783440106457
- Krech/Crutchfield/Livson/Wilson jr./Parducci, 1992: *Grundlagen der Psychologie. Studienausgabe*, Weinheim, Deutschland: Psychologie Verlags Union, ISBN 3621271449
- Larsson Liv, 2012: *Wut, Schuld und Scham*, Paderborn, Deutschland: Junfermannsche Verlagsbuchhandlung, ISBN 9783873877795
- Leidhold Joachim und Erika Trumler, 1994: *Welpenentwicklung in einem Wildhundrudel*, Freiburg, Deutschland: Pollux Verlag, ISBN 3-9803580-6-2
- Leidhold Joachim und Erika Trumler, 1994: *Welpenerziehung in einem Wildhundrudel*, Freiburg, Deutschland: Pollux Verlag, ISBN 3-9803580-5-4
- Lorenz Konrad, 2007: *Das sogenannte Böse*, 25. Aufl., München, Deutschland: Deutscher Taschenbuch Verlag GmbH & Co. KG, ISBN 9783423330176
- Milgram Stanley, 2017: *Das Milgram-Experiment zur Gehorsamkeitsbereitschaft gegenüber Autorität*, 20. Aufl., Reinbek bei Hamburg, Deutschland: Rowohlt Taschenbuchverlag GmbH, ISBN 9783499174797
- Millan Cesar und Peltier Melissa Jo, 2008, *Du bist der Rudelführer*, 3. Aufl., München, Deutschland: Arkana in der Verlagsgruppe Random House GmbH, ISBN 9783442338139
- Nijboer Jan, 2013: *Beschäftigung für Hunde*, Stuttgart, Deutschland: Franckh-Kosmos Verlags-GmbH & Co. KG, ISBN 9783440134191
- Nijboer Jan, 2006: *Hunde beschäftigen mit Jan Nijboer*, Stuttgart, Deutschland: Franckh-Kosmos Verlags-GmbH & Co. KG, ISBN 3440106683
- Nijboer Jan, 2012: *Hunde erziehen mit Natural Dogmanship*, Stuttgart, Deutschland: Franckh-Kosmos Verlags-GmbH & Co. KG, ISBN 9783440116227
- Nijboer Jan, 2004: *Hunde verstehen mit Jan Nijboer*, Stuttgart, Deutschland: Franckh-Kosmos Verlags-GmbH & Co. KG, ISBN 9783440150672
- Nijboer Jan, 2009: *Vom Welpen zum Familienhund mit Natural Dogmanship*, Stuttgart, Deutschland: Franckh-Kosmos Verlags-GmbH & Co. KG, ISBN 9783440112342
- Precht Richard David, 1997: *Noahs Erbe – Vom Recht der Tiere und den Grenzen des Menschen*, 1. Aufl., Hamburg, Deutschland: Europäische Verlagsanstalt/Rotbuch Verlag, ISBN 3880225176
- Rohn Christiane, 2004: *Man nennt mich Hundeflüsterin*, Weggis, Schweiz: ComArt, ISBN 3905319888
- Spitzer Manfred, 2006: *Lernen. Gehirnforschung und die Schule des Lebens*, 1. Aufl., Deutschland, Spektrum Akademischer Verlag Heidelberg, ISBN 9783827417237
- Sprenger Reinhard K., 2015: *Das Prinzip Selbstverantwortung*, Frankfurt am Main, Deutschland: Campus Verlag GmbH, ISBN 9783593502656

- Sprenger Reinhard K., 2014: *Mythos Motivation – Wege aus einer Sackgasse*, Frankfurt am Main, Deutschland: Campus Verlag GmbH, ISBN 9783593501567
- Strodtbeck Sophie/Gansloßer Udo, 2016: *Kastration und Verhalten beim Hund*, 3. Aufl., Stuttgart, Deutschland: Müller Rüschlikon Verlag, ISBN 9783275018208
- Ziegler Jutta, 2012: *Hunde würden länger leben, wenn …*, 4. Aufl., München, Deutschland: mvg Verlag – ein Imprint der Münchner Verlagsgruppe GmbH, ISBN 9783868822342
- Ziegler Jutta, 2016: *Rohkäppchen und der zahnlose Wolf*, 1. Aufl., Wien, Österreich: Verlag für chronische Gesundheit e.U., ISBN 9783950431810
- Ziegler Jutta, 2013: *Tierärzte können die Gesundheit Ihres Tieres gefährden*, 2. Aufl., mvg Verlag – ein Imprint der Münchner Verlagsgruppe GmbH, ISBN 9783868822755

BILD- UND TABELLENNACHWEIS

Alle Illustrationen wurden von und in Zusammenarbeit mit BUREAU CHATEAU, D-10119 Berlin, erstellt.

Titelbild
* „Hundegesicht": BUREAU CHATEAU

Einführung
* „sad dog": Stock.Adobe.com/cristi180884

Kapitel 1
* „Pfote braun": BUREAU CHATEAU
* „Entwicklungsphasen": BUREAU CHATEAU
* „Karteikarten": BUREAU CHATEAU
* „Pfote Bleistift": BUREAU CHATEAU
* „Puppy Staffordshire Bull Terrier": iStock.com/CBCK-Christine
* „Risiko Freilauf": BUREAU CHATEAU
* „Nohudo": BUREAU CHATEAU
* „Gehirn": BUREAU CHATEAU, anatomische Vorlage von G. Roth, 2003
* „Glochard": Privates Foto/Fotograf nicht bekannt
* „Erlernte Hilflosigkeit": BUREAU CHATEAU
* „Instinktkreis nach Nijboer": BUREAU CHATEAU

Kapitel 2
* „Pfote braun": BUREAU CHATEAU
* „Lernformen" (vgl. HEB 2015^2): BUREAU CHATEAU
* „Porträt Pawlow": BUREAU CHATEAU
* „Porträt Thorndike": BUREAU CHATEAU
* „Porträt Watson": BUREAU CHATEAU
* „Porträt Skinner": BUREAU CHATEAU
* „Pfote Bleistift": BUREAU CHATEAU
* „American staffordshire terrier kissing little rabbit outdoors": Stock.Adobe.com/Rita Kochmarjova
* „Motivation/Motivierung": BUREAU CHATEAU
* „Natürlicher Zyklus": BUREAU CHATEAU
* „Europäischer Wolf": iStock.com/Thorsten Spoerlein
* „Ersatzjagd": BUREAU CHATEAU
* „Anpirschen": Privates Foto/Fotograf Andreas Sägesser

- „Fütterung aktuell": BUREAU CHATEAU
- „Prallvoller Napf": Stock.Adobe.com/Nieschefart
- „Newton's cradle": iStock.com/Ivcandy, bearbeitet durch Hinder/BUREAU CHATEAU
- „Schlafender Hund": Privates Foto/Fotografin Béatrice Hinder
- „Spielzeug": Privates Foto/Fotografin Cordula Burkart: tierfotografin.ch
- „Prioritäten": Privates Foto/Fotograf nicht bekannt
- „Puzzleteile": BUREAU CHATEAU
- „Gemeinsam oder allein" (vgl. HEB 2015[2]): BUREAU CHATEAU
- „Wer nimmt welchen Platz ein?" (vgl. HEB 2015[2]):
- „Woman holding puppy closeup": Stock.Adobe.com/Africa Studio und BUREAU CHATEAU
- „Flip-Chart": iStock.com/Arkadivna
- „Porträt Lewin": BUREAU CHATEAU

Kapitel 3
- „Pfote braun": BUREAU CHATEAU
- „Handlung": BUREAU CHATEAU, anatomische Vorlage von G. Roth, 2003
- „Stressachsen I und II": BUREAU CHATEAU, anatomische Vorlage von G. Roth, 2003
- „Porträt Bandura": BUREAU CHATEAU
- „Treppe": BUREAU CHATEAU
- „Zahnräder/Räderwerk": BUREAU CHATEAU
- „Motoneuron": BUREAU CHATEAU
- „Synapse": iStock.com/solvod
- „Beute tragen": Privates Foto/Fotografin Béatrice Hinder
- „Persönlichkeitsmodelle": BUREAU CHATEAU
- „BAS und BIS" (vgl. Hartig 2003[14]): BUREAU CHATEAU
- „Big Five": BUREAU CHATEAU
- „Arbeitstisch": Privates Foto/Fotografin Béatrice Hinder
- „Hundegruppe": Privates Foto/Fotografin Denise Brechbühl
- „Zahnräder/Räderwerk": BUREAU CHATEAU
- „Chancengleichheit": Interpretation von BUREAU CHATEAU
- „Reflexion": BUREAU CHATEAU
- „Zahnräder/Räderwerk": BUREAU CHATEAU
- „Pfote Bleistift": BUREAU CHATEAU

Kapitel 4
- „Pfote braun": BUREAU CHATEAU
- „Porträt Harlow": BUREAU CHATEAU
- „Ersatzmutter": BUREAU CHATEAU
- „Affensäugling": BUREAU CHATEAU
- „Porträt Bowlby": BUREAU CHATEAU
- „Gehirn": BUREAU CHATEAU, anatomische Vorlage von G. Roth, 2003

- „Blueberry Cupcakes": Stock.Adobe.com/Mara Zemgaliete
- „Bindung": BUREAU CHATEAU
- „Fußabdrücke": BUREAU CHATEAU
- „Pfoten": BUREAU CHATEAU
- „Waage": BUREAU CHATEAU
- „Instinktkreise": BUREAU CHATEAU
- „Pfote Bleistift": BUREAU CHATEAU
- „Team": Privates Foto/Fotograf nicht bekannt
- „Wegweiser/Fussabdrücke/Pfoten": BUREAU CHATEAU

Kapitel 5
- „Pfote braun": BUREAU CHATEAU
- „Large lighthouse with bright search light on a dark and stormy night panoramic": Stock. Adobe.com/Studio-FI
- „Äpfel": BUREAU CHATEAU
- „Schädel": BUREAU CHATEAU
- „La vita è bella": Alamy Stock Photo/Sergio Strizzi, Cecchi Gori Group
- „Logo": Profilerin Suzanne Grieger-Langer, https://profilersuzanne.com
- „Pfote Bleistift": BUREAU CHATEAU
- „Pergament": iStock.com/fmatte

Kapitel 6
- „Pfote braun": BUREAU CHATEAU
- „Cute dog afraid of human hand": Stock.Adobe.com/Sergii
- „Gedanken": BUREAU CHATEAU
- „Körpersprache": BUREAU CHATEAU
- „Bildgeschichte": BUREAU CHATEAU
- „Kommunikation": BUREAU CHATEAU
- „Pfote Bleistift": BUREAU CHATEAU
- „Affe Gesicht": BUREAU CHATEAU
- „AU101": https://de.wikipedia.org/wiki/Facial_Action_System#/media/Datei:DogFACS_AU101.pgn, CC BY-SA 4.0
  Quelle: Waller BM, Peirce K, Caeiro CC, Scheider L, Burrows AM, Mc Cune S, et al. (2013) Paedomorphic Facial Expressions Give Dogs a Selective Advantage. PLoS ONE 8(12): e82686.
  https://doi.org/10.1371/journal.pone.0082686, Figure 1
  Autoren: Bridget M. Waller, Kate Peirce, Cátia C. Caeiro, Linda Scheider, Anne M. Burrows, Sandra McCune, Juliane Kaminski
- „Wanderung": Privates Foto Evelyne Achermann
- „Brücke": Privates Foto Evelyne Achermann

Kapitel 7

- „Pfote braun": BUREAU CHATEAU
- „Reise": Stock.Adobe.com/Azaliya (Elya Vatel)

Kapitel 8

- „Pfote braun": BUREAU CHATEAU
- „Dog": Stock.Adobe.com/Armando

Autorin

- „Porträt": Privates Foto/Fotograf HRN

Bewerten
Sie dieses Buch
auf unserer
Homepage!

www.novumverlag.com

novum 🔺 VERLAG FÜR NEUAUTOREN

Der Verlag

„ *Wer aufhört*
besser zu werden,
hat aufgehört
gut zu sein!

Basierend auf diesem Motto ist es dem novum Verlag
ein Anliegen neue Manuskripte aufzuspüren, zu ver-
öffentlichen und deren Autoren langfristig zu fördern.
Mittlerweile gilt der 1997 gegründete und mehr-
fach prämierte Verlag als Spezialist für Neuautoren in
Deutschland, Österreich und der Schweiz.

Für jedes neue Manuskript wird innerhalb we-
niger Wochen eine kostenfreie, unverbindliche
Lektorats-Prüfung erstellt.

Weitere Informationen zum Verlag und
seinen Büchern finden Sie im Internet unter:

w w w . n o v u m v e r l a g . c o m